Anonymus

Österreich-Ungarns Bäder, Brunnen und Kurorte

Anonymus

Österreich-Ungarns Bäder, Brunnen und Kurorte

ISBN/EAN: 9783743329072

Hergestellt in Europa, USA, Kanada, Australien, Japan

Cover: Foto ©ninafisch / pixelio.de

Manufactured and distributed by brebook publishing software
(www.brebook.com)

Anonymus

Österreich-Ungarns Bäder, Brunnen und Kurorte

ÖSTERREICH-UNGARNS

BÄDER, BRUNNEN UND CURORTE.

Ein populär-wissenschaftlicher Führer

durch den Bäderkranz Oesterreich-Ungarns

für Aerzte und Heilbedürftige.

Herausgegeben und unter Mitwirkung mehrerer Aerzte zusammengestellt

von der

Administration des „Oesterr. Literar. Centralblattes" in Wien.

Mit circa 100 Illustrationen in Holzschnitt und Zinkographie, nach photographischen Original-Aufnahmen von ersten Künstlern reproducirt.

II. AUFLAGE.

WIEN

COMMISSIONS-VERLAG VON MORITZ PERLES

I. Seilergasse 4 (Graben).

VORWORT.

Oesterreich-Ungarn, gleichsam ein in unzähligen Facetten schimmernder Edelstein, der aus der Krone der Schöpfung strahlend hervorleuchtet, erfreut mit seinem Segen nicht blos das Herz der von Gesundheit und Kraft strotzenden, in verschiedenartigster Formschönheit prangenden Bewohner seines wunderbaren Ländergebietes, sondern es bringt auch mit seinen zahlreichen Curorten und wirksamen Heilquellen milden Trost, Stärkung und Heilung den Siechen und Hinfälligen aller Art, die sehnsuchtsvoll ihre flehenden Arme emporstrecken nach dem unschätzbarsten aller Güter — der Gesundheit.

Aber nicht nur dem Eingeborenen kommen diese Geschenke der Mutter Natur zu Gute. Zahlreiche Kranke strömen aus Nah und Fern, auch aus dem Auslande, nach Oesterreich, dessen sämmtliche Völker mit gleich inbrünstiger Liebe und Verehrung an ihrem unvergleichlich edelmüthigen und selbstlosen Kaiser hängen, und erfreuen sich allerorts jener gemüthvollen Aufnahme, die zwar ein je nach der Localfarbe variirendes, aber dennoch unverkennbar gemeinsames Merkmal ist, das allen Stämmen dieses weiten Reiches ohne Ausnahme zukommt.

Ueberall findet der Hilfsbedürftige werkthätige Theilnahme. Sei es bei den biederen, ehrlichen, gedankenreichen Deutschen, sei es bei den schwungvollen, charakterfesten, edlen Magyaren, sei es bei den unverdrossen aufstrebenden Slaven, sei es bei den feinfühlenden, formgewandten Italienern. Mag er hoch oben im Brennerbad, mag er in dem berühmten Karlsbad, mag er an der See in Lussin piccolo oder weit ostwärts in Mehadia oder endlich unter dem Schutze der klimatischen Perle Görz die Linderung seiner Leiden suchen, überall wird er die menschenfreundlichen Regungen des österreichischen Gemüthes finden. *Regis ad exemplum totus componitur orbis.*

Wenn es die unterzeichnete Administration unternommen hat, ein ausführliches und nach authentischen Quellen bearbeitetes Bäder-Lexikon zusammenzustellen, so ist sie damit theils einem Bedürfnisse entgegengekommen, indem ein ähnliches Werk mit Illustrationen und in dem Umfange, der Ausstattung und Conception nicht existirt, theils hat sie damit einen Act des Patriotismus und der Dankbarkeit erfüllt, den sie Oesterreich gegenüber schuldig zu sein glaubt.

Dieses Werk hat aber auch noch einen anderen Zweck, nämlich einen historisch-statistischen.

Am Ende des 19. Jahrhunderts erscheinend, soll es den künftigen Geschlechtern Kunde geben von dem Wirken und Streben, von den Opfern, Mühen und Sorgen der Cur- und Badedirectionen, welche wahrlich nichts scheuen, um ihre Bäder von Jahr zu Jahr zu vergrössern, zu vervollkommnen und zu verschönern.

Es soll darin gezeigt werden, dass in dieser Hinsicht Ausserordentliches in Oesterreich geschehen ist, und die Brunnen- und Curdirectionen, an der Wende eines neues Jahrhunderts stehend, anderen nichts nachgeben, ja viele grossen Bäder anderer Länder selbst in mancher Hinsicht überflügeln.

Die beiden Holzschnitte: „Hirschensprung bei Karlsbad" und „Salzburg" sind dem Werke „Brennecke, Europa" entnommen und uns von der Verlagsbuchhandlung „Strassburger Druckerei und Verlagsanstalt, vorm. Schultz & Co." in liebenswürdigster Weise zur Benützung überlassen worden. Die weitaus grösste Anzahl der in diesem Werke enthaltenen Zinkographien sind aus der bekannten Kunst- und Reproductions-Anstalt Max Jaffé, Wien, Währing, Theresiengasse 17, hervorgegangen. Sollte dieser Band Beifall und Anerkennung ernten, so wird demselben im nächsten Jahre ein zweiter folgen, welcher die Bäder Deutschlands und der Schweiz enthalten soll. Damit dieses Werk noch vor der Saison erscheinen konnte, erfolgte die Aufnahme der Bädertexte der Reihenfolge des jeweiligen Einlaufes nach.

Und so möge denn dieses Buch, von dem Hauche der Menschenfreundlichkeit umfächelt hinaussegeln nach allen vier Winden und durch seine weite Verbreitung beitragen zur Kräftigung und Genesung aller Jener, die, nach Hilfe suchend, vertrauensvoll in seinen Seiten blättern.

Administration

des

„Oesterr. Literarischen Centralblattes".

INHALT.

Karlsbad

Einfacher alkalischer Säuerling, alkalisch-sulfatische Quelle und Eisenquelle

liegt unter 50° 13' 22" nördlicher Breite, 30° 33' 5" östlicher Länge (östlich von Ferro), 374.13 Meter über der Meeresfläche im nordwestlichen reindeutschen

Karlsbad.

Theile von Böhmen, in einer romantischen Thalschlucht, welche von hohen, mit Tannen und Fichten, Eichen und Buchen reich bewaldeten Bergen umgeben ist. Die Stadt baut sich terrassenförmig auf, an beiden Ufern der Tepl, welche sie durchfliesst. Das Klima ist das von Mitteldeutschland. Mittlere Jahrestemperatur 7.39° C., mittlerer Barometerstand 728 Millimeter.

Karlsbad ist seit Menschengedenken seuchenfrei: keine der grossen Epidemien (Pest, Cholera etc.), welche Böhmen verheerten, haben es je berührt: sein Gesundheitszustand wird in Folge seiner glücklichen Lage schon seit Jahrhunderten als ausgezeichnet gerühmt. Karlsbad zählt bei 12.000 Einwohner, Curfrequenz über 32.000 Personen, wobei Passanten und Touristen nicht mitgerechnet sind.

Das Karlsbader Gebirge, welches dem Erzgebirge gegenübersteht und im Süden mit dem Böhmerwald zusammenhängt, bildet mit diesen und mit dem Fichtelgebirge ein geognostisches Ganzes. Es besteht hauptsächlich aus Centralgranitmassen – eine Fortsetzung des sächsisch böhmischen Granit — sie bilden seinen Kern, der von Gneis, Glimmerschiefer und zu äusserst von Thonschiefer überlagert ist. Man unterscheidet in diesem Granit: den grobkörnigen porphyrartigen Granit als ältestes Gestein, welcher von dem feinkörnigen, sogenannten „Karlsbader Granit" durchbrochen ist, und den sogenannten grosskörnigen, der nur Drusenbildung zu sein scheint. Zu seiner heutigen Höhe hat sich dieses Karlsbader Gebirge erst in der Tertiärzeit erhoben — in der Periode der Basalterhebungen — und in dieser treten auch die Quellen von Karlsbad auf. Vulkanische Revolutionen bewirkten die Basalterhebungen, und diese bahnten den Quellen den Weg. Sie spalteten und zerklüfteten die älteren Gesteinmassen in den verschiedensten Richtungen; durch diese Spalten und Klüfte traten die Basaltmassen und füllten sie theilweise wieder aus, durch die nicht ausgefüllten brachen die Quellen hervor. Den Hauptzerklüftungs-Richtungen in der Tiefe entsprechen auch die Gebirgsspalten an der Oberfläche des Teplthales, die eine bildet die Schlucht, in welcher die Pragergasse am rechten und der Schlossberg am linken Ufer liegen, in der anderen bettet sich der Fluss. Aus der Kreuzungsstelle dieser beiden Gebirgsspalten bricht das Centrum der Quellen Karlsbads — der Sprudel — empor, die übrigen Quellen kommen aus seitlichen Spalten, welche mit dem Sprudel in Verbindung stehen.

Alle heissen Quellen besitzen die Eigenschaft der Incrustation, d. h. sie versintern. Dieser Vorgang findet auch beim Sprudel statt, und auf diese Weise hat er sich im Laufe der Zeit die „Sprudelschale" selbst aufgebaut. Sie stellt eine Summe über und neben einander gelagerter Gewölbe oder Höhlen dar, welche auf der Granitmasse der Tiefe aufliegen, durch Seitencanäle mit einander communiciren und in denen das Wasser, sowie in grösseren und kleineren Gasblasen die Kohlensäure, sich ansammelt. Sobald die Kohlensäure den auf ihr lastenden Druck der Wassersäule überwunden hat, werden Wasser und Gas mit einander hervorgestossen, und dies ist die Ursache des stossweisen Hervorspringens des Sprudels.

Die 60 bis 120 Centimeter dicke Sprudelschale erstreckt sich weit unter der Erdoberfläche und unter dem Teplfluss. Wird das Sprudelwasser in seinem Laufe durch mechanische Einwirkungen, durch Verengerung oder Versinterung der Canäle und Oeffnungen gehemmt, so bricht sich dasselbe gewaltsam Bahn, zerreisst die Sprudelschale und durch diesen neuen Riss bricht dann das Wasser hervor. Dieser Vorgang bedeutet einen „Sprudelausbruch". Die bedeutendsten dieser Ausbrüche, welche theilweise grossen Schaden anrichteten, fanden in den Jahren 1617 und 1620, 1713, 1727, 1766, 1788, 1798, dann 1800, 1809 und 1834 statt. Diesen Ausbrüchen wird dadurch für die Zukunft vorgebeugt, dass von Zeit zu Zeit die Mündungen des Sprudels bis in die Tiefe hinab mittelst grosser Bohrer von dem angesetzten Kalksinter gereinigt und erweitert werden; ausserdem sind Oeffnungen in die Sprudelschale gebohrt, welche als Ventile beliebig geöffnet und geschlossen werden können. Der Sprudelstein, ein Bruchstück dieser Sprudelschale, bildet geschnitten und polirt ebenso wie die bekannten „Karlsbader Incrustate", mit deren Erzeugung und Verschleiss sich ein nennenswerther Theil der Bevölkerung beschäftigt, einen beliebten Handelsartikel.

Die Geschichte Karlsbads hebt verhältnissmässig sehr spät an, erst mit dem 14. Jahrhunderte, mit Kaiser Carl IV. Die Thiersage, welche die Heilquellen so gerne in ihren Kreis zog, spielt auch bezüglich Karlsbads eine Rolle und weist eben auf ein Jagdereigniss unter Carl IV. hin. Die Forschung hat längst erwiesen, dass Karlsbad bereits im 12. Jahrhundert bekannt gewesen ist, auch datirt die älteste historische Kunde von Karlsbad, ein Lehenbrief, aus dem Jahre 1327. Darin stimmen aber wohl Sage und Geschichte überein, dass Carl IV. der Begründer des Curorts Karlsbad ist.

Die Saison dauert officiell vom 1. Mai bis 1. October, doch kann die Cur, da die Wirkung der Quellen stets dieselbe bleibt, zu jeder Jahreszeit gebraucht werden, und sind auch thatsächlich das ganze Jahr Curgäste hier anwesend. Für Winterwohnungen und Unterhaltungen ist reichlich Vorsorge getroffen.

Directe Eisenbahn-Verbindungen mit dem ganzen Continente. Karlsbad ist Station der Buschtiehrader Eisenbahn (Böhmische Nordwestbahn). Die Fahrzeit nach Karlsbad beträgt: Von Berlin $9^1/_4$ Stunden, von Bremen 21, von Breslau $14^3/_4$, von Budapest 20, von Dresden 5, von Frankfurt a. M. $10^1/_4$, von Frankfurt a. O. 14, von Hamburg $18^1/_2$, von Hannover $16^1/_4$, von Kassel 18, von Köln $17^1/_4$, von Königsberg i. P. $22^1/_2$, von Leipzig 8, von Lemberg 30, von Magdeburg $12^1/_2$, von München 8, von Paris 29, von Prag $4^1/_2$, von Stettin 15, von Stuttgart $11^1/_2$, von Strassburg 16, von Warschau 30, von Wien 11, von Triest 30 Stunden. Nach einer Reihe grösserer Städte verkehren ab Karlsbad directe Wagen.

Die **Curtaxe** hat jeder Fremde zu entrichten, welcher sich länger als acht Tage in Karlsbad aufhält, gleichviel, ob derselbe die Cur gebraucht oder nicht; sie wird nach vier Classen berechnet und beträgt bei Reichen 10 fl. ö. W., bei Bemittelten 6 fl. und bei Minderbemittelten 4 fl. Für Kinder unter 14 Jahren und Domestiken wird die vierte Classe von je 1 fl. erhoben. Die Musiktaxe ist nach der Curtaxclasse und der Personenzahl einer Curtaxpartei bemessen. Die näheren Bestimmungen enthalten die „Amtlichen Nachrichten zur Curliste". Gegen Erlag dieser Taxe erhält der Gast während der beliebig langen Dauer seines Aufenthaltes das Recht der freien Benützung: aller Quellen, des Besuches aller Anlagen und der von der Stadt veranstalteten Nachmittags- und Abendconcerte.

Die **Brunnenmusik** spielt während der officiellen Saison sowohl in der Sprudelcolonnade als in der Mühlbrunncolonnade jeden Morgen von 6—8 Uhr. Die Nachmittagsconcerte der Curcapelle finden statt: Sonntag im Stadtpark, Dienstag und Donnerstag in den Pupp'schen Anlagen, von 4—6 Uhr; die Abendconcerte: Montag, Mittwoch und Freitag von halb 8—9 Uhr, und zwar bei ungünstiger Witterung im Curhause, bei günstiger Witterung aber im Freien, und zwar Mittwoch bei „Salle de Saxe" und Montag und Freitag im Stadtpark. Im Winter finden wöchentlich zwei bis drei Concerte im Curhause statt.

Wohnung. Karlsbad besitzt zahlreiche comfortabel eingerichtete Hotels, wie: Hotel Anger, Donau, Erzherzog Carl, Drei Fasanen, Fassmann, Stadt Hannover, Königsvilla (Pension), Loib, Morgenstern, National, Paradies, Pupp's Etablissement, Russie, Goldener Schild u. A. Man findet da unter denselben Bedingungen wie in Privatlogis Unterkunft, ohne dass der Curgast sich daselbst verköstigen muss. Auch die Privatwohnungen sind durchwegs mit Comfort eingerichtet und besitzen ein zahlreiches Dienstpersonal. Die Preise sind gleich denen in anderen Curorten, sie variiren natürlich je nach dem Zeitpunkte der Saison, sowie Lage der Wohnung. In Folge des in den letzten Jahren so grossartigen und noch fortschreitenden Ausbaues der Stadt, die weit über 900 Häuser jetzt zählt, herrscht zu keiner Zeit Wohnungsmangel. Wer während der Haute-Saison eine grössere Wohnung oder eine Wohnung in einer bestimmten Strasse wünscht, möge sich schon vor seiner Ankunft deshalb an den Hauswirth, an Bekannte oder den ihm designirten Arzt wenden. Die Wohnung muss von dem Tage bezahlt werden, an dem die Miethe beginnt. Wer das erste Mal nach Karlsbad kommt, ohne vorher eine Wohnung gemiethet zu haben oder in den späten Nachmittagsstunden eintrifft, möge zunächst im Hotel absteigen, da die Unkenntniss des Fremden von Wohnungsagenten gern benützt wird, um ihn unter dem Vorwande „Alles bereits besetzt" in die oft unzweckmässigsten, entferntesten und dabei theueren Quartiere zu bringen. Der Curgast hat nämlich selbst bei sofortiger Kündigung die Miethe für die volle Woche zu zahlen. Eine von der Staatsverwaltung festgestellte Miethordnung, mit deren Bestimmungen sich der Curgast zur Vermeidung von Differenzen bekannt machen möge, ist in jedem Hotel, sowie Privathause vorhanden und muss über Verlangen zur Einsicht vorgelegt werden. Derjenige, welcher eine Wohnung von auswärts bestellt, hat das Recht, die Zusendung der Miethordnung zu fordern.

Differenzen, welche aus Anlass der Miethverhältnisse zwischen Curparteien und Vermiethern entstehen, sind bei der k. k. Bezirkshauptmannschaft vorzubringen.

Karlsbad ist der Sitz folgender landesfürstlicher Behörden: der k. k. Bezirkshauptmannschaft, des k. k. Bezirksgerichtes, des k. k. Hauptzollamtes, k. k. Post- und Telegraphenamtes, k. k. Militärbadehaus-Commandos.

Communal-Behörde: Der Stadtrath. Der Bürgermeister, von der Gemeinde gewählt, leitet die städtischen und curörtlichen Angelegenheiten und vertritt die Stadt nach aussen. Anliegen und Beschwerden, soweit sie sich auf den der Stadtgemeinde zukommenden, curörtlichen oder autonomen Wirkungskreis beziehen, sind auf dem Stadthause vorzubringen.

Die Sprechzeit des Bürgermeisters für Curparteien ist täglich von halb 10 bis halb 11 Uhr Vormittags.

Das **städtische Polizeiamt** befindet sich im Stadthause 2. Stock, Nr. 5. Daselbst sind insbesondere die Anzeigen über den Verlust von Gegenständen zu erstatten, sowie gefundene Sachen abzugeben.

Kirchen. Karlsbad besitzt eine katholische Decanatkirche, eine evangelische, eine orthodox-orientalische, eine anglicanische Kirche und eine Synagoge. In allen diesen wird während der ganzen Saison regelmässig Gottesdienst abgehalten.

Das **Fremdenhospital** nimmt vom 1. Mai bis 21. September in fünf (vierwöchentlichen) Curperioden je 40 unbemittelte Curbedürftige auf: 22 ganz unentgeltlich (Freiplätze) und 18 gegen Erlag der Verpflegsgebühr von 12 fl. 50 kr. per Person und Curperiode (Zahlplätze).

Das **Israelitische Fremdenhospital** nimmt vom 1. Mai in vier (vierwöchentlichen Perioden) je 36 Arme unentgeltlich auf. Es gibt keine Zahlplätze. Anmeldung bis längstens 1. März jeden Jahres an die Direction in Prag.

Die **Elisabeth-Rosenstiftung** wurde im Jahre 1866 von Frau Arnemann durch Sammlung gegründet und erhält sich durch Gaben wohlthätiger Gäste.

Die Beneficien derselben bestehen in einem Geldbetrage von 30 fl., zur Miethe der Wohnung oder Bestreitung der Curbedürfnisse überhaupt; in der vom Stadtrathe gewährten Befreiung von der Cur- und Musiktaxe, in der Gewährung von Freibädern und in der unentgeltlichen ärztlichen Behandlung durch die dem Comité angehörigen Doctoren. Nach dem Statute der Stiftung soll diese Wohlthat in der Regel nur zweimal, keinesfalls öfter als dreimal ein und derselben Person gewährt werden. Kranke, ohne Unterschied der Confession und Nationalität, den unbemittelten gebildeten Ständen angehörend, welche die Wohlthat der Elisabeth-Rosenstiftung suchen, haben sich an den Bürgermeister von Karlsbad zu wenden und ein ärztliches Attest beizulegen. Curbedürftige aus Schleswig-Holstein direct an die Universität Kiel (den jeweiligen Decan der medicinischen Facultät), Curbedürftige aus Hamburg an den Gesundheitsrath (beziehungsweise den Vorstand des ärztlichen Vereines) daselbst, welche für jede Saison über je vier Karten verfügen.

Das **k. k. Militärbadehaus** und das k. k. Officiersbadehaus nehmen vom 15. April bis Ende September in fünf (vierwöchentlichen) Curperioden zusammen je 62 Officiere und vom 16. Mai bis Ende September in vier (vier-

Hirschen-
sprung

wöchentlichen) Curperioden je 44 Personen des Mannschaftsstandes auf. Ansuchen zur Aufnahme sind im Dienstwege an das k. k. 8. Corps-Commando in Prag zu richten.

Die **Zeitungs-Lesesalons** (mit Damen-, Herrensalon und Rauchzimmer) befinden sich im ersten Stock des Curhauses. Daselbst liegen 120 diverse Zeitungen und Unterhaltungsblätter in allen modernen Sprachen auf. (Tageskarten 15 kr., Abonnement per Woche 70 kr., per Monat 2 fl.)

Das **städtische Theater** (in den Jahren 1885—1886 nach den Plänen der Architekten Fellner & Helmer erbaut) ist elektrisch mit Glühlicht be-

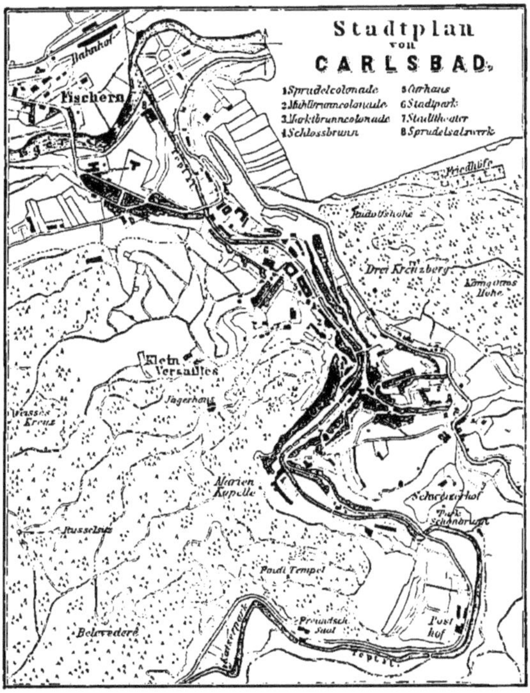

leuchtet und mit vorzüglicher Ventilation versehen. Daselbst finden von Mitte April bis Ende September täglich Vorstellungen statt, und zwar werden vorwiegend Operetten, feinere Salon- und Lustspiele oder aufheiternde Possen aufgeführt.

Städtisches Curhaus: wöchentlich Tanz-Réunionen. Besonderer Einladungen und Vorstellungen bedarf es nicht; Zutritt Jedermann gegen Entrée gestattet.

Lohnfuhrwerke. Omnibusse: Vom Bahnhof in die Stadt 40 kr., Handgepäck frei. Droschken: Vom Bahnhof in die Stadt 1 fl. 20 kr. Zweispänner 2 fl. (Nur das im Wagen untergebrachte Handgepäck ist frei.) Vor sechs Uhr Morgens und nach neun Uhr Abends sind die Taxen etwas höher. Für Fahrten der Lohnfuhrwerke besteht eine besondere, behördlich genehmigte Taxordnung. Zur Verfügung stehen auch Fahr- und Reitesel, Rollwagen, Sänften u. s. w.

Nach den benachbarten auswärtigen Belustigungsorten und Sehenswürdigkeiten sind zu mässigen Preisen Omnibusfahrten eingerichtet, die Gelegenheit zu schönen und lohnenden Ausflügen bieten.

Für Fussgänger bieten die zehn deutsche Meilen langen grösstentheils schattigen Waldpromenaden auf den verschiedenen Karlsbad umgebenden Bergen bequeme und unterhaltende Abwechslung.

Die **Heilmittel** Karlsbads sind seine Quellen und Quellenproducte, die sowohl innerlich als auch äusserlich (als Bäder) angewendet werden.

Man scheidet die Curgeschichte Karlsbads in drei Perioden. Die erste reicht bis zum Jahre 1520, und an ihrem Ende erfreut sich Karlsbad schon eines bedeutenden Rufes. Der Sprudel allein ist bekannt und in Gebrauch, und es wurde nur gebadet, und zwar wurde das Bad so lange benützt, bis es die Haut förmlich aufbeizte; daher auch der Name „Hautfresseur" für diese barbarische Curmethode, welche dazumal an allen Curorten mit heissen Quellen (z. B. dem damals schon so hochberühmten Baden in der Schweiz) in Gebrauch stand. Karlsbad zählt in dieser Zeit gegen 40 Häuser, auch besitzt es bereits seine eigene Kirche und ein Rathhaus. Erst zwei Jahrhunderte, nachdem Karlsbad nicht nur sattsam bekannt, sondern auch schon berühmt war, wurde das Karlsbader Mineralwasser auch innerlich gebraucht („getrunken"), dabei aber auch gebadet. Es ist dies die zweite Periode welche den Zeitraum von 1522 bis 1766 umfasst. Gegen Ende dieser Periode, kommt die Badecur ganz in Vergessenheit; es wird ausschliesslich getrunken, und zwar meist in ungeheueren Quantitäten, 50—70 Becher. In dieser Periode sind bekannt und im Gebrauch: der Sprudel, der Mühlbrunn, der Gartenbrunn (später Theresienbrunn genannt) und der Neubrunn. 1704 wurde das erste Badehaus errichtet, die erste Trinkhalle 1748 über dem Neubrunn, aus welcher sich nach verschiedenen Metamorphosen die heutige Mühlbrunn-Colonnade entwickelte; der Sprudel hatte bis 1827 nur einen offenen, ungedeckten Promenadeplatz, später erhielt er eine hölzerne Säulenhalle, welche 1879 von der dermaligen Glas-Eisen-Colonnade abgelöst wurde. Das erste (vorhandene) geschriebene Verzeichniss der Curgäste datirt vom Jahre 1756 und führt 134 Familien an; die erste gedruckte „Curliste" erscheint 40 Jahre später und führt für die Saison 1795 638 Curgäste an. In dieser Periode finden wir als Curgäste: Philippine Welser mit ihrem Gemahl Erzherzog Ferdinand von Tirol (1571 und 1575), Wallenstein (1630), August, Churfürst von Sachsen und König von Polen (1691), Peter der Grosse (1711 und 1712), Kaiserin Elisabeth von Oesterreich, Gemahlin Carl VI. mit ihrer Tochter Maria Theresia, die preussischen Könige Friedrich I. und Friedrich Wilhelm I. (1732), Leibnitz (1712), Gellert und Laudon (1763) u. A.

Mit dem Ende des vorigen Jahrhunderts beginnt die dritte Periode in der Curgeschichte des Badeortes, welche man als die rationelle bezeichnen kann. Obgleich der Curort Karlsbad schon ein halbes Jahrtausend (441 Jahre) bekannt und hoch berühmt war und seine Quellen schon weit versendet wurden, waren sie noch nicht chemisch geprüft; erst aus dem Jahre 1789 datirt die erste chemisch-physikalische Untersuchung durch den Karlsbader Arzt Dr. David Becher. So zahlreich aber auch die seit dieser Zeit von den hervorragendsten Chemikern (wie Berzelius, Steinmann, Wolf u. A.) vorgenommenen Analysen sind, so ergeben sie doch alle, wie auch die jüngste (1879) von den Wiener Professoren Ludwig und Mauthner, dasselbe Resultat; ihre Angaben stimmen genau überein, und die Unterschiede, wie die Auffindung neuer Bestandtheile, erklären sich nur aus den neueren, feineren Untersuchungsmethoden. Die Quellen, das lehren alle diese Analysen, sind in ihrer quantitativen und qualitativen Zusammensetzung seit der ersten Analyse, d. i. seit einem Jahrhundert, vollständig dieselben geblieben und auch die Temperatur des Sprudels blieb vollständig gleich. Zu den bereits früher genannten und von Becher analysirten Quellen kommen jetzt noch folgende: Bernhardsbrunnen (1784), Schlossbrunn (1784), Hygieensquelle (1809), der Dorotheen-Säuerling (1838), der Marktbrunn (1838), die Felsenquelle (1844), die Quelle zur russischen Krone (1851), die Kaiserquelle (1853), die Stephanie-Quelle (1887) die Eisenquelle. In dieser Periode nahm das bisher in allen Curorten übliche übermässige Trinken sehr ab und auch Becher, der ein ebenso grosser Praktiker als tüchtiger Gelehrter war, schränkte auch in Karlsbad das übermässige Trinkquantum bedeutend ein, vereinigte die bereits ganz in Vergessenheit gekommene Badecur wieder mit der Trinkcur und begründete so die auch heute giltige Curmethode in ihren Hauptzügen.

Die Carlsbader Cur ist der Complex des innerlichen und äusserlichen Gebrauches der Karlsbader Thermen, einer der Wirkungsweise der Quellen, der Specialität der Krankheit und der Individualität des Patienten angepassten Diät unter Berücksichtigung aller hygienischen Factoren, wie der Bewegung u. A. Die Entfernung vom Hause, von Amt, Geschäft und Beruf, bilden, wie bei anderen Curen, auch bei der Karlsbader gar wichtige Factoren.

Karlsbad ist der erste Repräsentant der alkalisch-salinischen Mineralquellen, das sind jene, welche sich neben dem Gehalt an Kohlensäure und kohlensauren Alkalien durch das Vorwalten von schwefelsaurem Natron auszeichnen. Die im Gebrauch stehenden Quellen variiren in der Temperatur von 27° R.—58° R. Es gibt also kühle, warme und heisse Quellen.

Temperatur der Quellen.

Sprudel	58·0° R.	= 72·5° C.	Kaiserbrunn	39·0° R.	= 48·7° C.
Curhausquelle	51·7	= 64·6	Kaiser Carl-Quelle	35·8	= 44·8
Bernhardsbrunn	51·3	= 64·1	Marktbrunn	35·4	= 44·2
Neubrunn	48·0	= 60·0	Elisabethquelle	33·9	= 42·3
Theresienbrunn	47·3	= 59·1	Parkquelle	32·2	= 40·2
Felsenquelle	47·2	= 59·0	Hochberger Quelle	31·5	= 39·4
Schlossbrunn	42·3	= 52·9	Spitalbrunnen	28·2	= 35·2
Mühlbrunn	41·1	= 51·4	Russische Krone	27·1	= 33·9

Das Wasser der Karlsbader Thermen ist klar und farblos, ohne charakteristischen Geruch und von schwach salzigem Geschmack; es wird gleich Anfangs ohne Widerwillen und Reaction von Seiten der Verdauungsorgane getrunken. Das Wasser, als solches, erregt niemals Congestionen.

Die Karlsbader Thermen wirken schmerz- und krampfstillend, sie vermehren die Alkalescenz des Blutes und sind daher säuretilgend, sie regen die Secretionen an (besonders die Gallensecretion und Harnausscheidung) und üben Einfluss auf die Absorption der Fettgebilde. Die Stuhlentleerungen sind in der Mehrzahl der Fälle regelmässiger und häufiger als vor dem Curgebrauche. Die Stühle von mehr breiiger Consistenz. Die Urinsecretion ist vermehrt, der Drang zum Urinlassen häufiger. Sedimentirung des Urins, wie bei Blasen- und Steinleidenden, tritt meist schon sehr früh auf. Die Schweisssecretion ist meist unverändert. Die so gefürchteten Congestionen, von denen hie und da gefabelt wird, gehören nicht zu den Erscheinungen beim rationellen Gebrauche der Karlsbader Quellen, sie kommen nur bei Individuen vor, welche überhaupt zu Congestionen geneigt sind oder die ohne Rücksicht auf ihre Constitution und ihre Kräfte einen continuirlichen Renn- und Bergklettersport üben. Die „plötzlichen Todesfälle", welche in Karlsbad vorkommen sollen, treten, wie die reiche Erfahrung und die Sectionen lehren — die ja bei plötzlichen Todesfällen vorgenommen werden müssen — nur bei solchen Individuen auf, die mit gewissen Herzfehlern behaftet, zu Schlaganfällen geneigt oder von denselben auch schon früher betroffen, niemals nach Karlsbad und wohl auch nach keinem anderen Curort dirigirt werden sollten und überall wohl eines plötzlichen Todes gestorben wären. Karlsbad ist ein so alt renommirter, in seiner Heilwirkung so anerkannter, von der Mode und der Gunst des Publicums so unabhängiger Curort, dessen Frequenz auch nicht annähernd von irgend einem anderen Curorte erreicht wird, dass er es nie und nimmer nothwendig hat, seine Gefährlichkeit abzuleugnen, wenn dieselbe bestände.

Die „Furcht vor Karlsbad“ herrscht nur bei Jenen, welche Karlsbad und die Wirkung der Mineralquellen überhaupt nicht kennen. — Karlsbad ist kein Universalmittel — ein solches gibt es überhaupt nicht — aber es ist ein geradezu unersetzliches Heilmittel in einer grossen Anzahl von Krankheiten, wenn es richtig angewendet wird. Die gefürchteten Congestionen kommen bei dem rationellen Gebrauche von Karlsbad gar nicht vor, und „die drakonischen Speisegesetze während einer Karlsbader Cur, deren Nichtbefolgung sich so schwer rächt“, sind eine Fabel, wie jedes bessere Werk über Karlsbad zeigt; die Diät wird mit Rücksicht auf die Krankheit und den Curzweck geregelt, wie beim Gebrauche jedes Heilmittels.

Analyse der Karlsbader Mineralquellen

ausgeführt 1879 von Prof. Dr. Ernst Ludwig in Wien.

10.000 Gramm Wasser enthalten Gramm	Sprudel	Marktbrunnen	Schlossbrunnen	Mühlbrunnen	Neubrunnen	Theresienbrunnen	Elisabethquelle	Felsenquelle	Kaiserbrunnen
Kohlensaures Eisenoxydul	0·030	0·006	0·001	0·028	0·026	0·017	0·026	0·026	0·029
Kohlensaures Manganoxydul	0·002	0·002	Spur	Spur	Spur	0·002	0·002	0·002	0·002
Kohlensaures Magnesium	1·665	1·634	1·615	1·613	1·592	1·577	1·602	1·615	1·602
Kohlensaures Calcium	3·214	3·350	3·337	3·266	3·287	3·277	3·273	3·293	3·173
Kohlensaures Strontium	0·004	0·004	0·004	0·004	0·004	0·003	0·004	3·003	0·004
Kohlensaures Lithium	0·123	0.123	0·136	0·118	0·113	0·113	0·121	0·116	0·121
Kohlensaures Natrium	12.980	12·705	12·279	12·790	12.910	12·621	12·799	12·836	12·674
Schwefelsaures Kalium	1·862	1·814	1·930	1·888	1·893	1·905	1·840	1·803	1·796
Schwefelsaures Natrium	24·053	23,860	23·158	23·911	23·654	23·774	23·769	23.785	23·411
Chlornatrium	10.418	10·304	10·047	10·288	10·309	10·278	10·314	10·314	10·103
Fluornatrium	0·051	0·051	0·046	0·046	0·046	0·046	0·057	0·060	0·053
Borsaures Natrium	0,040	0·040	0·039	0·029	0·036	0·036	0·030	0·036	0·056
Phosphorsaures Calcium	0·007	0·007	0·004	0·009	0·004	0·009	0·007	0·007	0·007
Aluminiumoxyd	0·004	0·007	0·005	0·005	0·006	0·005	0·006	0·003	0·005
Kieselsäure	0·715	0·712	0·703	0·735	0·709	0·718	0·724	0·707	0·729
Kohlensäure, halbgebunden	7·761	7·681	7·493	7·672	7.627	7·584	7·697	7·704	7·581
Kohlensäure, frei	1·898	5·557	5·822	5.169	4.372	5·100	6·085	1·653	5·641
Caesium, Rubidium	Spuren								
Brom, Jod	Spuren								
Arsen, Antimon	Spuren								
Zink, Thalium	Spuren								
Selen	Spuren								
Ameisensäure	Spuren								
Specifisches Gewicht	1·0053	1·00537	1·00522	1·00532	1·00534	1·00537	1·00539	1·0054	1·00537

Dem hie und da gebrauchten, geradezu sinnlosen Einwand: Der Patient ist „noch nicht reif“ für Karlsbad, oder „es ist noch zu früh“ für Karlsbad, als wenn es wünschenswerth wäre, dass die Krankheit im Körper erst ausreife! begegnet am treffendsten des grossen Oppolzer berühmter Ausspruch: Das unverständige „Zu früh“ für Karlsbad wird häufig zu einem „Zu spät“ für die Kranken, die, nachdem sie jahrelang hingehalten und durch alle möglichen und unmöglichen Curen geschwächt und heruntergebracht wurden, dann meist in einem Stadium nach Karlsbad gesendet werden, in welchem es im günstigsten Falle oft erst nach jahrelanger Cur gelingt, sie wieder herzustellen, ein Resultat, welches sie, wenn die Cur gleich im Beginn der Krankheit gebraucht worden wäre, wo das „noch nicht reif“ warnend vor Karlsbad abwehrte, sofort und sicher erreicht hätten.

Die Indicationen für den Gebrauch der Karlsbader Thermen sind nach den Lehren der bedeutendsten Kliniker — von denen einige aus neuerer Zeit in der Klammer angeführt sind — und den vieljährigen und so zahlreichen Erfahrungen der Karlsbader Aerzte und medicinischen Schriftsteller, folgende:

Krankheiten des Magens: Chronischer Magenkatarrh, Kardialgie (Magenschmerz), Magengeschwür, Dyspepsie, Magenerweiterung (Lebert, Say, Ziemssen, Leube u. A.).

Des Darmes: Chronischer Katarrh, chronische Diarrhöe, habituelle Stuhlverstopfung, Duodenalgeschwür, Hämorrhoiden (Schönlein, Carus, Oppolzer, Lebert, Walter, Dietel, Jaksch, Zizurin).

Der Milz: Chronische Hyperämie, Milztumoren (nach Wechselfieber u. s. w.) und wie sie bei Bewohnern von Sumpfgegenden und der heissen Zone auftreten. (Ungarische und besonders holländische Aerzte, die in Indien prakticiren, wo Wechselfieber und Malaria allgemein verbreitet sind, dirigiren diese Clientel mit Vorliebe nach Karlsbad.)

Der Leber: Hyperämie derselben, Fettleber, die heilbaren Formen des Icterus (Gelbsucht), Hypertrophie, beginnende Speckleber, Gallensteine. (Es gibt kein Werk über Leberkrankeiten, in welcher Sprache immer, das sich nicht des Weiteren über Karlsbad auslässt; aus neuerer Zeit seien nur angeführt: Frerichs' berühmte Monographie über Leberkrankheiten, die einschlägigen Arbeiten von Oppolzer, Bamberger, Duchek und Fiedler u. A.)

Der Nieren- und Harnorgane: Chronischer Katarrh derselben, Nieren- und Harnsand, Nieren- und Blasensteine, seit Alters her schon im Gebrauche als Nachcur nach Blasenstein-Operationen (aus neuerer Zeit seien nur genannt die berühmten Specialisten: Civial, Langenbeck, Wilms, Ivanitsch). Albuminurie (wenn sie nicht die Folge von Krankheiten ist, welche den Gebrauch von Karlsbad contraindiciren).

Der Prostata: Chronische Hyperämie in Folge venöser Stauungen im Unterleibe, Hypertrophie der Prostata.

Chronischer Katarrh der Gebärmutter, chronischer Uterusinfarct. (Hennoch, Dittel, Frerichs, Wilms, Scanzoni, Braun, Späth, Lumbe, Bartsch, Martin, Saexinger u. A.)

Gicht, Fettleibigkeit, Unterleibsplethora, Diabetes millitus (Zuckerharnruhr). Die Zuckerkranken kommen aus allen Welttheilen nach Karlsbad. Wenn hier auch Karlsbader Aerzte angeführt werden, so geschieht es deshalb, weil die Studien und Arbeiten dieser Autoren, die über ein enormes Material verfügen, in allen Schriften über Diabetes in hervorragender Weise als Beweismaterial citirt werden, wie in den Specialwerken über Diabetes von Voigt, Cantani, Durand-Fardell, Senator, Stockvis, und einzelne geradezu bahnbrechend und leitend für die Lehre des Diabetes wurden, wir nennen: Fleckles sen., welcher im Jahre 1842 der Erste seine „Beobachtungen über den Gebrauch der Karlsbader Thermen beim Diabetes" veröffentlichte, denen sich später noch vierzehn Arbeiten anschlossen; Seegen, dessen Monographie über Diabetes für die Theorie und Praxis dieser Krankheit leitend wurde; Zimmer, der eine neue Theorie des Diabetes aufgestellt hat; Fleckles jun., welcher die erste Monographie über „Das diabetische Regimen" schrieb. Frerichs' letzte Arbeit: „Der Diabetes" ist geradezu eine Apotheose für Karlsbad in dieser Krankheit.

Alle jene Krankheiten, welche als Folge von Blutstockung im Unterleibe auftreten (wenn diese nicht in Aftergebilden, Veränderungen des Gefässapparates u. s. w. begründet sind), eignen sich in hervorragender Weise als Heilobjecte für Karlsbads Thermen, welche die Darmthätigkeit anregen und die Defäcation befördern.

Die Quantität des zu trinkenden Mineralwassers variirt durchschnittlich zwischen zwei bis sechs Bechern, grössere Quantitäten kommen selten zur Anwendung, dagegen oft weit geringere, in gewissen Krankheiten. Dem Mineralwasser werden auch Sprudelsalz, Milch und Molke zugesetzt, die auch an den Brunnen verkauft werden. Auch finden sich alle zur Versendung gebrachten in- und ausländischen Mineralwasser in den hiesigen Mineralwasserhandlungen stets in frischer Füllung am Lager, da hier Viele, die nur im Geleite ihrer Angehörigen, welche die Karlsbader Cur gebrauchen, herkommen, ein anderes Mineralwasser trinken und dabei die Badecur gebrauchen. Die Bäder werden in den städtischen Badehäusern (Sprudelbadehaus, Mühlbadhaus, Curhaus, Neubad) verabreicht, die alle unter Controle stehen und comfortable eingerichtet sind. Es finden sich da die Mineralwasserbäder, warme und kalte Douchen, Moorbäder aus dem der Stadt gehörigen Eisenmoorlager zu Franzensbad, Dampfbäder, Süsswasserbäder und Douchen; die Eisenbäder sind im Badehaus an der Eisenquelle; die kohlensauren Gaswasserbäder im Badehause des Dorotheen-Säuerlings. Alle zu den Bädern gebräuchlichen Zusätze sind in den Badeanstalten zu haben.

Tarif der städtischen Badeanstalten.

Für 1 Mineral-Salonbad im Curhause in den Vor- und Nachmittagsstunden (mit Service)	fl. 1.50
Für 1 Mineralbad im Curhause und in den übrigen Badeanstalten bis 2 Uhr Nachmittags (mit Service)	fl. 1.
Für 1 Mineralbad von 2 Uhr Nachmittags an (mit Service)	fl. —.70
Für 1 kaltes Douchebad ohne Service	fl. —.60
„ 1 Moorbad einschliesslich des Reinigungsbades von fl. 2 aufwärts bis	fl. 3.
Für 1 Salon-Moorbad	fl. 3.
„ 1 Eisenbad	fl. 1.-
„ 1 Bad im Sauerbrunnen	fl. 1.
„ 1 Süsswasserbad mit Service	fl. 1.—
„ 1 Person im Communbad	fl. —.05

Von den Quellenproducten sind die aus dem Sprudelwasser durch Abdampfung bereiteten Salze, das krystallisirte und das pulverförmige Sprudelsalz, die wichtigsten. Die ersten Anfänge der Sprudelsalzerzeugung kann man zwar bis zum Jahre 1708 verfolgen, doch gebührt der unermüdlichen Thätigkeit des Dr. David Becher das Verdienst, dem Karlsbader Sprudelsalz seinen Ruf begründet zu haben, und dessem geistigem Einflusse ist es zuzuschreiben, dass im Jahre 1764 der Erzeugung des Sprudelsalzes eine grössere Ausdehnung gegeben und dieselbe von der Stadtvertretung in die Hand genommen wurde. Die auf die Eigenwärme des Sprudelwassers gegründete Verdampfungsmethode von Dr. D. Becher war ihrer Einfachheit wegen ausserordentlich billig und gestattete bereits im Jahre 1788 die Erzeugung von fünf Centner (= 280 kg.) Sprudelsalz. In Folge der ausgezeichneten Eigenschaften dieses Productes nahm der Verbrauch und demgemäss auch die Erzeugung stetig zu, so dass die beim Sprudel getroffenen Einrichtungen dem gesteigerten Bedarfe im Jahre 1868 nicht mehr entsprechen konnten, wiewohl die jährliche Erzeugung 60 Centner (= 3360 kg.) betrug. Auf das energische Betreiben des seinerzeitigen Pächters der Karlsbader Mineralwasserversendung Heinrich Mattoni, wurde von der Gemeindevertretung im Jahre 1868 das Salzsudhaus mit Kohlenfeuerung eingerichtet und da auch diese Anlage im Jahre 1878 den Anforderungen nachzukommen nicht mehr im Stande war, nach den Plänen von Dr. Adolf Franck in Charlottenburg mit durch Dampf betriebenen Abdampfvorrichtungen versehen, und hiedurch das städtische Sprudelsalzwerk auf eine jährliche Erzeugungsfähigkeit von 50,000 kg. Sprudelsalz gebracht. Nach Durchführung der in Angriff genommenen Erweiterungsbauten wird dasselbe die Herstellung von fast 100,000 kg. Sprudelsalz ermöglichen.

Das natürliche Karlsbader Sprudelsalz durch Abdampfung aus dem Sprudelwasser gewonnen, ist ein säuretilgendes, leicht auflösendes, harntreibendes, in grösserer Dosis abführendes Heilmittel. Dasselbe wird entweder in gewöhnlichem Wasser gelöst oder als die Wirkung unterstützender Zusatz zu den Karlsbader Mineralwässern in Dosen von 5 bis 10 Gramm benützt. Die bei harten Trinkwasser auftretende Trübung der Lösung hat auf die Wirkung des Salzes keinen Einfluss.

Das natürliche Karlsbader Sprudelsalz (krystallisirt) bildet weisse, durchscheinende Krystalle von salzig-bitterem Geschmack und alkalischer Reaction. Dieses Sprudelsalz muss an einem kühlen Orte aufbewahrt werden, weil es schon bei 31° C. (= 25° R.) in seinem Krystallwasser schmilzt, wodurch aber das Salz keineswegs unbrauchbar geworden ist. Andererseits verliert es in offenen Flaschen sein Krystallisationswasser und zerfällt zu einem weissen Pulver, weshalb die Flaschen stets gut verschlossen zu halten sind. Das natürliche Karlsbader Sprudelsalz (krystallisirt) enthält nach Ragsky:

Schwefelsaures Natron	37·695 Percent	Schwefelsaures Kali	Spuren
Chlornatrium	0·397 „	Krystallwasser	55·520 Percent
Kohlensaures Natron	5·997 „		

Das natürliche Karlsbader Sprudelsalz (pulverförmig), seit 1882 nach der von Professor Ernst Ludwig (Wien) angegebenen Methode dargestellt, bildet ein weisses Pulver von mildem, salzig-bitterem Geschmack, in welchem sämmtliche wasserlöslichen Bestandtheile des Sprudelwasssers enthalten sind.

Das pulverförmige Sprudelsalz ist wegen seiner Beständigkeit (Nichtzerfliessen) während der warmen Jahreszeit und in den Ländern der wärmeren Zone dem krystallisirten Sprudelsalz vorzuziehen. Das pulverförmige Sprudelsalz ist ebenso wirksam und wird in gleichen Dosen angewendet wie das krystallisirte Sprudelsalz. Das natürliche Karlsbader Sprudelsalz (pulverförmig) hat nach Professor Ernst Ludwig folgende percentische Zusammensetzung:

Kohlensaures Lithium	0·39 Percent	Fluornatrium	0.09 Percent
Doppeltkohlensaures Natrium	35·95 „	Borsaures Natrium	0·06 „
Schwefelsaures Kalium	3·25 „	Kieselsäureanhydrid	0·03 „
Schwefelsaures Natrium	42·03 „	Eisenoxyd	0·01 „
Chlornatrium	18·16 „		

Das natürliche Karlsbader Sprudelsalz (krystallisirt und pulverförmig) wird im continentalen Versandt (Europa) in Glasflaschen zu 125 und 250 Gramm in den Handel gebracht, welche die Schutzmarke an der Etiquette und am Halsstreifen (resp. auf der Verschlusskapsel) tragen.

Die Karlsbader Sprudelpastillen, aus dem Karlsbader Sprudelsalz unter Zusatz von Zucker bereitet, werden angewendet bei übermässiger Säurebildung im Magen, Aufstossen, Sodbrennen u. dgl. Der Verkauf erfolgt in Schachteln zu 24 und 44 Stück.

Die Karlsbader Mutterlauge und das Karlsbader Sprudellaugensalz werden bei der Darstellung des krystallisirten Sprudelsalzes als Nebenproduct gewonnen und als Zusatz zu den Bädern resp. als Ersatz von Sprudelbädern angewendet. Die Karlsbader Mutterlauge wird in 1 Literflaschen, das Karlsbader Sprudellaugensalz in Dosen zu einem Kilo versendet.

Die Karlsbader Sprudelseife unter Zusatz von Karlsbader Mutterlauge bereitet, wird theils zu Waschungen, theils als Bäderzusatz benützt. Der Verkauf erfolgt in Stücken zu 125 Gramm.

Die Versendung des Karlsbader Mineralwassers*), des natürlichen Karlsbader Sprudelsalzes (krystallisirt und pulverförmig) sowie der übrigen Quellenproducte wird besorgt direct nach allen Richtungen sowohl des In- als Auslandes und überseeisch nur durch die Karlsbader Mineralwasser-Versendung Löbel Schottländer in Karlsbad (Oesterreich-Böhmen).

Im überseeischen Versandt wird das natürliche Karlsbader Sprudelsalz (krystallisirt und pulverförmig) in runden Glasflaschen zu je 100 und 200 Gramm in den Handel gebracht, welche die Schutzmarke an der Etiquette und am Halsstreifen tragen und neben der Schutzmarke überdies mit der Unterschrift Karlsbader Mineralwasserversendung: Löbel Schottländer Karlsbad

*) Die autorisirte Versendung des Karlsbader Mineralwassers wurde durch die Bemühungen von Dr. E. Hlavacek im Jahre 1844 eingeführt; sie wurde zuerst (1844) für jährlich 500 fl. an J. A. Hecht verpachtet. Die zweite Verpachtung geschah durch Licitation: Seifert und Damm erhielten sie durch das Angebot von 6673 fl. und behielten sie von 1845 bis 1849; von 1850 bis 1856 hatte sie die Stadt in eigener Regie; 1857 bis 1866 war sie abermals verpachtet für 6050 fl. an Knoll und Mattoni; von 1867 bis 1876 für 14.000 fl. an Heinrich Mattoni; von 1877 bis 1886 für 70.000 fl. an Löbel Schottländer aus Breslau und vom 1. Jänner 1887 an auf 15 Jahre an die letztgenannte Firma für jährliche 175.000 fl.

(Austria) versehen sind. Ausserdem sind sowohl die Mineralwasserflaschen, als auch die Sprudelsalzflaschen, welche zur überseeischen Versendung gelangen, am Halsstreifen mit der Unterschrift der Generalagenten versehen. Als Generalagenten fungiren:

Für England und Colonien: Ingram und Royle in London.

Für die Vereinigten Staaten von Nordamerika: Eisner & Mendelson Company in Newyork und Philadelphia.

Badeärzte

gereiht nach der Zeit der Ausübung ihrer Praxis in Karlsbad.

K. k. österr. Hofrath Ritter von Hochberger (seit 1830).
Geheimrath Gans (1841).
Medicinalrath Stark (1858).
Schnee (1861).
Primararzt Fleckles (1854).
Neubauer (1867).
Sanitätsrath Mayer (1869).
J. Kraus (1870).
Docent Abeles (1871).
Kafka (1871).
Kaiserlicher Rath Grünberger (1872).
Pichler (1872).
Rosenberg (1872).
Löwenstein (1874).
K. ungar. Rath Sztankovanszky (1874).
Hassewicz (1875).
Stadtarzt I. Pleschner (1875).
Czapek (1875).
London (1876).
Stephanides (1877).
Hertzka (1877).
Mlady (1877).
Cartellieri (1877).
Maschka (1877).
Rosenzweig (1877).
Friedenthal (1879).
Hirschfeld (1879).
Hofmeister (1880).
Kállay (1881).
Freund (1881).
Gans jun. (1881).
J. Hirsch (1882).
Löwy (1882).
Sticha (1882).
Seligmann (1882).
Stadtarzt II. Putzler-Kolbenschlag (1882).
Marterer (1882).
Kretowicz (1884).
Director des Fremdenhospitals Herrmann (1884).
Jaworski (1884).
Kleen (1884).
Bayer (1884).
Becher (1885).
Ruff (1885).
Schuhmann-Leclercq (1885).
Strunz (1886).
Bezirksarzt Hochberger jun. (1886).
Polatschek (1886).
Pollitzer (1887).
Ritter (1887).
Preiss jun. (1887).
Padowetz (1887).
Regimentsarzt Eberle (1888).
O. Kraus (1889).
E. Hirsch (1889).
E. Ehrenreich (1889).

Geltschberg

bei Leitmeritz in Böhmen.

Kaltwasserheilanstalt, klimatischer und Terrain-Curort und Eisenquelle, liegt in einem schönen Thale am südöstlichen Abhange des 725 Meter hohen Geltschberges, umgeben von weit ausgedehnten Waldungen, ist nach A. v. Humboldt eine der angenehmsten Klimate Mittel-Europas und bei seiner hohen waldreichen Lage und herrlichen Luft, sowie vorzüglichen Quellenwasser ein Sanatorium für Nerven- und Lungenkranke, Reconvalescenten u. s. w. Heilmittel der Anstalt: Hydropathische und klimatische Curen, Trink- und Badecuren der Eisenquelle, Milch-Molken und Diätcur, Inhalation, Elektrotherapie, Fichten-, Kiefernadel- und Dampfbäder, Massage. Curarzt: Med. Dr. kais. Rath und Physikus F. Grimm, Ritter des Franz Josef-Ordens, Besitzer der goldenen Verdienstmedaille mit der Krone.

Reizende Ausflüge mit prachtvollen Aussichten und Ruinen.

Gmunden am Traunsee.

Subalpiner Gebirgscurort und Wasserheilanstalt.

„Ich habe auf meinen weiten Reisen eine Menge schöner und reizender Gegenden gesehen, aber nicht viel schönere Punkte wie Gmunden." Prinz von Wales.

Gmundens Curmittel. Badeanstalten bestehen auf der **Traunbrücke** (Fischill's Erben), im **Hotel Bellevue**, im **Hotel Austria** und im **Theresienbad.** An all' diesen Badeanstalten werden ausser den gewöhnlichen warmen Bädern auch **Sool-, Alpenkräuter- und Fichtennadelbäder** und solche mit Zusatz von Mutterlauge, Seife, Kleie, Schwefel, Moor, Eisenmoorsalz u. s. w. verabfolgt. Im Theresienbad ist auch das **Dampfbad** und im Hotel Bellevue das **elektrische Bad** eingerichtet. Ausserdem steht das **Seebad,** die **Kaltwassercur-** und die **Inhalations-Anstalt** zu Gebote.

Alpenluft und mildes Klima. Wichtige Heilfactoren sind in erster Linie die reine staubfreie, sauerstoffreiche und kräftigende Alpenluft und weiters das feuchtwarme, milde Klima, welches durch die vollständige Einschliessung Gmundens durch den Kranz der Berge und andererseits durch die grosse Wassermasse des Sees bedingt ist, die ja stets zu grosse Temperaturschwankungen verhindert. Aus diesem Grunde sieht man kränkliche, blutarme Kinder der Städter ihre fahle Gesichtsfarbe verlieren; nach einem Aufenthalte von nur wenigen Monaten sehen selbe auch ohne Gebrauch anderer Mittel ganz verändert aus und kehren gekräftigt mit rothen Wangen und heiterer Miene in die Stadt zurück. Desgleichen erholen sich Personen, die durch Ueberanstrengungen im Berufe oder in Folge ausgestandener Krankheiten herabgekommen sind, in kürzester Frist vollständig.

Das Soolbad. Die normale Menge des Zusatzes variirt von fünf bis dreissig Liter Soole für's Bad. Es gibt aber auch Fälle, wo unter, und Anzeigen, wo über dieses Mass gegangen wird. In der Regel wird mit einer geringen Quantität begonnen und dann jedem Bad um ein oder zwei Liter mehr bis zur erforderlichen Stärke zugesetzt. Die Temperatur des Bades wird gewöhnlich mit 27° R. angenommen, sinkt aber häufig allmählich auf 22° oder steigt bis auf 30°; selten greift man noch höher. Die Dauer eines Bades beträgt im Allgemeinen 10—30 Minuten. Die gewöhnliche Anzahl der zu gebrauchenden Bäder ist 25—30.

Heilerfolge. Die günstigsten Erfolge durch Soolbäder werden erzielt: bei Unterleibsleiden der Frauen, namentlich bei Exsudaten, Geschwülsten, Anschwellungen aller Art, weissem Fluss, bei Störungen der Menstruation u. s. w. Ferner bei den verschiedenen Formen der Scrophulose, bei Rhachitis, bei blutarmen Personen, besonders solchen Kindern, bei Bleichsucht und einigen Hautausschlägen. Dann bei Gicht, Rheumatismus und manchen Nervenschmerzen, bei nach schweren Krankheiten herabgekommenen Personen und endlich als „Nachcur" nach dem Gebrauch anderer Heilbäder.

Die Diät während der Soolbadecur wird bei den verschiedenen Krankheitsformen auch eine verschiedene und vom Arzte darnach vorgeschriebene sein.

Gmunden

Das alpine Kräuterbad. Das alpine Kräuterbad besteht aus einem warmen Bade von 27—32° R., dem für Erwachsene gewöhnlich 170 Gramm des Alpenkräuter Extractes zugesetzt werden. Diese Bäder sind ein kräftig erregendes Mittel, sie wirken besonders stark anregend auf das Nervengefäss und Hautsystem und verbreiten ihre Wirkung auch auf die Schleimhäute der Athmungswege und anderer innerer Organe. Sie werden insbesondere mit sehr gutem Erfolge angewendet bei blutarmen, schwächlichen, rhachitischen und scrophulösen Kindern und solchen mit Ausschlägen. Bei an Katarrhen des Kehlkopfes und der Lungen Leidenden; bei alternden kränklichen Leuten und Reconvalescenten nach schweren Krankheiten.

Das Fichtennadelbad. Die Fichtennadelbäder werden durch Beimengung eines Absudes von frischen Fichtennadeln zu einem gewöhnlichen warmen Wasserbade bereitet. Die Menge des zu verwendenden Quantums für's Bad variirt gewöhnlich von drei bis zwanzig Liter, die Temperatur des Bades zwischen 26 und 32° R., die Dauer des Bades zwischen zehn und zwanzig Minuten.

Das Dampfbad. Der das Dampfbad Gebrauchende tritt nach dem Auskleiden zuerst in den Dampfraum, wo er durch zehn bis zwanzig Minuten, je nachdem es der Krankheitszustand erfordert, verbleibt und ruhig und tief einathmet, worauf er sich in den Nebenraum begibt, um daselbst einige Secunden unter einer recht kalten Douche zu weilen, oder in ein kaltes Vollbad zu tauchen, bis der Körper ganz abgekühlt ist.

Am meisten wirken die Dampfbäder bei rheumatischen und gichtischen Leiden und bei Exsudaten.

Das elektrische Bad. In der Regel genügt die Einwirkung des elektrischen Stromes durch fünf bis zehn Minuten.

Das Seebad. Die Seebäder werden nicht nur zur Reinigung und als angenehm erfrischende Bäder in der heissen Jahreszeit, sondern auch als den Gesammtorganismus kräftigende und stärkende Bäder benützt. Resultate erzielt man besonders bei träger Verdauung. Gewarnt muss vor dem zu langen Verbleiben im kalten Bade werden, was leider zu häufig geschieht.

Die Kaltwassercur-Anstalt. Dieselbe liegt im Garten neben dem Hotel Bellevue, nach allen Seiten hin frei. Im Erdgeschosse befinden sich die für Herren und Damen getrennten Baderäume und das Wartezimmer. Sie sind nach den neuesten Erfahrungen derart eingerichtet, dass sie allen Anforderungen entsprechen. Im ersten Stockwerke sind hübsch eingerichtete Zimmer mit schöner Aussicht zu vermiethen. Es ist daselbst auch für Elektricität- und Massage-Behandlung vorgesorgt.

Sämmtliche Curproceduren werden von einem gut geschulten Badediener-Personale nach ärztlicher Verordnung ausgeführt.

Im Allgemeinen ist es rathsam, die Cur recht zeitlich in der Früh zu machen. Der Körper soll bei Beginn jeder Curprocedur stets warm, aber nicht erhitzt sein, und ist nach jeder Curprocedur Bewegung in freier Luft bis zur vollständigen Körper-Erwärmung nothwendig. Nur jene Kranken, welche in Folge ihrer Leiden nicht gehen können, dürfen sich nach der Cur im Bette erwärmen.

Für Curgäste, welche ausserhalb der Anstalt speisen, sei im Allgemeinen bemerkt, dass die Kost möglichst einfach, reizlos und frei von starken Gewürzen sein soll. Nach Verschiedenheit der Krankheiten wird die normale Curkost vom Arzte öfters einer Modification unterzogen werden müssen.

Massage und Elektricität sind Unterstützungs-Curen.

Die besten Heilerfolge werden erzielt bei: Hysterie, Nervenschwäche, allgemeiner Reizbarkeit, Schlaflosigkeit, Migräne, Nervenschmerzen u. s. w.; Rückenmarksleiden im ersten Stadium; Veitstanz; Schwächezustände, Impotenz und Pollutionen; Gehirncongestionen; Katarrhen, besonders des Halses, der

Bronchien, des Magens und Darmcanals; Appetitlosigkeit, schlechter Verdauung, Obstruction; Milz- und Leber-Anschwellung; Hämorrhoiden; Bleichsucht und Blutarmuth; Unterleibsleiden der Frauen; rheumatischen und gichtischen Leiden; Syphilis, Mercurialismus u. s. w.

Die Inhalations-Anstalt. Diese Anstalt befindet sich, wie die Kaltwassercur-Anstalt, im Garten neben dem Hotel Bellevue. Sie besteht aus einem Warteraum, aus der pneumatischen Kammer, aus dem Inhalations-Saal für zerstäubte Soole, Fichten- und Latschen-Dämpfe und aus dem Maschinenhause.

Die pneumatische Kammer (Glocke) ist das erste Etablissement dieser Art in den Sommercurorten Oesterreichs und nach dem in Reichenhall eingeführten Systeme erbaut. Es können darin bequem sechs bis acht Personen Platz nehmen.

Die Erlaubniss zum Gebrauche der pneumatischen Kammer ist an eine vorhergegangene ärztliche Untersuchung und an die Anweisung eines Med. Doctors gebunden.

Traunfall.

Anzeigen. Es gibt mehrfache Krankheiten, in welchen der erhöhte Luftdruck schon seit Jahren als Heilmittel mit günstigem Erfolg angewendet wird, weshalb die pneumatischen Kammern immer zahlreicher werden. Der Ueberzeugung von der Wichtigkeit des erhöhten Luftdruckes zu Heilzwecken verdankt denn auch Gmunden die Errichtung einer derartigen Anstalt im Winter 1882–1883. — Am häufigsten kommen Bronchialleiden und Emphyseme, besonders wenn sie von Asthma begleitet sind, zur pneumatischen Behandlung. Die Erfolge sind meist auffallend und nachhaltig.

Saal für Sool-, Fichten- und Latschen-Inhalationen. In dem sehr geräumigen, freundlichen und mit Ventilations-Vorrichtungen versehenen Saale können gleichzeitig mehr als zwanzig Personen sitzend inhaliren. Während der Sitzung wird mittelst Dampfkraft und eigener Vorrichtungen der ganze Saal mit Soolstaub erfüllt, welcher mit der Luft unwillkürlich eingeathmet werden muss.

Molken- und Kefyr-Curen. Für die Trinkcuren wird von der nächsten Saison an durch einen eigenen Zubau an den grossen Cursaal gesorgt sein. Als Cur kommt häufig auch das „methodische Rudern" in Anwendung.

Leitender Badearzt ist der verdienstvolle kaiserliche Rath Dr. Hans Wolfsgruber.

Mittheilungen des Herrn Bürgermeisters.

Gmunden hat zu der 800 Meter langen prachtvoll schattigen Esplanade im laufenden Jahre durch bedeutende Seegrundanschüttung und Quaderbauten gegen den Cursaal zu diesen letzteren durch eine neu angelegte Doppelallee mit der Esplanade verbunden und zur Bequemlichkeit des Curpublicums an dieser Stelle zugleich einen sehr hübschen Gondelländeplatz geschaffen.

Ebenso wurde 1888—1889 mit sehr bedeutenden Kosten in prachtvollster Lage ein fünfeinhalb Joch grosser Stadtpark (ungefähr 200 Schritte vom Ende der Esplanade entfernt) mit wundervollem Rundblick über die Stadt, See und Gebirge angelegt und Ende Juni 1889 der öffentlichen Benützung übergeben. Weiters hat die Stadtgemeinde in diesem Jahre am rechten Traunufer in unmittelbarer Nähe der Stadt einen circa acht Joch grossen, sehr gut bestandenen Waldcomplex angekauft, in welchem im heurigen Winter Wege und Ruheplätze angelegt werden und damit die Benützung dem P. T. Curpublicum pro Saison 1890 zuverlässig ermöglicht ist. Dieser Wald schliesst unmittelbar an die bestehenden (36 Joch grossen Waldflächen) Kronprinz Rudolf-Anlagen an, ist jedoch von der Stadt mittelst einer neuen eisernen Brücke, welche wahrscheinlich noch im nächsten Jahre fertig wird, in zehn Minuten (fortwährend am schattigen kühlen und staubfreien Traunwege) zu erreichen.

Seit 1887 ist das städtische Schlachthaus im Betriebe, das erste in Oberösterreich, eine Zierde und in sanitärer Beziehung ein Segen für unsere Stadt. Fachzeitschriften sprechen sich über die äusserst solide, nette Bauart, praktische Einrichtung äusserst lobend aus. Gegenwärtig ist die Gemeinde-Vertretung Gmundens eben daran, eine allgemeine Wasserversorgung durchzuführen mit einem Kostenaufwande von circa 250.000 fl. Das Wasser ist in Qualität dem reinen Hochquellenwasser Wiens (nach Dr. Ed. Suess) vollkommen gleich, wurde 2600 Meter von Gmunden in einem Walde als Grundquellenwasser in solcher Quantität aufgeschlossen, dass Linz mit 50.000 Einwohnern für dauernde Zeiten versorgt werden könnte.

Wir heben dieses Grundquellenwasser durch Dampfkraft oder Turbinenbetrieb mittelst elektrischer Kraftübertragung (die zweite in Oesterreich-Ungarn) auf den Calvarienberg in das Reservoir (1000 Cubikmeter Fassungsraum), von welchem es mit sechs Atmosphären Druck in die Häuser eingeleitet wird. Bis Beginn Saison 1891 hoffen wir längstens damit fertig zu werden. Gmunden besitzt einen grossen praktisch und höchst elegant eingerichteten städtischen Cursalon mit Lesesalon, Conversationssaal, eine ausgezeichnete, aus 18 Berufsmusikern ausgewählte Curcapelle (täglich zweimal Curmusik auf der Esplanade, bei schlechtem Wetter im Cursaal).

Gmunden besitzt ein sehr hübsches Theater, unter der gediegenen Leitung Alfred Cavar's, ist mit der Elisabeth-Westbahn durch den Seebahnhof, mit der Salzkammergutbahn durch den Rudolfsbahnhof verbunden und von Wien in fünf, Salzburg drei, Ischl einer, Graz sechs und München sechs Stunden zu erreichen.

Eine Fahrt von Gmunden auf der Traun bis zu dem wundervoll romantischen Traunfall (eineinhalb Stunden) mit Separatschiffen ist einzig schön. (In Europa sonst nirgends Aehnliches gesehen zu haben, wurde mir schon von vielen angesehenen Reisenden versichert.)

Gmunden besitzt einen reichen Villenkranz allerhöchst und höchster Herrschaften: Ihre Majestät die Königin Marie und Prinzessin Marie von Hannover, der Herzog von Cumberland sammt Familie; Herzog Philipp von Würtemberg sammt Familie; Grossherzogin Marie Antoinette von Toscana; Don Alfonso sammt Gemahlin; Erzherzog Johann und viele Andere haben grosse Schlösser und Parks und verweilen 6—8 Monate des Jahres hier.

A. Kaltenbrunner

Bürgermeister.

Görz

Klimatischer Wintercurort

mit einer Bevölkerung von 21.000 Einwohnern, welche die zuvorkommende Liebenswürdigkeit und Versatilität des Südländers charakterisirt, vorwiegend der lateinischen Race angehörig, wo sich übrigens auch beiläufig 2000 Deutsche aufhalten, liegt etwa einen halben Kilometer von dem von malerischen Ufern eingesäumten Isonzo entfernt, an den Castellhügel gelehnt, in einer der lachendsten und anmuthigsten Gegenden an den Ausläufern der julischen Alpen und des Karstgebirges, das, von den fabelhaftesten riesigen Grotten unterminirt, seine kalkigen Felsmassen bis in die See hineinsendet. Von Udine mit der Eisenbahn eine Stunde, von Triest zwei Stunden und von Venedig 4½ Stunden entfernt, thürmen sich unweit hinter der Stadt gegen Nordosten die Alpen bis zu dem Predilpass empor, während gegen Südwesten die üppigsten Fluren und Weingärten bis zu den Gestaden der Adria sich weithin erstrecken. Bei dem Umstande, als in Görz wohl über hundert Gefährte mit guten Wägen und leichtfüssigen Pferden vorhanden sind, die an den belebtesten Passagen der Stadt der Fahrgäste harren, und zudem die Strassen der Stadt im ganzen Lande vortrefflich sind, kann die Lust an Ausflügen zur Genüge gestillt werden. Fussgeher aber, insbesondere solche, welche es lieben, die Feldwege zu wandeln, um die ungekünstelte Natur zu belauschen, können von den balsamischsten Lüften umfächelt und begrüsst von der vielgestaltigen Flora, die sich hier auf einem verhältnissmässig kleinen Raum zusammengedrängt findet, als wäre sie aus den entferntesten Gegenden zu Gaste geladen, sich ihren Betrachtungen mit Musse hingeben.

Nicht nur die geographische Lage unter dem 45° 56′ nördlicher Breite und 31° 17′ östlicher Länge und 86 Meter über dem Meeresspiegel, sondern auch der glücklichen geologischen und landschaftlichen Configuration der ganzen Gegend, der Nähe des Meeres, dem Gebirgsschutze gegen Norden, verdankt Görz sein mildes, gesundes Klima mit seiner mittleren Jahrestemperatur von 13° C., somit höher als jene der meisten Städte Mittelitaliens.

Unter dessen wohlthätigem Einfluss entwickelt sich eine kräftige, widerstandsfähige Körperconstitution, der es zu verdanken ist, dass hier zu Lande nicht selten 75- bis 80jährige Greise beiderlei Geschlechtes elastischen Schrittes und hochgetragenen Hauptes lebensfroh und gesund umhergehen und in vollen Zügen die würzige Luft während den vielen wolkenlosen Tagen unter der tiefblauen Himmelskuppel einsaugen. Diesem herrlichen Klima ist es zuzuschreiben, dass so viele Zeichen dankbarer Erinnerungen einlangen von Personen, die ihre Wiedergenesung hier gefunden, und die Eindrücke, die sie hier empfangen, nicht vergessen können. Unter der Herrschaft dieses Klimas, das weder zu trocken noch zu feucht ist, wo der Temperaturwechsel sich sachte einstellt und wo mitten im Winter, während rund herum die Anhöhen im Schneegewande leuchten, wochenlange die schönsten Tage das Gemüth erheitern, ist der Aufenthalt in Görz bei folgenden Leiden nach dem Ausspruche unseres vielerfahrenen Nestors unter den Aerzten, Dr. Maurovig, und seines Collegen, des sehr verdienten Dr. Perco indicirt:

1. für scrophulose rhachitische Kinder;
2. bei mangelhafter Entwicklung der Jugend, mit Neigung zu Katarrhen, Blutarmuth u. dgl.;
3. für Malariakranke;
4. bei Arthritis, Bright'scher Nierenkrankheit und Katarrhe der Harnwege;
5. bei Rheumatismus;
6. bei Uterusblennorrhöen;
7. bei Nervenkrankheiten, Neurosen und Lähmungen;

Görz.

8. für Geisteskranke;
9. für Herzkranke;
10. bei Keuchhusten, Kehlkopf- und Bronchialkatarrh;
11. bei verschleppten Katarrhen in den Lungenspitzen, auch mit chronisch entzündlicher Infiltration, sowie bei Emphisema substantival;
12. bei Krankheiten der Verdauungsorgane;
13. bei Altersschwäche;
14. bei herabgekommenen Individuen und Reconvalescenten nach Typhus etc.;
15. endlich sind nach Ausspruch des berühmten französischen Arztes Charcot, Görz und Montpellier die angezeigtesten Curorte für Tabes (Rückenmarkleiden).

Und sollte irgend ein Zweifel noch über den meridionalen Charakter dieses Klimas übrig bleiben, so lasse man die Pflanzenwelt sprechen, die uns zu erzählen weiss, wie hier Magnolia und Oleander, Granatäpfelbäume und Oliven, Yucca und Calycanthus, endlich sogar Aloën und Palmen im Freien gedeihen und wo der Mandelbaum zuweilen schon im Februar blüht.

Grösserer Hotels, die allen Anforderungen des modernen Wohllebens und, sagen wir es kühn heraus, der Verweichlichung entsprechen, kann sich Görz vor der Hand nicht rühmen; wer sich aber mit nicht übertriebenen Anforderungen einstellt, findet eine passende Unterkunft in den Hotels: Post, Ungarische Krone, Tre Corone, Angelo d'oro, Leon d'oro, ferner in der Curpension Kropsch am Corso Francesco Giuseppe und in einer grossen Anzahl grösserer und kleinerer möblirten Monatswohnungen, wo man mit aller Sorgfalt bemüht ist, den Wünschen der Fremden entgegenzukommen. Ein Mädchen-Pensionat, geleitet von den Schulschwestern De notre Dame, und ein eigenes Asyl für Kreuzschwestern, welche sich mit der Krankenpflege und Wartung in den Familien befassen.

Auskünfte gibt das Cancello di Dugulin Giuseppe Nr. 8, Via del Teatro.

Die Promenade der eleganten Welt flankirt den sehr beliebten Giardino pubblico und zieht sich südwestlich über den Corso Francesco Giuseppe bis zur Eisenbahnstation. Gegen Nordost hingegen führt der Spaziergang nach Salcano, wo der Isonzo, von dem Monte San Valentino und Monte Santo eingeengt, in die weite Görzer Ebene herausbricht. Uebrigens laufen noch folgende Fahrstrassen sternförmig aus der Stadt und zwar gegen Cronberg, St. Peter, St. Andrea, Strazig, Podgora, Peuma, Canale und Merna, von wo aus man in einer Fahrstunde das der Fürstin Hohenlohe gehörige, merkwürdige Felsenschloss Duino erreichen kann, deren alterthümliche Umrisse schon durch zwei Jahrtausende von dem blauen Spiegel der Adria lächelnd zurückgeworfen werden.

Will man sich auf die Stadt beschränken, so findet man in dem schönen Theater, wo vorwaltend italienische Schauspiele und Opern, mitunter auch deutsche Operetten etc. gegeben werden, sowie in den Geselligkeitsvereinen mit dem Curcasino à la tête, wo jede Woche eine grössere Unterhaltung stattfindet, Zerstreuung und Zeitvertreib, sowie Concerte, Spiel und Lectüre.

Eine herrliche Aussicht auf die Stadt geniesst man vom nahen Castagnavizza-Hügel, auf welchem das Franciscanerkloster liegt, in deren Gruft die irdischen Reste Carl's X., des Herzogs und der Herzogin von Angoulême, einer Tochter Marie Antoinetten's und des Grafen und der Gräfin von Chambord, ruhen, sowie von den Schlössern Grafenberg zu Ende der Stadt und Cronberg drei Viertelstunden hievon entfernt.

Endlich gibt es hier, abgesehen von den übrigen Volkserziehungsanstalten, ein Gymnasium, eine Realschule, Leihbibliotheken, Buchhändler und Sprachlehrer, Geldwechsler und Bankiers, vortreffliche Aerzte und Apotheken, insbesondere jene „Cristofoletti", ein Hospiz für kranke Priester und zwei Spitäler, ein Taubstummen-Institut u. dgl. mehr nebst Kaufläden aller Art.

Es ist somit Görz unter den südlichen Curorten Oesterreichs, Alles in Allem genommen, vielen anderen vorzuziehen.

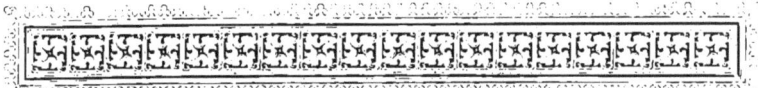

Innsbruck.

Alpen-Curort.

Innsbruck, die Landeshauptstadt von Tirol (587 Meter über dem Meere), liegt im breiten, fruchtbaren und lieblichen Innthal an der Stelle, wo die aus dem Wippthale vom Brenner kommende Sill in den Inn einmündet. — Gegen Norden geschützt durch die circa 7 Meilen lange und durchschnittlich über 2370 Meter hohe Kette der nördlichen Kalkalpen, welche sich unmittelbar vor der Stadt zu einer nahezu zwei Meilen langen Wand erheben, liegt es gegen Süden, Osten und Südwest offen da und ist mithin nur Winden aus dieser Richtung ausgesetzt, während es Nordwinde, die anderwärts so gefürchtet und lästig sind, nur dem Namen nach kennt. Das Mittelgebirge der nördlichen Kalkalpen erhebt sich unmittelbar über der Stadt, so dass einzelne Stadttheile, wie z. B. Mariahilf, St. Nicolaus, bereits auf den letzten Ausläufern desselben erbaut sind und bietet nebst einer unendlichen Anzahl von nahegelegenen reizenden Spaziergängen noch den grossen Vortheil, dass seine direct nach Süden gelegenen Abhänge auch die spärlichsten Sonnenstrahlen auffangen und daher frühzeitig schneefrei und von reicher, üppiger Vegetation bedeckt erscheinen. In den an den Abhängen des nördlichen Mittelgebirges gelegenen Villen und Pensionen zeigt das Thermometer selbst in den kältesten Wintermonaten Mittags häufig 16—20° C. und erlaubt daher den Aufenthalt im Freien in ausgedehntestem Masse, so dass die Betreffenden häufig im Freien Mittags speisen können.

Das Klima Innsbrucks ist kräftigend, erregend und zeichnet sich hauptsächlichst dadurch aus, dass während der strengen Wintermonate eine Reihe von vollkommen reinen klaren (50—60 reine Tage) und vor allem Anderen nebelfreie Tage zu den Regelmässigkeiten gehört. An solchen Tagen, die selbstverständlich vollkommen windstill sind, kann man von 9 Uhr Morgens bis zum Beginn der Dunkelheit selbst in leichten Kleidern im Freien zubringen. Diese schönen Tage beginnen mit einer durch die Erfahrung erprobten Regelmässigkeit Anfangs December und enden Anfangs März, oft auch noch später.

Die Stadt, die durch ihre Reinlichkeit einen hervorragenden Platz einnimmt und durch ihr herrliches Trinkwasser berühmt ist, bietet in sanitärer Beziehung alle Vortheile dar, welche von einem für kränkliche und geschwächte Individuen geeigneten Aufenthaltsorte nur verlangt werden können. Mit ganz wenigen Ausnahmen, in der sogenannten Altstadt, sind die Strassen breit, sonnig, gut canalisirt, die Wohnungen gesund, billig, die sonstigen Verhältnisse angenehm, die Preise der Lebensmittel nicht theuer. — Da die Stadt nur sehr wenige Fabriken besitzt und die Feuerung meistens mit Holz besorgt wird, verfügt sie über einen Hauptvortheil gegenüber anderen eben so grossen Städten, nämlich über eine rauchfreie Athmosphäre. — Der Mangel grösserer Wasseransammlungen ist die Ursache, dass Nebel kaum 1—2mal jeden Winter vorkommt. — Die grosse Entfernung von Gletschern und grösseren ewigen Schneefeldern bedingt eine gewisse Constanz in der Temperatur, so dass grössere Schwankungen derselben zu den grössten Seltenheiten gehören.

Die mittlere Jahrestemperatur beträgt:

Periode 1851—1885	Temperatur Mittel	Maximum	Minimum	Feuchtigkeit in %	Starker Wind	Windrichtung vorherrschend	Niederschläge Tage	Summe
Jänner	−3·4	13·4	−23·6	86·7	1·2mal	SW 60mal	5·3	33·05 mm
Februar	−0·5	15·0	−20·4	80·5	0·9 „	SW 52 „	5·2	38·27 „
März	3·5	20·0	−10·6	75·8	3·7 „	S 71 „	8·5	45·64 „
April	9·4	24·0	— 1·0	70·2	4·1 „	S 34 „	8·2	45·93 „
Mai	13·0	29·4	1·0	70·4	4·2 „	SW 25 „	11·1	69·73 „
Juni	16·4	31·5	6·2	77·4	1·9 „	SW 39 „	15·2	111·56 „
Juli	17·9	34·6	8·1	78·8	1·1 „	SW 29 „	15·9	124·76 „
August	17·2	30·5	7·0	81·6	0·9 „	E 44 „	14·2	106·64 „
September	14·2	27·2	0·2	81·4	1·0 „	E 33 „	8·9	80·7 „
October	9·3	22·8	− 3·2	84·0	2·1 „	E 24 „	9·6	61·16 „
November	2·4	16·8	9·5	83·8	2·4 „	SW 50 „	7·8	44·99 „
December	− 2·6	14·0	22·2	86·6	2·1 „	SW 56 „	9·5	87·00 „
Frühling	8·5	29·4	10·6	72·1	2·0mal	SW 135mal	27·8	53·77 mm
Sommer	17·5	34·6	6·2	79·3	3·9 „	SW 68 „	45·3	114·32 „
Herbst	8·6	27·2	— 9·5	83·1	5·5 „	E 57 „	26·3	62·28 „
Winter	—2·17	15·0	—23·6	84·6	4·2 „	SW 168 „	20·0	52·77 „
Jahr	8·0	34·6	23·6	80·15	25·5mal	SW 272mal	119·4	800·70 mm

Im Sommer sorgen die aus dem Wipp- und Oberinnthal kommenden Winde dafür, dass die Temperatur keine besondere Höhe erreicht. Das Sommerklima ist in Folge dessen entgegen dem des Winters in seinem Charakter mehr feucht und in Folge dessen kühl. Die Niederschläge sind, wenn auch nicht selten, so doch nicht andauernd. Gewitter sind nicht häufig; im Jahre 1888 wurden z. B. nur zwei gezählt und ziehen diese beinahe immer gegen das Centrum der nördlichen Kalkalpen, also gegen das Hinterau- und Salzthal.

Ausser dem kräftigenden erregenden Klima, der staub- und rauchfreien, ozonreichen Luft, dem herrlichen Trinkwasser und den zahlreichen reizenden Spazierwegen, von denen die zweckmässigsten zu Terraincuren nach Prof. Dr. Oertel eingerichtet und markirt wurden, zählt Innsbruck noch eine Menge von Curmitteln. Ausser den im Sommer bestehenden 3 Schwimmanstalten sind 2 Badeanstalten vorhanden, nebst einem Dampf- und römisch-irischen Bade. — In allen Hotelbädern, sowie in den öffentlichen Badeanstalten wird die heilkräftige Salzsoole der nahegelegenen Saline in Hall verwendet. Ausserdem befinden sich in der nächsten Nähe Innsbrucks noch das idyllisch gelegene Bad Egerdach mit seinen heilsamen Quellen, ferner das vielbesuchte Bad Heiligenkreuz, für Gicht und Rheumatismus angezeigt, das Frauenbad Baumkirchen, das in wilder romantischer Gegend gelegene Volderbad, endlich noch der moorreiche Lanser See mit einem Seebade von 20° C. Nicht weit entfernt sind die Bäder in Sellrain, Mieders, der Brenner mit seiner Therme und das in der Gletscherregion gelegene Hinterdux mit einer 20° C. warmen Therme.

Zu den hervorragendsten Heilfactoren gehört das im October 1888 eröffnete, mit den modernsten Einrichtungen versehene Stadtspital mit den Universitätskliniken, in seiner Art einzig dastehend in Oesterreich. Von der Stadtgemeinde mit ungeheueren Geldopfern erbaut, bieten die verschiedenen Kliniken, von hervorragenden Fachlehrern geleitet, Gelegenheit zur Heilung der schwierigsten Leiden.

Innsbruck besitzt eine grosse Anzahl von Schulen und Fortbildungsanstalten für alle Berufsarten. Die vollständige Universität, welche durch die Vorsorge der Regierung und die Opferwilligkeit der Stadtgemeinde fast einzig in Oesterreich dasteht, bietet Gelegenheit zum Studium in allen vier Facultäten. Die neugebauten Institute der medicinischen Facultät sind geradezu mustergiltig zu nennen, und nur wenige Universitäten dürften im Stande sein, sich mit der Innsbrucker in Bezug auf ihre Institute zu messen. Der Besuch derselben hat aber auch immense Dimensionen angenommen (innerhalb zehn Jahren um das Fünffache) und nimmt noch immer zu. Ein ausgezeichnetes Obergymnasium und eine Oberrealschule gestatten vorzügliche Vorbildung für die Hochschule. Eine gut geleitete Handelsakademie, welche viel von Ausländern aus Italien und der Schweiz aufgesucht wird, ist im stetigen Aufblühen begriffen. Eine Gewerbeschule, das Schosskind der Regierung, mit vorzüglichen Lehrern und prachtvollen Lehrmitteln, wird von Jahr zu Jahr mehr frequentirt. In denselben werden auch Curse für Damen gehalten, allwo die Gelegenheit geboten wird, im Zeichnen höhere Ausbildung sich anzueignen. Die Musikschule ist von den besten Fachlehrern geleitet und erlaubt die musikalische Ausbildung nach dem Lehrplane der Conservatorien in allen Musikinstrumenten, im Gesange und in der Compositionslehre. In der höheren Töchterschule und im Pädagogium ist es jungen Damen ermöglicht, sich für den Beruf einer Lehrerin oder in Sprachen und Handarbeiten vollständig auszubilden. Die Volks- und Bürgerschulen sind vortrefflich geleitet und gut eingerichtet. Eine grosse Anzahl von Privatlehrern für Musik, Zeichnen und Malen, alle lebenden Sprachen und für Handfertigkeiten ist im Stande, den grössten diesbezüglichen Anforderungen zu entsprechen.

Aerzte sind in grosser Anzahl und für die verschiedensten Specialfächer vorhanden. Die Liste derselben liegt in jedem Hotel und jeder Pension auf.

Hotels, sowohl ersten als zweiten Ranges, meist in der Nähe der Bahn gelegen, sowie eine grosse Anzahl von Gasthöfen bieten dem Fremden Gelegenheit, je nach den Ansprüchen billig und gut zu wohnen. In den meisten Restaurationen ist Wiener Küche zu haben. Pilsner und Münchner Bier, sowie ausgezeichnete Tiroler Weine sind in verschiedenen Localen zu erhalten.

Innsbruck besitzt ein reges Vereinsleben und bietet dadurch Gelegenheit zur reichlichen Unterhaltung und Belehrung. Von den Unterhaltungsvereinen werden zahlreiche Concerte und Vereinsabende abgehalten, wodurch schon allen eine grosse Auswahl in der Unterhaltung dargeboten wird. Ein sehr gutes Theater, die stark besuchten Concerte der Militär-Musikcapelle, ferner die häufigen Gesangsabende der Tiroler Volkssänger bieten mannigfaltige Abwechslung. Als eine Specialität ist das Pradler Bauerntheater zu bezeichnen, dessen Kunsthalle kein Besucher unbefriedigt verlassen wird.

Curtaxe besteht keine. Preise der Bäder je nach Comfort. Preise der Wohnungen möblirt oder unmöblirt sehr mässig.

Innsbruck ist Knotenpunkt der Südbahn, Route Kufstein—Ala, und der k. k. Staatsbahn, Route Salzburg—Bregenz, von Wien in 12 Stunden, von München in 3 Stunden zu erreichen.

Kaltenleutgeben.

Wasserheilanstalt.

Eigenthümer und ärztlicher Leiter: **Universitäts-Professor Dr. Wilhelm Winternitz.**

Dieses Etablissement, von Wien mittelst Südbahn in vierzig Minuten erreichbar, ist das ganze Jahr hindurch zur Aufnahme von Kranken geöffnet. Dasselbe nimmt in Folge seiner günstigen Lage, der vortrefflichen Cureinrichtungen und namentlich durch seine bewährte, auf der Höhe der modernen Wissenschaft stehende Behandlung der Kranken, einen ersten Platz unter den Heilanstalten Europas ein. — Die Anstalt verfügt über mehr als 300, mit allem Comfort eingerichtete Zimmer, sechs grosse und mehrere kleinere Badesäle, ein grosses gymnastisches Institut, welches die mannigfachsten Apparate für schwedische Heilgymnastik enthält, Einrichtungen für elektrische Behandlung, elektrische Bäder, Conversations-, Spiel-, Lese- und Rauchsäle, grosse Speisesalons, ein eigenes Theater, Post-, Telegraphen- und Telephonamt, eine gute Musikcapelle, einen eleganten Cursalon, Lawn-Tennisplatz etc.

Die Durchführung der Wassercuren, sowie der elektrischen heilgymnastischen, Massage- und Diät-Curen, welche von Professor Winternitz angeordnet werden, geschieht unter der Ueberwachung von Specialisten; solche Hilfsärzte sind je nach der Jahreszeit 1—4 in der Anstalt anwesend.

Die Parkanlagen sind ausgedehnt und schattenreich; die Wege in den umliegenden Wäldern meilenweit gut gehalten, so dass man mühelos die schönsten Punkte des Wiener Waldes erreichen kann.

Die Pensionspreise in der Anstalt betragen: Während der Sommersaison, d. i. vom 15. April bis 30. September von 31 fl., während der Wintersaison d. i. vom 1. October bis 14. April von 23 fl. per Woche angefangen.

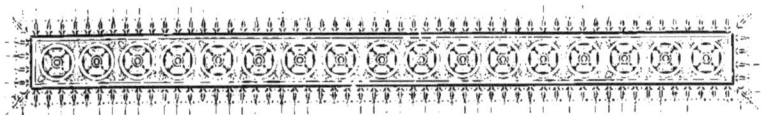

Baden bei Wien.

Warme Schwefelquellen.

Baden mit seinen berühmten Heilquellen, welche schon den Römern als Thermae cetiae bekannt waren, liegt am Eingange des reizenden Helenenthales, 232 Meter über dem Meere. Die Stadt mit der in den Currayon einbezogenen Ortsgemeinde Weikersdorf (bei Baden) zählt 14.372 Bewohner (Volkszählung 1880), ist Station der von Wien nach Triest führenden Südbahn und mittelst derselben in einer halben Stunde von Wien erreichbar.

Quellen. Die 13 salinisch-erdigen Schwefelquellen, worunter die wasserreichste, die „Römerquelle", auch „Ursprungsquelle" genannt, entspringen am Fusse des Calvarienberges in 27—35° C., sie können daher in ihrem natürlichen Zustande — ohne künstliche Erwärmung oder Abkühlung des Thermalwassers — nach der Verschiedenheit der Individualität und der Krankheitszustände angewendet werden. Die chemische Analyse der Ursprungsquelle, ausgeführt im Jahre 1877 vom Ministerialrath Professor Dr. F. C. Schneider, ergibt für 10.000 Theile Wasser: Calciumsulfhydrat 0·195, unterschwefligsaures Calcium 0·232, schwefelsauren Kalk 4·625, schwefelsaures Kali 0·265, schwefelsaures Natron 6·127, Chlormagnesium 3·194, Chlorcalcium 1·366, doppeltkohlensauren Kalk 3·690, Kieselsäure 0·222, freie Kohlensäure 0·345, Lithium- und Strontiumspuren. 100 Volumen Quellengase enthalten: Kohlensäure 2·960, Stickstoff 97·034, Schwefelwasserstoff in nicht mehr messbaren Mengen. Die übrigen Quellen enthalten mit geringen Abweichungen dieselben chemischen Bestandtheile. Das Wasser wird zur Badecur und zum innerlichen Gebrauche verwendet, und dann entweder für sich allein oder nach Zusatz von Milch, Molke oder anderen Mineralwässern. Das tägliche Wasserquantum sämmtlicher Quellen beträgt 48.100 Hektoliter. Mineral- und Kaltwasser-, Schwimm- und Badeanstalten, Inhalationen und Schlammbäder. Für Herz- und Lungenkranke sind die Einrichtungen zur Durchführung der Terraincur in höchst zweckmässiger Weise hergestellt. Im Herbste liefern die Gehänge des Calvarienberges die vorzüglichsten Trauben, welche weit und breit zur Durchführung der Traubencur versendet werden.

Die Stadt wird durch eine Abzweigung der Wiener Hochquellenwasserleitung mit dem besten Trinkwasser der Welt versorgt. Das Klima ist ein verhältnissmässig mildes; mittlere Jahrestemperatur 12° C.; keine raschen Temperaturübergänge Ein besonderer Vorzug dieses Curortes ist, dass in Folge der Quellen-Durchwärmung des Bodens die Wärmeausstrahlung nach Sonnenuntergang so geringfügig ist, dass Niederschläge (Thau) sehr selten sind, daher auch der Aufenthalt im Freien selbst zart organisirten Personen bis spät in den Abend hinein möglich ist.

Heil-Indicationen: Das Thermalwasser wird mit bestem Erfolge angewendet: bei Gicht, bei allen Formen des Rheumatismus, insofern keine Entzündungserscheinungen mehr vorhanden sind, bei Nervenkrankheiten so,

Curhaus in Baden bei Wien

wohl peripherer, als centraler Natur, also bei Neuralgien und Lähmungen, bei der Scrophulose, bei Gelenksaffectionen und Contracturen, Beinhaut- und Knochenleiden, bei Folgezuständen nach Verletzungen und schweren Erkrankungen, bei chronischen Hautkrankheiten, Syphilis, bei Metallvergiftungen, bei chronischen Katarrhen der Athmungs- und Verdauungsorgane, sowie bei Krankheiten der Harn- und der weiblichen Sexualorgane.

Heilgymnastik und Massage-Curen. Weintrauben-Curen. Dieser Curort wird wegen seiner äusserst günstigen geographischen und klimatischen Lage und wegen der vorzüglichen Qualität der hier wachsenden Trauben alljährlich auch von einer stattlichen Zahl solcher Curgäste frequentirt, die ausschliesslich nur zur Traubencur hiehergesendet werden. — Indicationen: Chronische Katarrhe des Kehlkopfes und der Bronchien, katarrhalische Affectionen der Lunge, Magen- und Darmkatarrh, Obstructionen, Leber- und Milzschwellung.

Die jährliche Frequenz beträgt 15.000 Curgäste, an welche gegen 300.000 Bäder verabreicht werden.

Es wird das ganze Jahr hindurch gebadet, die Sommersaison beginnt am 1. Mai und endet mit 15. October. Für die Wintersaison ist besonders gute Unterkunft in dem mit dem Antonsbade durch geheizte Gänge verbundenen Hotel Garni, dem „Herzoghofe". Zur Aufnahme der Curgäste sind eine Anzahl vorzüglicher Hotels, elegante Villen und comfortable Privatwohnungen, meist in Gärten gelegen, vorhanden; die Miethzinse sind mässig.

In dem schattigen, weit ausgedehnten Parke spielt dreimal täglich die Curcapelle bei schönem Wetter, bei ungünstiger Witterung in dem grossen Saale des prächtigen, neuerbauten Curhauses (siehe Abbildung), in dessen eleganten Räumen die Curgäste unentgeltlich Zutritt haben. Während der Hauptsaison spielt die Curcapelle jeden Mittwoch Nachmittag auf der sogenannten „Hauswiese" im Helenenthale. In der im Parke gelegenen Arena finden täglich Theatervorstellungen statt; auch wird durch Feste, Concerte, Reunionen, Bälle etc. für das Vergnügen der Curgäste in steter Abwechslung gesorgt.

Post-, Telegraphen-, Telephon- und Eisenbahnverbindungen mit der ganzen Welt.

Aerzte: Dr. Wilhelm Barth, Alois Brandstetter, Dr. Carl Czuberka, Dr. Josef Gropper, Dr. Otto Hassack, Dr. Gustav Kopriva, Michael Leitzenberger, Dr. Josef Ritter von Mülleitner, Dr. Hermann Raab, Dr. Josef Schwarz.

Arco

in Südtirol (nächst dem Gardasee).

Klimatischer Herbst- und Wintercurort.

In einem mit Naturschönheiten verschwenderisch ausgestatteten Thale am rechten Ufer des Sarca-Flusses, angebaut am südlichen Abhange eines steilen Felsens, dessen Spitze das Castell'Arco krönt, liegt das Städtchen Arco, 90 Meter über der Meeresfläche. Hier am Ende des Sarca-Thales ist ein imposanter Kranz von der riesigen Bergwelt Tirols sichtbar. Sie bäumt sich noch ein letztes Mal auf, um sich dann rasch in die sanften Gefilde Italiens zu verlieren. Die Bevölkerung (3000 Einwohner) lebt von der Landwirthschaft, vorwaltend Seidenzucht, Oel- und Weinbau. Das Thal ist gegen Nord, Ost und West, also von drei Seiten, von 2–3000 Meter hohen Bergen

Arco Curplatz

umschlossen, deren Spitzen zumeist kahl sind oder doch nur spärlichen Wachsthum zeigen, während die unteren Theile mit ihrem mattgrünen Laubschmuck der Olivenwälder das Thal umsäumen und der Gegend einen eigenthümlichen, südlichen Charakter verleihen, indem dieselben die gleiche Belaubung im Winter wie im Sommer zeigen. Das ebene Thal, eine halbe Stunde lang und breit, ist reizend schön und gleicht einem Parke von Maulbeerbäumen und Reben.

Es gedeiht ausser vorzüglichem Wein (z. B. Vino Santo) der Feigen-, Granatapfel-, Lorbeer- und echte Kastanienbaum, die japanische Mispel, der Kirschlorbeer, die Ceder, die Cypresse, Steineiche, die Magnolie und der Oleander, an günstiger gelegenen Punkten sogar die Orange, der Fieberbaum (Eucalyptus), die Palme und Agave. Gegen Süden (Gardasee) ist das Thal offen und geniesst in Folge dessen ungehindert die erwärmenden Strahlen der Sonne.

Diese vorzügliche Lage des Thales macht Arco zu einem angenehmen und äusserst vortheilhaften Winteraufenthalt für Kranke. Das Auftreten der oben angeführten Pflanzen, die sonst nur in weit südlicher gelegenen Breitegraden gedeihen, hier aber den Curplatz und die Gärten vorzüglich schmücken und immer grün erhalten, spricht genügend für die ausserordentliche Milde

Schloss Erzherzog Albrecht in Arco.

des Klimas und geschützte Lage von Arco. Dieses Thal besitzt einen im Verhältniss zu seiner geographischen Lage hohen Wärmestand und dankt dieses seiner vor Winden geschützten Position. Selbst der in allen südlichen Küstenorten im Frühjahr erscheinende Südwind „Ora" (nicht Bora) wird in Arco durch einen am nördlichen Ufer des Gardasees hervorragenden Felsenstock (Monte Brione) so gebrochen, dass er selten belästigend wird; auch wird dem Klima durch die nahe grosse Wasserfläche des Gardasees der Charakter der Gleichmässigkeit, analog dem Küstenklima, verliehen. Die Luft ist reich an Ozon, frei von ungesunden Miasmen. Die fast absolute Windstille der Wintermonate dürfte in dieser Hinsicht kaum einen zweiten Punkt (afrikanische Küste, weil offen am Meere liegend, nicht ausgenommen) finden. Einstimmig wird dieses von allen Besuchern Arcos anerkannt, und die neueren Autoren der Klimatotherapie würdigen diese ausserordentlichen Vorzüge. — (Eulenburg's Real-Encyclopädie sagt p. 485: „Dadurch besitzt Arco einen im Verhältniss zu seinem geographischen Breitegrade hohen Wärmestand, wie ihn viel südlichere Orte im Winter nicht haben.") Der Herbst ist angenehm warm — der Winter bietet vorwaltend heitere, schöne Tage; die Monate December, Jänner und Februar weisen zusammen selten mehr als 8—10 Regentage auf. In der Mittagszeit steigt das Thermometer, der Sonne ausgesetzt, bis zu 30° C., während an den ungünstigsten Tagen sogar an der Nordseite der Häuser das Thermometer fast nie unter Null zeigt. Seit Jahren gemachte Beobachtungen haben gezeigt, dass im Winter kaum 12 Tage vorkommen, an welchen der Kranke der Witterung wegen das Zimmer hüten muss. Das Klima Arcos ist daher ein ausgesprochen „südliches" zu nennen und hat specielle wichtige Vorzüge. Selbst empfindliche Kranke können in den Wintermonaten täglich viele Stunden im Freien zubringen, wozu die ausgedehnten Park- und Gartenanlagen, sowie die herrlichen Spaziergänge in den Olivenwäldern reichlich Gelegenheit bieten.

Curmittel. Es besteht in Arco eine **neue Curanstalt** (unter der Leitung des Dr. H. Wollensack), welche passende, comfortable und nach den jetzigen Anforderungen der Wissenschaft völlig eingerichtete Räume enthält, und zwar: *a)* Neun Soolenzerstäubungs-Cabinen zur Inhalation von Gleichenberger Quellsoole nach dem in Gleichenberg selbst bewährten Muster; *b)* Inhalationen von Latschenkiefer-Dämpfen in 12 Einzelcabinen, für welche die Latschenkiefern aus den umliegenden Hochgebirgen bezogen werden; alle Inhalationsräume werden mit entsprechend erwärmter Ventilationsluft beschickt; *c)* mehrere Cabinen für Süsswasser- und Kiefernadelbäder, denen auch beliebige Badesalze zugesetzt werden können; *d)* doppelte Einrichtung zu Hydropathie für beide Geschlechter in zwei mit Auskleidecabinen communicirenden Sälen, welche ausser den gewöhnlichen Apparaten für Kaltwassercuren auch temperirbare Hochdruck-Douchen, Dampfstrahl-Douchen und Dampfkästen enthalten; das ganze Gebäude ist mit Centralheizung versehen, und die einzelnen Localitäten stehen in unmittelbarer Verbindung mit einem, im Mittelpunkte gelegenen, sehr geräumigen allgemeinen Wartesaale; *e)* pneumatischer Respirationsapparat, Elektrotherapie, Massage. Geübte Frottirer und Abreiber, männliche sowie weibliche, besorgen die hydropathische Behandlung nach ärztlicher Anordnung. Die billigen, ausgezeichnet guten und süssen Trauben zum Gebrauch der Traubencur, sowie vorzügliche frische Feigen, eine Specialität von Arco, werden in den Herbstmonaten mit Vorliebe von Magenkranken mit gutem Erfolg genossen. — Gute Ziegen-, Kuh- und Eselinnenmilch, sowie unter ärztlicher Aufsicht bereitete Molke ermöglichen es dem Kranken, die klimatische Cur zu unterstützen.

Eisenbahn Mori-Arco-Riva im Baue, Eröffnung derselben Sommer 1890.

C. Spitzmüller
Curvorsteher.

Annenheim

am Ossiacher See bei Villach.

Luftcurort.

Die mittelst dem zum Hotel gehörigen Dampfschiff in fünf Minuten zu erreichende Haltestelle Sattendorf der Kronprinz Rudolf-Bahn liegt 487 Meter über dem Meere. Inmitten prächtiger Parkanlagen, begrenzt von dichtbestandenen Tannen- und Fichtenwäldern, sind idyllische Ruhe, reine, balsamische, ozonreiche Luft, kaum nennenswerthe Temperaturschwankungen, vorzügliches, silberhelles Gebirgsquellenwasser, mildes, heiteres Klima, die Bedingungen, welche dieses Haus zu einem klimatischen Curorte ersten Ranges erheben.

Ueberragt von der imposanten Kette der Karawanken, öffnet sich von der nahegelegenen Ruine Landskron dem trunkenen Auge der Ausblick in das liebliche amphitheatralisch aufgebaute Villachthal, und an hellen Tagen leuchtet weit von Osten herüber aus der wildzerrissenen, kahlen, blassröthlichen Kalksteinkette der König der karnischen Alpen, „Der Grintouz“, herüber, — die Krone von Wolken, das Stirnband von Eis.

Biedere, lebensfrohe Menschenkinder sind unsere Nachbarn geworden, und wer je eine Kärntner Bauernhütte betrat, wer einmal Kärntner Lieder hörte, dem wird das Herz weit aufgehen in süssem Behagen inmitten dieser einfachen, bienenfleissigen, liebes- und lebensfreudigen Naturkinder. Das naive Denken und Fühlen dieses Volkes spricht aus seinen Sagen, seinen Liedern und wirft helle Streiflichter auf die Sinnesart dieser allerwelt beliebten Bewohner unseres herrlichen Berglandes.

Eine entzückende Fusspartie bietet das nette Dorf St. Ruprecht, mit einer katholischen und einer protestantischen Kirche, an der Einmündung in das herrliche Treffner-Thal mit gleichnamigem Ort und dem schönen Schloss des Grafen La Tour. Drei Stunden von Klagenfurt, der Hauptstadt unseres Heimatlandes, eine halbe Stunde von Villach entfernt, bietet unser Haus auch leichte Verbindung mit Städtern und gestattet in Tagespartien die lohnenden Ausflüge nach dem Wörther-, dem Raibler-, Faaker- und Millstädter-See. Eigene Fischerei, Billard, Kegelbahnen, Lese- und Damensalon, Kahnfahrten, Milchcur, Seebäder (Kalmusbäder), elegant eingerichtete Appartements und Zimmer zu sehr mässigen Preisen, dies sichert uns stets den vom Herzen kommenden, zum Herzen sprechenden Gruss unserer Gäste: Auf Wiedersehen!

Stefan Kleinszig m. p.

Amenleme

Bilin.

Sauerbrunn.

Bilin in Böhmen, Saazer Kreis, politischer Bezirk Teplitz, Gerichtsbezirk Bilin, deutsche Stadt am Bielaflusse, zwei Stunden von der Badestadt Teplitz entfernt, 6000 Einwohner.

Eisenbahnstation Bilin (Pilsen—Priesen [Komotauer], Prag—Duxer und Bielathalbahn), Anschluss mit Pilsen—Priesenerbahn, in Dux an die Züge der Aussig—Teplitzerbahn, desgleichen mit Bielathalbahn in Türmitz, Omnibus-Verbindung mit Station Preschen der Aussig—Teplitzerbahn zu allen nach Teplitz, Aussig und Brüx-Komotau verkehrenden Zügen (sechsmal täglich). K. k. Bezirksgericht, Post- und Telegraphenamt.

So weit bekannt, begannen die ersten Versendungen des Biliner Sauerbrunns im Jahre 1779. Schon sehr zeitlich bei näherem Studium der Quellenwirkungen machte sich der Wunsch geltend, dass nicht nur der Sauerbrunn von Fremden an der Quelle selbst getrunken werden könne, sondern dass auch Anstalten getroffen würden, um denselben als Badewasser gebrauchen zu können, und schon im Jahre 1808 gibt Franz Ambros Reuss in seiner Monographie „Die Mineralquellen in Bilin" diesem Wunsche beredten Ausdruck. Dasselbe that Seiche im Jahre 1855 und in ganz anregender und warmer Weise der jüngst verstorbene Nestor der Balneologie, Professor Löschner, in seinem noch heute massgebenden Schriftchen „Der Sauerbrunn zu Bilin in Böhmen" im Jahre 1859. Erst Ende der Siebziger-Jahre wurde diesem vielseitigen Wunsche Rechnung getragen und der humanen Gesinnung seines hochherzigen Eigenthümers, des Fürsten Moriz von Lobkowitz, ist es zu verdanken, dass im Jahre 1876 zu dem neuen Curorte Sauerbrunn Bilin der Grundstein durch Beginn des Baues des ersten Curhauses daselbst gelegt wurde.

Im Jahre 1878 schon wurde die erste Saison eröffnet und es ist bei gleich bleibenden Verhältnissen zu hoffen, dass baldigst ein zweites Curhaus den neuen Curort vergrössern wird.

Das Curhaus selbst liegt in sehr angenehmer und gesunder Lage. Seine Hauptfront mit einer die ganze Länge des Gebäudes einnehmenden steinernen, mit vielfachem Grün gezierten Veranda liegt gegen Osten und empfängt die ersten Strahlen der Morgensonne. Aus den Fenstern geniesst man eine herrliche Aussicht: nach links auf das Städtchen Bilin mit seinem imposanten fürstlichen Schlosse im Hintergrund, nach vorn auf den majestätischen Phonolith, den Biliner Boržen, nach rechts in das liebliche Bielathal. Wer den kühlen Schatten vorzieht, wählt die rückwärtige westliche Front, welche die Aussicht in das schattige Grün des Parkes und auf die Quellen bietet. Im Souterrain waren im Beginn sechs geräumige Badezellen für Sauerbrunnbäder und auf beiden Flügeln ein russisches Dampfbad angebracht. Sehr bald stellte sich das nothwendige Bedürfniss einer Abtheilung für Kaltwassercur heraus und wurde daher das weniger besuchte Damendampfbad cassirt und im Jahre 1883 eine ausserordentlich hübsch hergerichtete Kaltwasserabtheilung eröffnet, welche drei Wannen für Halbbäder und Betten für Einpackungen, verschiedene kalte und warme Douchen, ein kaltes Vollbad und zwei continuirlich fliessende Sitzbäder enthält. Man hat die Errichtung der hydropathischen Abtheilungen auch nicht zu bereuen gehabt; sie führt der Anstalt, die sich namentlich durch renommirte Badediener auszeichnet, eine jedes Jahr wachsende Zahl von Besuchern zu.

Im Parterre und im ersten Stock befinden sich 32 elegant eingerichtete, zu billigen Preisen abzugebende Wohnzimmer, im Parterre zugleich das ärztliche Ordinationszimmer, das Lesezimmer, Speisezimmer und der geräumige, die ganze Höhe des Gebäudes einnehmende Cursalon.

Da der ganze Gebäudecomplex in einer Bucht des Ganghofberges liegt, hat er von dem Rauche der weit entfernt liegenden Kohlenwerke durchaus nicht zu leiden und erfreut sich auch im Hochsommer, namentlich am Morgen und Abend einer erfrischenden Kühle.

Nach Süden, Norden und Westen ist das Curhaus von dem ausgedehnten, den Ganghofberg langsam ansteigenden Park und von allerdings noch jungen Waldanlagen umgeben, und heuer wurden wieder letztere durch Ankauf eines grösseren angrenzenden Feldercomplexes in erfreulicher Weise vergrössert.

Der ganzen sonst angenehm ruhigen Landschaft wird durch die am Fusse der Anstalt vorübereilende Eisenbahn, durch die Drahtseilbahn der Versendung, durch den im Thale sich hinschlängelnden Bielabach ein belebender Reiz verliehen.

Was den Curgebrauch selbst betrifft, wird der Biliner Sauerbrunn theils frisch an der Quelle, theils gewärmt, theils gemischt mit Molke, Saidschitzer Sole, theils in Combination mit anderen Mineralwässern getrunken, dabei theils kalt, theils in mit Dampf erwärmtem Sauerbrunn gebadet.

Der Schwerpunkt der therapeutischen Erfolge liegt in der wohlthuenden Ruhe, in dem gemässigten, gesunden Klima der Anstalt, in der musterhaften Ordnung und peniblen Reinlichkeit des Hauses und ist namentlich nervösen, der Ruhe bedürftigen Kranken zu empfehlen.

Curfrequenz der Saison 1889: 356 Personen.

Zwei Officiers-Freiplätze, eingetheilt in 3 4 Perioden, waren bisher stets von Officieren der k. u. k. activen Armee und Officieren des Ruhestandes besetzt.

Die Heilwirkungen des Biliner Sauerbrunns. Allgemeine physiologische Wirkung und chemische Zusammensetzung des Biliner Sauerbrunns. Der Biliner Sauerbrunn ist einer der reinsten und besten alkalischen Säuerlinge. Er ist vollkommen hell und klar, geruchlos, reichlich perlend, von angenehmem, weichen, gering laugenhaften Geschmack und hat eine constante Temperatur von 12·30° C. Längere Zeit der atmosphärischen Luft ausgesetzt, verliert er einen Theil der freien Kohlensäure (der Rest entweicht erst beim Erwärmen) und es wird dadurch der laugenhafte Geschmack noch etwas merklicher; zugleich trübt er sich dabei und setzt einen geringen Niederschlag ab.

Der Biliner Sauerbrunn wurde zum ersten Male von Franz Ambros Reuss 1788 einer detaillirten chemischen Analyse unterzogen; es waren aber die damaligen Hilfsmittel in der Chemie so primitiver Natur, dass diese quantitative Analyse wohl mehr nur noch historischen Werth hat.

Wirklichen Werth haben nur die Analysen von Professor Redtenbacher im Jahre 1844 und Professor Huppert in Prag 1875.

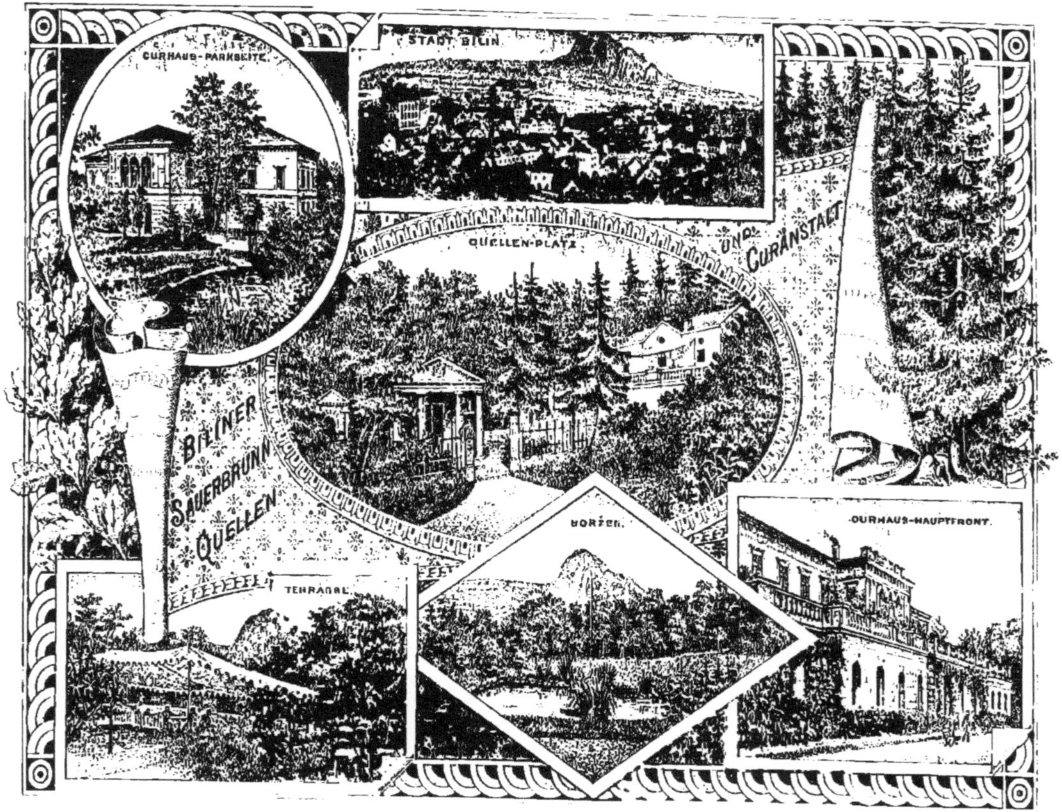
CURHAUS-PARKSEITE
STADT BILIN
QUELLEN-PLATZ
UND CURANSTALT
BILINER
SAUERBRUNN
QUELLEN
TERRASSE
BORŽEN
CURHAUS-HAUPTFRONT

Bilin

Wir lassen beide in vergleichender Form folgen:

In 10.000 Theilen:	Josefs-Quelle Professor Redtenbacher im Jahre 1844	Josefs-Quelle Professor Dr. Huppert im Jahre 1875
Schwefelsaures Kali	1·283	2·3496
Schwefelsaures Natron	8·269	7·1917
Chlornatrium	3·823	3·8446
Kohlensaures Natron	30·085	33·6339
Kohlensaures Lithion	0·188	0·1089
Kohlensaurer Kalk	1·021	1·1050
Kohlensaure Magnesia	1·131	1·7157
Kohlensaures Eisenoxydul	0·094	0·0279
Kohlensaures Manganoxydul	Spuren	0·0407
Phosphorsaure Thonerde	0·081	0·0022
Kieselsäure	0·317	0·1339
Summa der festen Bestandtheile	49·598	53·3941
Halbgebundene Kohlensäure	15·092	16·7323
Freie Kohlensäure	17·247	14·0921
Summa aller Bestandtheile	81·937	84·2185
Gesammte Kohlensäure	....	47·5567

Constante Dichte 1·00663 bei 14° C. Temperatur der Quelle 12·30° C.

Vergleicht man die im Jahre 1875 von Professor Dr. Huppert mit der im Jahre 1844 von Professor Redtenbacher gemachten Analyse, so zeigt sich, dass der Gesammt-Kohlensäuregehalt zwar unverändert geblieben ist, die Quelle aber an festen Bestandtheilen nicht unerheblich gewonnen hat. Die Josefs-Quelle enthält jetzt in 10.000 Theilen 53·3941 feste Bestandtheile, fast neun Percent mehr als jemals früher gefunden wurde. Diese Zunahme der festen Bestandtheile rührt von einer Vermehrung der kohlensauren Salze her, die als doppeltkohlensaure in der Quelle enthalten sind, und namentlich des kohlensauren Natrons, des Hauptbestandtheiles der Quelle.

Im Jahre 1888 wurde gelegentlich eines Stollenbaues behufs Ableitens der den Quellen zusitzenden Wildwässer, welcher theilweise durch den Sauerbrunn führenden Gneisfelsen einen Meter unter den alten Quellensohlen getrieben werden musste, eine reiche Sauerbrunnquelle angefahren, welche kräftiger als die alte Josefs-Quelle, unter dem Namen „Felsenquelle" zum Versandt kommen wird und täglich 15.000 Liter Wasser liefert. Die Analyse dieser Quelle wurde seitens der Behörde angeordnet und wird noch in diesem Jahre veröffentlicht. Jährliche Versendung über 3 Millionen Flaschen.

Pastilles digestives de Bilin (Biliner Verdauungszeltchen.) In vielen Krankheiten des Magens und des Darmcanals ist ihre Wirkung eine **vollkommen ausreichende**, so dass sie ohne Beihilfe eines anderen Medicamentes Heilung bewirken. Sind diese auch nicht Krankheiten erster Grösse, so sind es doch solche, welche leicht zu grossartigen Leiden anwachsen und dann der Kunst unzugänglich werden. Selbst aber auch in diesen bleiben die Pastilles digestives noch immer treffliche Linderungsmittel und werden ohne Secundärwirkungen auffallender Art von den Kranken gern und mit Nutzen genommen.

In die erstere Reihe von Krankheiten gehört vor Allem die **Ueberladung des Magens mit Speisen** oder mit **geistigen Getränken, die Säurebildung im Magen und Darmcanale,** so wie die daraus hervorgehenden lästigen Symptome: **Sodbrennen, Magenkrampf, Blähsucht** und **beschwerliche Verdauung.** Einige Gaben der Pastilles digestives zu sechs bis acht Stück für Erwachsene, zu zwei bis drei Stück für Kinder, in Zwischenräumen von einer halben Stunde genommen, bringen rasch Erleichterung und Befreiung von dem lästigen Uebel. Ein anderes Uebel, in welchem sie treffliche Wirkung äussern, ist der **Magenkatarrh,** ob herbeigeführt durch unzweckmässige, allzu rasche Mischung von warmen und kalten Ingesten in dem Magen, oder verbunden mit übermässiger Schleimproduction, als **chronischer Magenkatarrh.** Hier ist es eigentlich, wo sie, **methodisch gebraucht, am meisten zu leisten vermögen,** da sie neben der Bindung von Gas auch die abnorme Schleimproduction hemmen und die normale Function des Magens wieder herstellen.

Eine dritte Reihe von Unwohlsein bietet die **geschwächte Verdauung** dar. Diese ist so häufig Folge von unregelmässiger Diät, von übermässigem Genusse, sogleichen geistigen Arbeiten nach Tisch, sitzender Lebensweise und dadurch bedingter langsamer peristaltischer Bewegung des Darmcanals.

Bei den aus längerer Zeit hindurch gestörter Verdauung hervorgehenden Krankheiten: anomalen Umbildungsprocessen, Hämorrhoiden, Gicht, Erzeugung von Sand und Gries, sind sie jedenfalls treffliche Beihilfsmittel. Ausgezeichnet wirken sie im kindlichen Organismus bei Verdauungsstörungen jeder Art und wird durch den Gebrauch der Pastilles de Bilin oft ernsteren Krankheiten vorgebeugt.

Sowohl die Antimonialpräparate, als der phosphorsaure Kalk, das salzsaure Baryt, die bitteren Mittel, das Chinin, das Eisen und der Leberthran werden bei dem Gebrauche der Pastilles digestives viel leichter von den Verdauungsorganen ertragen, rascher, sicherer und ohne lästige Nebensymptome in die Säftemasse gebracht und so deren Wirksamkeit befördert, geläutert und erhöht.

Man gebe zu diesem Ende kurz vor und sogleich nach dem Einnehmen des Leberthrans und der anderen eben genannten Präparate zwei bis drei Pastilles digestives.

Selbst den Gebrauch der Mineralwässer, namentlich der kohlensauren Glauber- und Kochsalzsäuerlinge und der solvirenden Eisenwässer, nicht minder der kräftigen jod- und bromhaltigen Natronchloridwässer werden die Pastilles digestives, zweckmässig benutzt, trefflich einleiten und ihre Wirkung während der Anwendung unterstützen.

Bei Atonie des Magens und Darmcanals mit der steten, lästigen Gasentwicklung und dem Gefühl der Auftreibung, wie sie bei sitzender Lebensweise, unzweckmässigem Gebrauch von Speisen und Getränken, namentlich bei Hypochondrie und Hysterie beobachtet werden, sind die Pastilles digestives ganz besonders zu empfehlen.

Zudem ist das Mittel ein so einfaches, in seiner Gabe so leicht berechenbares, so wohlschmeckendes, dass auch das empfindsamste, delicateste Individuum es gern einnimmt und die Gabe auch drei- bis viermal des Tages wiederholt werden kann, ohne irgend eine lästige Nebenerscheinung.

Die Pastilles digestives de Bilin werden in blau etiquettirten, grün gesiegelten Schachteln, und zwar in grossen Schachteln zu 10 Dekagramm oder 57 bis 58 Stück und in kleinen Schachteln zu fünf Dekagramm oder 30 Stück Pastillen versendet.

Brunnen-Direction Bilin in Böhmen:

Dr. Wilhelm Ritter von Reuss

Brunnenarzt.

Salzburg.

Subalpiner Gebirgscurort.

Salzburg, die Hauptstadt des gleichnamigen Kronlandes, liegt unter 30° 43' ö. L. und 47° 48' n. Br., 420 Meter über der Meeresfläche an beiden Ufern der Salzach, eingebettet zwischen dem Kapuzinerberge und dem Mönchsberge, dessen höchste südöstliche Erhebung von der altersgrauen, doch wohlerhaltenen Veste Hohensalzburg gekrönt ist.

Die Reize der Gebirgswelt vereinen sich in der Umgebung Salzburgs mit jenen des Flachlandes und verhalfen dieser an Kunst- und Baudenkmälern reichen Stadt zu dem Ruhme, die schönste deutsche Stadt zu sein.

Alexander v. Humboldt stellt sie in eine Reihe mit Neapel und Constantinopel.

Die grosse Anzahl herrlicher Gotteshäuser, darunter der Dom, die Stiftskirche St. Peter, die Collegienkirche, die Kirche am Nonnberg u. s. w. verhalfen der Stadt zu dem Namen: das deutsche Rom.

Salzburg hat aber auch das Glück, unter den österreichischen Landeshauptstädten als die gesundeste genannt zu werden.

Nach dem Ergebnisse der Berichte der k. k. statistischen Central-Commission über die Mortalität in den einzelnen Landeshauptstädten Oesterreichs weist Salzburg auch in dieser Richtung die günstigste Ziffer aus.

Von je 1000 Einwohnern starben (mit Einschluss der Todtgeborenen) im zehnjährigen Durchschnitte in Salzburg (1873–1882) 25·7, während die nächst höhere Ziffer schon 30·6 und die höchste 45·2 beträgt.

Auch die Ziffern des statistischen Berichtes des Wiener Stadtphysikates über die Mortalitäts-Ergebnisse im Zeitraume 1873–1882 bei folgenden Infectionskrankheiten: Tuberculose, Masern, Scharlach, Diphteritis, einschliesslich Croup und Blattern in den Kronlandshauptstädten mit Ausnahme Dalmatiens sprechen der Stadt Salzburg die günstigsten Verhältnisse zu. Diesen Vortheil dankt Salzburg nicht allein seinen glücklichen klimatischen Verhältnissen, sondern auch den seit dem Bestehen einer autonomen Gemeindeverwaltung getroffenen Einrichtungen auf dem weiten Gebiete der öffentlichen Gesundheitspflege.

Seit der Uebernahme der Selbstverwaltung und seit Salzburg auch durch die Schienenstränge mit dem Weltverkehre in Verbindung gebracht wurde, hat diese Stadt einen raschen Aufschwung genommen. Die Wälle und Festungsmauern fielen; schöne Kaie dämmten den früheren fessellosen Lauf des wilden Gebirgsflusses und ein neuer Stadttheil erhob sich im rechtsseitigen nördlichen Bezirke der Stadt; am schönsten südlich gelegenen rechtsseitigen Theile derselben wurden in jüngster Zeit durch die Regulirung des Gersbaches die Bedingungen für neue Bauanlagen geschaffen.

Ein ausgedehntes Canalnetz durchzieht die Stadt, welcher ein ausserordentlicher Wasserreichthum zu Gute kommt. Eine der verdienstvollsten Unternehmungen war die Herstellung der Hochquellenleitung vom Fürstenbrunnen am Untersberg, von welcher Wasserleitung Geheimrath Professor v. Pettenkofer in einem Schreiben an die Stadtgemeinde anlässlich der Eröffnung (1875) sagt: „Die Stadt Salzburg kann in jeder Beziehung getrost in die Zukunft sehen. Ihre ganze Stadt wird aus dem Fürstenbrunnen „Gesundheit" trinken!"*)

Auch dem Badebedürfnisse ist Rechnung getragen durch das allen Ansprüchen entsprechende städtische Curhaus, mit welchem stattliche Unterhaltungsräume und schöne Gartenanlagen in Verbindung stehen, welch' letztere eine Fortsetzung der Mirabellgärten bilden.

Eine neue Schöpfung ist das heuer vollendete Volksbrausebad, welches sich eines sehr lebhaften Zuspruches erfreut.

Die in nächster Nähe der Stadt, am herrlichen Leopoldskroner-Weiher gelegene Militär-Schwimmschule bietet beiderlei Geschlechtern ebenfalls erwünschte Badegelegenheit. An der von dort an den Fuss des Untersberges führenden Moosstrasse befinden sich zwei Torfmoorbade-Anstalten: das Ludwigs- und das Marienbad, welchen jedoch in neuerer Zeit durch die Woska'sche Torfmoorbade-Anstalt in Schallmoos im Stadtbezirke selbst eine bedeutende Concurrenz erwachsen ist.

Auch den Freunden von Kunst und Wissenschaft bietet die Mozartstadt reichliche Genüsse. Salzburg besitzt ein k. k. Theater, ein Künstlerhaus, in welchem der Kunstverein alljährlich grosse Ausstellungen veranstaltet. Die internationale Mozartstiftung: Mozarteum und der Dommusik-Verein widmen sich der Pflege der Kirchen- und Concertmusik, die Liedertafel dem Männergesange. Der in jüngster Zeit in Aussicht genommene Bau eines „Mozart-Festspielhauses" auf dem Mönchsberge ist als gesichert zu betrachten.

Einen kostbaren Schatz trefflich geordneter Salzburgischer Alterthums-, cultur- und naturhistorischer Sammlungen und eine insbesondere an werthvollen Salisburgensien reiche Bibliothek birgt das städtische Museum Carolino-Augusteum; kirchliche Alterthümer verwahren die Schatzkammern des Domes und des Stiftes St. Peter.

Im städtischen Kosmoramengebäude befindet sich das grosse Panorama der Stadt Salzburg, gemalt von Hubert Sattler. Dieses getreue Bild des baulichen Zustandes dieser Stadt bis zum Eintritte der Stadterweiterung ist besonders geeignet, den Umfang der heutigen Entwicklung Salzburgs zu bemessen. Die von demselben Künstler und dessen gleichberühmten Sohne gemalten Kosmoramen gewähren eine wechselnde Auslese der schönsten und interessantesten Gegenden aus allen Welttheilen.

Ein Anziehungspunkt für die Besucher Salzburgs sind nicht minder die berühmten Friedhöfe von St. Peter und St. Sebastian, deren Belegung nunmehr jedoch aufgelassen wurde, nachdem ein neuer schöner Communal-Friedhof in grossartiger Umgebung ausserhalb der Stadtgrenze in Gneis errichtet wurde.

In zahlreichen Gasthöfen, von welchen die jüngeren mit allen, selbst den modernsten Bedürfnissen entsprechenden Einrichtungen versehen sind, finden die Fremden bequeme Unterkunft.

Ein Verein zur Hebung des Fremdenverkehres hat sich zur Aufgabe gemacht, den Anforderungen desselben entgegenzukommen, wobei ihm die Thätigkeit der hiesigen Sectionen des deutschen Alpenvereines und des österreichischen Touristenvereines, sowie der Verschönerungsverein werkthätig zu Hilfe kommen.

---

*) Die Fürstenbrunnenquelle liegt 168·5 Meter über dem Nullpunkt des Salzachbrücken-Pegels, hat eine Temperatur von 4—5 Grad Réaumur. Die Wasserleitung wurde von der deutschen Wasserwerks-Gesellschaft in Frankfurt ausgeführt und 1875 vollendet. Die Gesammtlänge des Rohrnetzes beträgt 31 Kilometer. Als Verdienstsumme erhielt die Bauunternehmung fl. 530.747·11. Die Einnahmen aus den Wasserzinsen betrugen 1888 fl. 48.455.

Salzburg

Durch die k. k. Elisabeth-Westbahn, die bayerische Ostbahn und die k. k. Giselabahn, welche sich in Salzburg vereinigen, finden die Fremden aus allen Richtungen bequeme Bahnverbindungen; eine Zahnradbahn vermittelt den mühelosen Besuch des Gaisberges, des österreichischen Rigi, die Dampf-Tramway verkehrt vom Bahnhofe durch die Stadt bis zur bayerischen Grenze bei Hangendenstein, von wo die Reisenden mittelst Omnibus nach Berchtesgaden weiter befördert werden, wenn diese es nicht vorziehen, auf der gleichfalls zu Gebote stehenden Linie Salzburg-Reichenhall-Berchtesgaden die Eisenbahn zu benützen. Demnächst wird auch die bayerische Bahnstrecke Freilassing-Laufen und damit eine bequeme Verbindung Salzburgs mit dieser bayerischen Stadt und dem gegenüberliegenden österreichischen Markte Oberndorf an der Salzach und dessen anmuthiger Umgebung eröffnet werden. Ebenso wird im Jahre 1890 der elektrische Aufzug auf den Mönchsberg seiner Vollendung entgegengehen.

Die Schmalspurbahn von Salzburg über Mondsee nach Ischl ist bereits in der Ausführung begriffen.

Auch die Herstellung einer Aufzugsbahn auf die Veste Hohensalzburg steht in sicherer Aussicht.

Hat durch die bereits bestehenden Verkehrslinien der Fremdenzufluss schon bedeutend zugenommen, so ist durch die neuen und in der Entstehung begriffenen Communicationen noch eine bedeutende Steigerung des Fremdenverkehres zu erwarten. (Nach dem Ausweise über die Fremdenanmeldungen ist deren Zahl von 31.550 im Jahre 1877 auf 52.717 im Jahre 1889 gestiegen.)

Es erübrigt uns nun noch, auch der klimatischen Verhältnisse Erwähnung zu thun.

Wohl steht Salzburg in dem Rufe überflüssigen Regenreichthums; doch hat es die häufigeren atmosphärischen Niederschläge mit anderen Orten an der nordwestlichen Abdachung der Alpen gemein, nur dass eben die besondere Schönheit der alpinen Umgebung die Reisenden, welche hier vom Regenwetter ereilt werden, ihr Missgeschick doppelt beklagen lässt.

Nach den Witterungsausweisen der meteorologischen Beobachtungsstation in Salzburg für das Jahr 1888 betrug das Mittel des Luftdruckes 723·9, der Lufttemperatur 8·2 Grad (das Maximum + 32·6, das Minimum — 20·8); der mittlere Luftdruck 6·8 Millimeter; der mittlere Feuchtigkeitsgehalt 78·1 Percent, die Summe des Niederschlages 1219·2 und das Maximum desselben in 24 Stunden 57·6 Millimeter am 2. September; die Zahl der Tage mit Niederschlägen 148; die Stärke des Windes (bei einer Scala von 0—10) betrug im Durchschnitte 2·5, bei einem Maximum von 2·7 und einem Minimum von 2·0.

Vor heftigen Winden durch die natürlichen Schutzmauern der Berge geschützt, ist das Klima daher angenehm und gesund.

Grado.

Curort mit Seeklima.

Schon vor 2000 Jahren in die Geschichte Aquilejas — jenes berühmten Kleinodes des Alterthums — verflochten und bereits im ersten Jahrhundert Kriegshafen dieses strategischen und commerciellen Knotenpunktes des römischen Reiches, gegen Ende des sechsten Jahrhunderts der Sitz eines eigenen Patriarchates, reichen dessen erste Ansiedlungen bis in die graue Vorzeit, wo Geschichte und Sage sich wechselseitig unentwirrbar durchdringen.

Heute ist es ein kleines, immerhin styl- und stimmungsvolles Städtchen von etwa 3000 Einwohnern italienischer Zunge, welche ihre Abstammung mit ziemlicher Wahrscheinlichkeit von den alten paphlagonischen Venetern ableiten.

Südöstlich gegen Triest friedlich hinlächelnd, erhebt sich dieses Eiland, wenige Seemeilen vom Festlande entfernt, aus der Lagune, auf deren seichten Grund rings herum gleichsam ein aus dem feinsten Sand bestehender Sammtteppich unter der smaragdgrünen Fluth sich weithin ausbreitet. Wie mit magnetischer Kraft wird der nach Kühlung lechzende Badegast herniedergezogen, während lustberauscht die Silberfischlein gleich elektrischen Funken aus der Spiegelfläche sich emporschnellen, um blitzschnell wieder zu versinken.

Während im Innern des Städtchens die schon im fünften Jahrhundert begonnene Basilica St. Euphemia mit ihrem merkwürdigen Kirchenschatz sich erhebt, gruppiren sich die neueren Gebäude im Halbkreis um den Hafenkai. Unter Anderem die zwei Hotels, in welchen man, sowie auch dort und da bei Privatpersonen, um angemessene Preise ein leidliches Unterkommen nebst Verpflegung findet. Unweit davon herrscht reges Leben in zwei zur Conservirung von Sardinen bestimmten Fabriken.

Längere Spaziergänge sind wegen der Beschränktheit des Raumes nicht möglich; man ist somit genöthigt, unweit des Badeplatzes am sandigen Strand oder auf dem Platze am Hafen ein Surrogat für weitere Ausflüge zu suchen. Dagegen kann man sich nach Herzenslust dem Vergnügen hingeben, auf Fischerbarken die Lagune zu durchkreuzen und allenfalls nach dem Wallfahrtsorte Barbana oder Aquileja zu fahren, wo der Alterthumsforscher oder Archäologe hinreichenden Stoff zur Beobachtung finden wird. Zudem besteht zwischen Grado und Aquileja, fünf Viertelstunden von einander entfernt, eine regelmässige, täglich verkehrende Dampfschiffverbindung.

Das Klima Grados und die mittlere Jahrestemperatur sind mit jenen von Görz beinahe identisch, die Luft milde und von hohem Ozon- und Salzgehalt, und wenn bisweilen die sich auf Görz lagernde Sommerhitze durch den üppigen und schattigen Pflanzenwuchs etwas temperirt wird, übernimmt diese Rolle in Grado die auf der See täglich frisch fächelnde Brise. Die hervorragendste Eigenschaft aber dieses Ortes ist die ausserordentliche Wirksamkeit seiner Seebäder, deren eines an der Südseite zum allgemeinen Besuche und ein zweites gegen Westen liegt, und zwar zum ausschliesslichen Gebrauch des vor 17 Jahren errichtenden Hospizes: Kronprinzessin Stephanie, das für arme, an Scrophulose oder Rhachitis leidende Kinder bestimmt ist. Laut der jüngst erschienenen Schrift des Dr. Badaloni: „La scrofola ed il mare" steht es nun fest, dass dieses Hospiz unter den 24 Schwesteranstalten der ganzen Welt die besten hygienischen Erfolge aufweist, denn dessen Percentsatz erhebt sich auf $98^1/_2$, während im Grand-Hospital von Berk kaum 74 Percent erreicht werden. So sind seit dem Bestande des Hospizes in Grado von 1150 Kranken blos 17 als nicht gebessert oder verschlimmert entlassen worden.

Lauter als jede Anpreisung sprechen diese Ziffern. Mögen sie die Posaune vertreten, welche den Unternehmungsgeist wachzurufen hätte, damit er sich zur Errichtung grossartiger Etablissements auf diesem vergessenen Eiland entschliesse.

Elöpatak.

Subalpiner Gebirgscurort. Eisenquellen.

Die Lage von Elöpatak. Elöpatak liegt im südöstlichen Theile Siebenbürgens, im Háromszéker Comitat, und zwar zwischen dem 45° und 21′ nördlicher Breite und dem 43° und 20′ östlicher Länge, 1972·4 Wiener Fuss hoch über der Meeresfläche, in einem von mässig hohen Wäldern umkränzten Thale.

Klima. Entsprechend der geschützten Lage Elöpataks, in einem waldumkränzten Thale, sind rauhe Winde gänzlich ausgeschlossen, ohne dass dadurch der freie Luftzug oder der Zutritt der Sonnenstrahlen irgend welche Hemmnisse erleiden würden.

Die mittlere Temperatur beträgt — nach zehnjährigem Durchschnitt —: Morgens + 9°, Mittags + 17°, Abends + 14° R. Der Ozongehalt der Luft zeigt die Zahl 7. Der Luftdruck 0° Pariser Linie: der mittlere 314·66, der höchste 322·36, der niederste 305·87.

Die Luft ist rein, ozonreich und mit dem Aroma der duftenden Vegetation wohl geschwängert.

Indication: 1. Bei chronischem Magen- und Darmkatarrh, in Folge von Atonie bei Magenkrampf, Magensäurebildung und häufigen Brechreizen. 2. Bei Unterleibspletora und goldener Ader (Hämorrhoid), bei Hypochondrie und Hysterie. 3. Bei Leber- und Milzanschwellung, katarrhalischem Zustand der Gallenwege und bei Gelbsucht. 4. Bei der Entwicklungs-Chlorose von jungen Mädchen, bei Amenorhoe, bei der torpiden Scrophulose und Blutarmuth. 5. Bei katarrhalischem Zustand der Nieren und der Harnblase, bei Harngries und bei beginnenden Harnsteinbildungen. 6. Bei chronischen Geschwülsten der Gebärmutter und katarrhalischem Zustande derselben. 7. Bei Schwäche des Genitalsystems, bei Sterilität (Unfruchtbarkeit). 8. Bei rheumatischen und gichtischen Affectionen. 9. Bei englischer Krankheit der Kinder (Rhachitis), wegen Kalk- und Eisengehaltes besonders heilsam.

Marilla

bei Oravitza, Südungarn.

Höhencurort.

Marilla, in der **hochromantischen Anina,** im Krassó-Szörényer Comitate, ist von der Bahnstation Oravitza in drei Viertelstunden, von Temesvár in viereinhalb Stunden, von der Donau- und Eisenbahnstation Baziás in dreieinhalb Stunden erreichbar.

Das wechselfieberfreie, von Süden blos offene Marillathal, zu dem unmittelbar von Oravitza eine in Serpentinen durch einen Prachtwald angelegte Bergchaussée führt, liegt 800 Meter über dem Meeresspiegel in einem von Tannen und Fichten dicht besäten Walde. Windstille, vollkommene Staubfreiheit, reine balsamische Luft, kaum nennenswerthe Temperaturschwankungen (zwischen 5 Uhr Morgens und 10 Uhr Nachts durchschnittlich 2° C. Unterschied), mildes, heiteres Gebirgsklima (im Mai 15° C., im Juni 16° C., im Juli und August 18° C., im September 16° C., im October 15° C. Durchschnittstemperatur), verringerte absolute Feuchtigkeit, verminderter Luftdruck, vorzügliches Gebirgs-Quelltrinkwasser von 9° C., endlich der durch die geographische Lage des Curortes bedingte sehr frühe, schöne warme Frühling und der prachtvolle Spätherbst sind die Bedingungen, welche dieses Hochthal zu einem klimatischen Curorte par excellence stempeln, der ausser über den obenerwähnten mächtigen Heilfactoren, noch durch das daselbst stehende Heilinstitut über folgende unterstützende Heilpotenzen verfügt: Wasser-, Inhalations-, Molken-, und pneumatische Cur, ferner Massage, deutsche Gymnastik, Elektricität und hydroelektrische Bäder. Marilla eignet sich daher besonders für Kehlkopf-, Brust-, Nerven- und Malariakranke, sowie für Reconvalescenten und an Rheumatismus Leidende. — Das Heilinstitut besteht aus vier Curgebäuden, die ausser den Administrations-Localitäten und Sälen 100 Passagierzimmer in sich bergen, die den strengsten hygienischen Anforderungen, sowie den modernen Comfortansprüchen Rechnung tragen.

Erhebend, ja überwältigend und unauslöschlich ist der Eindruck, der dem Besucher dieser Anstalt zurückbleibt. Der herrliche Park in der Mitte des gigantischen Nadelholzwaldes, die vielen und bestcultivirten Promenadewege, die schönen und zahlreichen Ausflugsorte sind es, wo theils in dem Zauber der Natur, theils in den in den angelegten Industriewerkstätten (Ausflugsorte) alle Seiten des menschlichen Gemüthes und Geistes die verschiedensten Eindrücke empfangen. -- Ebenso angenehm und anheimelnd wirkt auf den Beschauer die Lebensweise der daselbst weilenden Curgäste, die eine grosse, patriarchalisch lebende Familie repräsentiren, und fern von dem grossen Treiben der Welt die idyllische Ruhe geniessend, ausschliesslich sich ihrem Curleben widmen. — Jeder lebt hier in Pension, und die Anstalt versorgt nicht nur seine Einwohner mit Allem, sondern legt auch bei der Verpflegung der Kranken aus Salubritäts-

Marilla.

rücksichten sehr viel Gewicht darauf, dass den durch die Krankheit gegebenen Anforderungen bestens entsprochen und die vom Arzte vorgeschriebene Diät eingehalten werde. Dies das gedrängte Bild von Marilla.

Aerzte: Dr. Hoffenreich und dessen Assistent.

Apotheke im Hause.

K. u. Post- und Telegraphenstation im Curorte.

Reiseverbindungen: via Budapest, Temesvár auf der österreichisch-ungarischen Staatsbahn bis Oravitza, wo Fahrgelegenheiten der Bauern und Equipagen der Anstalt den Curgästen stets zur Verfügung stehen.

Pension: Quartier, Kost, Bedienung und Beleuchtung, je nach Wahl des Zimmers und der Diätclasse, wöchentlich von 19 fl. 70 kr. bis 28 fl. 40 kr.

Curtaxen: Beim Eintritte 4 fl., ausserdem ein Wochenbeitrag von 50 kr. bis 1 fl. (letzteres während Juli und August als Musikbeitrag). — Die Curtaxen werden zur Deckung nur solcher Auslagen benützt, welche die Bequemlichkeit und Annehmlichkeit der Curgäste bezwecken.

Frequenz circa 500 Personen.

Zur Zerstreuung des Curpublicums: 18—20 Zeitungen, Billard, Kegelbahn, Hausbibliothek, Ausflüge, Tombola, Hauskränzchen.

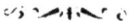

Bad Einöd

Kärnten.

Kärntens Ruinenstadt Friesach mit ihren herrlichen Anlagen im Deutschhauserberg verlassend, überschreitet die Rudolfsbahn nahe dem verfallenen Raubritterschlosse Dürnstein die Grenze.

Nach einer Fahrt von 20 Minuten erreicht die Bahn die Haltestation Einöd. In circa 8 bis 10 Minuten ist dasselbe erreicht. In einer breiten, grünen Thalmulde, welche sich gegen die nordöstlich liegende Neudecker Ruine zu verengt und welche der Olsabach durchschlängelt, liegt am Fusse des Groberberges das „Mineralbad Einöd“, welches in alten Urkunden „solitudo prope Friesach“ genannt wird. Der Aufenthalt im Bade Einöd ist gemüthlich und angenehm für Alle, die nicht das aufregende Leben, das Haschen und Jagen nach Vergnügungen moderner Luxusbäder suchen, sondern Heilung von ihren Leiden, Ruhe und Stille in Gottes schöner, herrlicher Natur.

Indication: Gegen chronische Rheumatismen, Nervenschwäche, Disposition zu Uterusblutungen, Fehl- und Frühgeburten, Sterilität und diverse Unterleibsleiden, die blühende Scrophulose, Gicht, Lähmungen und Verstopfung der Eingeweide etc.

Analyse. Dr. Mitteregger in Klagenfurt analysirt, dass in 10.000 Gewichtstheilen enthalten sind: Schwefelsaures Natron 7·692, schwefelsaures Kali 1·478, Chlornatrium 1·221, kohlensaures Natron 0·448, kohlensaure Magnesia 2·013, kohlensaure Kalkerde 9·464, kohlensaures Eisenoxydul 0·058, Thonerde 0·280, Kieselsäure 0·260, organische Substanz 0·520, zusammen fixe Bestandtheile 23·464, halbgebundene Kohlensäure 5·510, freie Kohlensäure 3·778, zusammen 32·752 Gewichtstheile, die Temperatur ist 20° R., das specifische Gewicht auf 1·00128, die zufliessende Wassermenge auf 1·15 Cubikfuss per Minute angegeben, das Wasser ist vollkommen klar, schmeckt säuerlich prickelnd, riecht etwas nach Schwefel, und wenn gekocht, wird es milchweiss.

Einöd hat eine Höhenlage von 2300 Fuss, ist eingeschlossen von Fichten- und Lärchenwaldungen, die Luft ist würzig und rein.

Innichen

Wildbad

eine halbe Stunde von der Bahnstation und dem Markte gleichen Namens entfernt, mit guter Zufahrtsstrasse, liegt mitten im Walde 1323 Meter hoch; das Klima ist trotz der hohen Lage nicht rauh und unfreundlich, denn die das Thal eng einschliessenden mit üppigen Waldungen bedeckten Höhen gewähren hinreichenden Schutz gegen Winde. Die Luft ist rein, frisch, erquickend und wegen der Ausdünstung der nahen Fichten-, Lärch- und Tannenwälder wahrhaft balsamisch. Von den hier entspringenden Mineralquellen wird vorzüglich die Schwefelquelle und Stahlquelle zur Trink- und Badecur benützt.

Innichen.

Die **Saison** dauert vom 1. Juni bis 1. October.

Die Mineralquellen zeigen sich nach vieljähriger Erfahrung specifisch wirksam

bei Rheumatismus und Gicht, Lungenkatarrh, Lungentuberculose, Emphysem;

„ Chronische Katarrhe des Magens und der Gedärme, Unverdaulichkeit, Magenkrämpfe, Säurebildung, Diarrhöe;

Neuralgien, Lähmungen, Hautkrankheiten, Menstruationsanomalien.

Vom Bade aus führen verschiedene schöne Spaziergänge nach allen Richtungen der umliegenden Fichtenwälder und Wiesen, welche zu jeder Zeit des Tages Schatten gewähren. Angenehme Fusspartien sind vom Bade aus: auf den rückwärts aufsteigenden Hannold, dann in das romantisch schöne Innerfeld und auf den Hauptaussichtspunkt, den Helm (Rigi Pusterthals); mit Wagen in das vielbesuchte Fischleinthal und direct in das Ampezzanerthal. Die Badeanstalt besteht aus einem Haupt- und zwei Nebengebäuden mit 50 Zimmern und den entsprechenden Badecabinen im Erdgeschosse, nebst Dampf- und Douchebad.

Dr. med. Scheiber

Besitzer.

Giesshübl-Puchstein.

1°

Die Quellen entspringen direct aus dem Granitfelsen und sind nach Professor Soyka's Untersuchungen bacterienfrei.

Zum Curgebrauche sind zwei elegante, zweckmässige Trinkhallen errichtet, woselbst Giesshübler und alle anderen Mineralwässer (stets frische Depots), sowie Milch, Molke und Kefir verabreicht werden.

An weiteren Curmitteln besitzt Giesshübl-Puchstein eine nach den neuesten Erfahrungen eingerichtete Wasserheilanstalt, eine sehr elegante Badeanstalt mit sehr gut geschultem Personale und Einrichtung für medicinische Bäder jeder Art, elektrische, Eisen-, Moor-, Laugen-, Salz- und Sauerbrunnbäder, Douchen und Einrichtung für Massage, Elektricität, Orthopädie.

Eine Einrichtung für pneumatische Curen, einen Pavillon mit einem grossen Apparat zum Inhaliren mit kalt zerstäubtem Sauerbrunn, den ältesten bekannten Zählweg (1883).

Heilanzeigen: Als klimatischer Curort mit einer Durchschnittstemperatur von 15° C., Seehöhe 340 Meter, bewährt bei Katarrhen der Athmungsorgane, bei beginnendem Lungeninfiltrat, bei Emphysem der Lunge, Asthma, Herzverfettung, Keuchhusten, in der Reconvalescenz nach schweren Krankheiten, nach Lungenentzündung, pleuritischen Exsudaten, nach Typhus, Scharlach, Masern, Wechselfieber, nach schweren Entbindungen und Blutverlusten, bei erhöhter Nervosität und Erschlaffung des Nervensystems nach Excessen in Venere und Baccho, nach geistiger Ueberanstrengung, nach lange andauernden deprimirenden Gemüthsaffecten, nach angreifenden Badecuren, als Nachcurort nach Karlsbad, Marienbad, Franzensbad, Teplitz, als Sommerstation für die Kranken Südtirols und der Riviera.

Die Trinkcur ist angezeigt bei Sodbrennen, Magen-, Darmkatarrh, Dyspepsie, Gelbsucht, Magengeschwür, Katarrh der Luftwege, Harn- und Geschlechtsorgane, nach Exsudaten, Harnsäure, Nierenentzündung, Hysterie; bei Bleichsucht, Blutarmuth, Scrophulose und Rhachitis.

Die Kaltwassercur empfiehlt sich bei Nervenleiden jeder Art, bei Blutarmuth, Syphilis, Fettsucht, bei Katarrhen, träger Darmfunction, Tumoren, Blutungen, Schleimflüssen, Rheumatismen, Beinhautexsudaten, abhärtend, prophylaktisch.

Die Inhalationscur bei Katarrhen der Luftwege und des Rachens.

Die pneumatische Cur bei Lungenemphysem, Fettherz, Fettsucht.

Die Umgebung des Curortes ist interessant und reich an landschaftlichen Reizen und lohnenden Ausflügen; sie bieten dem Naturfreunde, dem Naturforscher, dem Geologen und den Laien stets neue Anregung und neue Fundstätten des Wissenswerthen.

Die Jahresfrequenz des Curortes hat sich seit dem Jahre 1879 von 65 Parteien auf 310 Parteien erhöht, und im Jahre 1889 wurde der Curort von 462 Curgästen und 26.354 Passanten frequentirt.

Zur Unterhaltung der Gäste gibt es alle Sonntage zwei Freiconcerte der Karlsbader Concertcapelle, und sorgt das aus Curgästen bestehende Vergnügungs-Comité stets dafür, dass die Räumlichkeiten des Dilettanten-Theaters recht fleissig benützt werden.

Die Aufenthaltskarte kostet per Person 2 fl. und gilt für die ganze Dauer des Aufenthaltes.

Freiplätze und Ermässigungen hat der Besitzer des Curortes für k. u. k. Officiere, Geistliche und Mitglieder des Beamtenvereines gestiftet.

Alle geschäftlichen Briefe und Anfragen sind an die **Curdirection Giesshübl-Puchstein** bei **Karlsbad** zu richten.

Krapina-Töplitz

in Croatien.

Wildbad.

Lage und Ortsverhältnisse. Das Bad Krapina-Töplitz ist 159 Meter über dem Meeresspiegel an der Grenze Croatiens gegen Steiermark, nächst Rohitsch, in einem reizenden, durch Gebirgszüge allseitig geschlossenen, nur

Krapina-Töplitz.

gegen Süden offenen Thale Zagoriens, der sogenannten croatischen Schweiz, gelegen.

Das Thal ist gegen Norden durch den Jankomir-, gegen Osten durch den Magdalenen-, gegen Westen durch den Poljakberg vor den aus diesen Richtungen kommenden Winden geschützt; die offene Südseite steht in Verbindung mit dem breiten, vom saftigen Wiesengrün bedeckten, von Pegrada bis an die Zagorianer Bahn sich erstreckenden und vom Kosteljnabach durchzogenen Topličinathale.

Der Pfarrort zählt über 5000 Seelen mit zehn Grossgrundbesitzungen, hat drei Filialkirchen und eine in der nächsten Nähe des Bades gelegene, im gothischen Style erbaute Pfarrkirche zur heiligen Dreifaltigkeit, ein schönes Schulhaus mit über 400 schulpflichtigen Kindern, eine ständige, vollkommen eingerichtete Apotheke, in welcher auch die gebräuchlichsten Mineralwässer zu haben sind, ferner ein Telegraphen- und Postamt, bei dem Briefe und Fahrpost täglich dreimal befördert werden. Die Bevölkerung ist eine dichte, in ihren armseligen Behausungen zum Theil noch sehr einfach wohnend, recht arm, gutmüthig und religiös. Die Sprache derselben ist die croatische, die Religion die römisch-katholische.

Das **Klima** ist ein mildes; die mittlere Jahrestemperatur beträgt 14° R.; die Menge der jährlichen Niederschläge ist eine geringe. Regenwinde sind der West und Südwest, während die Ostwinde trockenes und heiteres Wetter im Gefolge haben. Das Frühjahr, in dem die Vegetation sich üppig zu entwickeln beginnt, ist mit seiner balsamisch duftenden ozonhältigen, staubfreien Luft wahrhaft wunderbar erquickend; der Sommer, zumal die Monate Juli und August, ist trocken und ziemlich heiss; der Herbst dagegen milde, herrlich schön, oft noch bis zum halben November angenehm warm. Diese günstigen klimatischen Verhältnisse lassen die Saison am 1. April beginnen und bis 1. November andauern.

Das **Curhaus**, ein stattliches, zwei Stock hohes, mit den Bädern mittelst geschlossener Corridore in unmittelbarer Verbindung gebrachtes Hauptgebäude, enthält zur Unterkunft der Curgäste 132 bequeme und hübsche Zimmer.

Die **Bäder**. Von den in grosser Anzahl entspringenden warmen Quellen von Krapina-Töplitz werden nur die Hauptquellen zu Bädern benützt; dieselben geben ein Quantum von 50.000 Hektoliter in 24 Stunden mit der Temperatur von 30° bis 35° R., welche Factoren keiner Aenderung und Schwankung unterliegen. Das Ursprungsgebiet besteht aus Leitha-Kalk, Sandstein, Mergelschiefer und Tegellagern, die überhaupt in der ganzen Umgebung reichlich vertreten sind. Die Badebassins, fünf an der Zahl, sind unmittelbar über dem Ursprunge der Quellen erbaut und füllen sich durch das aus ihrem Boden hervorsprudelnde Thermalwasser; nur die Wannenbäder erhalten das Thermalwasser durch Röhrenleitung. Diese letzteren, sowie das Jakobs- und Marienbad, liegen an der nördlichen Seite und in unmittelbarer Verbindung mit dem Curhause, mit den Wohnzimmern durch vor Luftzug geschützte Gänge verbunden.

Heilanzeigen: Rheumatismus, Arthritis deformans sive nodosa, Arthritis urica, Gicht, Scrophulose, Verletzungen, Nervenkrankheiten, Krankheiten der Athmungsorgane, Varices et ulcera cruris, Abdominalplethora, Nieren- und Blasenleiden, Krankheiten der weiblichen Geschlechtsorgane, Krankheiten der Haut, Krankheiten der Knochen und der Gelenke.

St. Isidor (Badl)

in Tirol

Sommercurort

liegt 912 Meter über dem Meere S.-O. 1½—2 Stunden von der Stadt Bozen am Kollererberge, umgeben von prachtvollen Nadelholzwaldungen, mit schattigen Spaziergängen, in nächster Nähe herrlicher Aussicht auf hohe Gebirgsgruppen und sehr günstiger Aufenthalt für Ruheliebende, Nerven-, Rheumatismus- und Gelenksleidende.

Bad St. Isidor besteht aus drei Gebäuden.

Die Heilquelle erweist Erfolg bei Nerven-, Rheumatismus- und Gelenksleiden und Blutarmuth, und besitzt reines Trinkwasser.

Reitpferde und Bergwagen sind zu haben.

Vöslau.

Wildbad und Wasserheilanstalt, Luftcurort.

Die Lage des Curortes. Vöslau, wegen seiner herrlichen Lage jedem Südbahnreisenden auffallend, liegt unter dem 48° n. Br. und dem 34° ö. L. und hat eine Meereshöhe von 260 Metern.

Die 350 Wohnhäuser und Villen des Curortes liegen am östlichen und dem südlichöstlichen Abhange des Harzberges, einer Vorhöhe des Lindkogels (Eisernes Thor, 830 Meter) gegen Nordwesten geschützt.

Eine der vorzüglichsten Eigenthümlichkeiten besitzt Vöslau in seinen fast nirgends fehlenden grossen und schattigen Hausgärten und in seinen ausgedehnten Promenade-Anlagen, welche zum Theile im Weichbilde des Ortes gelegen sind, zum Theile in Gestalt von stundenweit ausgedehnten, sorgfältig gepflegten Waldwegen, sich in die angrenzenden Bergwälder erstrecken.

Da der grössere Theil des Curortes am waldreichen Abhange des Harzberges gelegen ist, sonach eigentlich in den Wald hineingebaut erscheint, erfreut sich Vöslau der würzigsten Waldluft und bietet in Folge der harzduftigen Ausdünstung seiner Kieferwälder vielen Curgästen heilsamen und angenehmen Aufenthalt.

Die Badequellen. Der südöstliche Abhang des Harzberges verläuft in ein mehrere Tausend Quadratmeter grosses Plateau mit reizender Promenade und Parkanlage, den Marienpark, gegen welchen die Thalsohle einen buchtförmigen Einschnitt bildet. Direct unter dem steilen Abfalle vom Marienparke gegen das Thal entspringen in der erwähnten kleinen Thalbucht im Maithale, die Vöslauer Thermalbade-Quellen.

Dieselben sind ihrer Natur nach arm an fixen Bestandtheilen, haben ein spec. Gewicht von 1·00025 und eine Temperatur von 24° C. und besitzen einen grossen Gasreichthum.

Die chemische Analyse des auch in mächtigen Schichten krystallhellen Wassers ergibt, dass 1000 Gewichtstheile Wassers 0·4480 getrocknete fixe Bestandtheile enthalten und zwar:

Entferntere Bestandtheile:		Nähere Bestandtheile:	
Eisenoxyd	Spuren	Schwefelsaure Thonerde	0·0010
Thonerde	0·0003	Schwefelsaurer Kalk	0·1564
Magnesia	0·0616	Schwefelsaures Natron	0·0034
Kalk	0·1090	Schwefelsaures Kali	Spuren
Natron	0·0089	Chlornatrium	0·0148
Kali	Spuren	Kohlensaure Magnesia	0·1293
Kieselsäure	0·0084	Kohlensaurer Kalk	0·0791
Schwefelsäure	0·0943	Kieselsäure	0·0084
Chlor	0·0090	Phosphorsäure	Spuren
Phosphorsäure	Spuren	Eisenoxyd	Spuren
Organische Substanzen	0·0400	Organische Substanzen	0·0400

Die Vöslauer Badequellen sind demnach Spuren von Eisen enthaltende laue Akrathothermen und werden in jene Classe eingereiht, in welcher sich die Quellen von Gastein, Römerbad, Tobelbad, Tüffer, Badenweiler, Teplitz etc. befinden.

Abgekühlt bieten die Quellen ein vorzügliches Trinkwasser, dieselben werden jedoch fast ausschliesslich zum Baden benützt.

Die Badeanstalten. Unmittelbar an den Badequellen befinden sich, von schattigen Parkanlagen umgeben, die Bäder von Vöslau.

a) Zunächst der Ursprungsquelle ist der grosse obere Schwimmteich, welcher einen Fassungsraum von 19.000 Hektolitern besitzt und ausschliesslich

Ursprung 24° Celsius
Ursprung in Vöslau.
Ober
Akrathotherme.
24° Celsius.

Vö

Cursalon Waldwiese
Clim. Station

durch die Ursprungsquelle gespeist wird, die ein tägliches Wasserquantum von 28.000 Hektolitern Thermalwassers liefert.

b) Die Vollbadquelle mit einem täglichen Wasserquantum von 4548 Hektolitern ergiesst sich direct in das 2250 Hektoliter fassende Bassin des Vollbades.

c) Der untere grosse Schwimmteich bildet ein Bassin von 12.200 Hektolitern Fassungsraum, in welches sich eine eigene Badequelle von 21° C. Temperatur ergiesst.

d) Das Sturz- und Wellenbad bietet durch thermischen und mechanischen Einfluss eines der mächtigsten Reizmittel zur Erregung der Hautnerven.

e) Douchebäder mit Thermalwasser sind bei den sub *a*, *b* und *c* angeführten Badeanlagen verfügbar. Ausserdem ist noch der kalten Douche mit 12° C. neben dem grossen oberen Schwimmteiche zu erwähnen, welche einer eigenen Trink-Brunnenquelle entnommen wird.

f) Im Badehause befinden sich die Wannenbäder mit Thermalwasser, dessen Temperatur nach ärztlicher Ordination erhöht oder ermässigt wird. Eigene Badekammern sind für medicamentöse Bäder (Kiefernadel, Salzsoole, Moorsalz etc.) reservirt. Ueber ärztliche Anordnung werden auch hydrotherapeutische Proceduren (Einpackungen, Halbbäder, Sitzbäder, Abreibungen etc.) von geübten Badedienern applicirt.

Zur Behandlung in Vöslau geeignete Krankheitsfälle. Entsprechend der grossen Zahl und Mannigfaltigkeit der Curbehelfe werden in Vöslau die verschiedenartigsten Krankheitszustände mit gutem Erfolge behandelt. Zu diesen gehören vor Allem: *a)* Nervenleiden der verschiedensten Art, Neurasthenie, Spinalirritation, beginnende Tabes, Migraine, Ischias und andere Neuralgien, Chorea, Hysterie etc. *b)* Krankheiten der Blutbereitung, der Ernährung und des Kreislaufes, Anämie, Chlorose, Erschöpfung durch geistige Ueberanstrengung, Reconvalescenz nach schweren Krankheiten, Congestionen zum Gehirne und Rückenmark, Herzschwäche, Fettherz, übermässige Fettbildung etc. *c)* Frauenkrankheiten, habituelle Congestionen, krankhafte Absonderungen, Exsudate, Sterilität, Neigung zu Frühgeburt etc. *d)* Bei gichtischen und rheumatischen Affectionen eignen sich die Vöslauer Bäder vorzüglich, insbesondere nach erschlaffenden Warmbadecuren behufs Abhärtung. *e)* Katarrhalische und chronisch-entzündliche Leiden der Luftwege finden in den Nadelwäldern von Vöslau die geeignetste Luft zur Heilung, ebenso Keuchhusten, Emphysem, Asthma, Lungen- und Luftröhren-Katarrhe, Tuberculose in nicht zu weit vorgeschrittenem Grade. *f)* Ausgezeichnete Resultate werden erzielt bei schwächlichen, in der Entwicklung zurückgebliebenen Kindern, bei Mädchen und Knaben in der Pubertätsperiode.

Badeärzte. Dr. F. Krischke, Magister der Geburtshilfe, Communal- und Badearzt, wohnt Maithal 3, ord. von 3—4 Uhr.

Dr. J. Veninger, emerit. klin. Assistent des Hofrathes Prof. v. Wiederhofer, Badearzt, wohnt Schlossplatz 2, ord. von 3—4 Uhr.

Wohnungen sind zu haben in den Hotels Hallmayer, Back, Communal, Witzmann sen., Witzmann jun., im Hotel Zwierschütz und in etwa zweihundert eleganten Villen und Wohnhäusern. Auskunft ertheilt über Anfrage die Bade-Direction.

Communication. Man gelangt nach Vöslau von Wien aus mittelst täglich dreissig verkehrenden Personen- und Eilzügen der Südbahn in einstündiger Fahrtdauer. Ebenso verkehren in der Richtung nach Wien von Vöslau dreissig Personen- und Eilzüge.

Post-, Telegraphen- und Telephonstationen befinden sich in Vöslau.

Curort Gleichenberg

(Steiermark)

Eisenbahnstationen: Feldbach der k. k. österr. Staatsbahn und Purkla der Südbahn.

Alkalisch-muriatische Quellen, Eisenquellen.

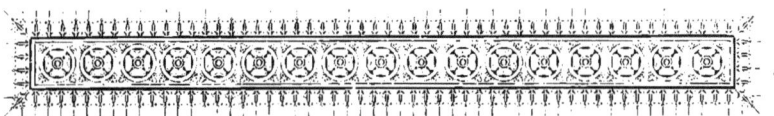

Lage des Curortes. Gleichenberg liegt 300 Meter über dem Meere am südlichen Fusse des doppelt so hohen Gleichenberger Kogels. Dieser bildet den Gipfel eines kleinen vulkanischen Gebirgszuges, der im Hügellande der mittleren Steiermark, nahe der ungarischen Grenze aufragend, den Curort gegen rauhe nördliche Luftströmungen schützt und selbst über 10 Meilen vom steierischen Hochgebirge entfernt ist. Die Scenerie der Landschaft ist daher keineswegs die groteske des Hochgebirges, sondern die anmuthige eines mit reicher Vegetation bedeckten Wellenterrains, das durch die vereinzelt aus demselben auftauchenden vulcanischen Berge seinen besonderen Reiz empfängt. Dieser Lage entsprechend sind auch die klimatischen Verhältnisse durch besondere Constanz und Milde charakterisirt und wirken gegenüber der erregenden Luft des Hochgebirges beruhigend, besonders auf die gereizten Athmungsorgane. Die Anlage des Curortes selbst ist insofern eine sanitär vorzügliche zu nennen, als die 90 comfortabel eingerichteten Villen mit 1309 Zimmern in einem ausgedehnten gemeinsamen Parke zerstreut liegen und somit dem Curgaste der Genuss der frischen Luft in ausgedehntem Masse gewährleistet ist.

Communicationen. Der Curort Gleichenberg ist $1\frac{1}{4}$ Fahrstunde von der Station Feldbach der k. k. österr. Staatsbahn und zwei Fahrstunden von der Südbahnstation Purkla entfernt; er ist in drei Stunden von Graz, in zehn Stunden von Wien, in 13 Stunden von Budapest, in 13 Stunden von Triest zu erreichen, und hat täglich fünfmal Postverbindung mit der Station Feldbach und zweimal mit Purkla. Ausserdem verkehrt zwischen Purkla—Gleichenberg ein Permanenzwagen, sowie die nöthigen Extrawagen.

Klima. Das Klima ist ein mildes, südlich subalpines, mässig feuchtwarmes, mit den mittleren Sommerwerthen von 735 Millimetern Luftdruck, 18·78° Temperatur und 76 Percent Feuchtigkeit. Es zeichnet sich vor Allem durch den Mangel jener raschen Wärmeschwankungen aus, die dem Hochgebirge mit seinem alpinen Klima eigen sind und verhindert durch seinen höheren Gehalt an Feuchtigkeit das Austrocknen der gereizten Schleimhäute der Respirationsorgane. Die Lage in einem nur nach Süden geöffneten Thale, das gegen Osten und Westen durch Hügelketten von mässiger Höhe, gegen Norden aber durch eine höhere Bergkette abgeschlossen ist, bietet den möglichsten Schutz vor rauhen Winden.

Die meteorologische Beobachtungsstation steht täglich im telegraphischen Verkehre mit der k. k. Centralanstalt für Meteorologie und Erdmagnetismus in Wien und werden die gemeldeten Beobachtungswerthe dem internationalen telegraphischen Witterungsberichte einverleibt, welchen man in allen grösseren Tagesblättern abgedruckt findet.

Mineralquellen. 1. die Constantinsquelle, 2. die Emmaquelle, 3. der Johannisbrunnen, 4. die Klausen-Stahlquelle.

Analysen nach Prof. Dr. Gottlieb.

In 10.000 Gewichtstheilen	Constantins-Quelle	Emma-Quelle	Klausen-Quelle	Johannis-brunnen
Temperatur	13·8° R.	12·2° R.	7·8° R.	9·2° R.
Kohlensaures Natron	25·1216	22·1113	0·0145	19·5010
Kohlensaures Kali .	0·5603	1·2118		0·7306
Kohlensaures Lithion	0·0491	0·0254	—	0·0211
Kohlensaurer Baryt .	0·0042			0·0134
Kohlensaurer Kalk .	3·5436	3·6680	0·2357	5·4891
Kohlensaure Magnesia .	1·7420	1·4819	0·0590	4·6009
Kohlensaures Eisenoxydul . .	0·0343	0·0170	0·1037	0·1411
Kohlensaures Manganoxydul	0·0063	—		
Chlornatrium	18·5131	16·9064	0·0625	5·0874
Schwefelsaures Natron .	0·7950		0·1263	
Schwefelsaures Kali . .		1·0665	0·0695	0·0114
Phosphorsaures Natron . . .	0·0064	0·0048	0·0125	
Phosphorsaure Thonerde .	0·0079	0·0146	0·0098	0·0233
Kieselsäure	0·0543	0·0691	0·7127	0·2243
Salpetersaures Kali . .	—		—	0·0790
Summe der festen Bestandtheile	54·8141	50·4498	1·3462	35·6390
Halbgebundene Kohlensäure .	14·6930	13·6853	19·4076	13·0907
Freie Kohlensäure . . .	22·6623	13·2179	—	23·2363
Summe der wägbaren Theile . .	91·3694	77·3490	20·7538	71·9660
Freie Kohlensäure nach Kubikzollen	45·77	29·22	27·78	46·93

Für die Bäder, sowohl warme Wannen- als kalte Douche- und Vollbäder, werden nebst obgenannten auch der Römerbrunnen und die Werlé-Quelle (von ähnlicher Zusammensetzung wie die Constantinsquelle) benützt.

Die Constantinsquelle, analog zusammengesetzt wie das Emser Krähnchen, stimmt auch bezüglich ihrer Heilanzeigen vollkommen mit demselben überein.

Die Emmaquelle, welche minder reich an Natronsalzen und beträchtlich ärmer an Kohlensäure ist als die Constantinsquelle, besitzt gerade hiedurch den besonderen Vortheil, dass sie selbst von sensiblen Kranken leicht vertragen werden kann.

Der Johannisbrunnen reiht sich vermöge seiner chemischen Eigenschaften an die Constantinsquelle an, enthält aber verhältnissmässig wenig Kochsalz, dafür jedoch bedeutend mehr Eisen. Er eignet sich sowie der Giesshübler Sauerbrunn durch seinen reichen Gehalt an Kohlensäure und Soda, mit Wein oder Fruchtsäften gemischt, sehr wohl zu einem angenehmen moussirenden Erfrischungsgetränke.

Die Klausner Stahlquelle ist, da sie ausser dem Eisen nur wenig fixe Bestandtheile enthält, ein reiner Eisensäuerling.

Obige Heilwässer werden nach den bisherigen Erfahrungen mit dem besten Erfolge bei nachstehenden Krankheiten gebraucht:

a) **Die Constantinsquelle.** 1. Bei Krankheiten der Athmungsorgane, und zwar: Bei chronischem Kehlkopfkatarrh, chronischem Bronchial-

Gleichenberg

katarrh, z. B. jenen Katarrhen, welche nach überstandener Grippe, Keuchhusten oder Ausschlagskrankheiten häufig zurückbleiben; weiters bei jenen veralteten Katarrhen, die mit Lungen-Emphysem (Lungenzellen-Erweiterung) oder Bronchiektasie (Erweiterung der Luftröhrenäste) einhergehen; ferner bei chronischer Lungenentzündung und den sie begleitenden Katarrhen der Luftwege, endlich bei den nach Rippenfellentzündungen zurückbleibenden Ausschwitzungen in die Brusthöhle — jedoch nicht bei acuter Tuberculose.

2. Bei Krankheiten der Verdauungsorgane. Bei chronischem Rachenkatarrh, Magenkatarrh und Dyspepsie (Magensäure, Sodbrennen, saurem Erbrechen, Magenkrampf), bei Anschoppungen der Leber und Milz, besonders nach Wechselfieber, bei Katarrh der Gallenwege und der damit verbundenen Gelbsucht und bei chronischem Darmkatarrh.

3. Bei Krankheiten des uropoetischen Systems. Bei chronischem Blasenkatarrh, bei Abgang von harnsauren Sedimenten und bei Bright'scher Nierenkrankheit.

4. Bei Krankheiten der weiblichen Geschlechtsorgane. Bei spärlicher und verhaltener Periode, bei Katarrhen der Gebärmutter oder Scheide (weisser Fluss).

5. Bei Leiden des Lymph- und Drüsensystems, als Schwellung der Lymphdrüsen, wenn sie nicht tuberculöser oder krebsiger Natur sind, sondern auf scrophulöser Basis beruhen.

6. Bei Krankheiten der Bewegungsorgane in Folge von Gicht oder chronischem Rheumatismus.

Die Constantinsquelle, welche, wie erwähnt, den doppelten Gehalt der wirksamen Salze, wie das Emser Krähnchen ausweist, liefert, bis zur Hälfte eingedampft, eine zur Inhalation in zerstäubter Form bei Rachen-, Kehlkopf- und Luftröhrenkatarrhen sich vortrefflich eignende Soole.

b) **Die Emmaquelle,** stoff- und gasärmer als die Constantinsquelle, eignet sich für dieselben Leiden wie diese, besonders bei schonungsbedürftigen, reizbaren Individuen.

c) **Der Johannisbrunnen** findet seine Verwendung bei denselben Krankheitsformen, wie die beiden vorgenannten Quellen, wenn gleichzeitig auf die blutbildende und tonisirende Wirkung des Eisens reflectirt wird. Eine besonders bewährte Specialindication findet er bei Sand und Gries.

Aus diesem Brunnen werden Siphons und Kracherl durch Imprägnirung mit natürlichem kohlensauren Quellgase erzeugt.

d) **Die Klausen-Stahlquelle** bietet ein erprobtes Heilmittel bei mangelhafter Bluterzeugung, nach erschöpfenden Krankheiten zur Beförderung der Reconvalescenz, bei herabgekommener Ernährung, nach langwierigem, mit Blutflüssen verbundenem Wochenbette, nach Typhus und protrahirtem Wechselfieber, bei Schlaffheit der Magenwandungen, endlich gegen unregelmässige, mit Krämpfen verbundene Reinigung, Hysterie etc.

Ziegenmolke, Kefir und Milch. Die Bereitung ausgezeichneter Ziegenmolke, sowie des nach bester Methode erzeugten ein-, zwei- und dreitägigen Kefirs wird unter ärztlicher Controle von einem eigens hiezu berufenen Appenzeller Molkensieder besorgt und wird dieselbe täglich Morgens und Abends am Brunnen zu tarifmässigen Preisen von dem Schweizer selbst verabreicht, ebenso sind nächst dem Brunnen Früh und Nachmittags Ziegen aufgestellt, deren Milch dort frisch in's Glas gemolken wird; nicht minder bekommt man zu jeder Tageszeit in den verschiedenen Milchwirthschaften des Curortes auch frisch gemolkene kuhwarme Milch bester Qualität. Zur Bequemlichkeit des Publicums wurde am Ende der Promenade vom Actien-Vereine ein Kuhstall erbaut, wo kuhwarme Milch an die Curbedürftigen verabreicht wird.

Bäder. Das Warmbadehaus enthält 44 Cabinen mit 50 Wannen zur Verabreichung folgender Bäderarten: Süsswasserbäder, einfache Mineralbäder mit Einströmung des Wassers von oben in die Wanne, kohlensäurereiche Bäder mit Einfliessen des Mineralwassers am Boden der Wanne, und moussirende Bäder, bei denen das Mineralwasser unmittelbar vor seinem Eintritt in die Wanne durch Calorisatoren erwärmt, den grösstmöglichen Antheil seiner freien Kohlensäure behält, so dass die Qualität der Franzensbader Louisenbäder geboten wird. Als besondere Zusätze jeder dieser Badeformen wird sehr häufig frisch bereitetes Fichtennadel-Extract, eventuell auch Malzabsud, Kleie oder Steinsalz verordnet.

Hydrotherapie. Das in den Brunnenanlagen situirte Kaltbad bietet Gelegenheit zur Vornahme aller wichtigeren hydriatischen Proceduren, wie Abreibungen, Einpackungen, Douchen, Halbbäder u. s. w. Es erfreut sich dieses wichtige Curmittel einer bedeutenden, von Jahr zu Jahr steigenden Benützung von Seite des Curpublicums.

Inhalationen. Es bestehen in Gleichenberg Inhalationsräume für Fichtennadeldämpfe und zerstäubte Quellsoole. Erstere werden geboten in zwei Fichten-Inhalationssälen, in welche ausser den Fichtennadeldämpfen auch die der Anzahl der Besucher entsprechende frische Ventilationsluft durch grosse Luftpumpen eingeleitet wird. Dasselbe Ventilationsprincip findet statt in den Räumen zur Einathmung der durch Eindampfen concentrirten, dann Quellsoole genannten Constantinquelle. Es bestehen ein allgemeiner Quellsool-Zerstäubungssaal für 18 Personen im Füllhause und ausserdem 14 separirte Inhalations-Cabinen für Quellsoole im Badehause.

Pneumatische Curen. Der Curort bietet eine pneumatische Kammer und einen grossen Respirationsapparat. Erstere im Badhause aufgestellt, bietet Raum zum Aufenthalt für zwölf Personen in comprimirter Luft. Der letztere dient zur Einathmung verdichteter, und Ausathmung in verdünnte Luft, und beide empfehlen sich besonders bei Emphysem, Asthma und Bronchialkatarrh zur Unterstützung der Trink und Inhalationscur.

Curzeit. Die Curzeit beginnt am 1. Mai und dauert bis October.

Hotels und Restaurationen. Vereins-Restauration. Stadt Venedig (Hotel). Stadt Mailand (Hotel). Hotel und Restauration Johann Stirling. Schweizerei (Hotel). Ungarische Krone (Hotel), Wallnerhof (Hotel), Theresienhof (mit israelitischer Küche, Hotel). Goldener Hirsch (Hotel). Zampa (Hotel).

Ausflüge zu Wagen. *„Klause". Gasthaus und Café. $^1/_4$ Stunde Entfernung. *Schloss Gleichenberg (und Klause) $^1/_2$ Stunde. *„Bauernhansel". Gasthaus und Café. $^1/_2$ Stunde. Johannisbrunn und Straden. Gasthöfe. 1 Stunde. Schloss Bertholdstein. Gasthof. $1^1/_2$ Stunden. Schloss Kapfenstein 2 Stunden. Schloss Riegersburg $2^1/_2$. Stunden St. Anna. Gasthof. $2^1/_2$ Stunden.

Wohnungsbestellung. Wohnungsbestellungen werden durch die Brunnen-Direction jederzeit bereitwilligst g r a t i s besorgt oder man wendet sich direct an den betreffenden Hausherrn.

Ausdrücklich gewarnt wird das ankommende Curpublicum, den Auskünften der Fiaker und des Reisepersonales überhaupt Vertrauen zu schenken, damit unliebsame Missbräuche vermieden werden. Es ist dies im Interesse des Curpublicums sehr zu beachten.

Wasserbestellung. Der Versandt der Mineralwässer wird direct nach allen Richtungen sowohl des In- als Auslandes durch die Brunnen-Direction in Gleichenberg per Nachnahme oder Vorausbezahlung besorgt. Die Verpackung geschieht entweder frei am Wagen in Stroh oder in Kisten, welche zu den eigenen Kostenpreisen berechnet werden.

Jede Flasche ist mit einer Zinnkapsel, auf welcher der Name und die Jahreszahl geprägt und deren Kork mit der Brunnenmarke versehen ist, verschlossen, um selbe von allfälligen künstlich nachgeahmten Wässern zu unterscheiden.

---

* Sind auch mittelst Reitthieren bequem zu erreichen.

Bestellungen sind mit genauer Angabe der Adresse und der letzten Eisenbahn- oder Dampfschiffstation an die Brunnen-Direction in Gleichenberg zu richten.

Gesellschaftliche Ressourcen. Curmusik täglich zweimal. Theater. Lesesalon. Conversationssalon. Reunionen. Café. Billard. Conditorei. Tombola. Ausflüge zu Wagen in die landschaftlich schöne Umgebung und Bergpartien zu Esel nach sehr lohnenden Aussichtspunkten.

Gottesdienst. Der katholische Gottesdienst in der hiesigen Klosterkirche wird abgehalten: An Wochentagen täglich um 9 Uhr Vormittags; an Sonn- und Feiertagen um 11 Uhr Vormittags.

Fahrgelegenheiten. Zweispännige Miethwagen des Vereines zur festgesetzten Taxe von 3 fl. 30 kr. stehen bei Ankunft der Personen- und Eilzüge in der Bahnstation Feldbach zur Fahrt nach Gleichenberg jederzeit bereit. Auch stehen Fahrgelegenheiten zur Südbahnstation Purkla zu Disposition. Für Vergnügungsfahrten in die Umgebung des Curortes besteht eine eigene Fahrtaxe, die strengstens einzuhalten, von jedem Kutscher bei sich zu tragen und über Verlangen vorzuzeigen ist. — Jede Zudringlichkeit von Seite der Kutscher ist strenge untersagt und denselben insbesondere der Zutritt in die Gänge und Räumlichkeiten der Wohnhäuser auf das Strengste verboten.

Houška

bei Brandeis an der Elbe.

Eisenquellen.

Das Wasser der Houška enthält nach Pleischel's Analyse in 10.000 Gewichtstheilen:

Schwefelsaures Kali	0·00481
Schwefelsaures Natron	0·00256
Chlorkalium	0·00699
Chlornatrium	0·11209
Kohlensaures Natron	0·15161
Kohlensaures Lithion	0·00218
Kohlensaures Eisenoxydul	0·42162
Kohlensaures Manganoxydul	0·11574
Kohlensauren Kalk	1·30084
Kohlensaure Magnesia	0·10143
Kieselerde	0·19345
Summa aller Bestandtheile	2·41335

Indication: 1. bei Blutarmuth (Anämie) sowohl in Folge von Blutungen und Säfteverlusten (nach anhaltenden Eiterungen, allzuhäufigen nächtlichen Pollutionen, nach geschlechtlichen Ausschweifungen etc.) wie auch in Folge von erschöpfenden Krankheiten (z. B. nach Typhus, Ruhr etc.); 2. bei der Bleichsucht (Chlorose); 3. bei Krankheiten der weiblichen Geschlechtsorgane, namentlich nach übermässigen Menstrual-Blutungen in Folge von Erschlaffung der Gebärmutter und in der Leukorrhöe (weissen Fluss); 4. bei der englischen Krankheit (Rhachitis), wo ihre Wirkung insbesondere durch den nicht unbedeutenden Kalkgehalt des Wassers unterstützt wird; 5. bei der Scrophelsucht und in den chronischen Formen der Tuberculose; 6. bei der Gicht und dem chronischen Rheumatismus; 7. bei manchen Krankheiten des Nervensystems (Nervenschwäche, manchen Lähmungen etc.)

Die Saison wird am 1. Mai eröffnet.

Die Houška ist von Prag und von dem Norden Böhmens aus auf der österreichischen Nordwestbahn (Station Mstětic und Alt-Bunzlau zu erreichen.

Aussee.

Subalpiner Gebirgscurort.

Aussee, im steiermärkischen Salzkammergute, 650 Meter über dem Meere, an den schönsten Seen der Alpen und der fischreichen Traun gelegen, Station der Salzkammergutbahn, mit bequemen Reitwegen in das Gebirge, ausgestattet mit Heilfactoren für Soole-, Fichten- und Seebäder, Inhalatorien, Kaltwasser- und Massage-Curanstalten, grossen Hotels, reizend gelegenen Villen und billigen Privatwohnungen; besterhaltene Strassen und zahlreiche schattige Promenadewege in verschiedenen Steigungsverhältnissen. Terrain Curort. Von Ischl eine, von Salzburg vier, von Wien acht Bahnstunden entfernt.

Aerzte: Dr. Max Balkanyi, Dr. Heinrich Favarger, Dr. Felix Schaffer, Dr. Josef Schreiber, Dr. Hanns Sittmoser, Dr. Felix Veth.

Die k. k. Officiere und Staatsbeamten, sowie deren Angehörige erhalten das ihnen ärztlich verordnete Soolequantum unentgeltlich verabreicht.

Curmittel: Kräftige Salzsoole. Specifisches Gewicht 1·200. Ein Eimer Soole (56 Liter) enthält $30^1/_2$ Pfund Kochsalz. 100 Theile Soole enthalten: Chlornatrium 23·361 Theile, Chlormagnesium 0·154, Chlorcalcium 0.044, Chlorammonium Spuren, Brommagnesium 0·005, schwefelsaures Natron 0·969, schwefelsaure Magnesia 0.059, schwefelsaure Kalkerde 0·204, kohlensaure Magnesia 0·004, kohlensaure Kalkerde 0·004, Kieselerde 0·020, kohlensaures Eisenoxydul 0·040, bituminöse Stoffe 0·009.

Die Soole von Aussee ist eine der kräftigsten, an festen Bestandtheilen reichsten Soolen Deutschlands.

Indicationen: Aussee eignet sich für chronische Katarrhe der Respirationsorgane, Nervenleiden, Scrophulose, Drüsenschwellungen, Rhachitis, Chlorosis, Anaemie, Fettsucht, Herzkrankheiten, Frauenkrankheiten (Katarrhe und Infarcte des Uterus), chronische Exsudate der Brust- und Bauchhöhle, Reconvalescenz nach schweren Krankheiten, Nachcur nach Carlsbad, Marienbad und Franzensbad.

Bäder: im Markte Aussee grosses Badehaus mit den neuesten Einrichtungen für Soolbäder, Fichtenbäder, Kaltwassercuren, Douchen, Inhalationen von zerstäubter Soole, von Coniferendämpfen, in der Badeanstalt Vitzthum, in Dr. Schreiber's Curanstalt „Alpenheim“ (daselbst auch Diätcuren, Massage und Heilgymnastik), im Badehôtel Elisabeth, in Rastl's Badeanstalt in Altaussee und in Schraml's Badehaus in Grundlsee. Schwimmschule in Aussee, Schwimmcabinen am Altausseer und am Grundlsee.

Aussee.

Meran

im deutschen Südtirol.

Klimatischer Wintercurort.

Die Stadt Meran bildet mit den Nachbargemeinden Obermais, Untermais und Gratsch den im fruchtreichen Etschthale von drei Seiten durch 2000—3000 M. hohe Gebirgszüge umschlossenen klimatischen Curort Meran (319—520 M. ü. M.), der sich durch sein gesundes Klima und durch die Vorzüglichkeit seiner Einrichtungen einen Weltruf erworben hat. Meran charakterisirt sich durch seine nach Norden, Osten und Westen vollständig geschützte, nach Süden freie alpine Lage am Südabhange der Alpen, durch ein mildes, gleichmässiges, auch während des Winters verhältnissmässig warmes Klima, durch eine auffallende Klarheit des Himmels, geringe Menge von Niederschlägen und grosse, fast absolute Windstille während des Winters; es zählt mit Davos, den Curplätzen der Riviera und Cairo zu den sogenannten trockenen Curorten. Der Winter ist kurz und selbst zur kältesten Zeit wegen der Reinheit des Himmels und der grossen Windstille so warm, dass selbst empfindliche Kranke während der Curstunden, d. i. von 11—3 Uhr im Freien in der Sonne sitzen oder promeniren können.

Die Saison dauert vom September bis Mitte Juni. Die Frequenz ist von 766 Personen im Jahre 1860/61 auf 7999 im Jahre 1888/89 gestiegen.

Curmittel. Die klimatische Cur wird von einer Reihe von Curmitteln unterstützt, wie sie in solcher Mannigfaltigkeit kein Curort diesseits der Alpen besitzt, als: die allbekannten vorzüglichen Weintrauben und Früchte, Milch von Kühen und Ziegen, Molke, Kumys, Kefir, Kräutersäfte, eine vollständige pneumatische Anstalt mit pneumatischem Cabinet, Waldenburg'sche und Zerstäubungsapparate, eine gut geleitete Anstalt für Heilgymnastik, eine Badeanstalt mit Bassin-, Douche- und Dampfbädern, Bäder mit Soole aus der k. k. Saline in Hall, geschultes Personal zur Anwendung von allen hydropathischen Proceduren, Massage und Frottirungen. Unter Leitung und nach Angabe Professor Oertel's wurden alle zu Terraincuren erforderlichen Einrichtungen auf's Beste getroffen, so dass nun Meran auch einen vorzüglichen **Terraincurort** bildet.

Indication: Die geschützte Lage, die klimatischen Eigenthümlichkeiten, der kurze und milde Winter, die grosse Auswahl von Curmitteln in Verbindung mit vorzüglichen Einrichtungen eignen Meran zur Heilstation für die verschiedensten chronischen Krankheiten, besonders aber für skrophulöse, rhachitische und überhaupt kränkliche und schwächliche Kinder, für Blutarme, für zur Schwindsucht geneigte junge Leute, durch erschöpfende Krankheiten, körperlich oder geistige Ueberarbeitung Heruntergekommene, für Lungenkranke. Besonders für mit chronischen Bronchialkatarrhen, chronischen Pneumonien, Emphysem, Asthma Behaftete, für pleuritische Exsudate, Fettherz, Fettleibigkeit, Entzündung und Vereiterung von Lymphdrüsen, chronischen Beinhautentzündungen, Beinfrass, fungöse Erkrankungen der Gelenke, Nervenleiden und Verstimmungszustände und für alle jene Kranken, denen eine Milch-, Molken-, Trauben- oder Badecur in einem guten Klima angeordnet wird.

Meran.

Curvorstand. Die Leitung des gesammten Curwesens unterliegt der Curvorstehung. Der Curvorsteher beantwortet schriftliche Anfragen und versendet Prospecte gratis.

Gasthöfe in Meran selbst: Erzherzog Johann, Habsburgerhof, Tirolerhof, Stadt München, Graf von Meran, Forsterbräu, Hassfurther, Sonne, Walder etc.: in Obermais: Austria, Erzherzog Rainer; in Untermais: Maiserhof. Alle sind zugleich Pensionen.

Pensionen sind sehr zahlreich vorhanden: sie gewähren dem Einzelnen ein Zimmer nebst Verpflegung exclusive Licht, Heizung und Getränke für $2\frac{1}{2}$ bis 5 fl. täglich. Ausserdem bestehen noch vollständig eingerichtete Privatwohnungen und Villen in grosser Auswahl und je nach Lage und Ausstattung, zu den verschiedensten Preisen. Einzelne Zimmer kosten monatlich 10—60 fl., Wohnungen von 3—10 Zimmern mit Küche etwa monatlich 60—400 fl.

Curtaxe. Die Curtaxe beträgt für die ersten 12 Wochen des Aufenthalts wöchentlich 1 fl.

Unterhaltungen. Concerte der Curkapelle, Theater, Unterhaltungsabende, Bälle, Concerte, Lesezimmer im Curhause, Leihbibliotheken, Lawn Tennis und Croquet-Spielplatz.

Gottesdienst: katholisch, protestantisch, englisch, russisch-orthodox, israelitisch.

Unterricht. Obergymnasium, Knaben- und Mädchen-Volksschule, evangelische Schule, Fröbel'scher Kindergarten. Ausserdem ertheilen eine grössere Anzahl tüchtiger Lehrer und Lehrerinnen Unterricht in den verschiedensten Lehrgegenständen, Sprachen, Musik, Malen, Holzschnitzen, Turn- und Reitunterricht etc.

Reiseverbindung. Meran ist Endstation der Bozen-Meraner Bahn und steht durch diese mit allen in Bozen abgehenden und ankommenden Zügen in Verbindung. Directe Waggons (ohne Wagenwechsel) zwischen Meran und Wien (Schlafwagen), sowie zwischen Meran-München, Leipzig-Berlin. Fahrtdauer Wien-Meran 19 Stunden, Berlin-Meran 25 Stunden. Durch Post-Landauer tägliche Verbindung mit der Arlbergbahn.

Kierling,

ein von Wald und Wiesen umgebener Ort, ist seit dem Jahre 1848 Curort für Lungenkranke. Von Wien mit der Franz Josef-Bahn in einer Stunde zu erreichen, wohnen die Patienten in den Häusern der Winzer oder in zwei guten Gasthöfen. Die vorzügliche Molke wird nur aus Schafmilch bereitet. Curhaus und Verwaltung ist keine vorhanden. Der Unterzeichnete übt durch volle 47 Jahre die ärztliche Praxis in Kierling aus und kostet täglich die Molke, ehe sie an die Patienten verabfolgt wird.

Dr. Franz Reiss.

Friesach in Kärnten.

Sommerfrische und Luftcurort.

Friesach in Kärnten, 673 Meter üb. d. M., Stadtgemeinde, 1600 Einwohner, Bahnstation (täglich 8 Personenzüge), Post- und Telegraphenamt, Bezirksgericht, Gensdarmerie, 2 Aerzte und 1 Apotheke, Bäder.

Günstige, sehr geschützte Lage, kein rapider Temperaturwechsel, rings eng von Nadelwald umgrenzt.

Promenaden in unmittelbarer Nähe der Stadt. Kroyplatz Petten-egg und Olsa-Allee, Kaiser Franz Josef-Anlagen, Promenade um den Stadt-

Friesach.

graben. **Fichtenwaldspaziergänge:** Sulns- (5°), Rudolf-, Josefi-, Auguste und Emma Quelle, Adlerhorst, Coudenhoven-Promenade, Wienerrast, Auguste-Aussicht, Fichtentunnell, Schutzhütte III, Touristenhütte am Fischerkogel. **Grössere Spaziergänge:** Barbara-Bad (Restauration), Dürnstein (Ruine Steuermark), Bad Einöd, Kuhnitzertriste, St. Salvator, Dobritsch, Holzerhube, St. Thomas.

Vergnügungen: Stadt-Theater, Gesangverein, Concerte und verschiedene Clubs.

Interessantes: Die alterthümliche Stadt selbst, die Ringmauer aus dem 12. Jahrhundert, der Stadtgraben mit dem reinsten Quellenwasser; grossartige Ruinen: Petersberg, Laventerschloss, Geyersberg, Roththurm und Virgilienberg; römischer Brunnen am Hauptplatze, St. Bartholomä, neu restaurirte Dominikaner- und Deutsche Ritterordens-Kirche, mit Grabsteinen aus dem 12. bis 18. Jahrhundert, Römer- und Judengrabsteine (Stiftgasse) etc.

Gasthäuser mit Fremdenzimmer. Primig (Speisesalon, Veranda), Post (Garten), J. Zechner (Gartensalon), Rauchenwald, Russ (Veranda), Petting, Bauer (Garten), Pirker (Veranda).

Eine grosse Anzahl Privatwohnungen mit 2–5 Zimmer, grösstentheils auch Küche.

Preise sowohl für Lebensmittel wie Unterkunft sehr mässig.

Auskunft ertheilt schriftlich oder mündlich unentgeltlich Herr Hubert Hauser, Correspondent des Wohnungs-Comité, des Friesacher Stadtverschönerungs-Vereines.

Broschüre: Fremdenführer für Stadt und Umgebung, nebst kurzgefasster Geschichte vom Jahre 810–1889, nebst Plänen, Karten und Bild des Ortes. Im Verlag des Vereines. Preis 50 kr.

Trencsin-Teplitz.

Warme Schwefelquelle.

Der Cur- und Badeort Trencsin-Teplitz, der sich wegen der besonderen Heilkraft seiner **seit Jahrhunderten berühmten warmen Quellen** einer von Jahr zu Jahr zunehmenden Frequenzsteigerung erfreut, liegt in dem vom linken Waagufer abzweigenden lieblichen Thale des Teplabaches zwischen den hohen Hügeln der Karpathenausläufer. In malerischer Gruppirung umgeben diese üppig bewaldeten Berge den Thalzug und bieten im Vereine mit den schattigen Parkanlagen und grossen baumreichen Gärten und den dazwischengebauten, geschmackvoll ausgestatteten Gebäuden und Villen die Scenerie eines reizenden Landschaftsbildes. Die günstige, **windgeschützte** Lage des Ortes und dessen **milde klimatologische Verhältnisse** verleihen Trencsin-Teplitz auch die Eignung eines **gesunden**, kräftigenden und **sehr angenehmen Sommeraufenthaltes.**

Trencsin-Teplitz ist durch den Ausbau der einzelnen Bahnlinien **mit den Hauptstädten** der österreichisch-ungarischen Monarchie in eine **nahe Verbindung** gebracht, die es ermöglicht, dass man den Curort von **Wien in 4 Stunden,** von **Pest in 4 Stunden** (und von **Breslau in 9 Stunden**) bequem erreichen kann.

Der Curort Trencsin-Teplitz liegt nur 20 Minuten von der Bahnstation **Tepla-Trenczin-Teplitz** der Waagthal- und Wlarapassbahn entfernt.

Vom 1. Mai ab verkehren von der Station in den Badeort und umgekehrt elegante **Omnibusse,** welche bei jedem Zuge dem P. T. Publicum zur Benützung bereit stehen. Ausserdem sind auch Fiaker zu haben.

Die heilkräftigen Quellen von Trencsin-Teplitz fliessen so reichlich, dass sie die Bäder bei fortwährendem Zu- und Abflusse **ununterbrochen** zu speisen vermögen. Die Quellwassertemperaturen sind keinen Schwankungen unterworfen. Die wärmste Quelle (Sina-Quelle) besitzt eine Temperatur von **40·2° C.,** die kälteste hat 37° C. Trencsin-Teplitz gehört somit zu den **kräftigsten Schwefelquellen** Europas.

Nach den Angaben der bedeutendsten Kliniker und den Erfahrungen der hervorragendsten praktischen Aerzte, die in den verschiedenen medicinischen Fachjournalen niedergelegt worden sind, finden bei dem Gebrauche der Trencsin-Teplitzer Thermen die folgenden **Erkrankungen** Heilung oder Besserung:

Die schwersten Fälle von **Gicht** und **chronischem Rheumatismus,** rheumatischer Kopfschmerz, die verschiedenen Formen des Muskelrheumatismus; die mannigfaltigen Affectionen der peripheren Nerven, Cerebral- und Spinallähmungen, rheumatische Gesichtslähmung, durch Gifte hervorgebrachte **Lähmungen,** Lähmungen nach acuten und constitutionellen Krankheiten, Lähmungen nach constitutioneller Syphilis, hysterische Lähmungen, **Neuralgien** rheumatischer, arthritischer und syphilitischer Natur, Blei- und Quecksilber-Neuralgien, Neuralgien der

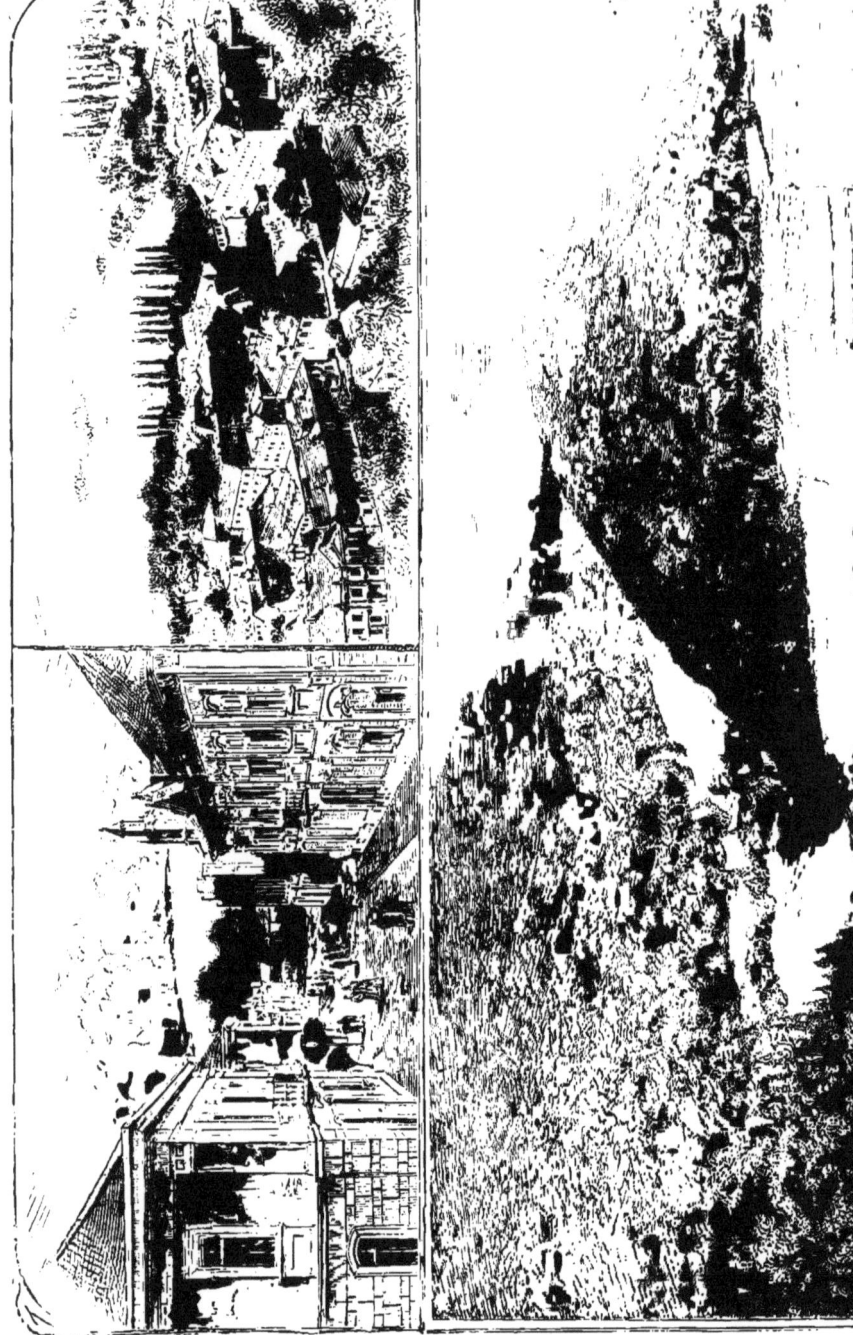

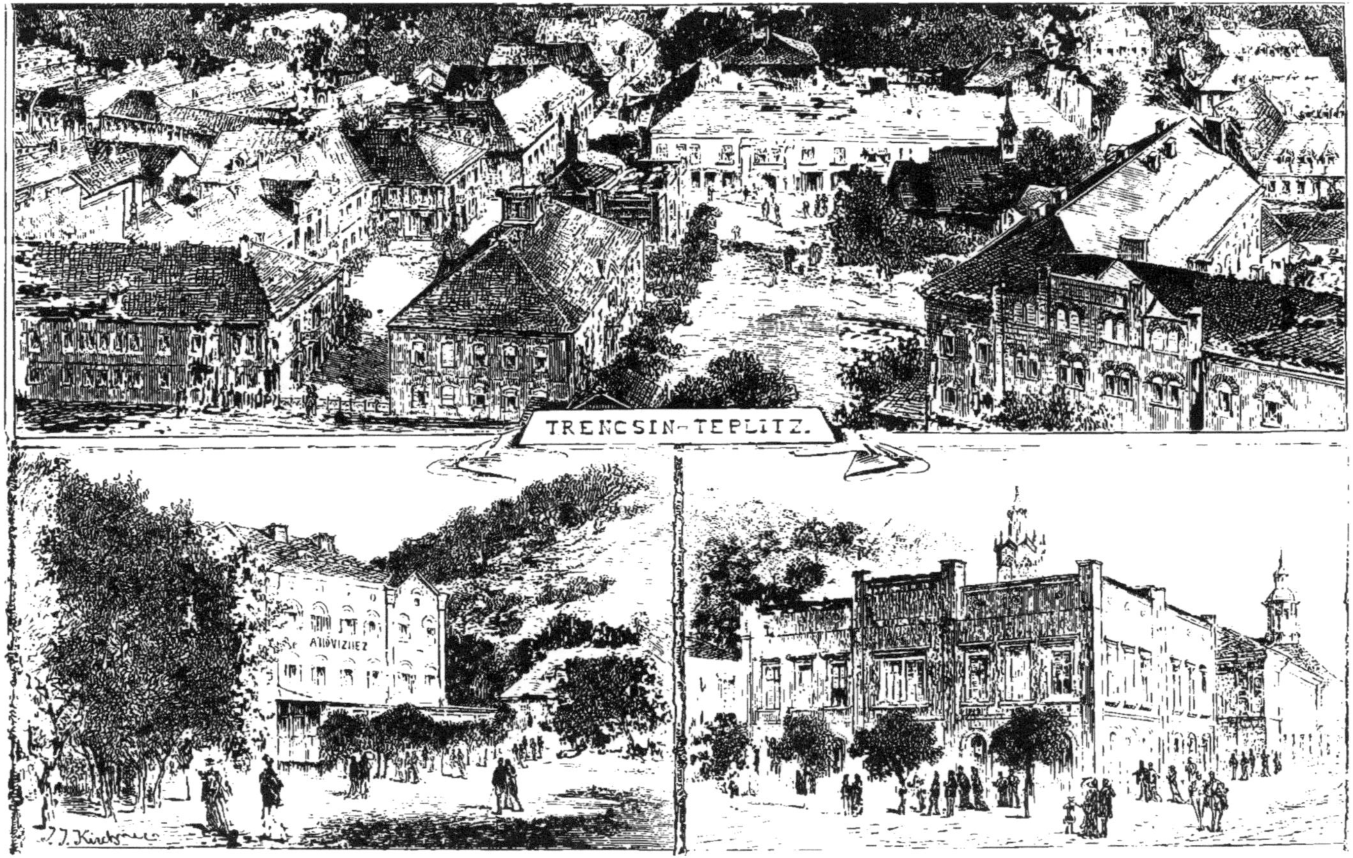
TRENCSIN-TEPLITZ.
A HŐVIZHEZ

Armnerven, der Zwischenrippennerven, **Ischias**, Gelenksneurosen; chronische **Hautausschläge** und Geschwüre; **Caries** und **Necrose der Knochen**, Wunden mit trägem Heiltriebe, skrophulöse Erkrankungen der Gelenke, Folgen von Verrenkungen, Beinbrüchen und Puerperalkrankheiten, Mercurialismus; chronische Erkrankungen der Schleimhäute, Hämorrhoiden etc.

In grosser Zahl liegen Beobachtungen von Seite der Aerzte und Kranken vor, die die besondere Heilkraft der Quellen von Trencsin-Teplitz bei den angeführten Krankheitsformen auf das Glänzendste bestätigen.

Die **Bäder** sind in den grossen, comfortabel eingerichteten Badeanstalten vertheilt, die geräumige **Spiegelbäder (Bassins)** als auch **Separatbäder** enthalten. Als besondere Sehenswürdigkeit ist das mit allem erdenklichen Luxus ausgestattete **neue Bad (Hammam)** zu erwähnen, das mit einem Aufwande von mehr als 100.000 fl. in prachtvollstem orientalischen Style erbaut worden ist und am 1. Mai 1888 zur Eröffnung gelangte. Dasselbe enthält mit jedem modernen Comfort ausgestattete, luxuriös decorirte **Einzelbäder**, **Douchen** etc. Der ganze innere Raum, dessen stylvoll gehaltene Wände eine mächtige Kuppel tragen, durch deren Lichtungen das Licht einfällt, wird mittelst **Dampfheizung** gleichmässig erwärmt.

Alle Bäder sind auf das Eleganteste eingerichtet und möblirt. Der Preis für ein Bad variirt von 20 kr. bis zu 1 fl. 50 kr.

Das Thermalwasser wird auch erfolgreich bei verschiedenen Erkrankungen zu **Trinkcuren** verwendet.

Von sonstigen Curbehelfen wären zu erwähnen: der Gebrauch künstlicher Bäder unter Zusatz von Eisenmoorsalz, Jod, Kochsalz, Kiefernadelextract. Auch sind **Molkencuren**, **Massagecuren** ermöglicht und kann die **elektrische Behandlung** mit der Badecur combinirt werden. Für **kalte Schwimm-** und **Vollbäder** ist ebenfalls gesorgt.

Die günstige Lage des Badeortes an dem Fusse sanft aufsteigender Bergeshöhen hat die Einführung von **Terraincuren nach dem Systeme von Prof. Oertel** wesentlich begünstigt.

Die ärztliche Behandlung der Badegäste leiten die herrschaftlichen Badeärzte **Dr. Ventura**, **Dr. Gallia** und **Dr. Filipkievicz**.

Die **Wohnungen** sind allen Anforderungen der **Hygiene** und des **Comforts** entsprechend eingerichtet und billig. Der Preis eines Zimmers beträgt 50 kr. bis 3½ fl. per Tag. **Vor dem 16. Juni** und **nach dem 16. August** sind die Wohnungen noch **bedeutend billiger**.

Für ein **sehr gutes, reines, kühles Trinkwasser** ist durch die Anlage einer Hochquellenwasserleitung auf's Beste gesorgt.

In den verschiedenen **Restaurants** und **Hotels** kann man **nach der Karte** und **Table d'hôte** zu billigen Preisen speisen. Von Seite der Bade-Direction wird strenge darüber gewacht, dass die **Speisen** und **Getränke nur von vorzüglicher Qualität** seien.

Auch für Küche **strenggläubiger** Israeliten ist bestens gesorgt.

Vergnügungen und Unterhaltungen der verschiedensten Art werden dem P. T. Publicum geboten. Den ganzen Sommer hindurch finden täglich **Concerte** und **Theatervorstellungen** statt. **Tanzkränzchen** und sonstige **Gesellschaftsunterhaltungen**, **Ausflüge** etc. werden allwöchentlich arrangirt und machen das gesellschaftliche Leben in diesem Badeorte zu einem sehr regen und angenehmen. Bei schönem Wetter bietet die **reizende Waldlandschaft** in der Umgebung von Trencsin-Teplitz mit den zahlreichen **Schlossruinen** Gelegenheit zu reizenden Ausflügen und **Bergpartien** auf die benachbarten Karpathengipfel. Der grosse, prachtvolle, schattige **Curpark** mit den zwei Meilen langen, mit Ruheplätzen versehenen, wohlgepflegten Waldwegen eignet sich ganz besonders zu Spaziergängen.

Eine mit Glaswänden geschlossene, grosse **Wandelhalle**, ferner **Lesesäle**, in denen die meisten in- und ausländischen Zeitungen aufliegen, stehen dem Publicum unentgeltlich zur Verfügung.

Telegraphenbureau, Post und Apotheke befinden sich im Orte.

Cur- und **Musiktaxe** sind mässig und werden nach behördlich genehmigtem Tarife eingehoben.

Die Badesaison beginnt mit 1. Mai und endet mit 1. October; da das „Sina-Haus" eigens auch für **Wintercuren** adaptirt ist, so können auch ausser der Saison im **Frühjahre**, **Spätherbste** und **Winter** in Trencsin-Teplitz Badecuren vorgenommen werden.

Illustrirte Badebeschreibungen werden gratis versendet.

Auskünfte über alle auf den Curort Trencsin-Teplitz bezügliche Fragen ertheilt bereitwilligst die

Gräflich d'Harcourt'sche Bade-Direction.

Gross-Ullersdorf

in Mähren (Oesterreich).

Reiseverbindungen: Nächste Station ist Petersdorf-Ullersdorf (30 Min.) an der mährischen Grenzbahn, mit geregeltem Anschluss der Nord- und Staatsbahnlinie.

Wohnungen: Cur-Restauration, Villa Francisca, Bretterhaus, Villa Walter, Hotel Müller, Hotel „Goldenes Kreuz", Villa Marie, Villa Weiss, Villa Weidenhöfer, sowie viele Privatwohnungen in dem über 300 Häuser zählenden Orte. Zimmer mit Bett 50 kr. bis 1 fl. 50 kr.

Bäder: Ein Bassinbad 25 kr.; ein Wannenbad 35 und 40 kr.; Douche 10 kr.; — ein Viertelliter Molke 9 kr.; — ein Moorbad 1 fl.; ein Dampfbad 50 kr.; ein Fichtennadelbad 65 kr.

Curtaxe: 5 fl. für das Familienoberhaupt; weitere Mitglieder 2 fl.

Badearzt: Dr. Hans Lorenz.

Trinkquelle: Carlsquelle: 12° C.; enthält Soda, Glaubersalz, Kochsalz und Jodnatrium.

Im Norden und Osten von Ullersdorf erhebt sich das mährisch-schlesische Sudetengebirge mit seinem höchsten Punkt, dem Altvater (1400 Meter). Nach Süden ist das Thal offen. Die alkalisch-salinischen Schwefelquellen von 28° C. werden zu Bassin- und Wannenbäder verwendet. Ausserdem werden Dampf-, Moor- und Fichtennadelbäder verabfolgt. Auch stehen elektrische und Inhalationsapparate zur Verfügung. Vorzügliche Schafmolke, nach Appenzeller Art bereitet.

Curmusik täglich Früh und Nachmittag. — Frequenz: 700—800 Curgäste; 12.000—15.000 Passanten. — Prospecte gratis. — Auskünfte ertheilt die Badeverwaltung.

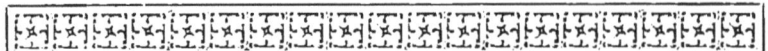

Forstbad

bei Arnau im böhmischen Riesengebirge.

Subalpiner Curort.

Forstbad, im nordöstlichen Böhmen in einem anmuthigen Seitenthal der Elbe, 423 Meter über dem Meeresspiegel gelegen, geniesst als Heil- und

Badehaus und Waldschlösschen.

Gesundheitsbrunnen einen seit mehr als 150 Jahren wohlbewährten Ruf und entwickelte sich in dem letzten Decennium ungemein rasch zu einem stark besuchten Luftcurorte und einer sehr beliebten Sommerfrische.

Curmittel. Für die rasche Entwicklung des Curortes sind hier seitens der Natur die günstigsten Vorbedingungen gegeben in der anmuthigen, gegen westliche und nördliche Luftströmungen durch das nahe mittlere Riesengebirge — den Heidel-, Bönisch-, Fuchs- und Schwarzenberg — geschützten Lage inmitten ausgedehnter Nadelholzwaldungen, und in der reinen, kräftigen und belebenden, von balsamischem Harzduft geschwängerten Gebirgsluft. Andererseits wurde für ein comfortables Unterkommen durch Aufführung von fünf gefälligen Neubauten, für eine gute und billige Verpflegung durch zwei concurrirende Restaurationen und für die grösste Abwechslung in den Spaziergängen durch Anlegung sehr zahlreicher gut gebahnter, trockener, mit Bänken und Tischen reichlich versehener Promenadenwege (Gesammtlänge 11 Kilometer) innerhalb des Waldes vorgesorgt, endlich eine wohlgeschützte asphaltirte Colonnade von 200 Quadratmeter Flächeninhalt errichtet.

Forstbad besitzt mehrere **Quellen** von 8—10° C. Temperatur; das Wasser derselben eignet sich als chemisch indifferent ganz vorzüglich zu Badecuren und wird durch Dampf entsprechend erwärmt, zu **Dampf-, Douche-, Wannen- und Fichtennadel-Bädern** verwendet, welche in dem modern eingerichteten Badehause zum Preise von 20—60 kr., im Abonnement verhältnissmässig billiger, verabreicht werden.

Heilanzeigen. Den beiden vorhandenen Heilpotenzen (chemisch reine Quellen, würzige Waldluft bei mittlerer Höhenlage) entsprechend, eignet sich Forstbad als Curort für chronisch-rheumatische Zustände, für Nervenleiden,

Curhaus mit Colonnade.

für chronische Krankheiten der Athmungs- und Circulationsorgane, chronische Katarrhe, Emphysem, die ersten Stadien der Tuberculose, Herzleiden, sowie für Schwächezustände aller Art: Reconvalescenz nach acuten Krankheiten, Blutarmuth u. dgl.

Selbstverständlich ist Forstbad nebstbei als blosse **Sommerfrische** ein ganz vorzüglicher Aufenthalt; der arbeitsmüde Städter findet die rascheste Erholung hier, wo er, aus der Hausthür tretend, schon im Walde sich befindet, und wo ihm gute und billige Verpflegung und Unterkunft zu Gebote steht.

Unterkunft und **Verpflegung.** Der Miethpreis der sauber und nett eingerichteten Zimmer variirt je nach Lage und Grösse von 3—6 fl. inclusive Bedienung ohne Kleiderreinigung per Woche. Zur Verfügung hat Forstbad 60 Zimmer in fünf geschmackvollen Neubauten: Waldschlösschen, Cur-, Bade-, Capellen- und Forsthaus.

Die **beiden Restaurationen** im Curhaus und im Forsthaus sind an zwei verschiedene Pächter vergeben, den Gästen ist betreffs der Wahl keinerlei Zwang auferlegt, und derart für gute und billige Verpflegung möglichst vorgesorgt. Gespeist wird in der Regel à la carte; bei günstiger Witterung nach Belieben der Gäste auch in der an den Cursalon anschliessenden Colonnade, beziehungsweise in der Veranda der Forsthaus-Restauration.

Zerstreuungen und **Ausflüge.** Für Unterhaltung der Gäste ist durch Croquet-, Kegel-, Billard- und andere Spiele, sowie durch circa 20 im Cursalon aufliegende Tages- und Wochenblätter vorgesorgt; ein im Cursalon befindliches Piano steht zur Verfügung der Gäste. Regelmässig bringen es die örtlichen Verhältnisse mit sich, dass die Gäste rasch mit einander bekannt werden, und sich ein zwangsloses gemüthliches Badeleben entwickelt, welchem fern zu bleiben jedoch im Belieben jedes Gastes steht. Nebst den Promenaden im nahen Waldparke dienen zur Zerstreuung der Gäste kürzere Spaziergänge und weitere Ausflüge in die malerische Umgebung. Ziel der ersteren auf Entfernung von 1/4 bis 1/2 Stunde sind: der Hutberg (503 Meter hoch), mit schönem Ueberblick des Seifenbach- und Silberbachthales mit der Stadt Arnau, der ansehnlichen Ortschaft Hermannseifen und andere; der Koppenberg (524 Meter hoch), mit lohnender Aussicht gegen Süden, Blick auf Hohenelbe und in's Thal der kleinen Elbe, und schöner Uebersicht des den nördlichen Horizont abschliessenden Gebirgskammes mit der Schneekoppe im Hintergrunde; ferner die Ortschaften: Forst, Lauterwasser, Hermannseifen, Arnsdorf, Proschwitz, Langenau; Ziel der letzteren sind Arnau, Schwarzenthal (je eine Stunde), Hohenelbe, Johannisbad (zwei Gehstunden), Trautenau. Uebrigens ist von Forstbad aus jeder Ort und jede Höhe des Riesengebirges auf guten, markirten Wegen erreichbar. Sehr lohnend und durchaus nicht anstrengend ist eine Besteigung des 1300 Meter hohen Schwarzenberg (eine schwache Tagestour), sowie eine Tour nach der Schneekoppe über den Fuchsberg und die Geiergucke (für 1 1/2 Tage); als Wagentouren empfehlen sich die nach Spindelmühle mit Elbfall, in's Dunkelthal, sowie nach Adersbach und Weckelsdorf zur Besichtigung der weltberühmten Felsenstädte.

Saisondauer. Die Saison beginnt Mitte Mai und endet mit letztem September.

Verbindungen. Das nächste Post- und Telegraphenamt befindet sich in Hermannseifen, 1/2 Gehstunde entfernt, mit täglich zweimaligem Botenverkehr. Arnau, die nächste Station der österreichischen Nordwestbahn, ist eine Stunde entfernt, und verkehren daselbst täglich drei Züge über Altpaka von und nach Prag, Reichenberg, Dresden; ebensoviele über Trautenau-Liebau nach Breslau mit zweimaligem Anschluss nach Wien und Berlin. Für Prager Gäste ist der um 7 Uhr 34 Minuten Früh abgehende, in Arnau um 1 Uhr 25 Minuten Nachmittags eintreffende Zug der bequemste; bei demselben finden sich in der Regel Fahrgelegenheiten nach Forstbad am Bahnhofe Arnau vor, obwohl Vorausbestellung der Fahrgelegenheit immer gerathen erscheint. Fahrgelegenheiten werden auf Wunsch besorgt und nähere Auskünfte bereitwilligst ertheilt durch den Besitzer **Franz Kluge** in Hermannseifen.

Warmbad Villach in Kärnten.

Indifferente Therme von constant 23·5° R.

Haltestelle der k. k. Staatsbahnen, eine halbe Wegstunde von der Stadt Villach, 488 Meter über dem Meeresspiegel, in reizender Lage am Fusse der Ausläufer der Villacher Alpe (Dobratsch), 2176 Meter; **eröffnet die Saison am 15. Mai.**

Mildes Klima, mittlere Jahrestemperatur 7·4° C., mittlere Sommertemperatur 14·9° C., mittlerer Barometerstand 715 Millimeter. — Gegen Westen und Norden durch Berge geschützt, fast beständige Windstille. Ozonreiche, reine, kräftige Luft.

Indifferente Wärme von constant 23·5° R.

Nach Prof. Dr. J. Mitteregger enthalten 10,000 Gewichtstheile Wasser: Abdampfrückstand 3·800 Gewichtsth., Chlornatron 0·117, schwefelsaure Magnesia 0·161, kohlensaure Magnesia 0·405, schwefelsaure Kalkerde 0·510, kohlensaure Kalkerde 2·500, Thonerde mit Eisenoxyd 0·055, Kieselsäure 0·010 und halbgebundene Kohlensäure 0·310, nebst 1·441 Gewichtstheilen freier Kohlensäure.

Das Wasser ist vollkommen klar und durchsichtig, ohne Geschmack und Geruch; es trübt sich beim Kochen und setzt reichlichen Kesselstein ab, welcher 90·60 Percent kohlensauren Kalk, 0·34 Percent schwefelsauren Kalk, 8·20 Percent kohlensaure Magnesia, 0·75 Percent Kieselsäure enthält.

Das specifische Gewicht ist 1·0005.

Nach langjähriger Erfahrung haben sich die Thermen von Warmbad Villach besonders erfolgreich und heilkräftig gezeigt bei folgenden Krankheiten:

Gicht, chronischer Rheumatismus und dessen Folgekrankheiten, Lähmungen, Krämpfe, Neuralgien, Histerie, chronische Leiden der Hautdecken und Schleimhäute, Bleikolik, Scrophulose und Rachitis, Folgen von Quecksilbercuren, bei Schwäche und Erschöpfung in Folge von langwierigen Krankheiten oder Blutverlust.

Zum Curgebrauche dienen: die grossen Schwimmbassins I. und II. Classe mit Thermalwasser von 23·5° R., sowie Wannenbäder mit erhitztem Thermalwasser.

Zur Bequemlichkeit und zum Vergnügen des Curpublicums dienen: ein Conversationssalon mit Piano, eine Leihbibliothek, zwei Kegelbahnen, schöner schattiger Park, ausgedehnte ebene Promenaden, sowie sanft ansteigende Wege im Nadelholzwald.

Lohnende Spaziergänge nach Villach (40 Minuten, Stadt mit 7000 Einwohnern), nach Föderaun, Müllnern, St. Martin, Maria Gail etc.

Herrliche Ausflüge zu Wagen und Bahn nach dem Wörther-, Ossiacher-, Faaker- und Millstädtersee, nach Raibl, den Weissenfelserseen, Veldes, Pontafel und Italien. Thalstation für Bergtouren auf die Villacher Alpe (Dobratsch 2176 Meter), den Mittagskogel (2083 Meter), die Görlitzen (1908 Meter) und die Raibler Dolomiten (2700 Meter).

Postamt im Curhause, Eisenbahn- und Telegraphenstation in dem 300 Schritte vom Curhause entfernten Bahnhofe.

Auskünfte über die Anstalt ertheilt der Badeeigenthümer Ludwig Walter.

Preistarif. I. Wohnungen per Tag: 1 Zimmer, Parterre, Strassenseite 1 fl., rückwärts 90 kr.; im 1. Stock, Strassenseite, von 1 fl. 10 kr. bis 1 fl. 60 kr., rückwärts von 90 kr. bis 1 fl. 20 kr., im 2. Stock, Strassenseite, von 1 fl. bis 1 fl. 30 kr., rückwärts von 80 kr. bis 1 fl. Sämmtliche Zimmer inclusive ein Bett. 1 Separatbett per Tag 40 kr. — II. Bäder: 1 Bassinbad erster Classe sammt Wäsche und Trinkgeld 24 kr., mit geheizter Cabine 35 kr.; 1 Bassinbad zweiter Classe 10 kr.; 1 Wannenbad sammt Wäsche 30 kr.; für Kinder bis zu 10 Jahren 1 Bassinbad erster Classe 12 kr. — III. Speisen: 1 Table d'hôte 90 kr., 1 Kaffee 16 kr., 1 Suppe 8 kr., 1 Fleisch mit Gemüse 34 kr., 1 Mehlspeise 24 kr., 1 Braten 34 kr. IV. Fahrgelegenheit: 1 Einspänner per Tag 6 fl., 1 Doppelspänner per Tag 12 fl. — V. Curtaxe per Person 1 fl., für Kinder und Dienerschaft 50 kr. — VI. Service dem Stubenmädchen per Tag und Zimmer 10 kr., der Zahlkellnerin per Tag und Person 5 kr., dem Lohndiener per Tag und Person 5 kr.

In der Vor- und Nachsaison (bis 15. Juni und vom 1. September an) Zimmer 20 Procent billiger.

Riva.

Klimatischer Curort.

Die im westlichen Südtirol unter 45° 53′ nördlicher Breite und 28° östlicher Länge in 53 Meter Seehöhe in der nordwestlichen Bucht des Gardasees gelegene, zwei Stunden von der Bahnstation Mori entfernte Hafenstadt Riva zählt 3000 Einwohner und ist Sitz einer Bezirkshauptmannschaft und einer aus einem Kaiser-Jägerbataillon und Landesschützen-Bataillonscadre bestehenden Garnison.

Das ganze etwa 20 Quadratkilometer messende Thal von Riva-Arco, am Ausflusse des Sarca in den Gardasee ist fast gleichmässig eben und nur im südöstlichen Abschnitte vom M. Brione überragt, der von Osten mit senkrechter Felswand, 361 Meter hoch, aufsteigt, nach Westen sanft abfällt. Der Thalgrund ist Alluvialboden, mit Ausnahme des Südens allenthalben von steil sich aufthürmenden Gebirgsketten eingefasst, die ohne Mittelgebirgsstufen unmittelbar zur Höhe von 1800 bis 2200 Meter aus dem Thalboden sich erheben, und gegen Osten vorwaltend aus Oolithkalk, westlich aus Dolomit bestehen.

Dieser günstigen Configuration des Thalbeckens, dem sich nach Süden die weit ausgedehnte Wasserfläche des Gardasees anschliesst, verdankt es den Schutz gegen Winde, besonders Nord- und Ostwinde, die fast windstillen, oft ganz schneefreien Winter, und ein mildes Klima überhaupt, wie es nur Landstrichen von ähnlich glücklicher Lage und weit geringerer Breite zukommt, und in dem südlichen Charakter der Vegetation, die mit ihren Hauptvertretern, der Olive und Steineiche, der Mittelmeerflora angehört, entsprechenden Ausdruck findet.

Lassen wir als Beleg des soeben Gesagten einige der wichtigsten Daten aus den Ergebnissen der hiesigen musterhaft geleiteten meteorologischen Beobachtungsstation, welche die Jahresmittel des Zeitraumes von 17 Jahren (1871 bis 1887) enthalten, folgen:

Lufttemperatur nach Celsius:		Windvertheilung nach Percent:	
Mittlere Jahrestemperatur	12·9	Nördliche Luftströmungen	21·6
Absolutes Maximum	32·5	Südliche „	20·2
„ Minimum	7·3	Calmen	58·2

Zahl der Tage mit Niederschlägen	129·5
„ „ „ „ Schnee	6·0

Aus diesen interessanten Beobachtungsresultaten, wird es begreiflich, dass Riva sich ausser eines milden Winters auch eines milden, nicht zu heissen Sommers erfreut, dass der Schlitten hier zu Lande ein unbekanntes Möbel ist, dass Heizmaterial nur in den wohlhabenden Häusern in grösseren Mengen consumirt wird, und bei minder Bemittelten das offene Herdfeuer den Ofen ersetzt, und dass der Bauer fast das ganze Jahr hindurch am Felde beschäftigt ist. Kaum ist mit Ende October der Traubensaft in die Fässer gefüllt, werden die Maiskolben eingeführt, die Wintersaat bestellt, der Weinstock beschnitten, Ende November, wie heuer, das letzte Heu gemäht; im December beginnt die Olivenernte und auch im strengen Jänner wird an Mauern, Zäunen und Gräben gearbeitet.

Fügen wir noch hinzu, dass die sanfte Abdachung des Thalbodens gegen das Seeufer und dessen leichte Durchlässigkeit Ansammlungen und Stagnation von Niederschlägen nicht gestattet — Wechselfieber sind hier fast unbekannte Krankheiten — Fabriken oder Industrie-Etablissements, welche Luft und Wasser mit schädlichen Emanationen und Abfällen verunreinigen, gänzlich fehlen, Riva seit 1877 durch die Speroneleitung vom nahen Giumellaberg mit dem besten Trinkwasser der Welt reichlich versehen wird, der weite Seespiegel dem Thale als Reservoir reinster Luft vorliegt, gegen jähe Temperatursprünge als Regulator wirkt, und im Sommer der dann regelmässig auftretende, dem periodischen Seewinde ähnliche, über seine Fläche streichende Südwind, Ora genannt, die warmen Luftschichten wohlthätig abkühlt und erfrischt; so erklärt es sich, dass in Riva endemische Krankheiten nicht bekannt sind, und epidemische nicht Wurzel fassen können, die Mortalitätsziffer der Einheimischen 20 pro Mille beträgt, und Riva, Dank seiner herrlichen Lage und seiner imposanten landschaftlichen Reize wegen schon vor Jahrzehnten, da mildes südliches Klima noch nicht zu den medicinischen Indicationen zählte und klimatische Stationen noch nicht in der Mode waren, als Reiseziel vieler Touristen und Fremden des besten Rufes genoss und von Kranken und Schwächlichen zu längerem Aufenthalte oder zu bleibender Niederlassung gewählt wurde. Und mit Recht wird von den hier stabil angesiedelten Fremden, die nach des Lebens Mühe und Arbeit da bequeme Ruhe aufsuchen, der Salubrität des hiesigen Klimas eine restaurirende, lebensverlängernde Potenz zugesprochen.

Ungeachtet seiner klimatischen Vorzüge war es jedoch Riva bisher nicht vergönnt, sich in die Reihe der in neuester Zeit in Schwung gekommenen Wintercurstationen in würdiger Weise einfügen.

Unübersteigliche locale Schwierigkeiten und besonders die Fortsbauten am M. Brione hemmen die Erweiterung der Stadt nach der sonnigen Ostseite gegen das Hôtel du Lac und die Seevilla zu, und erlauben deren Ausdehnung nur in nördlicher Richtung.

Wohl ist Riva von allen Punkten des Thales am frühesten von der Morgensonne beschienen, die aber zu Curzwecken wenig in Anschlag gebracht wird; dafür verschwindet die Sonne am Hafenplatze hinter dem steil aufragenden M. Giumella im Jänner bereits um 1 Uhr, im Hochsommer um 4 Uhr Nachmittags. Gerade das umgekehrte Verhalten beobachtet man an der benachbarten Schwesterstadt Arco, der es, von örtlichen Hemmissen nicht eingeengt, vor Allem Dank der Munificenz Seiner kaiserlichen Hoheit des Erzherzog Albrecht und der unermüdlichen Thätigkeit des regen Curcomité glang, aus einem dem grossen Publicum kaum dem Namen nach bekannten Städtchen in wenigen Jahren zu einer allen Ansprüchen des modernen Curlebens genügenden Winterstation aufzublühen.

Doch hat dieser Aufschwung Arcos der Fremdenfrequenz Rivas auch im Winter keinen Eintrag gethan. Abgesehen von dem zahlreichen Besuch in den übrigen Jahreszeiten und dem zeitweisen Andrang von Reisenden, die besonders im Sommer und Herbst die Hotels und Pensionen füllen, weisen die amtlichen Tabellen für die verflossenen elf Winter nach den Ausweisen der ersten vier Gasthöfe eine Durchschnittsfrequenz von 669 Personen, wovon 141 länger als sechs Tage hier verweilten; über zwei Drittel dieser Curgäste gehörte dem Auslande an.

Schon ein Blick auf eine Specialkarte wird den kundigen Naturfreund vermuthen lassen, dass die hiesige Gegend mit dem Gardaseebecken, das von den letzten Ausläufern der gegen die Poebene sich allmählich absenkenden südlichen Kalkalpen in Gestalt einer weit ausgedehnten riesigen Schlucht eingefasst wird — einst eine bis weit über Toblino reichende Bucht jenes Meeres,

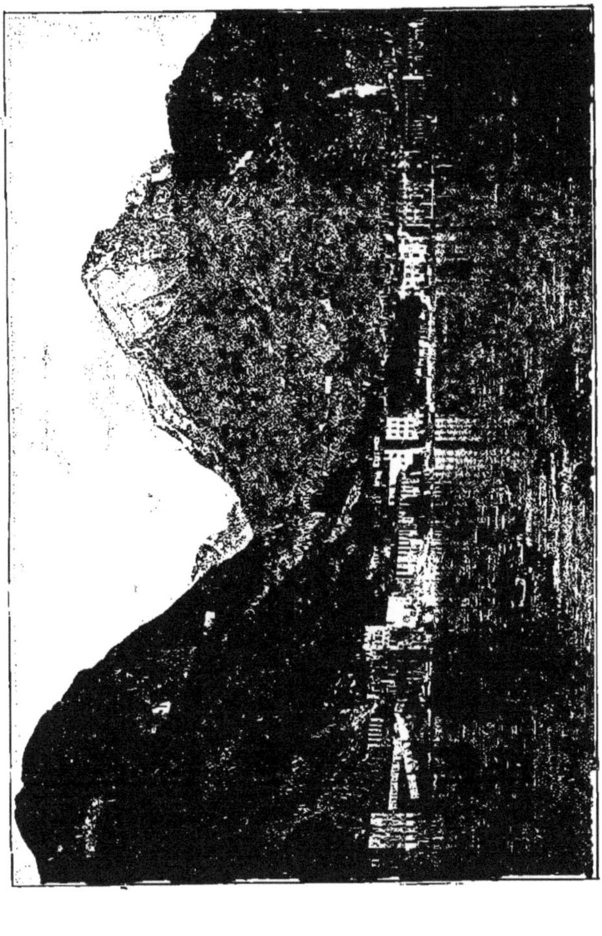

Riva.

das Italien bedeckte — grandiose Formationen und überraschende Scenerien in sich birgt.

Und in der That wird auch der vielgereiste, an erhabene Eindrücke der Alpenwelt gewohnte Wanderer, der auf der Strasse von Mori her an den Schutthalden des grünen Loppiosees vorüber die Wasserscheide zwischen der Etsch und dem Sarcafluss überschreitend, unser Thal zum ersten Male besucht und aus dem Festungsthor von Nago heraustritt, beim Anblicke des plötzlich zu seinen Füssen auftauchenden Gardasees und der schroff in ihn abfallenden Dolomitwände und deren malerisch geformten Zacken und Zinnen einen Ruf des Staunens nicht unterdrücken können. Majestätisch breitet sich der grösste und schönste See Oberitaliens bis zu den Höhen von Lonato 55 Kilometer weit hin, der vornehmste Juwel und Reiz unseres Thales. Spiegelglatt liegt er da, einem azurnen Krystall vergleichbar, wenn er in Ruhe schlummert, einem weiss gesprenkelten Smaragdteppich ähnlich, wenn er von sanftem Winde bewegt, sich zu leichten Wellen kräuselt, die bald sich glätten, bald in Schaumkämmen spielend, sich überschlagen, erhaben furchtbar anzusehen, wenn, vom Sturme aufgewühlt, die brausenden Wogen sich überstürzen und in tosender Brandung an die Ufer drängen. „Fluctibus et fremitu assurgens Benace marino" (Virgil Georg. II. 159). Wer ein unvergessliches Panorama dieser grossartig angelegten Seelandschaft geniessen will, besuche die Bella vista an der ersten Wendung der Kunststrasse bei Riva oder die Villa Lutti, die Caserne von S. Nicolo oder besteige irgend einen anderen Punkt des M. Brione. Wie ein grüner Garten dehnt sich die fruchtbare Campagna, mit Dörfern, Weilern und Landhäusern bestreut, von den coulissenartig in einander geschobenen schön geformten Bergen eingerahmt, bis zum Seestrande aus. Und jeder erhöhte Standort an den längs der Thalseiten führenden Wegen und Strassen fesselt durch einen gleich lohnenden Ausblick. — Ebenso mannigfaltigen Reiz bietet die nächste und weitere Umgebung, und man wird wohl selten eine Gegend finden, die in so engem Raume wie Riva so viel Sehenswerthes und Interessantes enthält.

Ein- und mehrstündige Ausflüge im Thale, an den Berglehnen, zu Wasserfällen, Burgruinen, Tagespartien in die Seitenthäler, zu den umliegenden Seen und alpine Touren wechseln in bunter Reihe und entschädigen den gebildeten Naturfreund, gleich dem wissenschaftlich erfahrenen Fachmanne, durch anregenden Genuss. Den Glanzpunkt der von hier zu unternehmenden Ausflüge bilden jedoch die Dampferfahrten auf dem Gardasee nach dessen reizend gelegenen Uferorten: dreimal täglich laufen die stattlichen und eleganten Dampfschiffe von Riva nach Peschiera und Desenzano aus. Riva ist deshalb eine beliebte Aufbruchstation nach den grossen Städten Oberitaliens; wer Morgens Riva mit dem Dampfer verlässt, gelangt Nachmittags nach Venedig oder Mailand.

Für Unterkunft und Beköstigung ist in Riva bestens gesorgt. Comfortable, von Fremden zumeist besuchte Gasthöfe sind das Hôtel du Lac mit prächtigem Garten, eine Viertelstunde vor der Stadt an der nach Torbole führenden Strasse, Hôtel Sole, Riva, Baviéra, alle in schöner Lage am See, ferner Pension Giardino und Musch, beide mit Biergärten. Die Pensionspreise variiren zwischen zwei und drei Gulden.

Als Sehenswürdigkeiten Rivas verdienen die schöne Bildergalerie Maffei, nun im Besitze der Familie Lutti, deren Villa und Mausoleum in S. Alessandro, wo der Dichter Andrea Maffei ruht, die kostbare Mineraliensammlung der Frau Viebig und die herrlichen Gartenanlagen der Seevilla und der Villa Picht in S. Giacomo Erwähnung.

Dal Municipio di Riva:

Il Podestà

Bernardinelli.

Curort Koritnicza

im Liptauer Comitat.

Karpathen-Curort.

Lage. Koritnicza liegt 2679 Fuss über dem Meeresspiegel in einem von dunklen Fichtenwäldern umgebenen wildromantischen Thale der Karpathen an der südlichen Grenze des Liptauer Comitates in Ungarn, zwei Stunden von der Bahnstation Rosenberg (Kaschau—Oderberg) und fünf Stunden von Neusohl (ung. Staatsbahn) entfernt.

Klima. Das Klima von Koritnicza ist ein subalpines, und es sind alle Factoren vorhanden, um dasselbe zu einem vorzüglich gesunden und erquickenden zu machen.

Die geographische Lage des Curortes, die dichten, sich meilenweit erstreckenden Wälder, zum grossen Theile Fichten, die allenthalben aus dem Boden hervorsprudelnden Quellen, und endlich der Umstand, dass das Thal von drei Seiten von hohen Bergen geschützt und nur gegen Westen offen ist, widerlegen jenes Vorurtheil, dass Koritnicza ein rauhes Klima habe.

In den Monaten Mai, Juni, Juli, August und September zeichnen wir folgende Durchschnittstemperaturen:

	Grad Celsius
Die Morgentemperatur beträgt im Mittel	11·7
Die Mittagstemperatur „ „ „	19·0
Abendtemperatur	14·5
Tagestemperatur	17·6
Höchste Tagestemperatur	19·0
Niedrigste Tagestemperatur	11·5
Differenz	8·5

Der Ozongehalt der Luft beträgt 7—8 Percent.

Heilmittel des Curortes. *A)* die Mineralquellen, von denen zu therapeutischen Zwecken die Sophien-, Béla-, Ferencz József- und Ilkaquelle benützt werden.

Das Koritniczaer Mineralwasser gehört, zufolge seiner chemischen Bestandtheile, zu den Seltenheiten und ist als ein derartig specielles Mineralwasser in seiner Art alleinstehend. Verglichen mit den Sauerwässern des In- und Auslandes, finden wir, dass, während bei allen anderen Sauerwässern die kohlensauren Salze vorherrschen, bei dem Koritniczaer Wasser die schwefelsauren Salze prävaliren; dieser Umstand drückt dem Wasser seinen speciellen Charakter auf.

Analysirt wurde das Wasser zu wiederholten Malen, so durch die Professoren Tognio und Kitaibel, wie auch das Doctoren-Collegium der medicinischen Facultät in Wien, jedoch blos qualitativ; qualitativ und quantitativ wurden die Quellen durch die k. k. geologische Reichsanstalt in Wien und durch die chemische Anstalt der königlich ungarischen Universität zu Budapest analysirt, somit gehört das Koritniczaer Mineralwasser zu den kohlensauren, eisenhaltigen, erdig-salinischen Säuerlingen.

Die Bestandtheile zeigt beigelegte Analyse.

Chemische Analyse.

	Bélaquelle	Sofien-quelle	Franz Jos.-Quelle
Temperatur des Wassers	10° C.	10° C.	10° C.
Specifisches Gewicht	1·0036	1·0031	1·0034
Gehalt in 1000 Gramm		Gramm	
Chlornatrium	0·006	0·005	0·005
Schwefelsaures Natron	0·057	0·025	0·039
Schwefelsaurer Kalk	1·063	1·082	1·126
Schwefelsaure Magnesia	0·873	0·783	0·770
Kohlensaurer Kalk	0·862	0·805	0·891
Kohlensaures Eisenoxydul	0·064	0·061	0·071
Kieselerde	0·028	0·057	0·049
Halbfreie Kohlensäure	0·403	0·377	0·119
Freie Kohlensäure	1·346	1·373	1·189
Summe aller Bestandtheile	4·702	4·568	4·519

Weiland Professor Hofrath Oppolzer hatte mehrere hochgestellte Persönlichkeiten behufs Herstellung ihrer zerrütteten Gesundheit mit dem Beifügen nach Koritnieza gesendet, dass dieses Wasser gegen Unterleibs- und Hämorrhoidalleiden das bewährteste Mittel sei, und dass die Ungarn gar nicht wissen, welchen Heilschatz ihnen die Natur daselbs geboten.

Die Erfahrungen folgender hervorragender Universitätsprofessoren, und zwar Prof. Dr. Korányi, Prof. Dr. Kétly, Prof. Dr. Lumniczer, Prof. Dr. Stiller, ferner Dr. Sigmund Jellenik, Primarius des kaufmännischen Spitales, weiland Dr. Róth, sowie zahlreicher, des besten Rufes sich erfreuender Aerzte des In- und Auslandes, die die Wirkungen des Koritniezaer Mineralwassers zu beobachten Gelegenheit hatten, stimmen darin überein, dass dasselbe, vermöge seiner in zahlreichen Krankheitsfällen erwiesenen Heilkraft zu den wirksamsten Heilquellen des In- und Auslandes zu rechnen sei.

Die speciellen Krankheitsformen, in welchem sich dieses Wasser jenen wohlvereienten Ruf erworben, sind: Chronischer Magen- und Darmkatarrh (besonders die zufolge Anämie entstandenen), Erbrechen, Magenkrampf, Magen- und Darmgeschwüre, Leber- und Milzanschwellungen (besonders die in Folge Malaria), Gelbsucht, Obstirpation. Mit überraschend günstigem Erfolge ist das Wasser gegen Hämorrhoidalleiden und Chlorose angewendet worden.

Weiland Dr. Róth, gewesener Inhaber der öffentlichen Ordinationsanstalt für Magen- und Unterleibskrankheiten, schreibt über die Wirkung des Koritniezaer Wassers folgendermassen: „Laut den von mir sowohl in meiner Privatpraxis als auch durch einige Jahre an Ort und Stelle gemachten Erfahrungen, bin ich in der Lage, über die Wirkung des Koritniezaer Wassers Folgendes sagen zu können: Bei allen Krankheiten, in denen Glaubersalz und eisenhältige Wässer indicirt sind, übt das Koritniezaer Wasser eine ausgezeichnete Wirkung aus. Es gibt jedoch Krankheitsformen, bei denen es alle gleichhältigen Mineralwässer an Wirkung weit übertrifft. Solche sind: Stasen der ven. port. syst. Dyspepsien, sogenannte Dyspepsia anaemica, die bei einem herabgekommenen Organismus aufzutreten pflegen; chronische Darmkatarrhe, unter diesen besonders die Coloenteritis chronica, bei welcher Krankheitsform ich überraschend eclatante Erfolge zu verzeichnen habe.“

Wie aus dem bis nun Gesagten ersichtlich, wird das Koritniezaer Wasser mit vorzüglichem Erfolge gegen Magen- und Darmkrankheiten angewendet.

In Folge der hohen Lage, der meilenweit sich erstreckenden Fichtenwaldungen, der vollkommen staubfreien, etwas feuchteren, ozonreichen Atmosphäre, kann man den Curort nicht genug anempfehlen für Kranke, die an chronischen Kehlkopf- und Bronchialkatarrhen, an Emphysem und Asthma leiden. Schliesslich für Nervöse und Reconvalescenten gibt es keinen besseren klimatischen Curort.

KORITNICZAI
GYÓGY-
ÉS
FÜRDŐHELY

Die Füllung geschieht mittelst Automat Czerniczki'schen Systems, und auf die Verkorkung wird die grösste Sorgfalt verwendet.

B) Als zweiter Heilfactor dient das Badehaus. Dieses wurde mit allem Comfort versehen, sowie den hygienischen Anforderungen entsprechend, im Jahre 1880 neu aufgeführt. Die Curgäste erhalten darin Mineralwasser-, Fichten-, Moor- und Sodabäder.

C) Die Kaltwasser-Heilanstalt, separat für Herren und Damen.

D) Schafmolke wird jeden Morgen frisch in die Trinkhalle gebracht und entweder rein oder mit Mineralwasser gemengt verordnet.

Oekonomische Verhältnisse. Mit der Leitung des Curortes ist die Badedirection betraut, an die auch alle in das Gebahrungsfach einschlägigen Bestellungen, Aufträge und Anfragen gerichtet werden mögen. Die sanitären Angelegenheiten unterstehen dem Badearzte Dr. Josef Ormay, honor. Comitatsphysicus aus Budapest, der vom 1. Mai bis Ende September sich ständig im Curorte aufhält.

An Sonn- und Feiertagen wird in der Andreas-Capelle Messe gelesen.

Während der Dauer der Saison besteht in Koritnicza eine Apotheke, Post- und Telegraphenamt.

Für die Verköstigung wird in drei Gasthäusern gesorgt. Die Gastwirthe sind gehalten, streng curgemässe Speisen zu verabreichen. Die Badedirection verfügt über 150 elegant eingerichtete Zimmer, deren Preise von 60 kr. bis 2 fl. 50 kr. per Tag betragen.

In der Vorsaison, d. i. vom 15. Mai bis 1. Juli, und in der Nachsaison, d. i. vom 15. August bis Ende September, sind die Preise um 25 Percent billiger.

Unterhaltungen und Ausflüge. Zerstreuung und Aufheiterung finden die Curgäste in dem sorgsam gepflegten Parke des Curortes, wo täglich Morgens während der Trinkcur und Nachmittags von 5—7 Uhr eine Musikcapelle die gewähltesten Pièçen spielt. Wöchentlich werden Tanzunterhaltungen, Tombolaspiele und Concerte arrangirt; ferner Forellenfischerei, Kahnfahrten auf dem Teiche, eine gedeckte Kegelbahn, ein Claviersaal, sowie ein Kaffeehaus bieten sehr angenehme Zerstreuungen.

Herrliche Spaziergänge sind: Der überraschend schöne Huszárweg, Hajós und Gelléryweg, das Luzsnaer Thal, das Jägerhaus, die oberhalb des Vámbérythales sich erstreckende Bergwiese, der Ausflug auf den Bischofsberg. Grössere Ausflüge werden veranstaltet zur äusserst interessanten Forellenfischzucht in der Ortschaft Oszada, in das Telpthal mit seinen schönen Wasserfällen, ferner die berühmte Stureczer Kunststrasse. Bessere Bergsteiger mögen es nicht unterlassen, einen Ausflug auf die Alpe Prasiva zu machen.

Reise nach Koritnicza. Von Budapest mit dem Eilzuge 7¼ Uhr Morgens der königl. ungar. Staatsbahn via Ruttka, Rosenberg (königl. Oderberger Bahn). Von hier aus mittelst Fiaker auf einer sehr guten Strasse und in einer wunderschönen Gegend fahrend, erreicht man binnen 2¼ Stunden Koritnicza. Jene, welche die schöne Kunststrasse über das Gebirge Sturecz nicht kennen, wollen nur bis Neusohl Karten lösen, und von dort mittelst Fiaker die Fahrt fortsetzen, was 5—6 Stunden in Anspruch nimmt, bis man Koritnicza erreicht. Der Weg von Budapest kann auch über Kaschau gemacht werden, auch in dieser Richtung bildet Rosenberg die Endstation.

Von Wien und Berlin aus nimmt man die Route via Oderberg—Ruttka—Rosenberg.

Mineralwasser-Preise:

ab Station Rosenberg oder Neusohl.

1 Kiste (40 Flaschen) à 0·5 Liter . . . . fl. 6.
1 „ (40 „) à 0·75 „ . . . . „ 7.
1 „ 24 „) à 1·5 „ . . . . „ 6.-

Priessnitzthal

in Mödling (30 Minuten von Wien).

Wasserheilanstalt.

In der Anstalt wird rationelle, den Kräften und Krankheitszuständen des einzelnen Patienten genau angepasste Hydrotherapie angewendet.

Diese wichtige Individualisirung ist dem Arzte dadurch ermöglicht, dass die Anstalt nur für eine beschränkte Anzahl von Patienten berechnet ist.

Neben dem eigentlichen Wasserheilverfahren erstreckt sich die ärztliche Aufsicht auf Regelung der täglichen Lebensweise nach rationellen hygienischen Principien.

Elektrische Behandlung, Massage und Heilgymnastik kommen dort, wo sie angezeigt sind, als wesentlich unterstützende Heilmittel in Verwendung.

Priessnitzthal

Alle diese Momente, in Verbindung mit dem Aufenthalte in einer so staubfreien, würzigen Waldluft, wie sie das Priessnitzthal und dessen Umgebung bieten, erklären die zahlreichen Heilerfolge, deren sich die Anstalt erfreut.

Curanzeigen. Für das Wasserheilverfahren sind im Allgemeinen folgende Fälle angezeigt:

1. Brustkrankheiten.
2. Nervenkrankheiten.
3. Chronische Magen- und Darmkrankheiten.
4. Frauenkrankheiten.

Besonders zu empfehlen ist dasselbe für Reconvalescenten als Stärkungscur und als Nachcur nach Karlsbader, Marienbader und Franzensbader Curen.

Nähere Auskünfte ertheilt:

Dr. Josef Weiss

Arzt und Eigenthümer der Anstalt, Mitglied der Wiener medicinischen Facultät, Mitglied des psychiatrischen Vereines, Redacteur der „Zeitschrift für Therapie“.

Anstalt [illegible] Maria Grün.

Saidschitz.

Das Saidschitzer Bitterwasser ist als solches noch heute von keinem anderen Bitterwasser übertroffen und in den Hintergrund gedrängt worden, es stellt unter allen zeither bekannten sogenannten Bitterwässern offenbar das reinste — die schwefelsaure Magnesia als allein überwiegenden Bestandtheil enthaltende Mineralwasser dar, während die anderen Bestandtheile, in richtigem Masse beigemischt, dessen Wirkung auf gelinde Weise unterstützen und dem Organismus zugänglicher machen.

Das seit Friedrich Hoffmann, dem eigentlichen wissenschaftlichen Begründer der Heilquellenlehre, vor fast anderthalb Jahrhunderten bekannter gewordene Saidschitzer Bitterwasser hat seit dieser Zeit einen Ruhm und eine Berühmtheit erlangt wie kaum ein anderes Mineralwasser; nicht nur in ganz Europa, sondern auch in den meisten überseeischen Ländern ist es wohl gekannt und wird als ein geschätztes Heilmittel angewendet.

Analyse.

In 16 Unzen sind enthalten:	Nach Berzelius (Hauptquelle)	Nach Struve (Koselbrunnen)
Schwefelsaure Talkerde	84·1666	83·138
Schwefelsaures Natron	46·8019	23·496
Salpetersaure Talkerde	25·1745	7·907
Kohlensaure Talkerde	4·9858	1·098
Quellsaure Talkerde	1·0667	—
Kohlensaurer Kalk	—	6·806
Schwefelsaurer Kalk	10·0776	1·505
Schwefelsaures Kali	4·0965	4·594
Chlormagnesium	2·1696	1·930
Basisch phosphorsaurer Kalk		0·016
Schwefelsaurer Strontian		0·016
Kohlensaurer Strontian		
Basisch phosphorsaure Thonerde		0·012
Kohlensaures Eisenoxydul / Kohlensaures Manganoxydul	0·0192	—
Kieselerde	0·0360	0·120
Ammoniak	Spur	
Jodmagnesium	0·0368	
Brommagnesium	Spur	
Fluor	Spur	
Eisen- und Manganoxyd	—	0·017
Kupferhaltiges Zinnoxyd	0·0307	
Humusextract		
Summa	178·6589	130·685

eine geringe Menge freier Kohlensäure.

Das Saidschitzer Bitterwasser findet seine Anwendung: bei einfacher, wie habitueller Coprostase, und der öfters durch diese oder durch Wurmkrankheit, Speisereste und Ingesta überhaupt oder krankhafte Anhäufung von Galle und Schleim im Darmcanale, eingeklemmten Brüchen erzeugten Kolik, oder anderen Krampferscheinungen, als Reflexactionen derselben mit oder ohne Fieber, bei Blennorhöen in Folge chronischen Katarrhs, bei Fettleber, Icterus, Milztumor, Gallenpräcipitat und Gallenstein, bei Schwellung der Lymphdrüsen in Folge von Hyperplasie, torpider Scrophulose, bei Hypercarbonisation des Blutes, Stase im Pfortadersystem, Hämorrhoiden und Gicht, Fettsucht, zu sparsamer Menstruation, Hysterie und Hypochondrie, Congestionen, Hämorrhagien und Entzündungen aller anderen als der Einverleibungsorgane, bei localisirten Krankheiten der Augen, Ohren, bei Hautkrankheiten, Tumoren und Reflexkrankheiten aller Art. — Zu beziehen durch alle Mineralwasserhandlungen oder direct durch die Brunnendirection Bilin in Böhmen. — Versendung in Glasflaschen und Thonkrügen.

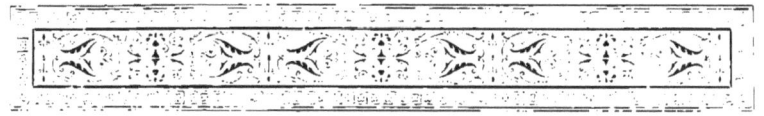

Teplitz-Schönau in Böhmen.

Lage, Klima und Geschichtliches. Der Curort Teplitz-Schönau liegt unter dem 50° 38′ 16″ nördlicher Breite und 31° 29′ 41″ östlicher Länge von Ferro, 230 Meter über dem adriatischen Meere, im nordwestlichen Theile Böhmens, in dem ebenso üppigen und fruchtbaren, als an Naturschönheiten reichen und ungefähr zwei Stunden breiten Bielathale.

Das Erzgebirge im Norden, der Urgebirgsformation angehörend, besteht vorherrschend aus Gneis, Porphyr und Granit und bildet eine natürliche Schutzmauer gegen den rauhen und kalten Nordwind.

Teplitz-Schönau

Im Süden und Osten zieht sich in langgestreckten Rücken und Kegeln — das charakteristische Merkmal der Basaltformation — das Mittelgebirge hin, wodurch der Curort gegen das Eindringen der lästigen heissen Südwinde geschützt ist.

Das Klima ist gesund und mild, die mittlere Jahrestemperatur beträgt 7·5° R., daher der Aufenthalt besonders Jenen anempfohlen werden kann, welche nach schweren Krankheiten in der Reconvalescenz begriffen sind.

Teplitz ist unter den Curorten Böhmens der älteste und zählt damit zu den ältesten Bädern Europas überhaupt.

Reise nach Teplitz-Schönau. Teplitz-Schönau ist Post- und Telegraphen-Station, sowie Station der Aussig-Teplitzer Eisenbahn und der Dux-Bodenbacher Eisenbahn.

Der Fremde erreicht den Curort:

1. von Dresden mit der Eisenbahn oder dem Dampfschiff bis Bodenbach oder Aussig; im ersteren Falle erfolgt die Weiterreise mit der Dux-Bodenbacher Eisenbahn, im letzteren Falle mit der Aussig-Teplitzer Eisenbahn;
2. von Leipzig über Riesa, Döbeln und Dresden;

3. von München und Nürnberg über Furth und Pilsen oder über Eger, Karlsbad und Komotau;
4. von Frankfurt a. M. über Eger und Komotau;
5. von Berlin über Dresden;
6. von Hamburg über Berlin, Dresden;
7. von Breslau über Görlitz, Tetschen;
8. von Wien über Brünn, Prag oder über Znaim, Iglau, Prag;
9. von Warschau über Oderberg und Prerau.

Das städtische Bäder-Inspectorat in Teplitz. Oberleitung für Stadtbad, Kaiserbad, Stein- und Stephansbad, Cursalon und Lesecabinete, Geschäftsführung der Thermalwasser-Versendung der Stadtgemeinde Teplitz in Böhmen. Bureau im Cursalon-Gebäude. W. G. Schröter, Bäder-Inspector.

Badeärzte. (Nach dem Antritte ihrer Thätigkeit.) Dr. Joseph Seiche Edler v. Nordenheim, k. preuss. Geh. Sanitätsrath; Dr. Samuel Fieker; Dr. Daniel Kraus, k. k. Reg.-Arzt i. d. Armee; Dr. Ignaz Hirsch, k. preuss. Sanitätsrath; Dr. Carl Heller, g. mecklenb. Sanitätsrath; Dr. Gustav Adolph Eichler; Dr. Baumeister, k. sächs. Hofrath, Stadt-Physicus in Teplitz; Dr. Theodor Redlich; Dr. Carl Müller, k. preuss. Sanitätsrath; Dr. Ferdinand Trentler, k. k. Stabsarzt; Dr. Carl Radnik, Stadt-Physicus in Schönau; Dr. Moriz Löwy; Dr. Ladislaus v. Krajewski; Dr. Hugo Langstein, gew. k. k. Landwehr-Regimentsarzt; Dr. Ambros Janka, k. k. Linienschiffsarzt a. D.; Dr. Wilhelm Lieblein; Dr. Moriz Hirsch; Dr. Carl Nusko, k. k. Regimentsarzt; Dr. G. Mauder, k. k. Regiments-Chefarzt i. P.; Dr. Emanuel Beck; Dr. Wilhelm Gudra, 2. Stadtarzt in Teplitz.

Wundärzte. (In voriger Ordnung.) Joseph Knaur, Stadtwundarzt; Ernst Walther, Magister der Zahnheilkunde; Joachim Stein; Adam Friedländer, k. k. Ober-Wundarzt a. D.; W. Bergmann.

Apotheker. Franz Hoffmann, „zum schwarzen Adler", Lange Gasse; Ferdinand Schmied, „zur Dankbarkeit", Mühlstrasse.

Bade-Anstalten. In Teplitz: Das Stadtbad, unmittelbar an der Stadtquelle gelegen, Eigenthum der Stadtgemeinde Teplitz, hat 28 Badelogen, 1 Communbad und 14 gesunde und freundlich möblirte Zimmer. Das Kaiserbad-Cursalon; ebenfalls der Stadtgemeinde Teplitz gehörend, hat 19 elegante Badelogen. Directe Zuleitung des Thermalwassers von der Stadtquelle. Besitzt 46 auf das Eleganteste und Bequemste ausgestattete Salons und Zimmer. Die vereinigten Herrenhaus-Fürstenbäder. Eigenthum des Fürsten Clary-Aldringen, enthalten 50 Badelogen und 180 comfortabel eingerichtete Zimmer. Das Sophienbad. Besitzer ist die israelitische Cultusgemeinde. Mit 3 Badelogen und 1 Communbad. Das Stein- und Stephansbad. Eigenthum der Stadtgemeinde Teplitz. Mit 35 freundlichen Badelogen, 1 Communbad und 3 comfortabel ausgestatteten Wohnzimmern für Fremde.

In Schönau: Das Schlangenbad. Eigenthum der Stadtgemeinde Schönau, mit 19 geräumigen und freundlichen Badelogen, darunter einige Doppellogen. Das Neubad. Eigenthum des Fürsten Clary-Aldringen. Enthält 19 Badelogen und 50 elegant eingerichtete Zimmer für Curgäste.

Die Thermen. Die Thermen von Teplitz-Schönau sind seit Jahrzehnten Gegenstand wiederholter Untersuchungen gewesen; sämmtliche vorgenommene Analysen und Experimente haben ergeben, dass die einzelnen Quellen chemisch gleich und nur in der Temperatur verschieden sind.

Die höchste Temperatur weist das Thermalwasser aus, welches in der, der Stadtgemeinde Teplitz gehörigen und unmittelbar am Stadtbad gelegenen Quelle emporquillt. Dieses Thermalwasser erreicht eine Temperatur von 39° R., und es werden damit das Stadtbad, das Kaiserbad und das Sophienbad gespeist.

Die Badehäuser des unteren Theiles von Teplitz und jene von Schönau haben selbstständige Quellen, welche ein Thermalwasser von + 29·5° bis 35·0° R. liefert.

Das Teplitzer Moor wird am Plateau des Erzgebirges, woselbst es in mächtigen Lagern vorkommt, gestochen und stellt eine fette, braune und auch schwarze, mit organischen und vegetabilischen Substanzen vermischte Erde dar.

Die Analyse ergab schwefelsaure, salzsaure, humus- und kohlensaure Kali- und Natron-Verbindungen, Kieselsäure, Quellsäure, Eisen, Kalk und Thonerde.

Analyse der wichtigsten Thermalquellen von Teplitz-Schönau.

10.000 Kubik-Centim. Wasser enthalten:		Stadt-Quelle	Steinbad-Quelle	Schlangenbad-Quelle	Neubad-Quelle	Stadt-Quelle
		nach Prof. Dr. Fr. L. Sonnenschein, Berlin 1872				nach Prof. Dr. Gintl, Prag 1879
I. Fixe Bestandtheile.						
Schwefelsaures Kali	Gramme	0·228007	0·286792	0·340232	0·332187	0·17149
Schwefelsaures Calcium	"	0·560156	0·642249	0·385471	0·595557	0·75771
Chlornatrium	"	0·629844	0·509581	0·563971	0·489198	0·66108
Phosphorsaures Natron	"	0·017971	0·009915	0·052162	0·009188	0·00554
Kohlensaures Natron	"	4·143659	4·306458	3·821062	3·437333	4·62881
Kohlensaures Lithion	"	0·005704	0·004933	0·017496	0·040626	0·00128
Kohlensaures Calcium	"	0·691371	0·110773	0·379814	0·228968	0·01685
Kohlensaurer Strontian	"	0·021407	0·005628	0·033369	0·049859	0·00222
Kohlensaure Magnesia	"	0·114647	0·104722	0·129782	0·123513	0·13346
Kohlensaures Manganoxydul	"	0·018845	0·011028	0·006025	0·032817	0·00239
Kohlensaures Eisenoxydul	"	0·155150	0·034425	0·019575	0·066036	0·00470
Kohlensaures Baryum	"	—	—	—	Spuren	—
Fluorcalcium	"	0·017000	Spuren	Spuren	Spuren	—
Thonerde	"	0·000500	Spuren	0·007135	0·080000	0·00187
Kieselsäure	"	0·475000	0·432500	0·467500	0·435000	0·46199
Huminsubstanzen	"	0·102000	0·081000	0·252256	0·184111	0·07713
Arsen	"	Spuren	—	—	—	—
II. Flüchtige Bestandtheile.						
Kohlensäure, halbgebunden	Kub.-Centim.	1110·477	992·420	941·024	809·048	1011·70
Kohlensäure, freie	"	34·120	69·036	240·708	753·384	396·04
Stickstoff	"	50·940	85·500	66·600	58·500	104·62
Sauerstoff	"	18·360	15·600	15·000	22·800	43·03

Miethpreise in Teplitz-Schönau. Die Zimmerpreise sind sehr verschieden und richten sich nach der Saisonperiode, Lage, Grösse, Bettenanzahl und Ausstattung der Zimmer.

In den Privat-Curhäusern kostet ein Zimmer in der Sommersaison fl. 5 bis fl. 25 die Woche.

In den städtischen Badehäusern in Teplitz sind die Preise wie folgt:

Im Stadtbade fl. 8 bis fl. 18 die Woche.

Im Kaiserbade fl. 15 bis fl. 35, Salons fl. 35 bis fl. 50. Zimmer für Dienerschaften von fl. 5 die Woche angefangen.

Im Cursalon fl. 7 bis fl. 24 die Woche.

Im Steinbade fl. 6 bis fl. 15 die Woche.

In der Wintersaison sind die Preise entsprechend billiger.

Trinkcur. In der Trinkhalle im Curgarten werden unter gesundheitsbehördlicher Aufsicht alle in- und ausländischen Mineralwässer kalt und gewärmt, dann alle Quellenerzeugnisse, sowie auch Milch und Molke verabreicht. Brunnenschriften und Quellen-Analysen sind daselbst unentgeltlich zu haben.

Ein ausgezeichnetes Unterstützungsmittel in den hier zur Behandlung kommenden Krankheiten ist die

Teplitzer Stadtquelle. Seit mehr als einem Jahrtausend bekannte, älteste Heilquelle Böhmens, die aus sehr beträchtlicher Tiefe durch zerklüftetes

Felsgestein mit einer Temperatur von 39° R. zu Tage tritt und darum frei von jedweder organischen Beimengung ist.

Nach den Analysen der Professoren Sonnenschein und Gintl ein reinstes, natürliche Kohlensäure hältiges, alkalisches Mineralwasser.

Die Sättigung mit Kohlensäure ist künstlich vervollständigt. Aeusserst wohlschmeckendes, erfrischendes und gesundheitsförderliches Tafelgetränk.

Korkbrand: Teplitzer Stadtquelle. Versendung nur in Glasflaschen. — Jahrelang haltbar.

Mit Wein oder Fruchtsäften gemischt, ein köstliches Erfrischungsgetränk während der heissen Sommermonate.

Versandt 1889: 300,000 Flaschen.

Nach den im physiologischen Laboratorium des Herrn Sanitätsrathes Dr. C. F. Kunze in Halle a. S., einer Autorität auf dem Gebiete balneologischer Forschungen, und bewährten Praktikers gemachten, durch Erfahrungen am Krankenbette controlirten Versuchen ist die Teplitzer Stadtquelle ein bewährtes Heilmittel bei nervöser Verdauungsschwäche, chronischer übermässiger Absonderung von harnsauren Salzen durch den Urin, Blasenkatarrh, bei Eiweiss im Urin und chronischem Gelenks- und Muskel-Rheumatismus.

Die Teplitzer Stadtquelle ist überall dort von hohem Werthe, wo schlechtes Trinkwasser Anlass zu ansteckenden Krankheiten gibt.

Die Füllung erfolgt unter ärztlicher Aufsicht durch die Stadtgemeinde Teplitz in eigener Verwaltung.

Broschüren und Preislisten unentgeltlich durch die Thermalwasser-Versendung der Stadtgemeinde Teplitz, Böhmen.

Das städtische Bäder-Inspectorat.

Die Mineralwasser-Trinkhalle, sowie der Mineralwasserverschleiss aller in- und ausländischen Mineralwässer und Quellenerzeugnisse für Schönau befinden sich im südwestlichen Theile des Schlangenbades.

Schwimmschule. Die im Jahre 1878 im westlichen Theile des Turner Parkes erbaute Schwimmschule bietet den die P. T. Curgäste begleitenden Angehörigen, welche einer Thermalwassercur nicht bedürfen, kalte Bäder und auch Schwimmunterricht.

Die Schwimmschule wird entweder über die Bahnhof- und Turnerstrasse oder über Schönau durch den Turner Park in 15 Minuten erreicht und ist mit aller den Anforderungen der Neuzeit entsprechenden Bequemlichkeit ausgestattet. Der 54 Meter lange und 15 Meter breite Schwimmraum mit seinen Abtheilungen für Freischwimmer, Nichtschwimmer und Kinder fasst 1604 Kubikmeter und wird mit klarem Gebirgswasser gespeist. 37 Auskleidekammern umrahmen es. Neben dem grossen Schwimmraume befinden sich 8 Sonderbäder.

Auskünfte und Abonnements-Anmeldungen in der Uhrenhandlung des O. Schulze, Königsstrasse.

Cursalon in Teplitz. (Am Curgarten, anstossend an das Kaiserbad.) Curgäste haben freien Eintritt gegen Vorzeigung der Curtaxquittung in die vollständig erneuerten zwei geräumigen Lesesäle mit vielen in- und ausländischen Tagesblättern und periodischen Zeitschriften in deutscher, englischer, französischer, polnischer, russischer, rumänischer und tschechischer Sprache. — Daselbst liegt ein Wunsch- und Beschwerdebuch auf.

Im Damensalon: Conditorei.

Im grossen Saale: Café und Billards.

Curmusik. — Reunions. — Stadt-Theater in Teplitz.

Franzensbad in Böhmen.

Kaiser Franzensbad.

I. Praktische Notizen.

Curzeit. Vom 1. Mai bis 30. September.

Reise nach Franzensbad. Franzensbad ist Station der Eisenbahnlinien Reichenbach—Eger, Hof—Eger und Endstation der Buschtiehrader Linie Prag—Karlsbad—Franzensbad. Reiseverbindungen in der Richtung Eger—Reichenbach durch die königlich sächsische Staatsbahn mit dem Norden Deutschlands, in der Richtung Eger—Oberkotzau—Hof und Eger—Redtwitz mit Bayern, durch die Buschtiehrader Bahn mit dem Innern Böhmens beziehungsweise Prag und dem Osten Oesterreichs durch die k. k. Staatsbahn (ehemals Kaiser Franz Josef-Bahn) mit Wien. Fahrzeit für Schnellzüge von Berlin 9, von Leipzig 5, von Dresden 7, von Nürnberg $3\frac{1}{2}$, von Frankfurt 11, von Stuttgart 12, von München $6\frac{1}{2}$, von Karlsbad 1, von Prag 5, von Wien 10 Stunden. Courierzüge mit directen Wagen und Schlafwagen verkehren nach allen Richtungen.

Gasthöfe. British Hotel (Kraus), Parkstrasse; Hotel Gisela, Bahnhofstrasse; Grand Hotel, Salzquellstrasse; Hotel Holzer, Kulmerstrasse; Hotel Hübner, Kaiser- und Kirchenstrasse; Hotel Kaiser von Oesterreich, Louisenstrasse; Hotel Kreuz, Kulmerstrasse; Hotel Stadt Leipzig, Kirchenstrasse; Park-Hotel, Parkstrasse; Hotel Post, Kaiser- und Kirchenstrasse.

Israelitische. Hotel Adler, Kirchenstrasse. Zimmerpreise von 1 fl. aufwärts, Couverte von 1 fl. 50 kr. an.

Privatlogis. In 160 Häusern, von denen das entfernteste in etwa zehn Minuten von den Quellen aus zu erreichen ist, stellt der Curort den Gästen 4000 comfortabel eingerichtete Zimmer zur Verfügung, den mindesten wie den höchsten Ansprüchen genügend. Die Wohnungen sind preiswürdig, selbst während der Hochsaison. Mitte Juni bis Hälfte August sind angenehme Zimmer für 8—14 fl. und Appartements (Salon mit Schlafzimmer) für 25—30 fl. wöchentlich zu haben. Der Miethzins wird in der Regel für eine Woche festgesetzt. Bei Streitigkeiten ist die amtliche Miethordnung für die böhmischen Curorte entscheidend.

Auch in den meisten Privathäusern erhalten die daselbst wohnenden Curgäste eine gute preiswürdige Kost. Kaffee, Thee, Chocolade ist in allen Privathäusern zu haben.

Restaurationen: Bahnhof, Brandenburger Thor, Karlsstrasse; British Hotel (Kraus), Parkstrasse; Cursaal, Kaiserstrasse; Hotel Gisela, Bahnhofstrasse; Grand Hotel, Salzquellstrasse; Hotel Holzer, Kulmerstrasse; Hotel Hübner, Kaiser- und Kirchenstrasse; Hotel Kaiser von Oesterreich, Louisenstrasse; Hotel Kreuz, Kulmerstrasse; Hotel Stadt Leipzig, Kulmerstrasse; Park-Hotel, Parkstrasse; Hotel Post, Kaiser- und Kirchenstrasse; Weisser Schwan, Neuquellstrasse; Prinz von Wales, Parkstrasse; Weilburg, Karlsstrasse.

Israelitische: Hotel Adler, Kirchenstrasse; Spiegl, Neuquellstrasse.

Kaffeehäuser und Conditoreien: Kaffee Hübner im Curpark; Loimann's Garten nächst der Louisenquelle. — Conditoreien: Paulus, Stadt Leipzig, Kaiserstrasse; Uhl, Magdeburg, Kaiserstrasse; Kern, goldener Engel, Kaiserstrasse; Dörfler, Goethe, Kirchenstrasse; Nonner, Stadt Paris, Kirchenstrasse; Köppl, goldener Hirsch, Kirchenstrasse; Horn, weisser Löwe, Ferdinandsstrasse; Uhl, Steinhaus, Kulmerstrasse.

Weinstuben: Bernhard, Magdeburg, Kaiserstrasse; F. X. Forster, Steinhaus, Kirchenstrasse. In allen Hotels und Restaurationen gute österreichische, ungarische und französische Weine.

Concerte der Curcapelle: Täglich von 6—7 Uhr Früh an der Salz- und Wiesenquelle, von 7—8 Uhr an der Franzensquelle. Nachmittags täglich mit Ausnahme Dienstags von halb 5 bis halb 7 Uhr im Curpark oder an der Franzensquelle. Alle Dienstag Symphonie-Concert in Loimann's Garten. Die Brunnencapelle steht unter der Leitung des Directors Th. Tomaschek und zählt 36 Mitglieder.

Reunionen: Während der Saison jeden Sonnabend im grossen Conversationssaale des Curhauses. Eintritt 1 fl. Anfang 8 Uhr Abends. Der Reinertrag ist wohlthätigen und gemeinnützigen Zwecken gewidmet.

Buch-, Kunst- und Musikalienhandlungen, zugleich Leihbibliotheken: J. Kobrtsch und Gschihay, Stadt Dresden, Kaiserstrasse; E. A. Götz, Drei Lilien, Kaiserstrasse; J. Saemann, Erzherzog Stephan, Kulmerstrasse.

Bank- und Wechselgeschäfte: C. Wiedermann & Co., goldener Brunn, Kaiserstrasse; Heinrich Adler, Hotel Post, Kaiserstrasse; L. Steiner, Palme, Neuquellstrasse.

Dienstmänner. Das Dienstmanninstitut ist städtisch und steht unter Aufsicht des Bürgermeisteramtes. Behördliches Regulativ und Taxvorschriften.

Fiaker und Lohnkutscher. Bestellungen nimmt jeder Hotelier und Hausbesitzer entgegen. Behördliche Fahrtaxe in jedem Wagen. Ueberschreitungen sind dem Bürgermeisteramte anzuzeigen. (Von und zum Bahnhofe mit kleinem Handgepäck einspännig 70 kr., zweispännig 1 fl. Für Fahrten zu den Quellen, Bädern, Concerten für eine halbe Stunde einspännig 40 kr., zweispännig 60 kr.; für eine Stunde einspännig 80 kr., zweispännig 1 fl.)

Gottesdienst. *a)* Katholischer: In der Pfarrkirche zur „Kreuzerhöhung", Kirchenstrasse. An Wochentagen um 7¼ Uhr Früh und um 10 Uhr Vormittags heil. Messe; an Sonn- und Feiertagen um 7 Uhr Frühmesse, halb 10 Uhr Predigt, 10 Uhr Hochamt, 3 Uhr Nachmittags der heil. Segen. *b)* Evangelischer: In der Kirche zu St. Peter und Paul, Ferdinandsstrasse, Ecke der Hönnlstrasse, alle Sonntage, vom 25. Mai bis Anfang September um 11 Uhr Vormittags. *c)* Russisch-orthodoxer: In der russischen Kirche, Stephansstrasse. Die Abhaltung wird jedesmal besonders kundgemacht. *d)* Englischer: In der evangelischen Kirche, nach jedesmaliger Ankündigung. *e)* Israelitischer: In der Synagoge, Hönnlstrasse, an Wochentagen 6 Uhr Früh, 8 Uhr Abends; am Sabathen und Festtagen 9½ Uhr Vormittags und 5 Uhr Abends.

K. k. Post- und Telegraphenamt im Hause „zum Auge Gottes" in der Neuquellstrasse. Amtsstunden von 7 Uhr Früh bis 7 Uhr Abends für das Postamt; von 7 Uhr Früh bis 9 Uhr Abends für das Telegraphenamt. An Sonntagen ist das Postamt nur von halb 9 Uhr Vormittags bis 12 Uhr Mittags und von 3 bis 4 Uhr Nachmittags geöffnet.

K. k. Zollamt und königlich sächsische Zollexpositur. Bahnhof vom 15. Mai bis 15. September. Amtsstunden von 8 bis 12 Uhr und von 2 bis 6 Uhr.

Brunnen- und Badeärzte, in der Reihenfolge nach dem Antritte ihrer Praxis in Franzensbad. Die Doctoren: Sommer (Sächsisches Haus), Straschnow (Prinz von Preussen), Fellner (Villa Dr. Fellner), Buberl (Isis), Diessl (Hygea), Margulies (Villa Dr. Margulies), Klein (Villa Dr. Klein), Schweiger (Kaiserin

Franzensbad. Kaiserstrasse.

Elisabeth von Oesterreich), Josef Cartellieri (Cartellieri's Badehaus), Müller (Mattoni's Haus), Hoffmann (Auge Gottes), Steinschneider (Drei Lilien), Loimann (Stadt Mailand), Dembicki (Fasan), Egger (Austria), Steinbach (Concordia), Kittel (Schwarzer Bär), Profanter (Fahrner's Haus), Rosner (Steinhaus), Kreissl (Philadelphia), Hasenfeld (Kreuz).

Apotheke des Ferdinand Khittl „zur österreichischen Kaiserkrone", Kaiserstrasse.

Zeitungs-Lesecabinet im ersten Stock des Curhauses, Kaiserstrasse, täglich von 8 Uhr Morgens bis 9 Uhr Abends geöffnet. Zeitungen und Zeitschriften in 11 europäischen Sprachen. Curgäste haben freien Zutritt.

Theater. Das Theatergebäude im Morgenzeilpark nächst dem Schulhause. Täglich Vorstellungen, meistens Operetten, Lustspiele, Localpossen. Beginn um 7 Uhr. Ende um 9 Uhr.

Badeanstalten. Franzensbad besitzt vier grosse Badehäuser mit 500 Badecabinen für Stahl-, Mineralwasser- und Moorbäder, nämlich:

Dr. Loimann's Badehaus, Kaiser- und Louisenstrasse; das Stadt Egerer Badehaus, Kaiserstrasse, nächst der Franzensquelle; Cartellieri's Badehaus nächst der Wiesenquelle; das Kaiserbad nächst der Salzquelle. Im Kaiserbad auch römisch-irische Bäder, russische Dampfbäder, kalte und warme Bassinbäder, Einrichtungen für Kaltwassercuren. Bäder aus natürlichem, kohlensaurem Gase im Gasbad unweit des Brunnen-Versendungsgebäudes.

Bädertarif. Ein Mineralwasserbad mit Schwarz'scher Heizung (Stahlbad) 1 fl. 20 kr. Ein Mineralwasserbad mit Pfriem'scher Heizung 90 kr. Ein Süsswasserbad 90 kr. Ein Douche-, Regen-, Tropf-, Sturz- oder Staubbad fl. 1. Ein Mineralmoorbad mit Einschluss des Reinigungsbades 1 fl. 70 kr. Ein Localmoorbad (Fuss-, Armbad) 80 kr. Im Kaiserbad ausser den eben genannten Bädern: Ein römisch-irisches Bad oder ein Dampfbad 1 fl. 20 kr. Ein Bassinbad 60 kr. Für die Kaltwassercur besteht ein besonderer Tarif.

Rollwagen, auch Fahrstühle, Rollstühle genannt, sind bei den Sattlern, in den Badehäusern und bei mehreren Privaten zu haben, und werden gegen vereinbarten Miethzins tag- oder wochenweise überlassen.

Das Bürgermeisteramt als Curverwaltung, zugleich **Meldungsamt** im Hause „zur Stadt Wien", Ferdinandsstrasse. Amtsstunden für den Parteienverkehr von 9—10 Uhr Vormittags und von 3—4 Uhr Nachmittags. Bürgermeister Ferdinand Khittl. Anliegen und Beschwerden sind auf dem Bürgermeisteramte anzubringen. Alle den Curort betreffenden Auskünfte werden daselbst bereitwillig ertheilt.

Brunnenversendungen: *a)* Der Stadt Eger in Firma A. M. Pick, im Factoreigebäude, gegenüber der Franzensquelle; für die Franzensquelle, die Salzquelle, die Wiesenquelle, die Neuquelle, den kalten Sprudel; *b)* Dr. Cartellieri's Mineralquellen- und Bäderverwaltung für die Stahlquelle und den Mineralsäuerling; *c)* Direction des Kaiserbades für die Stephanie-, Herkules- und Nataliequelle.

Fremde Mineralwässer werden in der von der Curverwaltung unterhaltenen **Trinkhalle** an der Salzquellpromenade an die Curgäste zur Trinkcur verabreicht. Verkauf in- und ausländischer Mineralwässer: *a)* In der Apotheke, Ferdinand Khittl; *b)* bei A. J. Köppl, Stadt Moskau, Kirchenstrasse; *c)* bei H. Mattoni, Bahnhofstrasse.

Curtaxen: I. Classe 10 fl., II. Classe 6 fl., III. Classe 4 fl., IV. Classe 70 kr.

Musiktaxen: I. Classe 5 fl., II. Classe 3 fl. 50 kr., III. Classe 2 fl. 50 kr., IV. Classe 30 kr.

Frequenz: 9000 Curgäste.

Wohlthätigkeitsanstalten für unbemittelte Curgäste: *a)* Das Badehospital, international und interconfessionell; *b)* die Sachsenstiftung; *c)* der israelitische Unterstützungsfond.

Curbedürftigen k. u. k. Militärs weist der Franzensbader Militär-Curverein und der Verein vom weissen Kreuz, Wohnung, ärztliche Behandlung und Curmittel unentgeltlich zu.

Curbedürftigen k. k. Beamten der Verein „Kronprinzessin Stephanie".

II. Entstehung Franzensbads.

Wanderung durch den Curort. Lange waren die zahlreichen Säuerlinge des Egerlandes bekannt, bevor sie als Heilmittel geschätzt und verwendet wurden. Nach Caspar Brusch (1542) diente ein Säuerling vor dem Brückthor bei Eger den Bewohnern dieser Stadt zum gewöhnlichen Getränk. In der zweiten Hälfte des 16. Jahrhunderts fingen die Aerzte an, die Egerländer Mineralquellen zu Heilzwecken zu verwenden, vorzüglich den Egerer Stadtsäuerling. Mit dem Jahre 1602 kam jedoch der Schledersäuerling, nachmals Egerbrunnen genannt, in fast ausschliesslichen Gebrauch, empfohlen durch Egerer Stadtärzte. Die Brunnengäste wohnten in Eger oder in Schlader. Die Stadt Eger erbaute am Egerbrunnen 1661 ein Füllhaus für die Brunnenversendung, 1694 einen Gasthof; in diesen wurden 1708 13 Badestuben ein gebaut. Von einem Curort war noch keine Rede, trotzdem der Gesundbrunnen berühmt, vielbesucht war, und weithin versendet wurde. Als der eigentliche Gründer Franzensbads ist Dr. Bernhard Adler anzusehen, ein Egeraner, seit 1785 Stadtarzt von Eger. Seinen rastlosen Bemühungen, seinem mannhaften Eintreten für die gute Sache ist es zu danken, dass der Magistrat von Eger sich entschloss, nächst dem Egerbrunnen Unterkunftshäuser für Fremde zu bauen, die erforderlichen Curanstalten zu schaffen, Strassen, Parke und Promenaden anzulegen, mit Einem Worte, einen Curort in's Leben zu rufen. Der Entschluss kam bald zur Ausführung. Unter kräftigem Zusammenwirken der Staatsverwaltung, der Commune Eger und einer Anzahl Privater erstand der junge Curort, der nach dem Namen des regierenden Monarchen, seines Beschützers, Kaiser Franzensbad genannt wurde. Der alte Egerbrunnen heisst seitdem die Franzensquelle. Das Hofdecret, welches die Gründung des Curortes anordnet, trägt das Datum vom 27. April 1793. Noch zu Adler's Lebzeiten wurde die wasserreiche Louisenquelle entdeckt (1803), gefasst wurde sie 1806 und 1818. Adler's Nachfolger als Brunnenarzt, Dr. Pöschmann, entdeckte 1817 die werthvolle Salzquelle. Der kalte Sprudel kam 1818 hinzu, die Wiesenquelle 1838. Bis zum Jahre 1827 bestanden nur private Badestuben in den Wohnhäusern. In dem genannten Jahre erbaute der nachmalige Bürgermeister von Franzensbad, Christoph Loimann, das erste öffentliche Badehaus. Damit kamen die heilkräftigen Moorbäder immer mehr in Aufnahme. Dr. Adler hatte schon Moorbäder verordnet, Dr. Conrath, der nach Pöschmann kam, sie wissenschaftlich gründlich gewürdigt. Den Moorbädern verdankt Franzensbad zum nicht geringen Theile seinen Weltruf. Loimann's Badehaus wird von der Louisenquelle und der 1860 entdeckten Loimannsquelle versorgt. Im Jahre 1850 errichtete die Stadtgemeinde Eger ein weiteres Badehaus, dasselbe benützt die Louisenquelle und die Neuquelle, welch' letztere im Jahre 1849 aufgefunden worden war. Im Jahre 1852 trennte sich Franzensbad von Eger und wurde selbstständig, 1865 wurde es zur Stadt erhoben. Der verdienstvolle landesfürstliche Brunnenarzt Dr. Paul Cartellieri entdeckte 1860 die Stahlquelle und den Mineralsäuerling und erbaute, als die vorhandene Anzahl der Badecabinete nicht mehr hinreichte, 1863 ein Badehaus (eröffnet 1864). Im Jahre 1865 und 1866 wurde Franzensbad Station der königlich sächsischen und königlich bayrischen Staatsbahn, 1870 auch der Buschtiehrader Bahn. Das Landesgesetz vom Jahre 1868 übertrug die Verwaltung der Curangelegenheiten der autonomen Gemeinde. Im Jahre 1870 wurde der grosse, geschmackvoll ausgestattete Conversationssaal des Curhauses gebaut. Als viertes und jüngstes Bade-Etablissement reihte sich im Jahre 1880 das Kaiserbad an, zu dem die Stephaniequelle, die Herkulesquelle und die Nataliequelle gehören.

Franzensbad liegt 450 Meter über der Ostsee, auf einem welligen Hochplateau, umgeben von üppigen Wiesen, fruchtbaren Feldern und kleinen Büschen, gegen Norden und Nordwesten geschützt durch die bewaldeten voigtländischen Berge und die Ausläufer des bayrischen Fichtelgebirges, gegen Osten durch das Karlsbader- und Teplergebirge, gegen Süden durch die Ausläufer des Böhmer- und bayrischen Waldes. Die Gegend heisst das Egerland. Es war einst reichsunmittelbar wie seine Hauptstadt, das alte, historisch berühmte Eger. Das Klima Franzensbads ist ein gemässigtes Gebirgsklima, die Luft rein, frisch, nicht zu trocken, die mittlere Sommerwärme (Mai bis September) beträgt 15·2° C., das Jahresmittel des Barometerstandes 723·1 Millimeter. Die häufigste Windrichtung ist Westsüdwest, die seltenste Südsüdost, auch reiner Ost und reiner Nordost gehören zu den Seltenheiten. Das Centrum der Stadt bildet eine von fünf breiten, nach der Mittagslinie verlaufenden Strassen durchzogenes Viereck, an dieses reihen sich nach drei Richtungen hin Strassenzüge zwischen Parken, schattigen Promenaden, Wiesenplätzen und Gärten, so dass die reinliche Stadt auf jeden Ankommenden den besten freundlichsten Eindruck macht. Schöne Aussichtspunkte sind *a)* in der Nähe: Miramonti, der Kammerbühl, die Ludwigshöhe, die Antonienhöhe; *b)* entferntere: Seeberg vom Schlosse aus, der Goethestein bei Haslau, der Capellenberg bei Schönberg in Sachsen, St. Anna auf dem Grünberg bei Eger, Schloss Hohenberg in Bayern, die Wallfahrtskirche Maria Kulm.

Notiz für Durchreisende. Touristen, welche binnen wenigen Stunden die interessantesten Punkte des Curortes und der Umgebung kennen lernen wollen, mögen ihre Zeit folgendermassen eintheilen:

Von Bahnhof in fünf Minuten durch die Bahnhofstrasse in den Curpark. Die russisch-orthodoxe Kirche in der Stephansstrasse bleibt links. Auf dem freien Platz im Curparke steht das Bronze-Standbild des Kaisers Franz. Durch die Kaiserstrasse zu Loimann's Badehaus, der Louisenquelle, dem kalten Sprudel, den Moorlagern. Am Curhaus (der Conversationssaal ist sehenswerth) vorbei zur Franzensquelle nebst Colonnade und Bazar (Hauptcurplatz). Stadt Egerer Badehaus (gegenüber das Denkmal der Sachsenstiftung) und Neuquelle. Durch die breite Salzquellallee zur Salz- und Wiesenquelle (geräumige Colonnade mit drei Sälen). Nächst der Salzquelle das Kaiserbad, nächst der Wiesenquelle Cartellieri's Badehaus. Zurück nach dem Dorfe Schlada und auf der Chaussée, die nach Eger führt, bis zum Wegweiser auf der kleinen Anhöhe, wo rechts der Weg (Ahornallee) nach Miramonti und dem Kammerbühl abzweigt. Weiter über Stein an der Eger (Restauration Mühlerl) nach Siechenhaus. Von da durch das romantische Egerthal nach Eger; oder bergan zur St. Anna-Kirche.

Am südlichen Ende der Kaiserstrasse, der von einer schönen Kastanienallee beschatteten Hauptstrasse, erhebt sich über der Franzensquelle eine 1832 neu errichtete Rotunde. Das Gesimse trägt die Inschrift:

DEM WOHLE DER MENSCHHEIT UNTER KAISER FRANZ DEM ZWEITEN. IM JAHRE 1793.

Hieran schliesst sich die den Curgästen bei ungünstiger Witterung zum Promeniren dienende Wandelbahn oder Colonnade. Gegenüber, dicht an der Franzensquelle, das Gebäude der Stadt Egerer Brunnenversendung, Factorie genannt. Nördlich derselben die Gasbadeanstalt (Kohlensäuregasbäder). Südlich von der Factorie links der Kaiserstrasse, die hier zur Chaussée nach Eger wird, das Stadt Egerer Badehaus. Von da fällt der Blick auf das aus Granitquadern errichtete Monument der Sachsenstiftung, auf einer Eisentafel ist in goldenen Lettern zu lesen:

Sachsenstiftung,
am VII. Juni MDCCCXX
Herrlicher Quell
Göttliche Gabe
Bleibe kräftig und hell
Staerke labe.
Durch verminderten Körperschmerz
Auch das ermattete kranke Herz
Bis die letzten Frommen
Zum Urquell ewiger Genesung kommen.

Im Jahre 1820 feierten einige Curgäste aus Sachsen den Gedächtnisstag der Rückkehr des Königs Friedrich August in die Mitte seines Volkes und legten patriotischen Sinnes den Grund zu jener wohlthätigen Stiftung, durch die alljährlich zwanzig armen kranken Sachsen die Badecur unentgeltlich zugewendet wird. **Loimann's Park** betritt man entweder gleich hinter dem Sachsenmonument oder durch die Louisenstrasse, am Louisenquelltempel vorbeikommend. Er ist im englischen Geschmack angelegt. Baumgruppen wechseln mit Bosquets und Wiesenplätzen anmuthig ab, wohlgepflegte, mit Kies bestreute Pfade durchschneiden die Pflanzungen. Nur die eigenthümliche Elasticität, die der Boden dem Fusse des Spaziergängers fühlen lässt, erinnert, dass man auf Moorgrund geht. Im Verfolge des am Rande des Parkes hinführenden Spazierweges erblickt der Wanderer als nahen südlichen Vordergrund: Miramonti und den Kammerbühl; mehr westlich am Horizont die St. Anna-Kirche auf hohem bewaldeten Berge; das nordwestliche Proscenium wird durch die benachbarten Orte Ober- und Unterlohma gehoben. Im Nordwesten und Westen tritt der Schönberg, Schloss und Dorf Seeberg und Schloss Hohenberg hervor.

Unmittelbar an Loimann's Park schliesst sich Loimann's Garten. — Zwischen blumengeschmückten Beeten laden schattige Plätzchen und Naturlauben zum Verweilen ein. Dankbare Pietät hat den beiden Gründern von Franzensbad, nämlich dem Egerer Bürgermeister, Max Limbeck Ritter von Lilienau und dem ersten Brunnenarzte, Dr. Bernhard Adler, an dieser Stelle ein Denkmal errichtet. — In allernächster Nähe von Loimann's Garten steht die doppeltgekuppelte Säulenrotunde, die die Louisenquelle und den kalten Sprudel deckt. Durch die Badgasse, die Kaiserstrasse kreuzend, an der Franzensquelle vorbei gelangt man zur Neuquelle, im Rücken des Egerer Badehauses. Weiterhin in östlicher Richtung liegt die Salz- und Wiesenquelle, der grossartige Bau des Kaiserbades und Cartellieri's Badehaus; jenseits des Schladabaches findet man leicht die Stahlquelle und den Mineralsäuerling in Cartellieri's Park.

Bewegt man sich vom südlichen Theile Franzensbads die Kaiserstrasse hinauf gegen den nördlichen, so erreicht man den Curpark, ein mit Linden bepflanztes Carrée, rings umgeben von Wiesenplätzen und Baumpflanzungen nach englischem Geschmack. Gleich an der Vorderseite des Carrées der stetsbesuchte Cafésalon, auf der anderen Seite des freien Platzes der Musikpavillon für die Nachmittagsproductionen der Curcapelle, noch weiter oben das von Schwanthaler modellirte kolossale Bronze-Standbild des Kaisers Franz I., 1853 demselben vom Grafen Münch-Bellinghausen gewidmet, wie die Inschrift sagt:

FRANCISCO I.
AUSTR. IMP.
GRATUS CIVIS
IOACH. COMES
A. MÜNCH-BELLINGHAUSEN
POS.
MDCCCLIII

Der Kaiser ist in Generalsuniform, die Rechte hält die Stiftungsurkunde des Curortes, die Linke lehnt sich an den Degengriff.

Ein paar Schritte östlich vom Cafésalon die katholische Pfarrkirche am oberen Ende der Kirchenstrasse; im Innern der Kirche gute Fresken von W. Kandler und Vogel; neben der Kirche das Pfarrhaus des ritterlichen Kreuzherrenordens mit dem rothen Sterne. Vordem stand eine, 1794 erbaute Kapelle, dem heil. Johannes von Nepomuk geweiht, ungefähr an der Stelle des Stadt Egerer Badehauses. Die östliche Partie des Curortes bildet der Morgenzeilpark, von drei Seiten durch Häuserreihen eingeschlossen. Die Gebäude tragen einen mehr villenartigen Charakter, jedes Haus hat sein Vorgärtchen. Am oberen Ende der Morgenzeile das Schulhaus; eine Tafel über der Eingangsthür gibt im Chronogramm die Jahreszahl der Errichtung (1840) an. Gegenüber der Schule in den Anlagen das Theatergebäude. Die Morgenzeile sieht nach Osten, die an ihr nördliches Ende anschliessende Kulmerstrasse nach Süden und die am östlichen Ende der Kulmerstrasse abliegende Salzquellstrasse nach Westen. Von den Balcons der in diesen Strassen gelegenen Häuser bietet sich die angenehme Aussicht auf den Morgenzeil- und Salzquellpark, auf die Wiesen und Fluren des Egerlandes und seine zahlreichen Ortschaften, endlich auf die das Egerland umrandenden waldigen Gebirgszüge. In ähnlicher Weise wie die eben erwähnten drei Strassen den Morgenzeilpark, umzieht die 1865 angelegte Parkstrasse den Curpark. Die Bewohner derselben geniessen die geschützte Lage gegen Süden und den Ausblick auf den Curpark. Die Parkstrasse ist eine Lieblingspromenade der Curgäste. Sie trifft rechtwinklig die Karlsstrasse, die die Richtung nach Oberlohma einschlägt. In der Hönnlstrasse die Synagoge und die evangelische Kirche. Unweit davon in der Karlsstrasse das Waisenstiftungshaus „Aesculap“; die Fronte ist mit der Büste des Dr. Fürst geziert. Gegründet wurde dieses Waisenhaus zum Andenken an den in der Blüthe der Jahre seiner Thätigkeit als Badearzt entrissenen Dr. Fürst. An der Spitze des Gründungs-Comité stand Dr. Boschan, Dr. Loimann und Dr. Fellner. Der Karlsstrasse benachbart ist die Ferdinandsstrasse, in der man das internationale Badehospital für unbemittelte Curgäste findet.

III. Das Egerländer Becken.

Die Bildungsstätte der Mineralquellen. Die Gasquellen. Der Eisenmineralmoor und seine Geschichte. Das Egerland war in der Tertiärzeit ein Binnensee. Die Gewässer durchbrachen schliesslich den umgebenden Gebirgswall im Osten bei Königsberg und ergossen sich nach dem heutigen Lauf der Eger. Vier Gebirge schliessen mit ihren Ausläufern den so entstandenen Thalkessel ein. Sie bestehen aus dem Urgestein: Granit vom Gneiss begleitet, Glimmerschiefer, Phyllit (Urthonschiefer). Hie und da sind Basalte durch das Gebiet zerstreut, aber auch zwei echte Vulcane hat das Egerland aufzuweisen: den Kammerbühl bei Franzensbad und den Eisenbühl auf dem Rehberg bei Altalbenreuth. Den Boden des Egerländer Beckens bedecken schichtenweise Ablagerungs- und Aufschwemmungsgebilde aus dem Seegewässer: Eisenschüssige Sande, Quarzconglomerate, Letten, Thone, Mergel, Cyprisschiefer, Süsswasserkalke. Die tiefste Schichte, Lignite und Braunkohle, ist nur an wenigen Stellen erforscht. Aus den eben genannten weichen Gebilden der Braunkohlenformation treten die Franzensbader Mineralquellen und Gasquellen zu Tage, und zwar durch ein 0·5 bis 5 Meter mächtiges Moorlager. Es lässt sich also, ebenso wie an vielen anderen Punkten der Erde, auch in Franzensbad und Umgebung das nachbarliche Vorkommen von vulcanischen Gesteinen, Kohlensäureausströmungen und Mineralquellen beobachten. Wie einstens die feurig flüssigen Massen, so dringen heute Ströme von Kohlensäure aus den Spalten des Urgebirges hervor, das man sich als die Unterlage der jüngeren Schichten denken muss. Und in solchen Tiefen haben wir die Bildungsstätte der kohlensäurehältigen Mineralwässer zu suchen. Unter ungeheurem Drucke bei hoher Temperatur mit Kohlensäure übersättigt, zersetzen die von der Erdoberfläche eingedrungenen Wässer die Gesteine des Urgebirges und bilden aus den zerlegten Bestandtheilen derselben neue chemische, im Wasser lösliche Verbindungen, mit denen sie sich beladen. — Das Franzensbader Moorlager zeigt die Stelle an, an der Reste des einstigen Binnensees stagnirten, weil weder ein Ablaufen auf der fast horizontalen Ebene, noch ein Versickern in die undurchlässigen Schichten des Thones und Lettens möglich war. So bildete sich eine Sumpfvegetation, die nach und nach bei seichtem Wasserstande, Abschluss der atmosphärischen Luft, ungenügender Verdunstung und nur mässig hoher mittlerer Jahrestemperatur eine Art Vertorfungsprocess einging, aber nicht das bekannte, in Süsswässern entstandene Brennmaterial lieferte, sondern aus den allenthalben hervordringenden Mineralquellen Mengen von Salzen in sich aufnahm, während auch die Kohlensäure und die mineralischen Bestandtheile der Wässer umändernd und zersetzend auf die chemischen Verbindungen der Pflanzenorganismen einwirkten, so dass es schliesslich zur Bildung der nur schwer brennbaren, aber an mineralischen Salzen und organischen Säuren äusserst reichen Moorerde kam. Interessante Naturvorkommnisse des Franzensbader Mineralmoores sind: **Reussin,** natürliches, ausgewittertes Moorsalz, hauptsächlich aus Glaubersalz, Bittersalz und Eisenvitriol bestehend; **Schwefeleisen** in Körnern, Blättchen, als Incrustation auf Blättern, Stengeln, selbst in metergrossen Platten, metallisch schimmernd; **Raseneisenstein** oder Sumpferz; **Vivianit** oder Blaueisenerde; **Kieselguhr** oder Infusorienerde.

In der vorgeschichtlichen Zeit bot der See, dessen Platz heute das Franzensbader Moorlager einnimmt, zweifelsohne eine günstige Lage für Pfahlbauten. In der Tiefe des Franzensbader Moores finden sich gar nicht selten aufrechtstehende, mit dem zugespitzten Ende in der unter dem Moore befindlichen Lettenschicht steckende Pfähle, überwuchert von einer bis drei Meter dicken Moorschicht. Waffen aus Kupfer, Feuerstein, Hornblendeschiefer, zerschlagene, aufgespaltene und durchbohrte Knochen von Hirsch, Reh, Schwein, Rind, Pferd, bearbeitete Hirsch- und Rehgeweihe wurden neben und zwischen den Pfählen in der Lettenschicht gefunden und geben Zeugniss von dem Culturzustand der Bewohner jener Hütten, die muthmasslich einst von den oben gedachten Pfählen getragen wurden.

IV. Die Heilmittel Franzensbads.

Ihre Wirkungsweise und Anwendung in Krankheiten. Zu den Heilmitteln Franzensbads gehören **12 Mineralwasserquellen,** eine **Kohlensäure-Gasquelle** und ausgebreitete mächtige Lager von **Eisenmineralmoor.** Die Mineralquellen sind: 1. Die Franzensquelle, ehemals Schledersäuerling, dann Egerbrunnen genannt; 2. die Salzquelle; 3. die Wiesenquelle; 4. der kalte Sprudel; 5. die Louisenquelle; 6. die Neuquelle; 7. die Loimannsquelle; 8. die Stahlquelle; 9. der Mineralsäuerling; 10. die Stephaniequelle; 11. die Herkulesquelle; 12. die Nataliequelle. Sie liegen alle im Süden und Südosten des Curortes längs einer Linie, die man sich von Nordwesten nach Südosten gezogen denkt, sind sämmtlich sehr ergiebig und reich an wirksamen Stoffen, indem sie in einem Liter 1·809 bis 6·075 Gramm feste Bestandtheile enthalten. Der Kohlensäuregehalt bewegt sich zwischen 831 und 1873 Kubikcentimeter im Liter. Die Temperatur ist constant und beträgt 10, 12° bis 12·5° C. Das Wasser erscheint im Bassin klar und durchsichtig, und ist in fortwährender wallender, gleichsam siedender Bewegung, eine Folge der reichlich aufströmenden Kohlensäure; beim Sprudel beobachtet man ein nahezu rhythmisches Pulsiren. In ein Trinkglas geschöpft, ist das Wasser vollkommen hell, perlt stark und schmeckt angenehm säuerlich erfrischend, gelinde salzig, bei einigen Quellen deutlich nach Eisen. Sämmtliche Franzensbader Mineralquellen enthalten gleiche Bestandtheile, nur ist die Gesammtmenge der Bestandtheile, sowie das Verhältniss der einzelnen Bestandtheile zu einander in jeder Quelle verschieden. Als medicinisch wirksam sind zu betrachten: 1. Die Kohlensäure; 2. das schwefelsaure Natrium (Glaubersalz); 3. das doppeltkohlensaure Natrium; 4. das doppeltkohlensaure Eisenoxydul. Unter den Quellen herrscht je nach dem Vorwiegen des einen oder des anderen Salzes, oder auch zweier zugleich eine grosse Mannigfaltigkeit. Es gibt in Franzensbad alkalisch-glaubersalzige Säuerlinge, von den mildesten bis zu den stärksten (1·455 bis 5·723 Natriumsalze in 1000 Theilen); ferner alkalisch-glaubersalzige Eisensäuerlinge, endlich reine Eisensäuerlinge oder Stahlquellen (0·079 doppeltkohlensaures Eisenoxydul in 1000 Theilen). In neuester Zeit ist auf den reichen Lithiongehalt der Nataliequelle bei viel freier Kohlensäure aufmerksam gemacht worden. Die Stephaniequelle dient als moussirendes Tafelwasser.

Zur Trinkcur verwendet, erweisen sich die Franzensbader Quellen heilsam: 1. Bei chronischen Katarrhen der Schleimhäute, der Athmungs-, Verdauungs-, Harn- und Geschlechtsorgane; 2. bei Blutüberfüllung der Unterleibs- und Beckenorgane, langwieriger Verstopfung; 3. bei Bleichsucht, mangelhafter Entwicklung, Blutarmuth, aus Blut- und Säfteverlusten, fehlerhafter Blutbereitung; 4. bei Frauenkrankheiten; 5. bei Nervenkrankheiten als Folgen der oben angeführten Zustände; 6. als Nachcur nach angreifenden Curen in Karlsbad, Marienbad, Jod- und Soolbädern.

Die Bäder sind eine wirksame und unentbehrliche Ergänzung der Trinkcur. Vorzüglich in ihrer Art sind die Franzensbader **Stahlbäder** (System Schwarz) wegen ihres Reichthums an natürlicher Kohlensäure; ihre Wirkung ist kräftig anregend und belebend. Eine leichtere Form von Bädern stellen die **Mineralbäder** dar (System Pfriem oder Reinitz). Die **Gasbäder** werden aus dem trockenen kohlensauren Gase bereitet, das unweit der Franzensquelle dem Erdboden entströmt. Die Gasbadeanstalt ist unmittelbar ober der Ausbruchstelle erbaut und stehen Bassinbäder, Wannenbäder und Douchen zur Verfügung. Die Gasbäder sind wirksam: 1. Bei Schwächezuständen des Nervensystems und der Geschlechtssphäre; 2. bei Neuralgien; 3. bei chronischem Muskel- und Gelenksrheumatismus; 4. bei chronischen Augenbindehaut- und Mittelohrkatarrhen, subjectiven Ohrgeräuschen.

Der Eisenmineralmoor und die Moorbäder. Eine Specialität Franzensbads, das Prototyp eines an Salzen und Eisen gesättigten Moores ist der Franzensbader Eisenmineralmoor. Schon im Anfang unseres Jahrhunderts wurde seine Heilkraft verwerthet. Nirgends gibt es so reichhaltige Moorlager, nirgends ist die Herstellung der Moorbäder so vorzüglich. Das Franzensbader Moorlager hat eine Ausdehnung von vier Kilometern in der Länge, einen halben bis einen Kilometer in der Breite, eine Mächtigkeit von 0·5 bis 5 Meter, reicht also noch für ferne Jahrhunderte aus.

Im Herbste jedes Jahres wird der für die nächste Badesaison erforderliche Moor aus den Moorgründen ausgehoben, auf Halden gestürzt und der Verwitterung unter reichlichem Zutritt der atmosphärischen Luft überlassen. Auf diese Art geht er eine chemische Umwandlung ein, die Menge der in Wasser löslichen Salze erhebt sich von 35·3 auf 252·4 in 1000 Theilen. Dadurch wird die Wirksamkeit des Moores ganz bedeutend erhöht. Der frisch gegrabene Moor ist gelbgrau oder hellbraun, nass, speckig, mit dem Ansehen eines dicht verfilzten erweichten Stengel- und Wurzelgewirres, ohne besonderen Geschmack, mit einem schwachen Geruch nach Schwefelwasserstoff. Der verwitterte Moor sieht dunkelbraun oder schwarz aus, und ist feuchter Humuserde nicht unähnlich. Trocken wird er pulverig, schmeckt salzig zusammenziehend und bedeckt sich bald mit einer dichten gelblichbraunen oder weissen Salzauswitterung. Die wichtigsten Bestandtheile des Franzensbader Moores sind: Schwefelsaures Eisenoxydul, schwefelsaure Alkalien, freie Schwefelsäure, organische Säuren, Humussubstanzen. Behufs Herrichtung von Moorbädern wird der trockene, gemahlene Moor mit heissem Mineralwasser zu einem dicken oder dünnen Brei angerührt, nach einer anderen Methode wird der kalt angemachte Brei durch Einleiten von Dampf auf den erforderlichen Wärmegrad gebracht. Man bereitet aus der Moorerde entweder Vollbäder, zu einem solchen sind 25 bis 100 Kilo nothwendig, oder Localbäder, als: Arm-, Fuss-, Sitzbäder; endlich Umschläge. Die Franzensbader Moorbäder haben einerseits eine beruhigende kräftigende Wirkung, andererseits regen sie mächtig die Aufsaugung von chronischen Exsudaten (entzündlichen Ausschwitzungen) an und beschränken krankhaft vermehrte Absonderungen (Frerichs). Sie beeinflussen wohlthätig das Nervensystem, den Blut- und Säfteumlauf und die Allgemeinernährung. Ihre Wirkung ist durch die Erfahrung vielfach bestätigt: 1. Bei Bleichsucht, Blutarmuth, fehlerhafter Blutmischung (siehe oben), mangelhafter Entwicklung; 2. bei chronischem Muskel- und Gelenkrheumatismus, Exsudaten in den Gelenken, deren Kapseln und Bändern; 3. nach Verletzungen, Knochenbrüchen und deren Folgen, als: Gelenkssteifigkeit, Muskellähmung, Muskelschwund; 4. bei der Gicht entkräfteter und blutarmer Personen; 5. bei Nervenkrankheiten, Lähmungen, Neuralgien, als: Migräne, Intercostalneuralgie, Ischias, Magenkrampf; 6. bei Hautkrankheiten aus fehlerhafter Blutmischung, Schwäche des Hautorganes oder Nervenstörungen, z. B. Schweisssucht, Nesselsucht; 7. bei Frauenkrankheiten: Menstruationsstörungen, Scheiden- und Uteruskatarrh, Entzündungen und Exsudate der Beckenorgane, Lageveränderungen des Uterus, Neigung zu Fehl- und Frühgeburten, Unfruchtbarkeit.

V. Umgebungen von Franzensbad.

Miramonti (10 Minuten zu Fuss von der Franzensquelle). Man geht auf der Egerer Chaussée über die Schladabrücke und durch das Dorf Schlada. Auf der Höhe zweigt eine schattige Ahornallee nach rechts ab und führt nach wenig Schritten zu der Caférestauration Miramonti. Gute Speisen und Getränke, herrlicher Ausblick auf den Curort Franzensbad. Lieblingsausflug der Franzensbader Curgäste. Im ersten Stock des Restaurationsgebäudes sind Wohnzimmer zu vermiethen. Von Miramonti erreicht man zu Fuss in 30 Minuten den

Kammerbühl (zu Fuss drei Viertelstunden, zu Wagen 20 Minuten von Franzensbad), einen etwa 30 Meter hohen, kahlen, langgezogenen, nur gegen Westen steil abfallenden Hügel, einen erloschenen Vulkan. Unverkennbar echt vulkanische Auswurfsproducte, und zwar eckige Schlackenfragmente und rundliche vulkanische Bomben sind in grosser Menge über dem Glimmerschiefer, dem Grundgebirge, abgelagert. Im sogenannten Zwergenloche sieht man sie schichtenweise gesondert. Südwestlich am Fusse des Hügels fällt ein mächtiger freistehender zerklüfteter Wall aus compactem, blauschwarzen Basalt (einem Gestein, das aus Augit, Feldspath und Magneteisenstein besteht) auf. Hier liess Graf Caspar Sternberg im Jahre 1820 auf Goethe's Anregung einen Schacht abteufen und in den Jahren 1834 bis 1837 weitere bergmännische Arbeiten vornehmen. Die Untersuchungen ergaben, dass an dieser Stelle der Ausbruch erfolgt sein müsse. Je näher dem Gipfel, desto grösser, schwammiger werden die Steinmassen. Ihre Farbe geht in's Hellbraune bis Gelbliche. Der Gipfel selbst, sowie der sanft und allmählich nach Osten verstreichende Abhang wird von losen, grossblasigen Schlacken und Schlackentrümmern, Lapilli und Rapilli gebildet. Der Ausbruch des Kammerbühls fand längst vor der historischen Zeit statt, vermuthlich nur einmal. Dass er unter Wasser vor sich ging, ist nicht mit zwingender Nothwendigkeit anzunehmen. Der erste Naturforscher, der des Kammerbühls Erwähnung thut, ist Ignaz Ritter v. Born (1774). Berühmt wurde der Vulkan durch Goethe, der ihn in den Jahren 1809, 1820, 1822 besuchte und eine classische Beschreibung gab. Des Weiteren knüpfen sich an den Kammerbühl die Namen Cotta, Noeggerath, Berzelius, A. E. Reuss (siehe Dr. Palliardi's Kammerbühl). Aus der basaltischen Lava des Kammerbühls wurde in grauer Vorzeit der schwarze Thurm auf dem alten Schloss zu Eger erbaut. Die Lavablöcke am Fusse des Hügels tragen augenscheinlich Spuren, dass hier einst Steine gebrochen wurden. Die Rundsicht von dem mühelos erstiegenen Gipfel umfasst das ganze Egerland und einen Kreis näherer und fernerer Hügel und Gebirge. Gegen Norden hat man Franzensbads helle Gebäude im dichten Grün der Parke vor sich, dazu bilden die Dörfer Oberlohma, Voitersreuth, dann Schönberg in Sachsen den Hintergrund; der Capellenberg, an dessen Fusse Schönberg liegt, macht den Abschluss. Im Osten erblickt man die weite, wellighügelige, wohlbebaute, mit Ortschaften besäte Ebene des Egerlandes, am fernen Horizonte den sächsischen Keilberg, näher her das Karlsbader Gebirge, noch näher die beiden weitleuchtenden Thürme der Wallfahrtskirche Maria Culm. Unterhalb derselben das Städtchen Königsberg an der Eger. Südlich vom Karlsbader Gebirge die zackigen Höhen des Kaiserwaldes (Tepler Gebirge) Am südlichen Abhange desselben schimmern die weissen Gebäude des Curortes Königswart hervor. Der Sandauer Pass trennt den Kaiserwald vom Dillenberg (zum Böhmerwald gehörend), welcher symmetrisch nach beiden Richtungen sanft abgedacht ist. Die Stadt Eger im Südosten wird durch den kahlen Spittelberg und Goldberg den Blicken entzogen. Dagegen erscheint im Süden die weitschauende Kirche von St. Anna auf dem hohen, theils bewaldeten, theils mit Feldfluren bedeckten Grünberg. Im Südwesten treten in der Ferne die Höhen des bayerischen Fichtelgebirges hervor: Die Louisenburg und die beiden Kösseinen bei Alexandersbad, der Ochsenkopf und der Schneeberg. Im Westen die Thürme des Schlosses Hohenberg, nördlich davon der Plattenberg bei Liebenstein, ein Basaltrücken; dahinter der grosse und kleine Hengstberg; mehr im Vordergrunde Schloss Seeberg. Im Nordwesten schliessen die Dörfer Kropitz und Unterlohma wieder an Franzensbad an.

Den Promenadenweg weiter verfolgend, erreicht man in 20 Minuten vom Kammerbühl aus das Dorf.

Stein (zu Fuss von Franzensbad 50 Minuten, zu Wagen 25 Minuten). Der Weg durchschneidet das Dorf. Abwärts schreitend, treffen wir bald den hölzernen, über die Eger führenden Steg (nur für Fussgänger passirbar). Felsige, dicht bewaldete Höhen, eine malerisch gelegene Mühle, der schäumende Fluss setzen die belebte Scenerie zusammen. Nach Ueberschreiten des Steges führt uns *a)* rechts stromaufwärts ein schattiger Waldweg zu der Caférestauration Mühlerl (200 Schritte) auf einer Insel in der Eger, sehr empfehlenswerth. Hier stehen Kähne zu einer Wasserpartie nach Eger zur Verfügung; *b)* links stromabwärts ein Waldpfad in einer halben Stunde nach Eger. Anmuthige Partie durch das Egerthal; *c)* geradeaus bergan durch das Gehölze in 10 Minuten nach Siechenhaus. Auf der erhöhten Waldblösse davor Aussicht in's bayerische Fichtelgebirge.

Siechenhaus (zu Fuss fünf Viertelstunden von Franzensbad über Miramonti, Kammerbühl und Stein, zu Wagen drei Viertelstunden über Eger). Caférestauration, der besuchteste Vergnügungsort der Franzensbader Curgäste und der Bewohner der nur eine halbe Stunde entfernten Stadt Eger, auch als Sommerfrische beliebt. Das Restaurationsgebäude war ehemals ein Forsthaus. Tiefer im Walde liegt ein Versorgungshaus für arme Egerauer, dicht dabei die St. Sebastianscapelle. Jenseits der Egerer Chaussée und der Fichtelgebirgsbahnstrecke die k. u. k. Militärschiessstätte, unweit davon gegen das Dorf Kreuzenstein zu das jetzige Forsthaus. Die Restauration (siehe oben) ist gut erhalten und entspricht allen Anforderungen in Bezug auf Speisen und Getränke. Vom Vorplatz oder von den Fenstern des ersten Stockes (Tanzsaal) geniesst man ein malerisches Schauspiel. Man erblickt die uralte Stadt Eger, ihre Zinnen und Thürme, den Eisenbahnviaduct, im Hintergrunde die Berge vom Kaiserwald bis Maria-Culm.

St. Anna (von Siechenhaus zu Fuss 30 Minuten, zu Wagen 20 Minuten auf guter Strasse), ehemals Franciscaner-Hospiz, jetzt Pfarrkirche für das auf dem Berge liegende Dorf Oberpilmersreuth und einige Nachbardörfer. Von Siechenhaus führt der Weg über die Chaussée und den Eisenbahnkörper bergan entlang dem Saume des Waldes. Der freie Platz an der St. Anna-Kirche (594 Meter) bietet die umfassendste Aussicht über das ganze Egerland. Auch die Stadt Eger erscheint zu Füssen des Besuchers, sowie Franzensbad und zahlreiche Ortschaften, Gehöfte und Marktflecken. Den Horizont begrenzen der Capellenberg, der Culmerberg, der Kaiserwald, der Dillenberg, die Kösseine, der Steinberg, der Plattenberg, die beiden Hengstberge. Im Dorfe Oberpilmersreuth einfache und reinliche Restauration.

Das Egerthal. Den Rückweg von Siechenhaus, namentlich wenn man zu Wagen über Eger kam, nimmt man am besten zu Fuss durch das Egerthal, indem man zum rechten Egerufer herabsteigt (allenthalben Wegweiser) und längs desselben durch Wald, Wiesen und Gärten wandert, bis man das bürgerliche Schiesshaus am Fusse des alten Schlosses erreicht. Von da fährt man mit dem Wagen, den man von Siechenhaus vorausgeschickt hat, in einer halben Stunde nach Franzensbad zurück. Die Strecke von Stein bis zum Schiesshaus kann man auch mittelst Kahn auf der Eger zurücklegen.

Eger (von Franzensbad zu Fuss auf der Chaussée oder dem Promenadenweg eine Stunde, zu Wagen eine halbe Stunde, Eisenbahnfahrt 12 Minuten. — Zu Fuss über Miramonte, den Kammerbühl und Siechenhaus zwei Stunden; über St. Anna $2^1/_2$ Stunden, die beiden letztgenannten Partien sehr lohnend).

Antonienhöhe—Stöckermühle, Haltestelle der kön. bayr. und kön. sächs. Staatsbahn. Fahrzeit von Franzensbad 5 Minuten. Zugsverkehr: Des Nachmittags je zweimal Hin- und Rückfahrt. Zu Fuss 40 Minuten, zu Wagen 20 Minuten. Man thut am besten, zur Hinfahrt die Eisenbahn zu benützen. Von der Haltestelle geht man:

a) nach der Antonienhöhe in 7 Minuten: über den Bach und bergan durch den Wald bis zur Restauration, die an der Strasse nach Asch liegt. Kaffee, Bier und gut zubereitete Speisen. Hübsche Aussicht.

b) nach der Stöckermühle in 4 Minuten durch den Durchlass am Bahndamm. Kaffee- und Bierwirthschaft. Schattiges Thal, Kahnfahrten auf dem Teiche. Zum Rückweg von der Antonienhöhe aus wähle man die Promenade, die durch den Wald gegen Unterlohma führt. Man betritt Franzensbad, auf der Ferdinandsstrasse kommend.

Der Goethestein. Die Rommersreuther Schweiz (zu Fuss von Franzensbad zwei Stunden, zu Wagen eine Stunde. Bahnfahrt bis Haslau 20 Minuten, von da zu Fuss noch eine halbe Stunde). Wo die Ascherstrasse in den Himmelreicher Wald eintritt, steht rechter Hand ein Quarzblock, in den eine Marmortafel eingelassen ist mit der Inschrift:

„Auf diesem Felsenstücke stand
Die edle Fürstin tief bewegt,
Weil Goethe aus dem Hoheitskreise schwand,
Der hier so gern der Ruh' gepflegt.

Die regierende Grossherzogin von Sachsen-Weimar-Eisenach, Maria Paulowna, geborene Grossfürstin von Russland, ehrt das Andenken des grossen Dichters Goethe durch den Besuch des Goethesteines im August 1846."

Von dem höchsten der abseits der Strasse liegenden Felsbrocken malerische Rundsicht über Höhen und Thäler, Wälder und Felder. In den Wald hinein führt ein schmaler Pfad (Führer nothwendig) zur **Rommersreuther Schweiz,** einer Gruppe grotesker, riesiger Quarzfelsen, bald zu einer Mauer aufgethürmt, bald wirr durcheinander geworfen, bald über Abgründen schwebend. Die Partie ist eine Viertelstunde lang; man mache sie hinwärts am Fusse, rückwärts auf der Höhe des Felszuges, von wo eine überraschende Aussicht in die Waldgründe.

Besucher des Goethesteines und der Rommersreuther Schweiz versorgen sich gewöhnlich beim Abgange von Franzensbad mit dem nöthigen Proviant.

Himmelreich, ein Forsthaus an der Ascherstrasse, im dichten Walde (zu Fuss von Franzensbad $2^1/_2$ Stunden, zu Wagen $1^1/_4$ Stunde). Vom Goethestein aus eine halbstündige Fusswanderung. Ausflüge von der Forsthausrestauration aus nach einem der vielen Waldwege.

Asch mit dem Hainberge (von Franzensbad nach Asch zu Fuss $3^1/_4$ Stunden, zu Wagen $1^1/_2$ Stunde, Bahnfahrt 30 Minuten). Asch ist eine der bedeutendsten Industriestädte Böhmens (15.000 Einwohner, meist Protestanten) und erzeugt vorzugsweise Textilwaaren. Einkehr im Hotel Geyer. Die Stadt wird von dem mächtigen

Hainberg (752 Meter) beherrscht. Der Aufstieg zum Gipfel desselben ist nicht beschwerlich und dauert 20 Minuten. Oben gute Restauration in dem vom Ascher Touristenclub errichteten Schweizerhäuschen. Ausblick auf die Stadt Asch, die Berge des sächsischen Voigtlandes und das Fichtelgebirge.

Schönberg mit dem Capellenberg in Sachsen (von Franzensbad auf der Chaussée über Oberlohma und Voitersreuth zu Fuss zwei Stunden, zu Wagen eine Stunde; vom Bahnhof Voitersreuth bis zur Spitze des Capellenberges einstündige Fusspartie). Im Orte Schönberg gute Restaurationen, Kaffee und bayerisches Bier. Vom Gipfel des Berges (757 Meter) überraschende Aussicht auf das wie in einem Kessel liegende Egerland bis zu den fernsten Bergen und auf das sächsisch-voigtländische Waldrevier.

Wildstein (von Franzensbad zu Fuss 1¼ Stunde, zu Wagen ¾ Stunden). Vom Bahnhof Voitersreuth 30 Minuten. Fusspartie; auf einem kleinen Umwege durch das anmuthige Mattelthal etwas länger. Der Ort ist auf Granitfelsen erbaut, besitzt ein Schloss und eine Chamottewaarenfabrik. Vom nahen **Störlberg** (15 Minuten zu Fuss) reizende Fernsicht.

Seeberg (von Franzensbad zu Fuss 1¼ Stunde über Unterlohma auf dem Promenadenweg, der nach der Antonienhöhe führt, bei der Theilungsstelle links abzweigen, dann durch das Hölzchen und an dem Gut Höflas vorbei; Tannenberg bleibt links auf der Höhe, hierauf weiter auf dem Wiesenpfade. Zu Wagen ¾ Stunden über Antonienhöhe, Rossenreuth und Oed). Das alte Schloss Seeberg war seit dem 13. Jahrhundert ein Rittersitz; jetzt gehört es der Stadt Eger. Es thront auf einem steilanstrebenden Gneissfelsen, der von einer tiefen Schlucht umzogen ist. Jenseits die alterthümliche Kirche. Die schönste Aussicht geniesst man aus den Fenstern des ersten Stockes des Schlosses. Am 13. Juni 1889 schwoll der sonst harmlose Seebach in Folge von Wolkenbrüchen und Dammzerreissungen in noch nie gesehener Weise an. Gewaltige Wassermassen zerstörten drei Mühlen im Seeberger Thale und richteten weiter unten Saaten und Wiesen zu Grunde. Von Seeberg nach

Haslau, Station der kön. bayr. Staatsbahn. Fusspartie von 40 Minuten über den bewaldeten Gastberg und durch das romantische Seebachthal.

Liebenstein, Silberbach und das Wellerthal (nach Liebenstein von Franzensbad 2¼ Stunden zu Fuss, eine Stunde zu Wagen). Das Gut Liebenstein, ein uraltes böhmisch-deutsches Mannslehen, ist Besitzthum der Grafen Zedtwitz. Romantische Lage am Fusse des basaltischen Plattenberges. Gasthaus „zu den drei Kronen". Caférestauration Oswald. Auf der nach Westen führenden Chaussée erreicht man nach halbstündiger Wanderung die böhmisch-bayrische Grenze und nach einer Stunde das Dorf Silberbach; die Strasse führt fortwährend durch Fichtenwald. Von Silberbach hat man noch 10 Minuten bis zum Wellerthal. Massige Granitblöcke auf dem waldigen Grunde zerstreut und wieder drohend in die Höhe ragend, bilden die Ufer des Egerflusses, der in vielfach gekrümmtem Bette rauschend und schäumend seine Wellen an den Felsen bricht. Von Silberbach zum grossen

Hengstberg (648 Meter) braucht man eine halbe Stunde; die Fernsicht suche man vor dem Eintritt in den Buchenwald. Für die Partie in's Wellerthal nehme man von Franzensbad oder Liebenstein Erfrischungen mit.

Naturforschern sei der Besuch der Kalkgruben zwischen **Oberndorf, Trebendorf** und **Aag** empfohlen. In den Tagbauen lassen sich die geschichteten Thone, Cyprisschiefer, mergeligen und knolligen Kalke vielfach abwechselnd deutlich erkennen. Im Jahre 1884 wurden im Cyprismergel mehrere guterhaltene Skelettheile von Dinotherium giganteum gefunden (gegenwärtig im k. k. Wiener Hofmuseum). Von Oberndorf hat man nicht weit in die

Soos (von Franzensbad zu Fuss eine Stunde), ein Mineralmoorlager, fast rings umgeben von Süsswassertorfen, zwischen den Dörfern Rohr, Katharinendorf und Fonsau. Bemerkenswerth sind die zu Tage tretenden Lager von

Kieselguhr, die massenhaft ausblühenden Moorsalze, die zahlreichen aus Spalten im Boden austretenden Mineralwasser- und Gasquellen. Ueberdacht und gefässt ist die Kaiserquelle, sie hat 18·4° C. und enthält reichlich Natriumsalze und kohlensaures Eisenoxydul. Nahebei das Sudhaus der Firma H. Mattoni.

Anhang.

Wies im Walde. Wiewohl näher an Eger gelegen, mag dieser Ort hier erwähnt sein, weil er wegen seiner würzigen Waldluft und trauten Stille häufig von Franzensbader Curgästen besucht wird und als Sommeraufenthalt, sowie zur Nachcur von Jahr zu Jahr mehr in Schwung kommt. Das aus wenigen Häusern bestehende Pfarrdorf liegt südlich von Eger unmittelbar an der bayrischen Grenze. Von Franzensbad aus erreicht man es auf der Chaussée in $1\frac{3}{4}$ Stunden zu Fuss, in $\frac{3}{4}$ Stunden zu Wagen. Geschützte Lage. Rings anschliessender Wald. Ebene und sanft ansteigende Promenaden. Vorzügliche Restauration (Forster); daselbst und in den Villen Wohnungen zu vermiethen. Täglich Postverbindung mit Eger.

Abbazia.

Curort und Seebad.

An der Ostküste Istriens, 40 Minuten von der Eisenbahnstation Matuglie-Abbazia, nach Nordwesten von dem mächtigen Gebirgsstock des 1396 Meter hohen Monte Maggiore (Učka-Gebirges) geschützt, liegt auf einer in den Quarnero reichenden Landzunge Abbazia, umgeben von einer reichen Vegetation und ausgedehnten Lorbeerhainen. In südlicher Richtung eröffnet die Aussicht auf das von den quarnerischen Inseln, Veglia und Cherso, begrenzte adriatische Meer.

Die mittlere Wintertemperatur Abbazias ist eine höhere als an allen anderen klimatischen Curorten der österreichisch-ungarischen Monarchie; sie beträgt 10·1° C. und steht somit derjenigen Nizzas (11·5°) sehr nahe. Dagegen übertrifft die Luftfeuchtigkeit Abbazias jene der Curorte an der Riviera sehr bedeutend, denn während die relative mittlere Feuchtigkeit für Nizza 61·4 Percent und für San Remo 66·7 Percent beträgt, erreicht dieselbe in Abbazia 74 Percent.

Iwonicz.

Der Curort Iwonicz (Ivonitsch) liegt im westlichen Galizien, Bezirkshauptmannschaft Krosno am Fusse der nördlichen Ausläufer der Karpathen, die hier sanft in die Thalebene des Wistokoflusses übergehen. Eine wahrhaft reizende, malerische Gegend. 410 Meter (1315') über dem Meeresspiegel gelegen und ringsum von bewaldeten Hügeln und Bergen umgeben, erfreut sich Iwonicz einer milden, äusserst reinen und frischen Gebirgsluft, welche, geschwängert mit balsamischen Ausdünstungen der dichten Nadelholzwaldungen, also auch sehr reich an Ozon, den Curort gleichzeitig zu einer vorzüglichen Gebirgsstation macht.

Die heute berühmten jod- und bromhaltigen Karls- und Amalienquellen sind schon vor 200 Jahren bekannt gewesen und auch zu Heilzwecken gebraucht worden, später aber unerklärlicherweise der Vergessenheit anheimgefallen, sind sie erst seit dem Jahre 1837 wieder in Gebrauch gekommen und von nun an einer dreimaligen chemischen Analyse unterzogen worden. Die letzte, die nachstehend angeführt wird, wurde im Jahre 1876 von Dr. Radziszewski, Professor der Chemie an der Lemberger Universität, ausgeführt, zeigt keine wesentlichen Unterschiede von beiden vorhergehenden.

	Karlsquelle in 10.000 Theilen enthält:	Amalienquelle in 10.000 Theilen enthält:
Chlornatrium	80·0667591	67·4278660
Chlorkalium	0·7971480	0·6716270
Bromnatrium	0.3647958	0·1748530
Jodnatrium	0·2400700	0·1361652
Kohlensaures Natron	16·2589153	12·9231951
Kohlensaures Lithion	0·1896960	0·1643990
Kohlensaurer Kalk	2·1547700	2·0221800
Kohlensaures Strontian	0·1221600	0.1026900
Kohlensaures Baryt	0·1941000	0·1921000
Kohlensaure Magnesia	0·8461200	0·7327200
Kohlensaures Eisenoxydul	0·0594500	0·0950910
Kohlensaures Manganoxydul	Spuren	Spuren
Kieselsäure	0·2383000	0·2166600
Borsaures Natron	bedeut. Spuren	bedeut. Spuren
Phosphorsaure Thonerde	Spuren	Spuren
Organische, nicht flüchtige Körper	0·7141730	1·3204060
Analytische Fehler und sonstige Spuren	1·9767828	2·0284277
Die zur Bildung doppeltkohlensaurer Salze nöthige Kohlensäure	8·6546710	6·8482610
Doppeltkohlensaures Ammonium	0·1408560	0·1340294
Wirklich freie Kohlensäure	5·6274370	2·8023780
Sumpfgas	0·2293080	0·1757610
Stickstoff	0·0930110	0·0823690
Die Summe aller in 10.000 Theilen Wasser enthaltenen Bestandtheile	118·9688730	98·2437974

Diese beiden Quellen, die der Analyse zufolge zu alkalisch-muriatischen jod- und bromhaltigen Salzsäuerlingen gezählt werden, gehören zu den berühmtesten, welche die Balneologie in dieser Art aufzuweisen hat. Der grosse Ruf und die bedeutende Heilkraft dieser Quellen beruht vorzüglich auf dem entsprechenden Verhältnisse ihrer Bestandtheile, welches der eigentliche Werthmesser aller derartigen Mineralwässer ist. Die in grosser Menge vorhandene

Iwonicz.

freie Kohlensäure beider Quellen erhöht noch bedeutend ihren Werth, weil das Wasser dadurch einen angenehmen Geschmack gewinnt und leichter verdaut wird.

Das hiesige Mineralwasser wird dem Alter entsprechend innerlich von einem Deciliter bis zu einem Liter täglich gebraucht. Aeusserlich dient es zu Voll-, Halb- und Localbädern, welche in drei Badehäusern, I., II., III. Classe, ausgefolgt werden. Das Badehaus I. Classe ist mit allem Comfort und Eleganz eingerichtet, und enthält mehrere heizbare Cabinen.

Das aus dem Mineralwasser gewonnene Salz und die Lauge dienen in entsprechender Lösung zur Localbehandlung, sowie zur Verstärkung der Bäder und zum Export.

Die innere und äussere Iwoniczer Badecur ist überall dort angezeigt, wo es sich um eine starke Anregung des Stoffwechsels und der Resorptionskraft handelt, also besonders: in scrophulösen Leiden, mögen diese als Drüsen-, Lymphgefässerkrankungen, Knochen- und Gelenksentzündungen auftreten.

In vielen Exsudatformen sexualkranker Frauen in chronischer Metritis-Peri- und Parametritis und Oropheritis.

In rheumatischen und gichtischen Exsudaten, in Syphilis, chronischem Mercurialismus und verschiedenen chronischen Hautkrankheiten.

Bei Gewebswucherungen der gland. thyroitea (Struma) und bei Rhachitis.

Neben diesen zwei Trinkquellen sind noch zwei sogenannte Murmelquellen (Belkotka) vorhanden, die unter einem eigenthümlichen Geräusch (daher der Name Murmel- auch Polterquelle) so viel Kohlenwasserstoffgas liefern, dass man nur ein angebranntes Zündhölzchen hinzuwerfen braucht, um die ganze Wasserfläche in ein förmliches Flammenmeer zu verwandeln. Das aus diesen Quellen entströmende Gas wird in manchen Lungenleiden, besonders in asthmatischen Zuständen, zu Inhalationen mit besten Resultaten benützt.

Ausser diesen Quellen und den aus denselben bereiteten Bädern besitzt Iwonicz noch andere Heilmittel, die keinesfalls unterschätzt werden dürfen.

Dazu gehören besonders die Moorbäder, die, aus dem Waldmoor bereitet, ein vorzügliches Unterstützungsmittel der Cur bilden.

Allen neuesten Anforderungen entsprechend eingerichtete Wannen-, Douche-, Fichtennadelbäder und ein Zerstäubungsapparat ergänzen die nöthigen Curmittel zur Genüge. Frisch bereitete Schafmolken und frische Kuhmilch sind jederzeit zu haben.

Ein gymnastisches Institut unter Leitung eines bewährten Lehrers gibt der Jugend die Möglichkeit, ihre Muskeln zu üben und dadurch den Stoffwechsel bedeutend zu heben.

Als Aerzte fungiren Dr. Debicki, em. klinischer Assistenz- und leitender Brunnenarzt und Sanitätsrath Dr. Rieger.

Eine reich ausgestattete Apotheke, ein Post- und Telegraphenamt im Curorte selbst entsprechen vollkommen der Bequemlichkeit und den Anforderungen des Curpublicums.

Die Curgäste, deren jährliche Frequenz sich durchschnittlich auf ca. 1600 beläuft, finden ihre Unterkunft in ca. 500 bequem eingerichteten Zimmern.

Für Verpflegung sorgen zwei Restaurationen und eine dritte israelitische.

Die Eisenbahnverbindung zwischen Osten und Westen vermitteln die Carl Ludwig- und die Transversalbahn. Iwonicz selbst ist eine Station der Transversalbahn, jedoch liegt der Bahnhof einige Kilometer weit entfernt, weshalb die Curverwaltung stets bequeme Equipagen zu jedem Zuge dem Publicum zu einem entsprechenden und fest bestimmten Preise zur Verfügung stellt.

Saisondauer: Vom 20. Mai bis Ende September.

Bestellungen auf Wasser, Mutterlauge, Jodsalz und Wohnungen effectuirt die: „Bade- und Brunnendirection in Iwonicz, Galizien“.

Ertheilt auch alle nöthigen Auskünfte und versendet auf Verlangen franco Broschüren und Prospecte.

Iwonicz.

Statistische Zusammensetzung.

Jahrgang	Häuser Regie	Häuser Privat	Zimmer Regie	Zimmer Privat	Bade-Einrichtung Cabinete	Bade-Einrichtung Wannen	Curgäste	Ausgefolgte Bäder	Brunnen-Producte: Wasser-Versandt in Flaschen	Quellen-Salze in Kilogramm	Mutterlauge in Litern	Schlamm in Litern
1880	19	14	285	72	53	106	1283	20.400	53.253	1563	91	529
1881	+ 1	—	+ 63	—	9	9	1284	20.455	51.393	1437	51	448
1882	+ 2	—	+ 45	—	9	18	1465	23.080	49.760	1250	60	500
1883	—	—	—	—	—	—	1265	20.768	49.980	920	52	480
1884	—	+ 2	—	+ 10	—	—	1395	22.192	47.793	807½	47½	506
1885	—	—	+ 4	—	2	4	1538	26.334	49.089	1201½	72½	390
1886	− 1	—	− 2	—	3	7	1421	23.579	47.147	1320½	291	126
1887	+ 1	—	+ 3	—	—	—	1405	21.714	46.041	1212	650	151
1888	+ 1	+ 1	+ 2	+ 2	—	—	1552	24.602	42.741	1134	818	268
1889	—	—	—	—	-	—	1606	24.695	42.648	1294½	801½	262

Meteorologische Beobachtungen im Jahre 1889.

Jahr 1889 in den Monaten	Temperatur Maximum	Temperatur Minimum	Temperatur Mittel	Windrichtung N	NE	E	SE	S	SW	W	NW	Wetter: Ganz heitere Tage	Halb heitere Tage	Trübe Tage	Zusammen	Luftfeuchtigkeit im Durchschnitt	Regenhöhe in Centimeter	am Tage	Maximum	Himmelstand im Durchschnitt	Ozon im Durchschnitt	Bemerkung
Mai . .	25·04	11·01	17·69	3·10	21·88	6·25	—	11·45	5·20	—	—	14	1	1	16	65·40	43·78	30	15·76	2·07	171·5	v. 16.–31. beobachtet
Juni . .	28·2	9·1	19·28	12·22	52·22	—	2·22	20·	8·88	—	2·22	24	6	—	30	66·77	33·06	15	17·60	1·68	323·0	Ganze Monate
Juli . .	31·2	13·02	18·98	5·43	16·30	—	9·78	32·60	23·91	9·78	2·17	15	9	7	31	71·33	133·58	15	32·03	3·50	333·0	
August .	26·3	10·4	18·17	1·07	30·10	—	6·45	25·80	20·43	4·30	11·81	22	3	6	31	73·33	62·87	27	19·24	2·91	327·0	
Septemb.	20·2	4·2	11·03	11·11	22·22	—	6·66	22·22	16·66	6·66	14·44	11	10	9	30	79·30	39·96	17	16·55	4·52	346·5	

Levico in Südtirol.

Cur- und Badeort.

Levico liegt am nördlichen Ufer des romantischen Sees gleichen Namens, $1\frac{1}{2}$ Fahrstunden von der Bahnstation Trient entfernt, im oberen Theile des wegen seiner Naturschönheiten berühmten Trentiner Suganerthales. Der Fluss Brenta, welcher aus den Geschwisterseen von Levico und Caldonazzo entspringt, beginnt hier seinen 34 Kilometer langen Lauf durch das ganze Suganathal und ergiesst sich bei Brondolo in's adriatische Meer.*)

Von schützenden Bergen eingeschlossen, ist Levicos kräftigendes Alpenklima (520 Meter über der Adria) mild und beständig; fühlbare Thermometer- und Barometer-Schwankungen treten nur selten auf. Im Frühjahre und Herbst zeigt der Réaumur'sche Wärmemesser 15 bis 18 Grad, im Hochsommer durchschnittlich 20, und fällt im Winter selten unter 6 bis 7 Grad. In den wärmeren Jahreszeiten sind zumal die Morgen und Abende schön und erquickend frisch.

Das Klima Levicos vereinigt somit in seltenem Einklange alle wünschenswerthen hygienischen Bedingungen, so dass ein Aufenthalt daselbst, auch abgesehen von den wunderthätigen Mineralquellen, schon als Luftcurort mächtige Heilfactoren bietet. Levico eignet sich jedenfalls ebensogut zu einem Wintercurort, als das nördlicher gelegene, viel gepriesene Meran.

Zwei Wildbäche, der Rio Maggiore und Minore durchkreuzen den Marktflecken, die Gebirgswässer von Monte Fronte in den nahen See führend. Levico ist Sitz eines Districtoral-Gerichtes und eines geistlichen Decanats. Die Gemeinde hat einen Bürgermeister (Podesta) nebst Gemeinderäthen, steht gemeinrechtlich unter dem Bezirksamte des Hauptortes Borgo, politisch aber sind beide, sowie der ganze District des Suganathales, der Statthalterschaft der Provinzial-Hauptstadt Trient untergeordnet. Levico hat eine schöne grosse, erst vor wenig Jahren im lombardo-byzantinischen Style neu erbaute Kirche, welche dem heiligen Erlöser sowie den heiligen Märtyrern Victor und Corona geweiht ist, ein gut gehaltenes Krankenhaus, einen campo santo mit Capelle (La Madonna del Pèzzo) und facultativem Beisetzhause, zwei kleine Seidenspinnereien, eine Post- und Telegraphenstation, zwei Advocaten, einen Notar, fünf Aerzte, zwei Apotheken und neun Volksschulen.

Die über 8000 Seelen zählende, ausschliesslich römisch-katholische Bevölkerung Levicos ist arbeitsam, brav und genügsam, zu Excessen wenig geneigt. Das Familienleben ist patriarchalisch-sittlich. Liederlichkeit und Vergehen, zumal gegen das Eigenthum, kommen nur selten vor. Die Levicenser treiben

*) Die Poststrasse über Levico durch das wildschöne venezianische Gebirge ist der directe Fahrweg von Trient nach Venedig und wurde derselbe auch, seiner romantischen Naturschönheiten wegen, von Ihren kaiserlichen Hoheiten dem damaligen deutschen Kronprinzen, späteren Kaiser Friedrich III., und seiner erlauchten Gemahlin im Frühling 1883 vorzugsweise benützt.

hauptsächlich Ackerbau, Weinbau und Kastanienhandel, Seidenspinnerei und Viehzucht mit Alpenwirthschaft und Käserei. Alle nothwendigen Handwerke finden ihre kunstfertigen Vertreter im Marktflecken, sowie auch eine tüchtige Feuerwehr stets bereit ist, hilfreich einzugreifen. Der heiligen Cäcilie wird gleichfalls künstlerisch gehuldigt. Ein elegant uniformirter Musikchor (civica banda) spielt zweimal wöchentlich vor dem Curhause und producirt sich auch in Concerten und bei öffentlichen Festlichkeiten.

Der täglich sich mehrende Zufluss von Badegästen gab natürlich auch Veranlassung zu vielen eleganten Neubauten und Verschönerungen, so dass an der schönen neuen Strasse gleich Eingangs Levicos sich neben dem prachtvollen Curhause noch mehrere andere reich und comfortabel ausgestattete grosse Hotels (Hotel Bellevue mit 140 Zimmern, das Stabilimento mit Dependence, zusammen 230 Zimmer) erhoben haben und den Curgästen ein in jeder Hinsicht befriedigendes Unterkommen bieten. Im Orte selbst gewährt die venezianisch-alpine Bauart der meisten Wohnhäuser mit ihren Vorhöfen und überwölbten Thoreingängen ein ganz eigenthümlich malerisches Bild.

Das grosse Curhaus steht mit seiner Façade nach Süden auf einer Anhöhe, 520 Meter über dem Meere, am Fusse des Monte Fronte und ist vom 1. Mai bis Ende September geöffnet. Von seinen Fenstern und seiner schattigen Veranda aus gewährt ein schöner Blumengarten, der lauschig stille See und die in blühender Vegetation prangenden, allmälig bis zu den Fernern emporsteigenden Berghöhen, mit ihrer idyllischen Staffage von Alpenhäuschen und Kirchlein eine wahrhaft entzückende Aussicht. Ein malerisches Bild sondergleichen, vom spiegelblanken See gleichsam wie durch ein optisches Echo reflectirt!

Das Curhaus selbst besteht aus Hochparterre, Entresol und Beletage. Vor demselben befindet sich eine mit Bäumen umpflanzte, schattige, offene Veranda, zu welcher von der Landstrasse aus eine elegante Freitreppe führt. Im Parterre des Curhauses befinden sich 82 Badecabinen mit Marmorwannen erster, zweiter und dritter Classe, das ärztliche Consultationszimmer, die Administrationsräume, die Portierloge, das separat stehende Maschinenhaus und ein Eiskeller; dann im rechten Flügel das Café mit Billard, der Lesesalon und die Restaurationszimmer zum Speisen à la carte. Ferner der zwei Etagen hohe, grosse, sehr elegante Cursalon mit Piano, in seiner Mittelhöhe von einer eleganten Galerie umgeben. Diese Galerie führt auch von dem ersten Stock des Hauptgebäudes zu dem grossen Speisesaal (Sala da pranzo), welcher für 200 Gäste bequemen Raum bietet. Für Privatdiners ist dann noch ein kleiner Extrasalon vorhanden.

Ein Bad erster Classe kostet einen Gulden, ein solches zweiter Classe 80 Kreuzer und dritter Classe 60 Kreuzer, exclusive Trinkgeld.

Für Unterhaltungen ist ausgiebig gesorgt. Die 35 Mann starke Curcapelle spielt täglich auf der Veranda, ein kleineres Orchester für Kammermusik wöchentlich einmal im Cursalon. Während der Hochsaison treffen auswärtige berühmte Solisten zu Productionen ein und finden ausserdem noch öfters kleinere amüsante Vorstellungen statt. Für Kahnfahrten und Fischen auf dem romantischen See ist gleichfalls Sorge getragen.

Der Cur-Director und Badearzt Herr Dr. Elia Sartori, renommirter Specialist für Frauenkrankheiten, welcher gut deutsch spricht, wohnt in der Anstalt.

Analyse und geologische Eigenart der Mineralquellen von Levico. Von Professor L. Barth und Professor Dr. Weidel. (Aus dem ersten Wiener Universitätslaboratorium.) Die Mineralquellen von Levico entspringen an den Gehängen des Monte Fronte, der, nördlich vom genannten Orte aufsteigend, zum Theile die Begrenzung des Suganathales nach dieser Richtung bildet.

Die zwei in ihrer Zusammensetzung ziemlich differenten Quellen von Levico, deren chemische Analyse den Gegenstand der folgenden Mittheilung bilden soll, entspringen in einer Seehöhe von 1490 Meter (Levico 520 Meter) in zwei übereinander befindlichen Grotten oder Höhlen, zwischen denen die alpine Badeanstalt Vetriolo liegt. Diese Anstalt (gewissermassen eine Filiale von Levico), in welcher dieselben Mineralwässer, wie in dem grossen Etablissement von Levico gebraucht werden, besass früher ziemlich primitive Einrichtungen, im Laufe dieser Jahre wurden aber auf Veranlassung der Direction daselbst einige neue comfortable Badehäuser und Hotels erbaut.

Die etwas oberhalb Vetriolo liegende Grotte heisst Vitriolgrotte (Caverna del Vetriolo) und in derselben tritt die sogenannte Badequelle (auch Starkwasserquelle) zu Tage, deren Wasser übrigens auch getrunken, respective löffelweise eingenommen wird. Die etwas tiefer gelegene Grotte führt den Namen Ockergrotte (Caverna dell'ocra); aus dieser stammt die an Mineralbestandtheilen geringere sogenannte Schwachwasserquelle.

Die erstgenannte Höhle ist etwa 120 Meter tief. Am Grunde derselben fliesst aus vier Spalten die Hauptmenge der Quelle, welche durch einen aus Holz gezimmerten und mit Holztafeln bedeckten Gang bis zur Mündung der Höhle geleitet wird. Links vom Grunde der Höhle aus bemerkt man noch einen etwa 10 Meter langen und dann sich in den Berg vertiefenden Gang, der aber seiner Unsicherheit halber noch nicht näher untersucht wurde.

Ausser der genannten Hauptquelle finden sich in der Grotte noch einige Wasserausflüsse (sogenannte Kapillarquellen), von denen namentlich eine ein besonders stark adstringirendes, kaum verschluckbares Wasser liefert. Diese kleinen Quellen sind offenbar noch reicher an Mineralbestandtheilen als die Hauptquelle, und dies ist auch der Grund, warum das Wasser, welches in Levico aufgefangen wurde, sich stärker erweist als das der Hauptquelle entnommene. Zum Baden wird nämlich (sowohl in Levico als auch in Vetriolo) das Wasser der Hauptquelle inclusive der kleinen Nebenquellen gebraucht, während das zum Trinken benützte Starkwasser nur der Hauptquelle entstammt, mit welchem die Flaschen **in der Grotte selbst** gefüllt werden.

Aus diesem Grunde war auch eine doppelte Control-Analyse nöthig, abgesehen von dem Interesse, das in der Bestimmung lag, wie viel von dem ursprünglich grösstentheils als Oxydulsalz gelösten Eisen durch das Fliessen des Wassers in der langen Röhrenleitung und des Stehens in den Reservoirs zu Oxydsalz umgewandelt worden sei; eine Umwandlung, die sich schon durch die Farbe der betreffenden Wässer (an der Quelle gefangen fast farblos mit einem Stich in's Grünliche, in Levico gefangen dunkelgelb) zu erkennen gibt.

Die aus Lärchen- und Föhrenholz hergestellte Leitung von Vetriolo nach Levico ist circa fünf Kilometer lang und wird von vier bis fünf Bassins unterbrochen, die den Zweck haben, die Geschwindigkeit des herabfliessenden Wassers und den dadurch bedingten Druck zu mässigen. Aus dieser Röhrenleitung ergiesst sich das Wasser zunächst in grosse Reservoirs, welchen es dann zur Speisung der einzelnen Bäder entnommen wird.

Die zweite, etwas unterhalb Vetriolo gelegene Grotte, aus der die Trinkquelle entspringt, ist etwa 20 Meter lang, in der Richtung von Süden nach Norden verlaufend und mit prächtigen Incrustationen von Eisenoxydsalzen ausgekleidet, deren Farbe von blassem Gelb bis zu dunklem Braunroth wechselt und die sich auch ausserhalb der Höhle viele Meter im Umkreise ausbreiten.

Die Badegäste von Vetriolo trinken das Wasser direct an der Quelle, jene von Levico erhalten es täglich frisch gefüllt in sorgfältig verschlossenen Flaschen, da eine Hinableitung in Röhren wegen der unvermeidlichen Oxydation der Eisenoxydulsalze nicht wohl thunlich erscheint.

Die Ergiebigkeit der Quelle beträgt **10·7 Liter in der Minute.** Das Wasser ist klar und farblos, wird aber nach einiger Zeit gelb, die Reaction stark sauer, der Geschmack adstringirend, tintenartig, sauer; der Geruch sehr schwach, nicht bestimmbar. Specifisches Gewicht 1·006725 bei 17° C.

Bestandtheile der Starkwasserquelle Aufgefangen in Vetriolo am 16. October 1880			In 10.000 Gewichtstheilen Wasser
Arsenige Säure		$As_2\,O_3$	0·086879
Schwefelsaures	Kupfer	$Cu\,S\,O_4$	0·474459
„	Eisenoxyd	$Fe_2\,S_3\,O_{12}$	13·019720
„	Thonerde	$Al_2\,S_3\,O_{12}$	6·239873
„	Eisenoxydul	$Fe\,S\,O_4$	25·675198
„	Mangan	$Mn\,S\,O_4$	0·002418
„	Calcium	$Ca\,S\,O_4$	3·724983
„	Magnesium	$Mg\,S\,O_4$	3·833451
„	Kalium	$K_2\,S\,O_4$	0·037031
„	Natrium	$Na_2\,S\,O_4$	0·312031
„	Ammonium	$(NH_4)_2\,S\,O_4$	0·032270
Chlornatrium		$Na\,Cl$	0·001781
Kieselsäure		$Si\,O_2$	9·310384
Schwefelsäne (frei oder in Form von sauren Salzen)		$SH_2\,O_4$	8·331289
Kohlenstoff der organischen Substanz			0·097825

Analyse der Schwachwasserquelle. Dieses Wasser wurde am 16. October 1880 um 11 Uhr Vormittags in Vitriolo aufgefangen.

Temperatur des Wassers 7·1° R. = 8·9° C., Temperatur der Luft 6·5° R. = 8·1° C., Barometerstand 683 Millimeter (zugleich in Levico 751 Millimeter).

Die Ergiebigkeit der Quelle beträgt 22·9 Liter in der Minute. Das Wasser ist klar und farblos. Reaction sehr schwach sauer; Geschmack tintenartig, fade, nicht säuerlich. Das Wasser ist fast geruchlos. Bei dem Umstande, dass dasselbe bei der Ankunft im Labaratorium schon einen Niederschlag abgeschieden hatte, konnte das specifische Gewicht nicht genau ermittelt werden. Es wurden annäherungsweise zu 1·001871 bei 17° C. gefunden.

Bestandtheile des Schwachwassers			In 10.000 Gewichtstheilen Wasser
Arsenige Säure		$As_2\,O_3$	0·0095
Schwefelsaures	Eisenoxydul	$Fe\,S\,O_4$	6·6278
„	Eisenoxyd	$Fe_2\,S_3\,O_{12}$	2·7272
„	Thonerde	$Al_2\,S_3\,O_{12}$	1·5919
„	Kupfer	$Cu\,S\,O_4$	0·0520
Kohlensaures	Eisenoxydul	$Fe\,C\,O_3$	0·1558
Schwefelsaures	Mangan	$Mn\,S\,O_4$	0·0003
„	Calcium	$Ca\,S\,O_4$	3·2477
„	Magnesium	$Mg\,S\,O_4$	2·3648
„	Kalium	$K_2\,S\,O_4$	0·0099
„	Natrium	$Na_2\,S\,O_4$	0·1579
„	Ammonium	$(NH_4)_2\,S\,O_4$	0·0062
Chlornatrium		$Na\,Cl$	0·0003
Kieselsäure		$Si\,O_2$	0·2293

Die Mineralwässer von Levico sind schwer mit anderen bekannten eisenhältigen Wässern zu vergleichen, da erstere vorzugsweise schwefelsaures, die letzteren aber kohlensaures Eisen enthalten, wie die folgende vergleichende Zusammenstellung ergibt.

Am ehesten noch kann dies geschehen mit den Quellen von Muskau in der Ober-Lausitz und dem Selkebrunnen des Alexisbades am Unterharz (Anhalt-Bernburg).

Der relativ hohe Arsengehalt der Starkwasserquelle von Levico lässt dieselbe nahezu als Unicum erscheinen, da die Quellen, welche sich in der Literatur als die arsenreichsten verzeichnet finden, Wiesbaden und Rippoldsau in 10.000 Theilen Wasser nur 0·0045 Theile, respective 0·0043 Theile arsenige Säure, also nur beiläufig den zwanzigsten Theil der im Starkwasser von Levico gefundenen Menge enthalten. Die bosnischen Quellen überragt das Levicowasser um 50—200 Percent an arseniger Säure und um das Acht- bis Zehnfache an schwefelsaurem Eisengehalt. Das ebenfalls als arsenhältig bekannte Wasser vom Plombières zeigt, so weit die uns die zu Gebote stehenden Analysen einen Schluss gestatten, sogar noch weniger Arsen als das Wiesbadener Wasser.

Wirkung der Heilquellen von Levico. Laut vorstehenden Analysen basiren die so überraschend günstigen Heilerfolge der mehrfach prämiirten Mineralquellen Levicos hauptsächlich auf drei der kräftigsten Heilfactoren unseres Arzneischatzes, welche sich hier in den günstigsten Mischungsverhältnissen für den menschlichen Organismus vereint finden, nämlich: Arsen als Säfte umstimmendes, Kupfer als Nerven beruhigendes und Eisen als Blut kräftigendes Mittel.

Nach den wissenschaftlichen Berichten haben sich die Heilquellen Levicos besonders bewährt:

1. Bei den verschiedenen Krankheitszuständen fehlerhafter Blutmischungen, bei sogenannter Blutarmuth im Allgemeinen, Bleichsucht und Schwächezuständen in Folge überstandener Krankheiten oder Blutverlusten.

2. Bei chronischen Krankheiten und Schwächezuständen der Zeugungsorgane, Gebärmutterleiden jeder Art, Mutter- und Scheidenvorfällen, Drüsenverhärtungen, Unfruchtbarkeit, veralteter Syphilis, viriler Geschlechtsschwäche in Folge von Excessen oder Mercurialcuren, Impotenz.

3. Bei Nervenzuständen, welche auf Blutarmuth basiren; Hypochondrie, Hysterie und selbst bei vielen Fällen von Fallsucht.

4. Bei Rückenmarksleiden und partiellen Lähmungen in Folge von Schlagflüssen oder erlittenen Verletzungen, Knochenerweichung, sogenannter englischer Krankheit der Kinder.

5. Bei chronischen Hautkrankheiten und Scrophulosis.

6. Bei Fettsucht, chronischen Verdauungsstörungen, Magen- und Blasenkatarrhen, Wurmsucht.

7. Bei der Gicht, chronischem Gelenk- und Muskulatur-Rheumatismus.

Uebersicht der schwefelsauren Eisenwasser nach ihrem Gehalte.

Es enthalten in 10.000 Theilen Wasser	Schwefelsaures Eisenoxydul
Alexisbad	0·561
Muskau, Trinkquelle	1·976
Srebrenica	3·731
Ratzes	4·237
Mitterbad	5·261
Levico, Starkwasserquelle	25·675

Aus diesen vergleichenden Analysen geht zur Evidenz hervor, dass die Starkwasserquelle von Levico in Bezug auf ihren Gehalt an schwefelsaurem Eisenoxydul — diesem wichtigsten Bestandtheile der Eisenwässer — alle ähnlichen Quellen um das Acht- bis Vierzehnfache überragt und sich daher die Heilerfolge des Levicowassers aus dieser seltenen, unvergleichlichen chemischen Zusammensetzung des Arsen mit Eisen erklären.

Bad Hall

in Oberösterreich.

Jod-Soolbad.

Lage. Der Curort „Bad Hall" in Oberösterreich ist ein Marktflecken mit 151 Häusern und 900 Bewohnern. Der Ort liegt unter dem 31° östlicher Länge und 48° nördlicher Breite, 376 Meter über dem Meeresniveau.

Die **klimatischen Verhältnisse** Bad Halls sind sehr günstige.

Eigenthümer der alten elfhundert Jahre urkundlich bekannten und der neuen im Jahre 1869 entdeckten Jod-Soolquellen zu Bad Hall, sowie der grossartigen Badeanstalt daselbst ist die Provinz Oberösterreich, und steht die Verwaltung der Bad Haller Landes-Curanstalten unter der obersten Aufsicht des hohen oberösterreichischen Landesausschusses.

Saisondauer. Die Landes-Curanstalten zu Bad Hall werden jährlich officiell am 15. Mai eröffnet und am 30. September geschlossen.

Die Dauer einer Jodbädercur ist natürlich nicht bei allen Curgästen gleich; bei vielen sind 30 Bäder hinreichend zur Heilung ihrer Leiden; bei vielen genügen kaum 60 Bäder zum gleichen Zwecke. In der Regel nimmt jeder Curgast nur Ein Bad per Tag. Die durchschnittliche Curdauer beträgt sechs Wochen. Es ist aber zu bemerken, dass, je längere Zeit auf die gleiche Anzahl der Bäder verwendet wird, der Vortheil hievon desto grösser ist.

Indication. Seit der Entwicklung des Tuberkelbacillus, welcher bei vielen in das klinische Gebiet der Scrophulose gehörigen Leiden vorkommt und die Ursache der jeweiligen Krankheitsform und ihres Sitzes ist, sind viele Pathologen geneigt, diese ganze Krankheitsgruppe von der Scrophulose zu trennen. Die vieljährige ärztliche Erfahrung hat aber gelehrt, dass sie mit den anderen scrophulosen Leiden nebst anderen Momenten jedenfalls das Eine gemein haben, dass sie durch dieselben allgemeinen Heilmethoden zur Heilung gebracht werden, wie jene scrophulosen Krankheiten, deren nichttuberculoser Charakter nicht bestritten wird. Obenan steht in dieser Beziehung erfahrungsgemäss die Cur von Bad Hall, deren Indication durch die geänderte theoretische Ansicht somit in keiner Weise beeinflusst wird. In der folgenden Aufzählung der Indicationen ist, der leichteren Verständlichkeit wegen, überall der Ausdruck „scrophulös" auch bei den local tuberculosen Formen beibehalten.

1. Leiden des Drüsen-Systems: Anschwellungen, Verhärtungen, Entzündungen und Vereiterungen der Lymphdrüsen jeder Gegend des Körpers, der Mandeln, der Speicheldrüsen, der Brüste, der Hoden, der Vorsteherdrüse und endlich der Kropf.

2. Krankheiten der Haut und Schleimhäute, als: Infiltrationen, Abscesse, Geschwüre und Hohlgänge auf scrophulösem oder syphilitischem Boden, das scrophulöse Eczem, die syphilitischen Hautkrankheiten, Lupus, die als Elephantiasis bekannte Zellgewebs-Hypertrophie; chronische Katarrhe, ihre Folgezustände, Wulstung, Verdickung und Verschwärung der Schleimhäute, endlich die Mercurial-Affectionen der Mund-, Rachen- und Nasenhöhle.

3. Krankheiten des Seh-, Gehör- und Geruchsorganes. Durch die Raschheit auffallende Erfolge erzielt die Bad Haller Soole bei den scrophulösen Augenentzündungen und ihren Nachleiden. Von Ohrenleiden kommen die chronischen Entzündungen der Eustachischen Ohrtrompete, des mittleren Ohres und des Trommelfelles, Durchbohrung desselben, Nekrose der Gehörknochen und eitriger Ausfluss aus dem Gehörgange, sowie Schwerhörigkeit und Taubheit, insofern sie Folgen jener Krankheitszustände sind und auf den benannten Allgemeinleiden beruhen, zur Heilung. Ebenso bewährt sich das Bad Haller Wasser bei den scrophulösen Erkrankungen der Nase und Nasenhöhle.

4. Von Leiden der Harnorgane gehören in den Wirkungsbereich der Bad Haller Soole: chronische Katarrhe der Harnröhre, hartnäckige Nachtripper und die durch selbe bewirkten Infiltrationen der Schleimhaut und deren Folgezustände.

5. Erkrankungen des Geschlechts-Apparates: *a)* Bei Männern, die schon oben erwähnte Vergrösserung und Verhärtung der Nebenhoden und Hoden, zum Theil mit Eiterung und Bildung von Hohlgängen verbunden, bald als Symptome der Scrophulose, bald als Folge von Trippern oder verschleppter Syphilis, endlich die Hypertrophie der Prostata und die in ihrem Gefolge auftretenden Harnbeschwerden; *b)* bei verschiedenen Krankheiten des weiblichen Geschlechts-Apparates haben sich die Jodsoolen, obenan jene von Bad Hall, durch ihre Wirksamkeit mit Recht eine allgemeine lebhafte Anerkennung errungen. Die Lenkorrhöe verschiedenen Ursprunges, insbesondere der weisse Fluss scrophulöser junger Mädchen und jener nach schweren Wochenbetten; die Katarrhe, die Infarcte und Hypertrophien des Uterus, die dadurch bedingten Menstrual-Anomalien und das ganze Heer der darauf begründeten hysterischen Zufälle besitzen nicht nur in dem Jodwasser eines der wirksamsten Heilmittel, sondern es wird sogar beobachtet, dass weiche Fibroide des Uterus während und in Folge des innerlichen und äusserlichen Gebrauches dieser Soole sich verkleinern, und Ovariencysten in ihrer weiteren Vergrösserung gehemmt werden.

6. Bei Tumor albus und Caries der Gelenke, als deren Hauptformen die Coxalgie und die Kniegelenks-Entzündung auftreten, bei Entzündungen der Beinhaut und der Knochen, bei Caries und Nekrose derselben, ebenso bei syphilitischen Knochen-Auftreibungen und Verschwärungen, endlich bei Rhachitis gehört die Bad Haller Jodsoole zu den wirksamsten Heilmitteln des Arzneischatzes.

7. Die durch veraltete Syphilis bedingten Leiden, welche oben nicht angeführt wurden.

Die Anwendung des Bad Haller Mineralwassers kann innerlich und äusserlich geschehen, und es ist in den meisten Fällen zur Erzielung eines vollkommenen Heilerfolges die Verbindung beider Anwendungsweisen nothwendig.

Die tägliche Gabe des inneren Gebrauches beträgt 3—5 Deciliter, je nach dem Alter und der Vertragsfähigkeit des Kranken.

Anderweitige Curmittel. Ausser den zur Trink- und Badecur (Wannenbäder, Localbäder, Dampfbäder, medicinische Bäder, Schwimmbäder) erforderlichen Einrichtungen bestehen auch solche für Inhalation, Einpackungen und zur Massagecur.

In der Trinkhalle kommen Kefir und sämmtliche auswärtige Mineralbrunnen zur Verabreichung.

Analysen. Das Bad Haller Jodwasser wurde schon oft wissenschaftlich untersucht. Die letzten Analysen des Bad Haller Jodwassers und des Bad Haller Jodquellen-Salzes wurden in dem chemischen Laboratorium an der Wiener Universität vorgenommen und hierüber nachfolgende analytische Darstellungen veröffentlicht:

Bad Hall.

Analyse der Bad Haller Trink-(Tassilo-) Quelle

nach Kauer (ausgeführt im chemischen Laboratorium der Wiener Universität in 10.000 Gram):

Chlorkalium	0·397	Brommagnesium	0·584
Chlornatrium	121·700	Jodmagnesium	0·428
Chlormagnesium	2·426	Kohlensaures Eisenoxydul	0·011
Chlorcalcium	4·009	Thonerde	0·147
Chlorammonium	0·733	Kieselerde	0·219

Fixe Bestandtheile in Summe . . . 130·715. Freie Kohlensäure 1·366; Temperatur: 9° R.

Die **Badequellen** sind nur quantitativ verschieden von der Trinkquelle; ihre fixen Bestandtheile verhalten sich wie 0·4 : 1·3.

Analyse der Gunther-Quelle

nach Professor Weselsky (im chemischen Laboratorium des Wiener Polytechnicums ausgeführt in 10.000 Theilen):

Chlorkalium	0·1169	Zweifach kohlensaure Magnesia	0·0106
Chlornatrium	23·7106	„ kohlensaurer Kalk	0·1380
Chlormagnesium	0·3047	„ kohlensaures Natron	5·6330
Chlorammonium	0·2068	Schwefelsaurer Kalk	0·2715
Brommagnesium	0·1043	Thonerde	0·0255
Jodmagnesium	0·0198	Kieselerde	0·1430
Zweifach kohlensaures Eisenoxydul	0·0247		

Fixe Bestandtheile in Summe . . . 30·8021. Freie Kohlensäure 0·1100.

Dieselbe reiht ihrer Zusammensetzung nach zwischen der Adelheidsquelle und dem Maxbrunnen in Kissingen.

Analyse des Bad Haller Jodquellen-Salzes

in 100 Gramm:

Chlorkalium	1·39	Brommagnesium	0·32
Chlornatrium	94·59	Jodmagnesium	0·26
Chlorcalcium	1·43	Kohlensaures Magnesia	1·20
Chlormagnesium	0·08	Unlösliche Bestandtheile	0·12

Summe . . . 99·96.

Das **ärztliche Personale** Bad Halls besteht aus den Herren Doctoren J. Busch, K. Körbl, O. Magerl, W. Pachner, W. Pollak, J. Rabl, H. Schuber.

Verkehrs-Angelegenheiten. Bad Hall — Eisenbahnstation der Kremsthalbahn — ist von Linz zwei Stunden, von Wels drei, von Steyr zwei Stunden entfernt. Die directe Reiseroute per Bahn geht via Linz. Von Wels und Steyr gelangt man per Wagen nach Bad Hall. Zwischen Steyr und Bad Hall und vice versa besteht ein täglich zweimaliger Verkehr mittelst Postomnibussen (per Person 1 fl. 20 kr.). Zwischen dem Bahnhofe Bad Hall und dem Orte Bad Hall — Entfernung 280 Meter — verkehren Omnibusse (Person 20 kr.) und Lohnkutscher (1 fl. per Wagen).

In Wien kommen via Linz directe nach Bad Hall lautende Eisenbahnbillete zur Ausgabe.

Für die Jodwasser-Trinkcur, welche jedoch nur gegen ärztliche Ordination und nur in der Zeit vom 15. Mai bis 30. September in der Trinkhalle gebraucht werden kann, beträgt die Taxe 1 fl. pro Saison per Kopf.

Wegen Erlangung von Begünstigungen hinsichtlich der Bäder-, Cur- und Musiktaxen oder der Preise der Jodquellen-Producte muss man sich unter Beischluss eines legalen Armuths- respective Mittellosigkeits- und eines Krankheits-Zeugnisses an den hohen Landesausschuss in Linz wenden.

Preise der Jodquellen-Producte:

Eine Flasche Jodwasser, Tassilo-Quelle (6/8 Liter)	fl. —	21 kr.
„ kleine Flasche Jodsalz (125 Gr.)	„ —	80 „
„ grosse „ „ (500 Gr.)	3 „	[illegible] „
„ Kiste mit 25 Flaschen Jodwasser, Tassilo-Quelle	6 „	— „
„ „ „ 50 „ „ „	12 „	— „
„ „ „ 50/8 Kilogramm Jodsalz „	30 „	— „
„ „ „ 25/2 „ „ „	60 „	— „

Bei kistenweiser Abnahme des Jodwassers werden loco Bad Hall. und zwar betreffs des Jodwassers bis zu einer Höhe von 500 Flaschen ein sechspercentiger, von da ab, sowie für je eine Kiste Jodsalz ein zehnpercentiger Cassa-Sconto gewährt. Gegen Nachnahme wird nichts versendet. daher jedesmal der entsprechende Betrag abzüglich der sechs, beziehungsweise zehn Percent franco an die Badeverwaltung einzusenden ist.

Central-Versandt der Quellenproducte: Landes-Curanstalt in Bad Hall.

Haupt-Niederlagen. In Wien: H. Mattoni. S. Ungar; in Linz: F. M. v. Haselmayr; in Prag: F. Kunerle. K. Ender; in Brünn: A. Gach; in Olmütz: W. Engl; in Reichenberg: F. Jantsch: in Graz: J. Helle; in Triest: G. Cillia; in Budapest: L. Edeskuty, Mattoni & Wille; in Pressburg: J. Wimmer's Söhne; in Bad Hall: L. Haydvogel (en gros und en detail, auch gegen Nachnahme der Gebühren).

Abnehmern von mindestens 1000 Flaschen mit Jodwasser oder Jodsalz werden diese Jodquellen-Producte kostenfrei nach Linz Bahnhof, Stadt oder Schiff gestellt.

Die Füllung des Jodwassers beginnt jährlich gegen Ende März. Vom 1. October jeden Jahres angefangen werden die Flaschenkapsel mit der Zahl des nächsten Jahres versehen.

Mutterlauge wird nicht erzeugt.

Jodquellen-Salz. Aus dem Bad Haller Jodwasser wird durch einfache Abdampfung Jodsalz erzeugt. dessen Analyse oben neben der Jodwasser-Analyse gegeben wurde. Das Bad Haller Jodsalz enthält in der compendiösesten Form die sämmtlichen festen Bestandtheile der Bad Haller Jodquellen, und gibt — in destillirtem oder reinem weichen Wasser aufgelöst — fast genau wieder das Bad Haller Jodwasser, 500 Gramm Jodsalz geben 85 Liter Jod-Badewasser.

Der Zusatz von Jodsalz zu gewöhnlichen Süsswasser-Bädern beträgt, einer mittleren Ordination entsprechend, und zwar:

Für Erwachsene per $^1/_2$ Hektol. Süsswasser 30 steigend bis 125 Gramm pro Bad
„ Kinder „ „ „ 20 „ „ 80 „ „ „
wobei selbstverständlich die Vertragsfähigkeit des Kranken eine Steigerung oder Minderung des Zusatzes bedingen kann.

Die **Cur- und Musiktaxe** muss von jedem Curgaste ab 15. Mai für die ganze Saison bezahlt werden. — Die Curtaxe beträgt nach I. Kategorie für Personen aus den höheren Ständen und für Bemittelte 6 fl.; nach II. Kategorie für minder Bemittelte 4 fl.; für die Familienmitglieder und höhere Dienerschaft nach I. Kategorie 2 fl.; nach II. Kategorie 1 fl. 50 kr.; für die gewöhnliche Dienerschaft in beiden Kategorien 50 kr. per Person.

Die Musiktaxe beträgt zwei Drittel der Curtaxe und wird vom 15. Mai bis 8. September eingehoben.

Von der Entrichtung der Cur- und Musiktaxe sind befreit:

a) Die Aerzte und Wundärzte, deren Gattinnen und Kinder;

b) alle Jene, welche sich mit einem legalen Armuthszeugnisse ausweisen;

c) endlich jene Personen, welche der Landesausschuss aus besonders rücksichtswürdigen Gründen von deren Bezahlung enthebt.

Apotheke im Orte.

Militär-Curhaus der österreichischen Gesellschaft vom weissen Kreuze für Angehörige des k. u. k. Heeres. der Kriegsmarine und der beiden Landwehren. Centrale: Wien, I. Wipplingerstrasse 8. Aufnahmsbedingungen durch die Centrale.

Riva am Gardasee.

Villa Christophoro.

Dieser klimatische Curort, bekannt als verlässliche, sowie windgeschützte Herbst-, Winter- und Frühjahrsstation des österreichischen Südens, ist einer der schönst gelegenen an den Ufern des herrlichen, altberühmten Alpensees. Gegen Westen, Nordwesten, Norden, Nordosten und Osten von Gebirgen umrahmt, scheint er von der Natur als Asyl und Heilstätte für Brust- und Nervenleidende geschaffen. Die auch von Fachmännern vielfach gepriesene Wärmeoase um Riva, als Folge der so überaus glücklich geschützten Lage, bietet dem Auge der Curgäste eine Vegetation von einer Ueppigkeit und Pracht, wie man sie erst weit südlicher anzutreffen gewohnt ist: ausgebreitete Olivenwälder, Feigenbaum-, Lorbeer- und Cypressengruppen, selbst Palmen und andere tropische Gewächse gedeihen im Freien.

Curmittel. Reine, warme, windstille Luft, kräftige Insolation, die vorzüglichsten Früchte und besten, feinsten Weine des Südens stehen dem Curbedürftigen zu Gebote, ebenso zu Curzwecken Kuh- und Ziegenmilch, sowie die wichtigsten Mineralquellen. Behufs hydropathischer Behandlung ist durch das herrliche Seebad in Riva, durch Warmbäder und Brausen und die sonstige hydrotherapeutische Einrichtung der Pension „Villa Christophoro" vorgesorgt. Massageeuren, Heilgymnastik inclusive Terraincuren werden unter ärztlicher Anleitung vorgenommen.

Indicationen: Bronchialkatarrhe, Asthma, Emphysem, Exsudate, Herz-, Verdauungs- und Nervenkranke, allgemeine Schwäche, Blutarmuth, jede Art der Reconvalescenz, Bleichsucht, Wechselfieber, Scrophulose.

Wohnungsverhältnisse: Es empfiehlt sich in erster Linie die von Dr. med. Christoph v. Hartungen gegründete und geleitete **erste deutsche Privatpension** „Villa Christophoro" zu Riva in reizender, dabei bequemer Lage: dieselbe ist äusserst comfortabel eingerichtet, hat vorzügliche Küche, Warmbäder mit Brausen und kann als hygienisch-diätetische Musterpension mit vollem Rechte bezeichnet werden. Pensionspreis 120 fl. oder 200 Mk. per Monat. Für passende Unterkunft auf kürzere Zeit ist durch gute Gasthöfe, wie Hôtel du Lac, Baviera, du Lac etc. vorgesorgt, ebenso sind billige Privatwohnungen durch die Direction der „Villa Christophoro" zahlreich zu beschaffen.

Die Lebensmittelpreise und sonstigen Verhältnisse sind ausserordentlich billig, trotz der vorzüglichen Qualität.

Vergnügungsbewegungen in und auf dem See ermöglichen zahlreiche Segelbarken, Ruderboote, Dampfschiffe, sowie eine reizend gelegene Schwimm- und Badeanstalt. Die eigenthümlichsten Bergformationen, die zahlreichen Schluchten, Wasserfälle, Höhenseen u. s. w. in unmittelbarer Nähe laden zu Fusswanderungen und Spazierritten ein. Die welthistorische Bedeutung der Umgebung des Gardasees erwecken die Lust zu kleinen Reiseausflügen.

Ausflüge: Wasserfall von Ponale vier Kilometer, Wasserfall von Varone drei Kilometer, Schloss von Tenno sechs Kilometer, Grabcapelle der Familie von Lutti in St. Alessandro drei Kilometer, Ledrothal, Ledrosee, das Gefechtsfeld des Jahres 1866 bei Bezzecca 16 Kilometer, See von Tenno neun Kilometer, ferner nach Gavazzo, Torbole wegen ihrer so besonders schönen Lage.

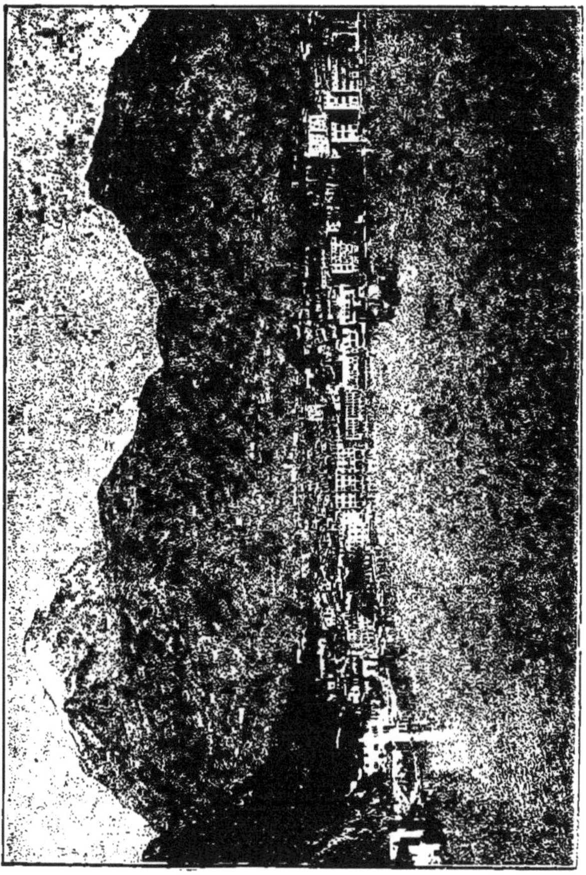

Riva am Gardasee.

Kirchen- und Gottesdienst: Täglich von 5—9 Uhr Morgens katholischer Gottesdienst in der Hauptkirche, in der Kirche Inviolata und Sancta Croce. Jeden Sonntag englischer Gottesdienst in der Hauscapelle des Hôtel du Lac.

Directe Eisenbahn-Verbindungen. Am schnellsten und bequemsten erreicht man die Bahnstation (für Riva) Mori durch Benützung der von Wien, Berlin, München, Venedig, Mailand, Rom eingeleiteten Eil- und Courirzüge mit Schlafwagen. Von Mori gelangt man mittelst eines bequemen Reisewagens oder des Postomnibus in 1½ bis 2 Stunden nach Riva.

Frequenz. Der Fremdenverkehr ist zur Sommerszeit in massenhafter Zunahme begriffen und war die Zahl derselben 1889 nahe an 3000.

Im Winter ist die Zahl der Heil- und Curbedürftigen derzeit noch klein, aber auch hier in steter Zunahme.

Topographisch - statistisch - klimatologische und historische Daten. Riva (65 Meter über dem adriatischen Meere), eine am nördlichen Ufer des Gardasee gelegene Handelsstadt, zählt über 2500 Einwohner und ist die Hauptstadt des Bezirkes. Sie ist von rauhen, steilen, mächtigen Bergen umgeben, theilweise aber auch von sanften immergrünen Hügeln umgrenzt. Schaubach sagt mit vollem Rechte, „der Gardasee bewirke für Riva und Umgebung eine Art oceanischen Klimas“. Und Noë findet die Luft daselbst so weich und milde, daher vollständig verschieden von der trockenen, dabei staubertüllten Atmosphäre mancher Alpenthäler Tirols mit ihren entwaldeten Thalhängen. Sehenswerth ist die Galleria A. Maffei im Palaste Fava zu Riva, ferner die Kirchen der Stadt, besonders die Inviolata, Gemälde von Palma dem Jüngeren und Craffonara, Crucifix von Guido Reni, Schnitzwerk des Chores von Donato dalla Benedetta, Fresken von Righi, Stuccaturen von Turri von Arezzo.

Riva und sein Gebiet wurde durch Kaiser Constantin dem Statthalter von Italien unterstellt. Sprache, Sitten und Bestrebungen waren von jenen Zeiten an bis heute stets italienisch. Nach der Herrschaft der Gothen und Longobarden wurde es als tridentinisches Gebiet eine besondere Marke des von Carl dem Grossen gegründeten Königreichs Italien. Im Jahre 1027 belehnte Kaiser Conrad II. den Bischof Udalrich II. von Trient mit Riva und Arco, diese Belehnung wurde später durch Kaiser Friedrich bestätigt. Im Jahre 1349 wurde Riva und sein Gebiet an Martin II. von Scala für 4000 Goldgulden verpfändet, der Vieles zur Verschönerung Rivas beitrug. 1380 besetzte Fürstbischof Johann Galear Visconti Riva, das nun durch eine Zeit unter der Herrschaft der Mailänder, später der Venetianer verblieb, bis Kaiser Carl V. 1521 den Bischof Bernardo Clessio von Trient den Besitz desselben als Souverän bestätigte. Riva wurde durch Jahrhunderte des milden Klimas wegen von den Bischöfen als Winterresidenz aufgesucht. 1703 wurde Riva von Franzosen besetzt und dessen Bastion, sowie die Schlösser Arco, Tenno, Penede zerstört. Weitere Einfälle der Franzosen wiederholten sich 1796 und 1801. Durch den Pressburger Frieden gelangte Riva 1806 unter bayerische Herrschaft. Im Jahre 1810 bildet das Rivaner Gebiet einen Theil des Königreichs Italien und 1813 fiel es gleichzeitig mit dem tridentinischen Fürstenthum als Süd- oder Wälschtirol unter die österreichische Herrschaft.

Das Leben in Riva ist nicht so aufregend geräuschvoll, wie in manchen modernen Curorten, daher der Aufenthalt daselbst für die meisten Nervenkranken und Erholungsbedürftigen um so schätzenswerther erscheinen muss. Die neue Trinkwasserleitung liefert ein Hochquellenwasser von so vorzüglicher Beschaffenheit, wie es nur wenige Alpenthäler zu bieten vermögen.

Römerquelle

in Kärnten.

Einfacher alkalischer Säuerling.

Jahrelang war Kärnten kaum dem Namen nach bekannt; unbeachtet blieben die Naturreize dieses schönen Alpenlandes, bis endlich auch hier die Alles belebende Schiene ihren Einzug hielt. Und nun, nachdem dies geschehen, bringt jeder Sommer neue Gäste; kein Jahr vergeht, das diesen herrlichen Bergen, diesen wunderbaren Seen, diesen waldumsäumten Fluren nicht wieder neue Freunde und aufrichtige Bewunderer zuführen würde!

Der vielgereiste Fremde ist überrascht und entzückt von dem, was Kärnten ist und bietet; er findet Gleiches nicht auf den vielbegangenen Alpenpfaden, und sein geübtes Auge sieht den Edelstein, den der Einheimische unbedacht bei Seite wirft.

Ein solcher Edelstein unter den Schätzen Kärntens ist die Römerquelle.

Seit Jahrhunderten bereits entdeckt und von der Sage umsponnen, war diese Quelle, die ursprünglich am Bachesufer zu Tage trat, nur als Schwefelwasser bekannt, denn sie verbreitete einen fauligen Geruch, herrührend von den Excrementen des Weideviches, das sich besonders gerne an diesem Brunnen aufhielt.

Die quantitative Analyse, vorgenommen 1877 noch vor der mittlerweile erfolgten Neufassung des Brunnens, ergab in einem Liter Wasser:

a) fixe Bestandtheile:		
Kaliumchlorid	7·26	Milligramm
Kaliumcarbonat	21·43	"
Natriumcarbonat	264·11	"
Lithiumcarbonat	0·74	"
Magnesiumcarbonat	227·43	"
Calciumcarbonat	842·00	"
Eisencarbonat	1·86	"
Thonerde	2·72	"
Kieselsäure	9·00	"
Summe der fixen Bestandtheile	1376·55	Milligramm
b) Halbgebundene und freie Kohlensäure	2856·55	"

Die Römerquelle entspringt in 530 Meter Seehöhe unmittelbar am Fusse eines dichtbewaldeten Hügels und ist in dem auf einer Terrasse erbauten Curhause eingeschlossen, das sich an den Wald anlehnt.

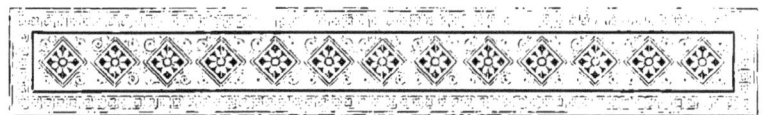

Die Kärntner Römerquelle (28·6 CO_2 und 13·6 Alkalien) ist ein reiner alkalischer Sauerbrunn mit ausgezeichnetem natürlichem Mousseux (125 Volumprocente Kohlensäure) und von vorzüglichem Geschmacke. Vollkommen frei von allen Schwefelverbindungen, von Jod, Brom und Borsalzen, Gyps u. dgl. unterliegt dieser Sauerbrunn bei längerem Aufbewahren keinem Verderben; er schwärzt den Wein nicht und hat keinerlei unangenehme Nebenwirkungen. In Folge dessen repräsentirt die Kärntner Römerquelle ein vor-

zügliches Tafelwasser, ein erquickendes Erfrischungsgetränk für Reisende, und da sie nicht abführend wirkt, den besten Gesundbrunnen bei Epidemien.

In ihrer Heilwirkung ist die Kärntner Römerquelle in der Spital- und Privatpraxis vielfältig erprobt:

a) bei Katarrhen der Athmungsorgane, namentlich der Kinder, Säuglinge inbegriffen, und in diesem Falle mit ein Drittel gewärmter Milch oder mit Zucker zu reichen; bei Bronchialleiden, Husten, Verschleimung;

b) bei gestörter Verdauung und selbst veralteten Magenleiden, sowie bei Darmkatarrh;

c) bei Nieren- und Blasenleiden. Sie löst und verhütet Stein und Gries; wirkt vorzüglich bei Harnverhaltung, Schwäche des Blasenmuskels, bei Harnröhrenfluss u. dgl.

Versandt, derzeit 100.000 Flaschen jährlich, erfolgt in Halbliter- und Liter-Glasflaschen durch die Brunnenverwaltung, Post Köttelach, Kärnten (Telegraphenamt Streiteben).

Die Kärntner Römerquelle liegt am Fusse des 1696 Meter hohen Ursulaberges der Karawanken hart an der Grenze von Steiermark und Kärnten, vollkommen geschützt im Fichtenwalde innerhalb der grossartigsten Alpenlandschaft und ist von der Station Prevali (Südbahn) in einer Fahrstunde zu erreichen. Villegiatur mit Fremdenzimmern, Gasthaus, Bäder.

Unterstützt wird die Wirkung des Brunnens durch die vollkommen staubfreie, kräftige, ozonreiche Alpenluft, durch das subalpine Klima und durch das Vorhandensein einer vorzüglichen Süssquelle, sowie auch durch die Wannenbäder, die entweder mit halb Sauerbrunn oder ohne diesen verabreicht werden.

Die Umgebung bietet den Curgästen reiche Abwechslung. Curzeit Mai bis September.

Eigenthümer: kais. Rath C. Schütz in Klagenfurt.

Mährisch-Teplitz

bei Weisskirchen.

Wildbad.

Das **Klima** ist ein mild anregendes mit mässig grosser, sehr constanter Luftfeuchtigkeit. Dieses Klima macht den Curort zu einer angenehmen Hochsommerfrische, zu einem Asyl für Reconvalescenten, Asthmatiker und Phthisiker, dann bei Nervosität, Gemüthsaffecten, Hypochondrie, Hysterie, Blutleere, Rhachitis und Scrophulose.

Curmittel: Zwei laue erdige Stahlquellen, mit sehr hohem Kohlensäure-, mit mässigem Eisen- und Kalkgehalt. Fichtennadelbäder und Einathmungen (bei Rheumatismen, besonders deren anämischer und marantischer Form, Myelitis, Bronchialblennorrhöe, Kehlkopfkatarrh).

Specialistische Behandlung mittelst Elektricität, Inhalation und leichteren hydriatischen Proceduren.

Meierhof mit guter Kuhmilch neben der Curanstalt.

Pichlschloss

bei Neumarkt in Steiermark.

Klimatischer Höhen-Curort.

Pichlschloss, 882 Meter über dem Meere, ist ein vielbesuchter, von medicinischen Autoritäten geschätzter klimatischer Höhen-Curort, ein Stillleben in erfrischend angenehmer Temperatur während des Hochsommers. Sehr geeignet für einen längeren ruhigen Aufenthalt in jeder Jahreszeit.

Der Monat Mai ist zum Beginn der Sommercur geeignet. Ebenso ist der Aufenthalt in den Wintermonaten wegen der gleichmässigen günstigen Temperaturverhältnisse und der zumeist anhaltend schönen Witterung sehr zu empfehlen.

Der Aufenthalt im Freien ist nahezu immer möglich, indem durch Balcons an den Gebäuden, durch geschützte Bänke und Schutzhäuser im Walde selbst bei ungünstiger Witterung dafür gesorgt ist, und nach Regen die Wege rasch wieder trocknen.

Indication. Das ozonreiche, staubfreie Höhenklima eignet sich für Lungenkranke, Reconvalescente, die in der stärkenden Gebirgsluft die erwünschte Beschleunigung ihrer Genesung und Kräftigung ihres Organismus finden, für Personen mit schwächlicher Constitution mit Krankheiten des Nervensystems, mit chronisch-katarrhalischen Affectionen der Respirationsorgane, sowie für solche mit Rippenfell-Exsudaten, Bleichsucht, Blutarmuth, für bejahrte Personen und für schwächliche Kinder mit Anlage zur Tuberculose, Scrophulose und Krankheiten des Knochensystems, welche mit grosser Sicherheit eine auffallende Besserung ihrer Blutmischung und Kräftigung erreichen. Die Herzthätigkeit wird erhöht und der Stoffwechsel beschleunigt, was sich auch in der Regel durch sehr gesteigerten Appetit kundgibt. Für geeignete Fälle von Krankheiten der Kreislauforgane ist auch Gelegenheit zu Terraincuren geboten.

Ausflüge in der schönen Gegend können mit Bahn, zu Wagen und zu Fuss gemacht werden.

Wannenbäder, Bäder mit Fichtennadeln oder anderen Zusätzen, sowie auch Douchen, kalte Bäder im Teich, Abreibungen und Massage sind nach ärztlicher Verordnung zu haben.

Wochen-Pension (Wohnung und Verpflegung einer Person ohne Getränke, Licht und Heizung) von 21 fl. aufwärts, je nach Lage und Grösse des Zimmers. Die zweite Person im selben Zimmer 17 fl. per Woche.

Die Zimmer sehr wohnlich, durchwegs heizbar, Wasserleitungen in jedem Stockwerk. Aufmerksamste Bedienung und Pflege der Kranken, gute Küche, ausgesuchte Weine, gutes Quellwasser.

Pichlschloss.

Hofgastein.

Wildbad.

Hofgastein, ein Marktflecken im Herzogthum Salzburg mit 750 Einwohnern, liegt an der breitesten Stelle des Gasteiner Thales, 869 Meter (2755 Fuss) über der Meeresfläche. Zu beiden Seiten streichen bis 8000 Fuss ansteigende Gebirge nach Norden, gegen Süden schliesst das Thal der Hauptkamm der hohen Tauern mit seinen Gletschern und dem vorlagernden Graukogel.

An dessen Abhang in der Schlucht von Wildbad entspringen die warmen Quellen; aus der mächtigsten derselben, der Hauptquelle, welche täglich 2496 Kubikmeter Wasser liefert und eine Temperatur von 39·25° R. besitzt, wird das Thermalwasser in einer aus Lärchenrohren bestehenden Leitung, deren Anfangsrohr in die Quelle selbst taucht, von Wildbad nach Hofgastein geleitet, wo es mit einer Wärme von 28° bis 32° R. anlangt.

Beschaffenheit der Quelle und Heilanzeigen. Die Therme zählt zu den sogenannten Wildbädern; sie enthält in 10 Litern nur 3·4 Gramm feste Stoffe und hat ein specifisches Gewicht von 1·0003; constatirt ist ihre grössere Leitungsfähigkeit für Elektricität.

Der Ruf der Therme ist altbegründet, da sie nachweislich bereits vor mehreren Jahrhunderten ihrer Heilkraft wegen berühmt war, und erhielt in neuerer Zeit durch eingehenderes Studium ihrer Eigenschaften und Wirkungen eine sichere wissenschaftliche Grundlage. Die Heilwirkung beruht auf ihrer Naturwärme, ihrer Reinheit und auf ihren elektrischen Eigenschaften, und ist hauptsächlich auf das Nervensystem gerichtet, welches — ein richtiger Gebrauch des Bades vorausgesetzt — dadurch eine Kräftigung erfährt, in Folge dessen sich die normalen Functionen wieder herstellen und der Körper sich der verschiedenen schädlichen Stoffe und Krankheitsproducte zu entledigen vermag.

Wesentlich wird diese Wirkung unterstützt durch die **Hochlage** des Ortes, von der selbst eine Verbesserung der Blutbildung und ganzen Ernährung bewirkt, sowie ein erregender Einfluss auf das Nervensystem ausgeübt wird.

Das Gebiet der Heilanzeigen für den Gebrauch der Gasteiner Therme ist daher ein sehr grosses; vor Allem sind es **nervöse Leiden,** welche durch das Bad geheilt oder wenigstens gebessert werden, so **Lähmungen** verschiedenen Ursprungs, die **Neuralgien,** darunter besonders der Hüftschmerz, ferner die **allgemeine Nervosität** und **Neurasthenie,** die **Spinal-Irritation und die Rückenmarkskrankheiten.** — Demnächst hat die Badecur vorzüglichen Erfolg bei der **Gicht und rheumatischen Leiden,** so Gelenksrheumatismus besonders aber Nerven- und Muskelrheumatismus, dann bei **Verletzungen** und ihren Folgezuständen; — weiters bewährt sie sich bei den **Erkrankungen der männlichen und weiblichen Geschlechtsorgane, Nieren- und Blasen-**

Hofgastein.

leiden und den verschiedenen **Gebrechen des Alters.** Die vereinigten Wirkungen des Bades und des Höhenklimas kommen besonders zu Gute der **Bleichsucht und Blutleere** mit deren mannigfachen Störungen, ferner **Reconvalescenten** nach schweren oder langwierigen Processen. Auch dient Gastein als **beste Nachcur** nach Brunnencuren in Karlsbad, Kissingen u. s. w. und nach eingreifenden anderen Curen.

Klima. Das Klima Hofgasteins entspricht der Hochlage und ist kurz charakterisirt durch eine dünnere Luft, eine niedrigere Durchschnittstemperatur, geringe, absolute, etwas vermehrte relative Feuchtigkeit, rasch eintretende Wolkenbildung und Niederschläge. Durch die hohen Gebirge ist der Curort gegen Wind geschützt, wodurch die manchmal eintretende bedeutende Temperaturerniedrigung für die Empfindung gemildert wird. Auf jeden Fall hat man sich von Hause aus mit wärmerer Kleidung zu versehen.

Vermöge seiner Lage im Thale und der längeren Besonnung, besitzt Hofgastein im Vergleich zu Wildbad ein etwas wärmeres trockeneres, manchen Constitutionen anpassenderes Klima. Dadurch sowohl wie durch das ebenere Terrain für Spaziergänge, durch grössere Ruhe und billigere Verhältnisse entspricht der Curort vorzüglich den Bedürfnissen eines Theiles der Gäste und des Gasteiner Thales und besonders der schwerer Erkrankten.

Bäder und Wohnungen. Die Bäder sind durchgehends **Einzelbäder** und befinden sich zum Theile in den **Hotels** und **Privathäusern**, zum Theil in einem **eigenen Badhaus**, an welches diejenigen Curgäste gewiesen sind, welche in Privathäusern ohne Bäder wohnen. Bäder besitzen das Hotel Müller, das Gasthaus „zum Boten", Hotel Moser, das Gasthaus „zur Traube", das Haus **Iruberger**, das Haus Winkler, das den barmherzigen Schwestern gehörende Haus Gutenbrunn, die Villa Carolina und die beiden Militärbadehäuser. Privatwohnungen ohne Bäder finden sich bei Kaufmann Höhenwarter, bei Weissgärber Hampl, bei Apotheker Kassegger, ausserdem noch bei mehreren anderen Gastwirthen und Privaten.

Die Curcommission.

Sicara

in Bosnien.

Von der Stadt Modric in Bosnien gelangt man in ungefähr drei Viertelstunden zu einer Quelle in der Nähe des Dorfes Tarevac, deren heilkräftiges Wasser sich unter den Einheimischen des besten Rufes erfreut. Die Quelle führt den Namen Sicara, d. i. Schatz, liegt abseits von der Strasse auf einem mit Gestrüppe überwachsenen Terrain und wird von einem Birnbaume beschattet.

Indication. Gegen Migräne, Fieber, Schlaflosigkeit, Hysterie, Nervenschwäche, allgemeine Reizbarkeit u. s. w.

Der Landesregierung zu Serajewo wurde bereits ein Bericht über diese heilkräftige Quelle unterbreitet, worauf eine chemische Untersuchung derselben stattgefunden hat. Das Resultat der Analyse ist noch nicht bekannt.

Herkulesbad.

Mehadia.

Schwefel- und Kochsalzquellen mit einer Temperatur von 37—56° C., schon zur Zeit der Römer unter Kaiser Trajan im Jahre 108 n. Chr. wegen seiner heilkräftigen Thermen unter dem Namen „ad aquas Herculi sacras" bekannt, was die hier vorgefundenen vielen reichen Alterthümer bezeugen.

Die **Lage** des Curortes, mit der Bahnstation gleichen Namens Herkulesfürdö—Herkulesbad, ist im südöstlichen Theile Ungarns, an der rumänischen Grenze, zwei Stunden von der Donaustadt Orsova (Dampfschiff- und Eisenbahnstation und drei Viertelstunden vom Orte Mehadia entfernt, 178 Meter über der Meeresfläche, zwischen dem 39—44° östlicher Länge und 44—46° nördlicher Breite (gleich Nizza und Venedig) mit einer mittleren Temperatur des Jahres von 14° C. in einem von zwei mächtigen Karpathen-Ausläufern engumfassten Thale, mit prachtvollen Hochwäldern und Wiesen.

Das **Klima** ist mild gleichförmig, die Gleichmässigkeit der Temperatur der Luft in Verbindung mit ihrer Reinheit und dem Genusse des besten, frischen Gebirgsquellwassers, 10° C., welches aus einer Schlucht am Fusse des Domoglets hervorspringt, wirken hier in dieser von herrlich seltenen Naturschönheiten ausgezeichneten wildromantischen Gegend höchst wohlthätig und heilbringend auf viele Kranke auch ohne den Gebrauch der Bäder. All' diesen Vorzügen ist es zu verdanken, dass Epidemien hier nie zum Ausbruch kamen, sowie auch die Cholera hieher noch niemals vorgedrungen ist.

Indicationen. Bäder werden erfolgreich angewendet bei Gicht, Rheumatismus, rheumatischen Nerven- und Muskelschmerzen, Muskelzittern, Gelenkscontracturen, Lähmungen, Knochengeschwüren, Hautkrankheiten, Flechten, offene Wunden, Verhärtungen, Nervenkrankheiten, besonders Ischias, Scropheln, Drüsenverhärtungen, Quetschungen, Verrenkungen, Beinbrüchen, scorbutische Affectionen der Haut, Rückenmarkaffectionen, Syphilis, Metallvergiftungen durch Blei, Quecksilber, Arsen, Metallsiechthum, Impotenz, Unfruchtbarkeit des Weibes, Migräne, Hysterie, Hypochondrie, Melancholie, Bleichsucht, unregelmässiger Menstruation, Blutarmuth, Wechselfieber, Trägheit der Verdauungsorgane, des Darmcanals, Hämorrhoiden, Podagra, Magenkatarrh, Krankheiten der Leber und Milz, Gelbsucht, bei Anhäufung von Gallensteinchen oder von Harngries, chronischem Blasenkatarrh, Krankheiten des weiblichen Geschlechts, chronischen Unterleibsbeschwerden, bei Erkrankungen der Nieren, Blase, Gebärmutter, Scheide und Harnröhre, bei Sand und Stein, chronischen und katarrhalischen Affectionen der Lungen, der Luftröhre und Bronchien, Exsudate der Brust- und Bauchhöhle. — In der Reconvalescenz schwerer Krankheiten, des Typhus, nach schweren Wochenbetten, nach erschöpfenden körperlichen und geistigen Anstrengungen — als Nachcur.

Die Dauer der Cur ist von drei bis sechs Wochen, je nach der Krankheit. Eine sorgfältige Ueberwachung der Cur von ärztlicher Seite ist anzuempfehlen.

Die Bäder werden Morgens um 4 Uhr geöffnet und bleiben Vormittags bis 11 Uhr und Nachmittags von 3 bis 6 Uhr offen.

Die **Schwimmschule** ist von 4 Uhr Früh bis 12 Uhr Mittags und von 3 bis 6 Uhr Nachmittags geöffnet.

Herkulesbad

Von den vielen Quellen, welche innerhalb des Curgebietes sind, werden nur folgende neun Quellen als Bäder gebraucht:

Das **Herkulesbad,** Kochsalzquelle 56° C., mit 16 Cabinen (Badebassin von Marmor), zwei allgemeine Bäder für den ärmeren Theil der Curgäste beiderlei Geschlechtes, ein Wartesaal und zwei Kühlwasserbehälter.

Das **Ludwigsbad,** Schwefelquelle 45° C., mit 30 Cabinen, ein grosses Gesellschafts-, zwei allgemeine, ein Militär-Mannschaftsbad und drei Kühlwasserbehälter.

Das **Carolinenbad,** Schwefelquelle 37° C., mit acht Cabinen und zwei Kühlwasserbehältern.

Das **Elisabethbad,** Schwefelquelle 52° C., mit neun Cabinen, einem grossen Gesellschaftsbad und ein Kühlwasserbehälter.

Das **Szapárybad,** südlicher Flügel, Schwefelwasser, vom artesischen Brunnen geleitet, 48° C., mit 34 Cabinen, zwei grossen Gesellschaftsbädern und ein Kühlwasserbehälter, mit Gliederbäder, Kastendampfbäder und einem grossartigen Schwefeldunstbade, dann geräumigen, mittelst Aufzügen verbundenen Schwitz- und Schlafsälen und den verschiedensten Douche-Einrichtungen. — Nördlicher Flügel, Kochsalzwasser von der Herkulesquelle gespeist, mit 34 Cabinen, zwei grossen Gesellschaftsbädern und ein Kühlwasserbehälter mit Kastendampfbäder, einem Sohldunstbade, elektrische Bäder mit constantem und inducirtem Strom, verschiedensten Inhalationen und Douchen, Massage-Anstalt, schwedische Heilgymnastik nach den neuesten Erfahrungen eingerichtet.

Das **Marienbad,** Kochsalzwasser, aus der Herkulesquelle gespeist, mit neun Cabinen, einem grossen Gesellschaftsbad, ein Wartesaal und ein Kühlwasserbehälter. In demselben ist die Schwimmschule, Kochsalzquelle temperirt mit dem Gebirgsquellenwasser auf 20—22° C., und mit einer kalten Douche von 10° C.

Das **Franzensbad,** Schwefelquelle 42° C., mit sechs Cabinen, einem Gesellschafts-, einem allgemeinen Bad und ein Kühlwasserbehälter.

Die Bäder werden auch während des Winters benützt, da einige Bäder und Zimmer heizbar sind.

Zu **Trinkcuren** werden folgende Quellen benützt:

Herkulesbrunn, Kochsalz, 56° C.

Karlsbrunn, Schwefel, 41° C.

Elisabethbrunn, Schwefel, 52° C.

Josefsbrunn, Schwefel, 55° C.

Augenbadquelle, Schwefel, 51° C. Zur Stärkung und Reinigung für Augenleidende, Die Augen werden damit gewaschen oder gedünstet.

Jeder Gast, welcher über fünf Tage im Bade verweilt, hat die Cur- und Musiktaxe (einmal während der Saison) zu entrichten, welche in drei Classen eingetheilt ist: I. Classe 6 fl. Curtaxe und 3 fl. Musiktaxe; II. Classe 4 fl. Curtaxe und 2 fl. Musiktaxe; III. Classe 2 fl. Curtaxe und 1 fl. Musiktaxe.

Familienmitglieder und begleitende Personen über 12 Jahre zahlen die Hälfte der Taxen.

Zimmer von 80 kr. aufwärts pr. Tag. — Billige Verpflegung.

Die **Badesaison** dauert vom 1. Mai bis Ende September.

Eine Annehmlichkeit besitzt der Curort in der grossen Anzahl der mannigfaltigsten und gutgepflegten Spazierwege in einer Ausdehnung von 35 Kilometer.

Das **königlich ungarische Post- und Telegraphenamt** befindet sich im eigenen Gebände neben dem königlich ungarischen Bade-Inspectionsgebäude.

Seit dem Jahre 1889 hat die Temeser Sparcasse die Pachtung übernommen.

Das P. T. Badepublicum bitten wir, bezüglich der Zimmer, Bäder oder sonstigen Auskünfte sich direct an die Generalpachtung Herkulesbad zu wenden.

Die Direction der Temeser Sparcasse.

Málnás.

Eisenquellen.

Málnás liegt im Comitate Háromszék, 575 Meter über dem Meeresspiegel. Reiseverbindung von Kronstadt fünf Stunden, von der Agostonfalva Eisenbahnstation drei Stunden, entfernt. Dieser kleine Badeort, von der Natur an Quellen so reichlich begabt, empfiehlt sich schon durch seiner reizenden Lage: am Abhange reicher und schattiger Waldungen, vom Altflusse umgürtet, in einem schönen Thale liegend, von blühenden Wiesen und Saatfeldern umgeben, vom Winde geschützt.

Von den Bädern ist das Herkulesbad zweckentsprechend eingerichtet in zwei Abtheilungen für Herren und Damen, mit 24 Cabinen und Douchen versehen, hat 13° R. Wärme. Nach Dr. Pataki's Analyse sind in diesem Wasser kohlensaure und Schwefelwasserstoffgase in sehr beträchtlicher Menge, und ist die Gasentwicklung so stark, dass bei Ablassung des Wassers der leere Raum zu trockenem Gasbade benutzt werden kann.

Das zweite Bad, das Eisenbad ist dem ersteren gleich eingerichtet und hat das Wasser 12° R. Wärme. Im selben Gebände sind fünf Cabinen für Wannen- und Moorbäder; das Moor selbst, welches hier in hinlänglicher Menge vorhanden ist, wird auch zu Umschlägen verwendet.

Auch befindet sich hier eine Höhle, welche der Torjaer Schwefelhöhle ähnliche Eigenschaften besitzt. In derselben ist auch das Augenwasser. Ausserdem sind Gase zwischen Brettern aufgefangen, welche bei Augen- und Ohrenkrankheiten benützt werden können.

Zum Trinken werden drei Quellen benützt. Die erste, Hauptquelle, ist eine der reichsten von Kohlensäure enthaltenden Mineralwässer. Enthält sehr viel doppeltkohlensaures Soda, Eisen, Borsäure und Lithium und gehört zu den alkalisch-muriatischen Säuerlingen. Das Wasser ist rein, angenehm zu trinken und hat eine appetiterregende Wirkung, ist transportfähig und mit Wein sehr geniessbar. Die zweite Quelle ist an Kohlensäure und an Eisen schwächer, zum Curgebrauch wird diese den meisten Gästen angerathen. Die dritte ist das salzhältige Sauerwasser, Marienquelle genannt, wirkt lösend.

Die zwei ersteren sind durch Professor Dr. Fleischer im Jahre 1875, die letztere durch Professor Dr. Hanko im Jahre 1885 analysirt worden.

Die Heilkraft dieser Bäder hat sich in unzähligen Fällen glänzend bewährt und ist auf folgende Krankheiten von sehr guter Wirkung, und zwar: bei Rheumatismus, Gicht wenn auch veraltet, Rückenmarkskrankheiten, Isyasis, Hypochondrie, Magen-, Lungen- und Darmkatarrh, veraltete Hautkrankheiten, durch Wechselfieber entstandene Leber- und Milzanschwellungen, Geschlechtsschwächen, Menstruations-Anomalien, Lähmungen und Nervenschwäche, Blutarmuth (Anämie), chronische Herzleiden und Krampfadern, Hämorrhoiden, katarrhalische Augenkrankheiten, Scropheln. Auch für tuberculose Kranke ist das Bad sehr vortheilhaft zu gebrauchen, indem das Klima mild und dem Winde nicht ausgesetzt ist, daher Erholung bewirkt.

Es sind 120 möblirte Zimmer vorhanden. Die Preise sind für ein Zimmer von 40 kr. bis 80 kr., für zwei Zimmer 1 fl. bis 1 fl. 50 kr. per Tag. Bettzeuge 25 kr. per Tag. Hauptbadesaison Juli und August.

Während der Badesaison ist ein Badearzt, Apotheke, Musikcapelle, Speccreigeschäft, Gasthaus mit guter Küche und Getränke nebst immer frischem Brot bei mässigen Preisen, Lesesalon mit mehreren Zeitungen versehen, freie und gedeckte Promenade, diensthuendes Personal ist ebenfalls vorhanden, wie auch für Fahrgelegenheit gesorgt wird. Auskünfte jeder Art ertheilt bereitwilligst (ausser der Badesaison in Sepsi Szentgyörgy)

Paul Ötves

Badeinspector, letzte Post Málnás.

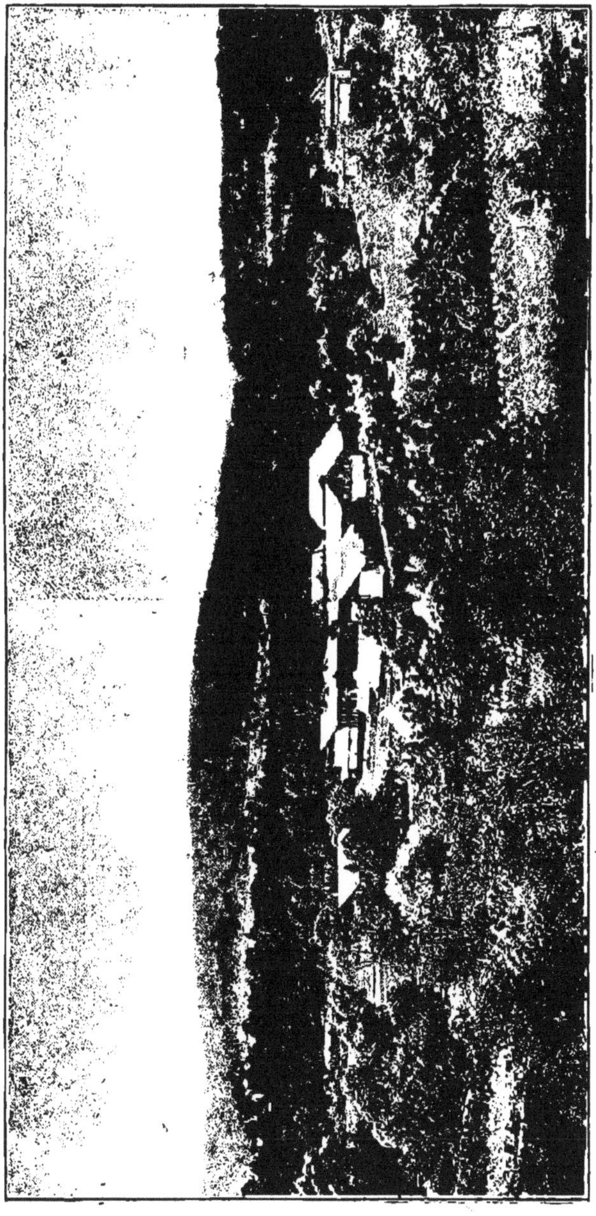

Málnás.

Szczawnica

in Galizien.

Alkalisch-muriatische Säuerlinge.

Der Curort Szczawnica ist ein am nördlichen Abhange der Karpathen an dem schönen Bergflusse Dunajec, im Neumarkter (Nowy Targ) Kreise gelegener, 500 Meter über dem baltischen Meere erhobener, mit 200—300 Meter hohen Bergen umgebener, stark besuchter Brunnen-Curort im westlichen Galizien.

Die jährliche Frequenz der Curgäste beträgt über 3000 (in der letzten Badesaison 3315) Personen. Szczawnica, ausgezeichnet durch die Reinheit der Gebirgsluft, besitzt alle Eigenschaften und Vorzüge des subalpinen Klimas, sieben Mineralquellen, deren chemische Zusammensetzung die nachfolgende Tabelle ergibt:

Die chemischen Bestandtheile der Szczawnicer Quellen

in 10.000 Theilen.

Analyse des Prof. Dr. Stopczanski.

(Wanda-Quelle: Analyse von Prof. Dr. Radziszewski.)

	Josefinen-Quelle	Stephans-Quelle	Valeria-Quelle
Chlorkalium	0·880632	0·703348	0·820408
Chlornatrium	31·315168	19·665358	19·148011
Jodnatrium	0·012132	0·014676	0·036682
Bromnatrium	0·047040	0·028846	0·033217
Schwefelsaures Natron	0·246646	0·082827	0·057462
Kohlensaures Natron	32·600707	21·443764	20·228723
Kohlensaures Lithion	0·022750	Spuren	0·057503
Kohlensaures Calcium	5·390806	5·122936	5·614285
Kohlensaures Mangan	3·047384	2·182207	2·702827
Kohlensaures Eisenoxydul	0·093724	0·078948	0·142000
Kieselsäure	0·229270	0·196702	0·240284
Organische Theile	1·381499	1·023931	1·123133
Summa der fixen Bestandtheile	75·268358	51·843543	50·474765
Kohlensäure, gebunden an kohlensaure Salze	17·242428	12·210992	12·109822
Freie Kohlensäure	17·267686	20·775467	12·523655
Stickstoff	0·121172	0·012721	0·093646
Summa der Bestandtheile	109·899644	84·902723	75·206888
Specitisches Gewicht des Wassers	1·007738	1·005406	1·005397
Wasser-Temperatur	10·4° C.	9·2° C.	11·1° C.

	Magdalena-Quelle	Simon-Quelle	Wanda-Quelle
Chlorkalium	0·915404	0·426503	2·783025
Chlornatrium	46·157427	8·364660	28·019150
Chlorlithion	—	—	0·365100
Jodkalium	—	—	0·026235
Jodnatrium	0·016162	0·006938	—
Bromkalium	—	—	0·036991
Bromnatrium	0·085020	0·021932	—
Schwefelsaures Natron	0·227520	0·079180	0·088978
Kohlensaures Natron	42·224969	7·774353	39·019112
Kohlensaures Lithion	Spuren	0·085650	—
Kohlensaures Calcium	4·221985	4·478854	4·798084
Kohlensaures Mangan	3·582776	0·937637	2·928708
Kohlensaures Eisenoxydul	0·057242	0·189198	0·253791
Kieselsaures Natron	—	—	0·750279
Kieselsäure	0·201423	0·292588	—
Organische Theile	2·715316	0·752316	2·062554
Summa der fixen Bestandtheile	100·405241	23·459809	82·101296
Kohlensäure an kohlensaure Salze gebunden	20·919073	5·739507	19·943384
Freie Kohlensäure	14·024754	18·869953	12·543290
Stickstoff	0·465175	0·475896	—
Summa der Bestandtheile	135·814246	48·545165	114·586970
Specifisches Gewicht des Wassers	1·018266	1·002682	1·007967
Wassertemperatur	11·4° C.	10·8° C.	11·8° C.

Nach vorstehender Analyse sind: die Josephinen- und Stephansquelle stark natron-muriatische Säuerlinge, Magdalena- und Wandaquelle stark brom- und jodhaltige natron-muriatische Säuerlinge, Valeriaquelle ein Natron-Säuerling, Simonquelle ein Natron-Eisensäuerling. Die siebente, Johannesquelle, jetzt neuerlich eingerichtet, wird in kürzester Zeit der neuen genauen Analyse unterzogen; nach der bisherigen Analyse das Wasser derselben ist dies dem Selters-Säuerling am ähnlichsten.

Im Allgemeinen steht das Wasser der Szczawnicer Quellen, den Gleichenberger Quellen am nächsten. Nach der vergleichenden Tabelle von Professor Dr. H. Kisch, „Grundriss der Balneologie“ nimmt das Szczawnicer Wasser, was den Gehalt an wirksamen Bestandtheilen anbelangt, zwischen den alkalisch-muriatischen Säuerlingen die erste Stelle ein.

Die aus dem Wasser erzeugten Präparate sind: Szczawnicer Salz (zu den Bädern) und Pastillen.

Nebst süsser und saurer Kuhmilch, der frisch gemolkenen Ziegenmilch wird Schafmolke, Kumys und Kefir, besonders der letzte, viel gebraucht.

Zu den warmen und lauen Bädern, sowie auch zu den kalten und lauwarmen Douchen wird das Wasser aus der Simonquelle (Natron-Eisensäuerling) entnommen.

Die neu eingerichtete Kaltwasserheilanstalt steht unter energischer Leitung des Herrn Dr. St. Smoleński, Docent der Hydrotherapie an der Krakauer Hochschule. Viel gebraucht werden auch die Flussbäder im Dunajec und Ruski Potok.

Zu den Inhalationen wird das reine Quellenwasser oder mit Zugabe der Arzneimittel verwendet. Auch finden die Einathmungen der comprimirten und verdünnten Luft statt.

Die gut eingerichtete und mit allen nöthigen Medicamenten und Heilmittel, sowie auch den nöthigsten ärztlichen Instrumenten und Verbandmitteln versehene Apotheke befindet sich im Orte.

Der leitende Brunnenarzt ist Dr. Ladislaus Sciborowski, langjähriger Präsident der balneologischen Commission in Krakau, ausserdem fungiren als Badeärzte die Herren: Dr. Doskowski, Dr. Gluzinski, Dr. Kołaczkowski, Dr. Kruszynski, Dr. Nieszkowski, Dr. Trembecki und Dr. Zaremba.

Die in Szczawnica mit gutem Erfolg behandelten Krankheiten sind: Krankheiten der Respirationsorgane, und zwar chronischer Katarrh des Kehlkopfes und der Luftröhre, chronischer Katarrh der Lungen, die beginnende Tuberculose und Lungenemphthise, die pleuritischen Exsudate, weiter die Krankheiten der Digestionsorgane, chronischer Katarrh des Magens mit überwiegender Säurebildung, chronischer Magen- und Darmkatarrh, Katarrh der Gallenwege, Katarrh der Harnblase, Harngries, Katarrh der Gebärmutter und der Scheide, allgemeine Ernährungsanomalien, als: Chlorose, Anämie, Scrophulose und Milztumoren nach Malaria.

In Szczawnica sind gegenwärtig zwei Directionen, und zwar die Verwaltung des Hauptcurortes (Eigenthum der k. k. Akademie der Wissenschaften in Krakau) und Verwaltung des jetzigen Eigenthümers des Curortes Szczawnica (Miedziuś) Herr Dr. Kołaczkowski.

In dem Curorte gibt es über 800 Zimmer zu vermiethen, ausser den Wohnungen in den Häusern der Landleute. Preis für ein Zimmer 50 kr. bis 2 fl. täglich. Drei Restaurationen ersten Ranges mit Zuckerbäckereien, drei Restaurationen zweiten Ranges und drei für Israeliten. Eine Pfarrkirche und zwei Brunnencapellen im Orte, Gewölbe mit Nahrung, Kleidungs- und Galanteriewaaren-Handlungen, photographisches Atelier u. s. w.

Musik zweimal täglich in der Nähe der Quellen, Abends bei den Réunions. Ein grosses Curhaus, Theatervorstellungen dreimal in der Woche, Concerte, Vorträge, Casino mit Lesehalle und Leihbibliothek. Spaziergänge und Ausflüge in die prachtvolle Umgebung von Szczawnica am Dunajecflusse zum Leśnicerbach, in die malerischen Pieninygebirge, zu den Ruinen der alten Burg Czorsztyn, zum ungarischen Schloss Niedzica, zum rothen Kloster, nach Jaworki, zur Aksamitka-Grotte u. s. w. Die imposanten Tatragebirge sind nur einige Meilen entfernt.

Die Cur- und Musiktaxe für eine erwachsene Person beträgt 6 fl., für ein Kind bis 14 Jahren 1 fl. Ein warmes Mineralbad kostet 50—60 kr., ein Douchebad 30—40 kr.

Eine Kiste Mineralwasser mit 50 Flaschen kostet an Ort und Stelle 10 fl. 50 kr., eine Kiste mit 25 Flaschen 5 fl. 50 kr. in Commission des Herrn H. Mattoni in Wien, Maximiliansstrasse 5, oder durch die Badeverwaltung in Szczawnica.

Der Weg nach Szczawnica via Krakau über Tarnow oder Sucha bis nach Alt-Sandez mit der Eisenbahn, von dort 40 Kilometer mit dem Wagen durch die schönste Berggegend in fünf bis sechs Stunden nach Szczawnica.

Gastein.

Wildbad.

Geographische Lage und Reiseroute. Der Curort Wildbad-Gastein, die kräftigste bisher bekannte Alpentherme, liegt im Herzogthume Salzburg, 98 Kilometer (13 deutsche Meilen) von der Landeshauptstadt gleichen Namens entfernt, und steht mittelst der Salzburg-Tiroler (Gisela-) Eisenbahn bis zur Station Lend mit dem mitteleuropäischen Eisenbahnnetze in Verbindung. Von letztgenanntem Punkte ist der Curort mittelst Post- oder Extrawagen in drei Stunden zu erreichen.

Klimatische Verhältnisse. Wildbad-Gastein liegt 1020 Meter (3039 Wiener Fuss) über dem Spiegel des adriatischen Meeres, am Fusse der hohen Tauernkette, mitten in einer der grossartigsten Alpen- und Gletscherregionen. Demzufolge ist allerdings die Durchschnitts-Temperatur des Ortes um 2—3° R. niedriger als in Wien, Linz, Prag etc., aber dafür ist dieselbe gegen starke Luftströmungen und ebenso gegen grosse, lästige Sommerhitze vollkommen geschützt. Schon im April ist das Gasteiner Thal bis auf eine Höhe von 1580 Meter (5000 Wiener Fuss) vollkommen schneefrei, und werden selbst noch in der zweiten Hälfte September Temperaturmaxima von 19—20° R. beobachtet, daher der Curaufenthalt und Badegebrauch vom 15. April bis Mitte October sehr gut möglich ist. Die eigentliche Saison beginnt am 1. Mai und endet mit letztem September.

Die Heilquellen und ihre Wirksamkeit. Das Gasteiner Thermalwasser nimmt seinen Ursprung aus 18 Quellen, von denen aber nur neun gefasst und benützt sind. Letztere variiren in ihrer Temperatur von 39·5° bis 19·5° R., enthalten aber alle dieselben chemischen Bestandtheile, deren Gesammtsumme in einem Liter Thermalwasser blos 0·3309 Gramm beträgt. Seine Leitungsfähigkeit für Elektricität verhält sich zu jener des gewöhnlichen destillirten Wassers wie 6·1 : 1.

Krankheitszustände, gegen welche dasselbe seit Jahrhunderten mit ausgezeichnetem Erfolge angewendet wird, sind: 1. Jene des Nervensystems, mögen dieselben localen oder allgemeinen Ursprunges sein, den Reizungs-, Depressions- oder lähmungsartigen Charakter an sich tragen. Hervorzuheben sind alle Arten von Neuralgien: Migräne, Ischias, Gesichtsschmerz; ferner Hysterie, Spinal-Irritation; geschlechtliche Schwächezustände, Tabes dorsualis, Lähmungen nach apoplectischen Anfällen etc. 2. Gicht und Rheumatismus. 3. Störungen und Erkrankungen in der weiblichen Geschlechtssphäre, wie Menstruationsanomalien, Exsudatreste mit ihren Folgen nach entzündlichen Zuständen der Genitalien und Sterilität ohne nachweisbare organische Erkrankung. 4. Anomalien der Ernährung und Blutbeschaffenheit wie Anämie, Chloränie, Diabetes mellitus, ferner Marasmus senilis (daher Gastein auch „Bad der Alten“ genannt) und Reconvalescenz nach schweren, erschöpfenden Krankheiten. 5. Blasen- und Nierenleiden, wie Blasenkatarrh, Pyelitis, Morbus Brightii. 6. Störungen der Verdauungsorgane, wenn dieselben mehr auf nervöser als auf organischer Grundlage beruhen. 7. Als Nachcur nach dem Gebrauche von Trinkquellen, wie Karlsbad, Marienbad, Franzensbad, Kissingen etc.

Wohngebäude und Curanstalten. Für die Unterbringung von Gästen bestehen im Curorte sechs Hotels mit Restaurationen und überdies 38 Logirhäuser. Die meisten derselben haben auch Bäder, welches als besonderer Vorzug des Curortes hervorzuheben ist. Die Wohnungsbestellungen können entweder direct bei den Hausbesitzern oder deren Administratoren oder indirect durch die Cur-Commission, sowie durch einen der hier prakticirenden Aerzte gemacht werden.

Gastein.

Die Mieth-Verhältnisse sind durch eine behördlich genehmigte Miethordnung geregelt.

Für gesellige Zusammenkünfte besteht das Curcasino, welches einen grossen Lesesaal mit einer Zahl von Zeitungen in deutscher, französischer, englischer, russischer, polnischer und ungarischer Sprache, einen Damensalon, eine Conditorei und Spielzimmer enthält; an das Casino anstossend befindet sich die Wandelbahn, eine 150 Meter lange, geschlossene Glasgalerie zum Promeniren, mit Leihbibliothek.

Ein gewähltes Orchester spielt vom 15. Mai bis letzten September täglich mehrere Male. Im Laufe der Saison finden mehrere, von der Cur-Commission veranstaltete Tanzreunionen, Concerte, Bestschiessen, sowie allwöchentlich am Mittwoch und Sonntag elektrische Beleuchtung des Wasserfalles statt.

Analyse des Gasteiner Thermalwassers von Dr. Ullik, 1862, in 10.000 Gewichtstheilen Wassers:

Schwefelsaures Natron	2·085
Chlornatrium	0·428
Kieselsäure	0·496
Schwefelsaures Kali	0·135
Chlorlithium	0·027
Kohlensaurer Kalk	0·195
Kohlensaures Magnesia	0·017
Kohlensaures Eisenoxydul	0·005
Phosphorsaure Thonerde	0·007

Dann Spuren von kohlensaurem Manganoxydul, Fluorcalcium, Strontian, Arsenik, Titansäure, Rubidium und Caesium.

Radein in Steiermark.

Natron-Lithion-Säuerling.

liegt, von freundlichen Parkanlagen (meistens Fichten-Pflanzungen) umgeben, knapp an der steierisch-ungarischen Grenze, unter dem 46° 39′ nördlicher Breite und dem 32° 42′ geographischer Länge, 208 Meter über dem Meeresspiegel, im sogenannten Land der „Windischbüchel" (das ist das Hügelland zwischen der Mur und der Drau, ein wellenartiges Plateau, welches sich über der grossen Diluvialebene der Mur und der Drau erhebt). Die 1882 eröffnete Sauerbrunn-Curanstalt ist Eigenthum von Dr. Henn's Erben.

Die kleine Curanstalt (Trink- und Badeanstalt) umfasst dermalen vier Hauptgebäude: Curhaus, Badehaus, Annenhof, Carlshof, welche im Viereck um den Brunnenpavillon liegen.

Der Radeiner Sauerbrunnen enthält nach der Analyse von Professor Dr. J. Mitteregger (neueste Kohlensäurebestimmung von Prof. Dr. A. F. Reibenschuh, k. k. Gerichtschemiker in Graz) in 10.000 Raumtheilen:

Schwefelsaures Kali	1·779	
Schwefelsaures Natron	1·841	
Chlornatrium	6·079	
Bromnatrium	0·250	
Jodnatrium	0·381	
Kohlensaures Natron	30·107	
Kohlensaures Lithion	0·412	
Kohlensaures Magnesia	2·962	
Kohlensaure Kalkerde	4·513	
Kohlensaures Eisenoxydul	0·087	
Phosphorsaure Thonerde	0·035	
Kieselsäure	0·190	
Summa der fixen Bestandtheile		48·639

Bestimmung der halbgebundenen und freien Kohlensäure durch Herrn Prof. Dr. Reibenschuh:

Halbgebundene Kohlensäure	15·785	44·278
Freie Kohlensäure	28·493	
Summa sämmtlicher Bestandtheile		92·917

Dem Volumen nach beträgt die freie Kohlensäure bei 0° C. und 760 Millimeter in 10.000 Raumtheilen 14454·1 Kubikcentimeter.

Da das Hauptsächliche der Cur in Radein die **Trinkcur** ist, zu welcher fast ausschliesslich die den Namen „Radeiner Sauerbrunnen" führende

Hauptquelle benützt wird, so soll zunächst von ihr die Rede sein: der Radeiner Sauerbrunnen, ein kräftiger Natronsäuerling mit sehr viel Kohlensäure und sehr bedeutendem Lithiongehalt, ist seit dem Jahre 1869 im Betrieb und sowohl als Heilwasser als auch als Erfrischungsgetränk im Gebrauch.

Der Versandt hob sich von 37.000 Flaschen im ersten Jahre der Inbetriebsetzung auf über eine Million Flaschen; das Absatzgebiet erstreckt sich auf die ganze österreichisch-ungarische Monarchie, die Donaufürstenthümer und Italien; einzelne Lieferungen gingen nach Deutschland, Schweiz, Frankreich, Holland, England, Amerika und Aegypten.

Temperatur der Quelle: 11·8° C., specifisches Gewicht 1·00683.

Das Brunnenrohr hat eine Tiefe von 15·17 Meter und ragt ungefähr einen halben Meter über die Basis des Brunnenschachtes hervor, welcher einem Cylinder von 3·79 Meter Höhe und 95 Centimeter Durchmesser gleicht.

Die Füllung geschieht auf zweierlei Art:

1. Für medicinische Zwecke wird das Sauerwasser mittelst der unterirdischen Füllmethode in die Flasche gebracht. Um diese Füllmethode zu ermöglichen, wurde drei Meter von der Quelle ein $2^1/_2$ Meter tiefer Füllraum ausgehoben und von dort ein Rohr einen Meter unter das Quellenniveau in den Brunnenschacht eingeführt, so dass das Sauerwasser von selbst, ohne mit der atmosphärischen Luft in Berührung zu kommen, in die an die Ausflussmündung gehaltene Flasche abrinnt; da durch diese Methode jeder Verlust an Kohlensäure vermieden wird, so bedingt der grosse Reichthum an Kohlensäure auch ganz besonders starke Flaschen, die für den Radeiner Sauerbrunnen eigens angefertigt, und als Original-Radeiner Form zu 1·5, 1 und 0·5 Liter Inhalt zum Versandt gelangen.

2. Ausser wegen den medicinischen Eigenschaften ist der Radeiner Sauerbrunnen sehr rasch als Tafelgetränk beliebt geworden und eignet er sich vorzüglich mit weissen säuerlichen Weinen deshalb, weil das in ihm enthaltene doppeltkohlensaure Natron die Säure des Weines neutralisirt, wobei Kohlensäure frei wird und das für den Gaumen so angenehme Prickeln veranlasst.

In Gegenden, welche an gutem Trinkwasser Mangel leiden, findet er, zumal bei Epidemiegefahren (Typhus, Wechselfieber, Ruhr, Cholera), als diätetisches Getränk eine weitgehende Verwendung.

Für diesen Zweck wird das Wasser auch noch in den gewöhnlichen billigeren Sauerbrunnflaschen (in Mass-, Halbmass- und Seitelflaschen) gefüllt und versendet. Nachdem jedoch diese Flaschen zu schwach sind, um dem ganzen Kohlensäuregehalt, wie er bei Füllmethode 1 vorhanden ist, Widerstand zu leisten, so musste für diese die ursprüngliche Füllmethode beibehalten werden, bei welcher das Wasser mittelst Druckpumpe gehoben wird, wobei nur etwas überschüssige Kohlensäure in Verlust kommt.

Die hauptsächlichsten **Indicationen** für den Gebrauch des Radeiner Sauerbrunnen sind:

1. Krankheiten des Harnsystems, besonders chronischer Katarrh der Blase und Harnröhre, Prostatahypertrophie, Katarrhe des Nierenbeckens und Morbus Brighti, wenn diese nicht schon zu sehr vorgeschritten ist.

2. In Folge seines hohen Lithiongehaltes ist er ein vorzügliches Mittel bei Krankheiten, die auf harnsaurer Diathese beruhen, das sind Gries und Sand, Gicht.

3. Verdauungskrankheiten: Magenkatarrh, Dyspepsie mit vermehrter Säurebildung, zumal bei Schwangeren, Rhachitis, Scrophulose, Tuberculose, Diabetes, Nieren- und Leberkrankheiten.

4. Katarrhalische Leiden der Luftwege.

5. Anomalien der Gallenabsonderung: Katarrh der Gallengänge und dadurch bedingtem Icterus, Gallensteinbildung.

6. Stockungen im Blutumlauf: Stauungsleber, Hämorrhoiden etc.

Gegenanzeigen für den Gebrauch des Radeiner Sauerbrunnen:

1. active Blutflüsse, namentlich Bluthusten und Blutbrechen;
2. hochchlorotische Zustände, besonders wenn sie mit verminderter Säureproduction im Magen combinirt sind;
3. hektisches Fieber und Tuberculose in den späteren Stadien;
4. unheilbare Desorganisationen innerer Organe.

Die Badecur wird in Radein in den meisten Fällen zur Unterstützung der Trinkcur angewendet, zu welchem Zwecke den P. T. Curgästen bequem eingerichtete Badezimmern, wovon zwei mit Douche versehen, zur Verfügung stehen.

Die Wannenbäder sind dreierlei: Süsswasser-, Sauerbrunn- und Eisenbäder.

Die Radeiner Badequellen sind: der Neubrunnen, einfach alkalischer Säuerling, und die Eisenquelle im Badhaus, welche einen sehr bedeutenden Eisen- und nicht unbeträchtlichen Kohlensäure- und Natrongehalt aufweist.

Meistens gebraucht man in Radein Eisenbäder, denen je nach der Verordnung Sauerwasser schaffweise zugesetzt wird.

Auch kann den Bädern auf Verlangen ein Zusatz von Steinsalz, Malz, Kleie oder Fichtennadel-Extract gegeben werden. Die Temperatur der Bäder wird nach ärztlicher Anordnung bestimmt.

Die Möglichkeit, die Trinkcur mit Eisenbädern verbinden zu können, erklären die überraschend günstigen Erfolge bei Frauenkrankheiten, besonders bei chronischem Katarrh der weiblichen Sexualorgane: Vaginal-Cervical-Uterinalkatarrh, ferner Menstruationsanomalien (Amenorrhöe, Dismenorrhöe, Menostasen und bei Entwicklungschlorose, ferner bei verschiedenen Schwächezuständen und erschwerter Reconvalescenz.

Die Badecur ist weiters erfahrungsgemäss von besonders günstiger Wirkung bei Gicht und Rheumatismus, Steinleiden, Blasenkrankheiten, Gelbsucht, Hämorrhoiden etc.

Contraindicirt ist der Gebrauch der Bäder:

1. bei Congestionen nach dem Kopf und den Lungen;
2. Tuberculose in den späteren Stadien, hektischem Fieber, Hämoptoë;
3. organischen Herzfehlern und Aneurysmen grosser Gefässe;
4. hochgradigem Emphysem.

Die sonstigen Verhältnisse sind für das Gedeihen des jungen Curortes günstig: ein mildes gemässigtes Klima, welches die Traube reift und die Gegend zu einer der fruchtbarsten der Steiermark macht und eine reine, staubfreie Luft; das Badeetablissement ist gegen rauhe Winde geschützt und rapide Temperaturschwankungen kommen nicht vor. Die mittlere Jahrestemperatur beträgt 9·9° C., die jährlichen durchschnittlichen Niederschläge belaufen sich auf 1061·1 Millimeter. Nebel treten meist nur im Herbste auf. (Für Gäste aus den nördlichen Gegenden würde sich ganz besonders der Mai, Juni und September zur Cur hier eignen. Das Klima ist in diesen Monaten in unserer Gegend sehr mild und constant, und es ist zu bedauern, dass diese Monate nicht mehr zur Cur benützt werden.)

Die **Umgebung** von Radein ist eine sehr anmuthige: Wellenartig gruppirte Höhenzüge (als „Capeller- und Radkersburger Weingebirge", den „Windischbücheln" angehörend) fallen sanft gegen die üppig grüne Murebene ab und verleihen der Gegend ihren eigenthümlichen Reiz.

In einer Entfernung von 10 bis 15 Minuten sind nach allen Richtungen Wälder und Auen, die zu Spaziergängen einladen.

Von weiteren Spaziergängen und Ausflügen heben wir nur hervor:

1. Capellenberg, 300 Meter (³/₄ Stunden), der interessanteste Punkt der Windischbücheln, mit schöner Pfarrkirche und Schule; wegen seiner prächtigen Aussicht über einen grossen Theil von Steiermark, Ungarn und Croatien

Radein

viel besucht. In einer Schlucht südlich von der Schule ist ein Erdhügel, der von den Anwohnern als „Grab Attila's" bezeichnet wird.

2. Kerschbach ($^3/_4$ Stunden), die Heimat des berühmten Kerschbacher Weines.

3. Radkersburg ($1^1/_4$ Stunde zu Fuss, $^1/_2$ Stunde per Wagen), ein freundliches Städtchen an der Mur, mit 2400 Einwohnern deutscher Zunge, einer Bezirkshauptmannschaft, Garnison und dem imposanten Schlosse Oberradkersburg.

4. Mura-Szombath in Ungarn, ein kleines Städtchen mit Schloss und prächtigem, weit ausgedehntem Parke des Grafen Szápáry ($1^1/_4$ Stunde per Wagen).

5. Luttenberg (zwei Stunden per Wagen), ein schön gelegener Marktflecken mit dem Sitze einer Bezirkshauptmannschaft. Luttenberg ist berühmt durch seine feurigen Weine (Jerusalemer, Tettenhengster, Grünauer, Eisenthürer etc.) und ist die Geburtsstätte des berühmten Slavisten Hofrath Prof. Dr. Miclosich.

Communicationen: Man erreicht Radein von Wien in 8, von Triest in $9^1/_2$ Stunden, und zwar mittelst Südbahn nach Spielfeld, von da mit der Localbahn nach Radkersburg, wo zu jedem Zuge billige Fahrgelegenheiten (Omnibus) nach Bad Radein bereitstehen. Der Ausbau der Bahnlinie Radkersburg-Luttenberg mit Station „Bad Radein" ist übrigens bereits in Angriff genommen und dürfte die Strecke im Laufe des Jahres dem Verkehr übergeben werden.

Was den **Aufenthalt im Bade** anbelangt, so sind es besonders zwei Momente, welche denselben angenehm machen: die Ungebundenheit, welche dort in Bezug auf Etiquette und Toilette herrscht, und die grosse Billigkeit.

Dabei fehlt es an Unterhaltung nicht: Kegelbahn, russisches Kegelspiel, Clavier, Billard, eine Badebibliothek sind vorhanden, und deutsche, ungarische, italienische und slavische Tagblätter und Zeitschriften liegen im Cursalon auf. Musik- und Tanzunterhaltungen werden hie und da von den Gästen improvisirt und Zigeunercapellen spielen öfters ihre feurigen Weisen auf.

Auch zur Betheiligung an Jagd und Fischerei ist Gelegenheit geboten. — Für Personen, welchen auch eine geringe Bewegung beschwerlich fällt, ist ein Rollstuhl bereit. Fahrgelegenheiten können entweder von der Anstalt selbst oder vom nahen Dorf Radein beigestellt werden und werden nach einem eigenen Tarife berechnet.

Radein besitzt auch ein eigenes Postamt: „Post Bad Radein".

Auch eine Bade-Apotheke ist an Ort und Stelle und unter der Obhut des Badearztes.

Die Restauration ist in die Hände eines tüchtigen Wirthes gelegt, der nebst der Restauration im Curhaus auch ein kleineres Gasthaus im Annenhof innehat.

Die Wohnräume, welche für die gleichzeitige Aufnahme von etwa 60 Gästen eingerichtet sind, entsprechen allen gerechten Anforderungen an Comfort.

Das sprechendste Zeugniss für die Annehmlichkeiten Radeins als Curort ist, dass viele Personen und Familien zu wiederholten Malen daselbst Aufenthalt nahmen, und manche Gäste, die schon im Sommer 1882 das neuerrichtete und noch sehr bescheidene Bad aufsuchten, sehen wir jetzt jährlich dort.

Die Zahl der Curgäste, welche im Jahre der Eröffnung der Anstalt 67 Personen betrug, bezifferte sich in der letzten Saison auf 250 (ohne Passanten). Namentlich machte sich der Zuzug aus dem Süden (Triest, Görz, Pola, Fiume) in den Monaten Juli und August stark bemerkbar.

Und so steht zu hoffen, dass die Anstalt, wenn dem jetzt schon stark fühlbaren Mangel an Wohnzimmern durch Aufführung von Neubauten begegnet sein wird, bald einen raschen Aufschwung erfahren wird.

Saison 1. Mai bis letzten September.

Dr. Josef Höhn.
ordinirender Arzt.

Zell am See

ist einer der ältesten Märkte des Pinzgaues.

In Urkunden vom Jahre 1357 wurden dem Markte Zell schon verschiedene Befugnisse ertheilt, und es ist anzunehmen, dass derselbe schon lange früher als solcher bestanden haben mag.

Der Name „Zell“ rührt wahrscheinlich von den Zellen der Mönche her, welche vor Jahrhunderten sich hier ansiedelten.

Die Bezeichnung „Zell am See“ entstand erst in der bayrischen Periode.

Seit dem im Jahre 1875 vollendeten Bau der Salzburg-Tiroler (Gisela-) Bahn ist Zell am See sehr im Aufschwunge begriffen; obwohl es schon durch lange Jahre her von Fremden gekannt und gerne besucht wurde, so beschränkte sich doch dieser Besuch grösstentheils nur auf einzelne Sommerfrischler und Touristen. Seit der Bahneröffnung aber hat der Fremdenbesuch eine früher nie geahnte Bedeutung erlangt, und es werden die alljährlich nach Zell am See kommenden Fremden auf 25.000 bis 30.000 geschätzt.

Zell am See liegt 754 Meter über dem adriatischen Meere und ist durch seine günstige Lage unmittelbar an der Bahn und in Mitte des Salzburger Hochgebirges der geeignetste Ausgangspunkt für alle Touren in diesem Gebirge.

Wenngleich auch der Markt selbst arm ist an Sehenswürdigkeiten, so entschädigt dafür reichlich seine wunderbare Lage in Mitte einer prächtigen Umgebung am Fusse der weltberühmten Schmittenhöhe.

Zell am See hat 1100 Einwohner und ist gegenwärtig der Sitz einer Bezirkshauptmannschaft, eines Bezirksgerichtes, Steueramtes, zweier Forstverwaltungen, eines fürsterzbischöflichen Pfarramtes und eines Post- und Telegraphenamtes.

Die Marktgemeinde selbst aber wird durch den Bürgermeister (gegenwärtig Herr Dr. Josef Müller, Advocat) vertreten.

Die **Sanitätspflege** besorgt der k. k. Bezirksarzt Dr. Ferdinand Martin, welcher auch in dem drei Stunden entfernten Bad Fusch während der Sommersaison wöchentlich zweimal ordinirt.

Für den Aufenthalt in Zell am See, welcher einer der angenehmsten im Hochgebirge ist, bestehen nachbenannte Hotels und Gasthöfe, als: Hotel „Kaiserin Elisabeth“, unmittelbar am See gegenüber dem Bahnhofe gelegen, mit Park, eigener Badeanstalt und Schifffahrt; Hotel „zur Krone“, nahe am See mit schattiger Terrasse vor dem Hause; „Hotel am See“, alt und Neubau durch Glassalon verbunden, auf einem Vorsprunge in den See erbaut, mit freier Aussicht nach allen Seiten; Hotel und Gasthof „zur Post“, vom Hotel prächtige Aussicht über den See auf das Tauerngebirge; Gasthof „zum Metzger“ mit Pension „Villa Schmittenhöhe“ und hübscher Glasveranda; Gasthof „zum Lebzelter“ am Marktplatze mit Glasveranda im Garten; Gasthof Bodingbauer, oberhalb des Bahnhofes mit schönem Speisesaal und sehr schöner Aussicht auf den See und die Gebirge; „Café Geister“ mit offener Veranda und Terrasse vor dem Hause nächst dem Promenadewege am See, daselbst Zeitungen und Billard; Gasthof „zum Neuwirth“ am äusseren Ende des Marktes nahe am See mit hübscher Aussicht.

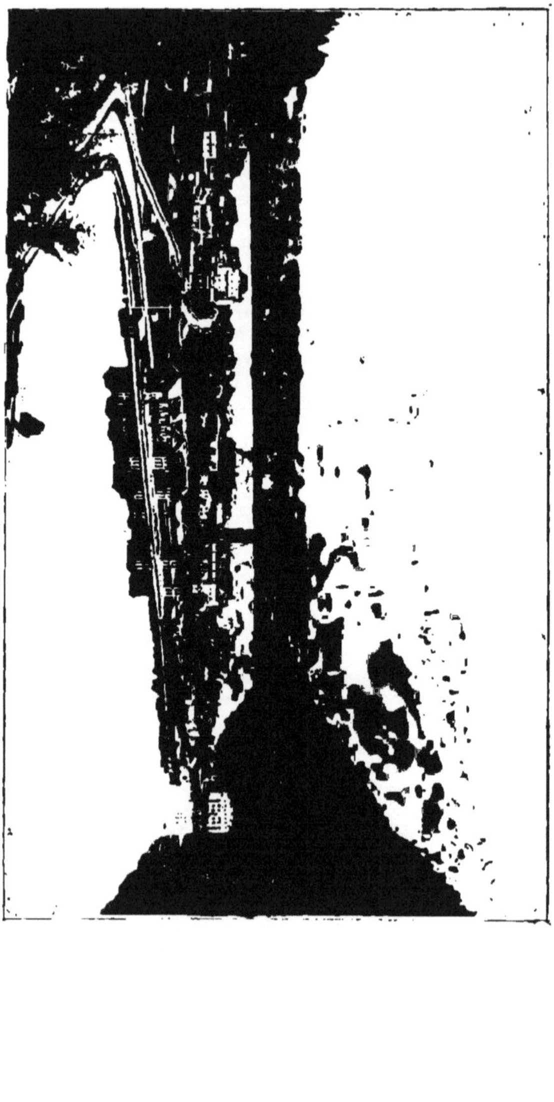

Zell am See

Die **Preise** für die Unterkunft in den Hotels und Gasthöfen bewegen sich zwischen 1 fl. bis 10 fl. per Tag und Zimmer mit zwei Betten. Für die Verpflegung genügt per Tag und Person der Betrag von 2 fl. bis 5 fl.

Ausser diesen hier benannten Hotels und Gasthöfen bestehen auch Privatwohnungen zum Preise von 60 kr. bis 1 fl. für Zimmer mit einem Bett und von 1 fl. bis 2 fl. für Zimmer mit zwei Betten per Tag. Für längeren Aufenthalt nach Uebereinkommen.

Seefahrten auf dem der Marktgemeinde gehörigen Dampfschiffe zählen wegen der wunderbaren Rundsicht auf die umliegenden Gebirge zu den lohnensten Partien. Es kostet die Ueberfahrt 25 kr. und die Rundfahrt 65 kr. per Person.

Ferner steht eine grosse Auswahl von Kiel- und Segelbooten bei Privatunternehmern zur Verfügung. Preise für die Stunde: eine Person 40 kr., zwei Personen 60 kr., drei Personen 70 kr., vier Personen 80 kr. Ueberfahrt für eine Person 20 kr., zwei Personen 30 kr., vier Personen 40 kr. Für längeren Aufenthalt an irgend einem Orte nach Uebereinkommen.

Fuhrwerke nach allen Richtungen zu haben bei Herrn Josef Fiel am Marktplatz, Herrn Anton Bodingbauer (Gasthof) und Herrn Stephan Daxerer, Dienstmanninstitut-Inhaber. Die Preise hiefür stellen sich wie folgt: Einspänner für einen halben Tag 5 fl., für den ganzen Tag 8 fl. Zweispänner für einen halben Tag 7 fl., für einen ganzen Tag 12 fl. Touren mit Uebernachtung etc. nach Uebereinkommen.

Wagen auf die Schmittenhöhe tour und retour 8 fl. Für die Fahrt hinauf 6 fl. Ein Reitthier hinauf 4 fl., tour und retour 6 fl.

Uebrigens dürfte bis zur kommenden Saison für die verschiedenen Fuhrwerke ein neuer Tarif in's Leben treten.

Ausflüge in die nächste Umgebung: Fahrt über den See zur Restauration „Belle vue". Sehr schöne Aussicht auf Tauernkette, Schmittenhöhe, Steinernes Meer und insbesondere auf den Markt Zell am See.

Fahrt über den See zum Schlosse Prielau, kleine Restauration, sehr schöne Aussicht.

Spaziergang oder auch Seefahrt zum Seehäusl, ebenfalls kleine Restauration und Dampfschiffhaltstelle.

Spaziergang zum „Paraplue", sehr schöner Aussichtspunkt, 10 Minuten oberhalb dem Markte und von hier aus weiter auf die Rudolfs- oder Stephanie-Promenade.

Ebenbergalpe, 25 Minuten oberhalb dem Markte mit sehr schöner Aussicht über das ganze Thal.

Entferntere Ausflüge. Spaziergang nach Dorf und Bahnstation Bruck-Fusch, fünf Viertelstunden vor demselben fürstlich Liechtenstein'sches Schloss Fischhorn, schöne Aussicht auf See und Markt Zell.

Spaziergang nach Dorf Maishofen im Norden des Sees, eine Stunde auf dem Wege dahin Schloss Saalhof.

Desgleichen zum Seehäusl, von dort auf der von der Gemeinde neu angelegten Fahrstrasse zum Schloss Prielau und von da weiter zur Restauration „Belle vue" am jenseitigen Ufer des Sees, vorher „Villa Riemann", schöne Parkanlagen mit prächtiger Aussicht vom Seeufer auf Kitzsteinhorn, Markt etc. eine Stunde.

Ausflug zum Bad Neubrünnern vom Dorfe Maishofen eine kleine halbe Stunde nördlich. Schöner Spaziergang dahin, dort kleine Restauration.

Ausflug per Bahn in die Kitzlochklamm bei Taxenbach (sehenswürdig; Haltstelle Rauris-Kitzloch).

Ausflug per Bahn nach Saalfelden, Markt, von dort Spaziergang nach Schloss Lichtenberg oder auf den Kühbichl, beide sehr schöne Aussichtspunkte.

Sanct Ladislaus- oder Bischofsbad

bei Grosswardein in Ungarn.

Wildbad.

Das Bischofsbad liegt südöstlich von Grosswardein in einer Entfernung von 7 Kilometern und war schon in granester Vorzeit bekannt. Wurde auch von den Römern und Türken als Heilbad benützt, da es zahlreiche heisse heilkräftige Quellen besitzt, deren Zusammenfluss einen grossen Bach bildet, unter dem Namen „Pecze" (ehedem „Tapolcza"). Im Bischofsbade werden genau dieselben Heilerfolge erzielt wie in Gastein, in Teplitz, Römerbad und Plombières.

Der Wärmegrad der Thermen variirt zwischen + 34° und + 41° C. Es sind Wannenbäder, Spiegelbäder, Familienbäder und Moorbäder. Die Spiegel- und Familienbäder sind unmittelbar oberhalb der Thermen errichtet, so dass der Badegast in der Quelle selbst badet und die dynamische und elektrische Kraft des Wassers auf seinen Körper voll einwirkt.

Besonders heilkräftig bewähren sich die Thermen bei chronischem Rheumatismus, bei Gicht, bei vernachlässigten Hautkrankheiten, Gelenksentzündungen, bei syphilitischen Krankheiten, bei Beinbrüchen, bei durch Verrenkungen entstandener Glieder- oder Gelenksteifheit. Bei der dem Alter entsprungenen Schwäche, bei Nervenleiden, Frauenkrankheiten (Gebärmutterkrampf und unregelmässiger Menstruation), bei Unfruchtbarkeit etc.

Die Friedrichs-(Trink-)Quelle hat eine sanft lösende Wirkung.

Für die Bequemlichkeit und Zerstreuung der Badegäste ist vielfach gesorgt. Man gelangt aus den Wohnzimmern durch geschlossene Gänge in die Bäder. Bei regnerischem Wetter kann man auf einer gedeckten bequemen Wandelbahn promeniren.

Nachdem im Badeort selbst unmittelbar an den Cursalon anstossend die Eisenbahnstation ist, gelangt man bei dem jetzigen ungemein billigen Zonentarif aus den grössten Entfernungen um eine Bagatelle in's Bischofsbad.

Im Bahnstationsgebäude ist zugleich ein Telegraphen- und Postamt.

Während der Badesaison ist eine vorzügliche Musikcapelle im Bade, die Früh, zu Mittag und Abends eine Stunde lang spielt. Von Zeit zu Zeit (während der Saison sechs- bis achtmal) spielt auch die Grosswardeiner Militärcapelle im Bade.

Die Gebäude liegen in einem reizenden wohlgepflegten Park, der an den Hochwald anstosst, der neue Cursalon selbst liegt unmittelbar am Waldrand, so dass die Badegäste, die nicht im Saale oder auf den den Saal umgebenden eleganten gedeckten Terrassen speisen wollen, unter den an den Cursalon anstossenden mehrhundertjährigen mächtigen Eichen diniren können.

Als besondere Specialität des Bischofsbades muss noch die Lotosblume erwähnt werden, deren Heimat der Nil ist, und die in Europa nur im Bischofsbade vorkommt. Die mächtigen Blüthen und Blätter der Lotosblume bedecken fast ganz den Bach „Peeze“ und bieten einen seltenen reizenden Anblick.

Schliesslich wird erwähnt, dass die Preise der Zimmer, Bäder, Speisen und Getränke sehr mässig sind.

Analyse

der Thermen des Sanct Ladislaus-(Bischofs-)Bades bei Grosswardein,

vorgenommen durch Professor Hauer im Jahre 1860.

In 1000 Theilen Wasser sind enthalten:

Kieselsaures Natron	0·051
Thonerde	0·009
Schwefelsaurer Kalk	0·380
Schwefelsaure Magnesia	0·135
Schwefelsaures Natron	0·100
Chlornatrium	0·066
Kohlensaurer Kalk	0·129
Kohlensaure Magnesia	0·036
Summa der festen Bestandtheile	0·906
Doppeltkohlensaurer Kalk	0·186
Doppeltkohlensaure Magnesia	0·055
Freie Kohlensäure	1·320
Summa aller Bestandtheile	2·412

Specifisches Gewicht: 1·00209.

Andersdorfer Sauerbrunn.

Einfacher alkalischer Säuerling.

Die Andersdorfer Maria Theresia-Quelle wurde im Jahre 1883 von Herrn Dr. Ernst Ludwig, corr. Mitglied der Akademie der Wissenschaften, o. ö. Professor für angewandte medicinische Chemie, Vorstand des chem. Laboratoriums in der pathol.-anatom. Anstalt des allg. Krankenhauses etc. in Wien einer gründlichen Analyse unterzogen und zeigt diese Analyse folgende Resultate:

In 10.000 Theilen des Wassers sind, wenn man die kohlensauren Salze als wasserfreie Bicarbonate von der Zusammensetzung $Na_2\ C_2\ O_5\ C_2C_2O_5$ u. s. w. berechnet, enthalten:

Schwefelsaures Kalium	0·0553
Chlorkalium	0·0032
Chlornatrium	0·0259
Doppeltkohlensaures Natron	2·3365
Phosphorsaurer Kalk	0·0013
Doppeltkohlensaurer Kalk	14·5626
Doppeltkohlensaures Strontian	0·0062
Doppeltkohlensaure Magnesia	1·5372
Doppeltkohlensaures Mangan	0·0311
Doppeltkohlensaures Eisen	0·3288
Aluminiumoxyd	0·0010
Kieselerde	0·6229
Organische Substanz	0·0269
Lithium und Baryum	Spuren
Freie Kohlensäure	22·8579

Karlsbrunn

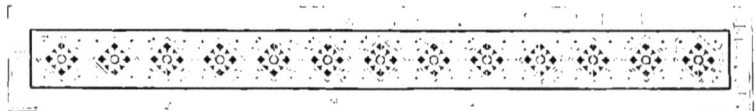

Oesterreichisch-Schlesien.

Klimatischer Curort mit Kaltwasser-Heilanstalt. Natur-Moor- und Fichtennadelbäder. Eisenmoorsalz- und Soolenbäder. Molkencuranstalt.

Lage. Seehöhe: 783 Meter. Malerisch schönes, ringsum mit dichten Nadelholzwaldungen umgebenes Thal. Von der Station Würbenthal ist der Curort in einer, von der Station Freudenthal in zwei Stunden zu erreichen.

Klima. Die Luft ist angenehm kühl, rein und ozonreich. Die umgebenden grossen Nadelwälder schützen vor rauhen Winden und geben der Gebirgsluft ein belebendes Aroma.

Saison. Vom 1. Juni bis 30. September. Die grösste Frequenz ist zwischen 15. Juni und 30. August.

Verkehrsmittel. Der Curort besitzt ein k. k. Postamt und Telegraphenstation. Omnibusverkehr von und nach Würbenthal. Fiaker sind stets zur Verfügung der Curgäste bereit.

Indicationen. Karlsbrunn eignet sich zur Cur gegen:

1. Blutarmuth jeglichen Ursprunges, namentlich gegen Chlorose. Die stark eisenhaltigen Wilhelms- und Maxquellen sind besonders wirksam. („Wilhelmsquelle" enthält in 10.000 Theilen Wasser 1·3306 Theile doppeltkohlensaures Eisen.)

2. Scrophulose und Rhachitis.

3. Chronische Nervenleiden, zumal Hysterie und Hypochondrie, Neuralgie u. s. w.

4. Chronische Frauenkrankheiten jeder Art.

5. Impotenz, Spermatorrhöe u. s. w.

Unterkunft und Verpflegung. Zur Aufnahme der Curgäste sind 16 zumeist zweistöckige Wohngebäude bestimmt. Die Verpflegung besorgen zwei grössere Restaurationen zu mässigen Preisen.

Zimmerpreise. Nach Lage und Grösse von 40 kr. bis 2 fl. exclusive Bettzeug, dessen Preis 30 kr. täglich beträgt.

Zur **Zerstreuung** stehen zur Verfügung: Verschiedene Zeitungen, Billard, Kegelbahn, allerlei Gesellschaftsspiele u. s. w. Zahlreiche schöne Spaziergänge und Ausflüge im Thale und den benachbarten Ortschaften und Aussichtspunkten.

Jährliche Frequenz 700—800 Curgäste.

Von Seite Sr. k. k. Hoheit dem durchlauchtigsten Herrn Erzherzog Wilhelm werden an Officiere der gemeinsamen Armee Freiplätze gewähret.

Zufolge nachstehenden Analysen gehören die Max-, Karls- und Antonsquelle in die alkalisch-erdigen Eisensäuerlinge, die Wilhelmsquelle in die reinen Stahlwässer. Von unseren Wässern ist demnach die Maxquelle die an Kohlensäure und kohlensaurem Kalk, die Wilhelmsquelle die an Eisen reichste Quelle.

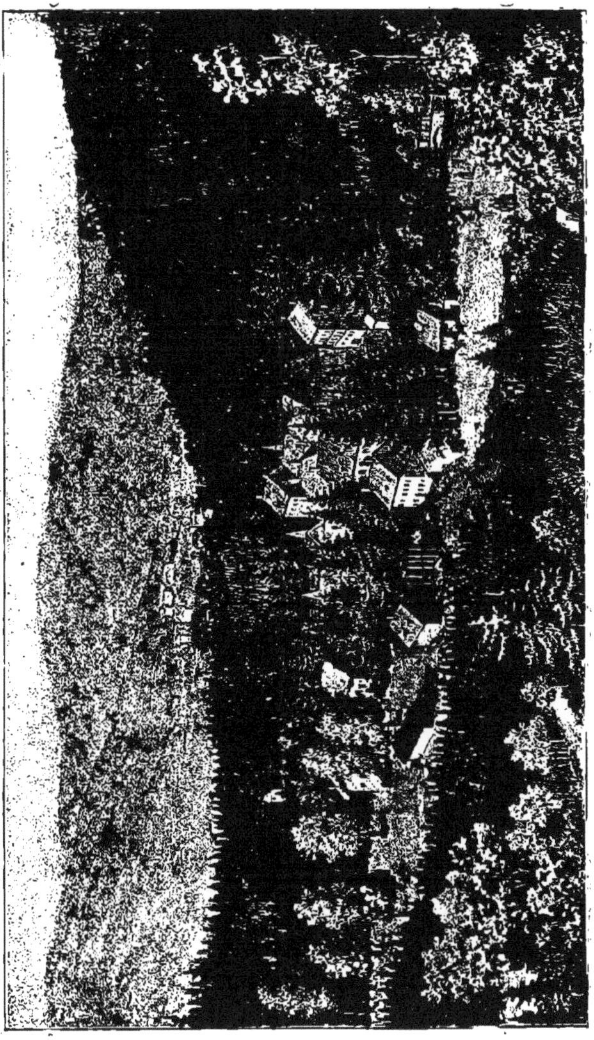

Karlsbrunn.

Analysen der Heilquellen in Karlsbrunn.

Vom k. k. Ministerialrath Dr. Schneider in Wien.

Bestandtheile	In einem Pfund = 7680 Gran sind enthalten Gran:			
	Wilhelmsquelle	Maxquelle	Karlsquelle	Antonsquelle
Schwefelsaures Kali	0·029	0·0637	0·0568	0·0568
Schwefelsaures Natron	0·012	0·0322	0·0167	0·0284
Chlornatrium . . .	0·015	0·0140	0·0140	0·0145
Kohlensaures Natron .	0·033	0·2173	0·2664	0·2334
Kohlensaure Magnesia	0·316	0·6720	0·6720	0·1784
Kohlensaurer Kalk . . .	1·471	3·8807	3·8584	3·1772
Kohlensaures Eisenoxydul .	0·838	0·2196	0·1901	0·1428
Kohlensaures Manganoxydul .	Spuren	0·0170	0·0122	0·0069
Phosphorsaurer Kalk . .	Spuren	0·0030	0·0046	
Phosphorsaure Thonerde . .	Spuren	0·0030	0·0030	—
Kieselerde	0·520	0·3725	0·4047	0·2972
Organische Substanzen .	0·154	0·0875	0·0875	0·213
Ammoniak	—	0·0050	0·0030	—
Summe der fixen Bestandtheile	5·760	9·594	9·581	5·717
Eisen (als Oxydul betrachtet) . .	Theile unter 1000 Theilen	Theile unter 10.000 Theilen	Theile unter 10.000 Theilen	Theile unter 10.000 Theilen
Gesammtmenge der freien Kohlensäure bei Quellendruck und Normaltemperatur	nicht berechnet, doch bedeutend geringer als d. anderen.	6·33 K. m.	5·86 K. m.	5·08 K. m.

Hoch- und deutschmeisterische Badeverwaltung.

Unterach.

Gerichtsbezirk Mondsee.

Unterach, Ortsgemeinde Unterach, 465 Meter über dem Meere, in geschützter Lage, umgeben von Nadel- und Laubhölzern, am Attersee und Achflusse gelegen, hat gutes Gebirgs-Quellwasser, und liegt hügelig und gebirgig.

Badegelegenheit. Mayer's Schwimmanstalt im See und warme Bäder.

Nächste Eisenbahnstation Kammer—Mitterweissenbach.

Nächste Dampfschiffstation, Post- und Telegraphenamt: Unterach.

Fahrgelegenheiten zur Station per Dampfschiff und Wagen.

Aerzte im Orte: Ein Wundarzt.

Verfügbare Wohnungen in Gasthöfen und Hotels und in Privathäusern.

Durchschnittspreise für ganze Wohnungen 150 bis 600 und 800 fl.: für einzelne Zimmer mit einem Bett 1 fl., mit zwei Betten 1 fl. 50 kr. bis 2 fl., je nach der Lage.

Auf Anfragen mit Retourmarkenbeischluss ertheilt Auskunft: Gemeindevorstehung, Verschönerungsverein, Carl Angelés, prakt. Arzt, Johann Mayr, Gasthofbesitzer, Pfarramt, F. X. Wimmer, Kaufmann.

Bad Vihnye

in Ungarn.

Naturwarme Eisentherme und subalpiner Gebirgscurort.

Im Norden des Barscher Comitates, in einem schönen Seitenthale des romantischen Granthales, in 310 Meter Meereshöhe liegt das seit Jahrhunderten bekannte Eisenbad Vihnye in einem Thalkessel, den von allen Seiten Tannen- und Laubwald bedeckte Berge schützen.

Neben der alten 38·3° C. warmen Mineralquelle hat man im Jahre 1882 einen neuen artesischen Brunnen erbohrt, dessen Wasser, was Wärme und chemische Zusammensetzung betrifft, mit der alten Quelle fast übereinstimmt, nur ist die Ergiebigkeit der neuen Quelle doppelt so gross als die der alten. Das Wasser beider Quellen wird jetzt in eisernen Röhren, die hermetisch geschlossen sind, gefasst und vereint in die beiden Badehäuser geleitet, um dort die Badebassins und Wannen mit Mineralwasser zu versorgen.

Die chemische Zusammensetzung des Vihnyer Mineralwassers ist nach Dr. Molnár die folgende: In 1000 Theilen sind:

Schwefelsaurer Kalk	0·057
Schwefelsaurer Natron	0·169
Schwefelsaurer Kalk	0·074
Schwefelsaures Magnesium	0·227
Doppelh. kohlensaurer Kalk	0·894
Doppelh. kohlensaures Magnesium	0·071
Doppelh. kohlensaures Eisenoxydul	0·038
Kieselsäure	0·027
Summa	1·557

Freie Kohlensäure 0·326 Gramm, oder 183·18 Kubikcentimeter im Liter.

Den Mittelpunkt des ganzen Bades bildet das alte Badehaus und die vor demselben befindliche Promenade. In dem alten Badehause (ein grosses, theilweise zwei Stock hohes Bauwerk aus früheren Jahrhunderten) sind untergebracht das Kaffeehaus, Speisesäle, Conversationssaal, Apotheke, Post- und Telegraphen-Bureaux, Badeverwaltungskanzlei, die warmen Bäder, nämlich ein grosses — zum gemeinschaftlichen Bade bestimmtes — Bassin, zwei Familienspiegel, fünf Cementwannen und das Volksbad. Ausser alledem noch 50 Gastzimmer.

Auf der vor dem alten Badehause befindlichen Terrasse -- Promenade genannt — die mit einem Eisengitter umrahmt ist, spenden die alten Lindenbäume immer Schatten, und bildet diese Promenade den allgemeinen Sammelplatz der Gäste; hier spielt auch die Curmusik zweimal des Tages.

Vom alten Badehause nach Osten zu liegt das neue Badehaus mit einer eleganten Vorhalle, einem grossen Badespiegel und zwölf Marmorwannen. In diesem Hause ist auch das Lesezimmer mit zahlreichen Journalen. Ein geschlossener Glascorridor verbindet das neue Badehaus mit dem grossen zwei Stock hohen Wohngebäude, in welchem 36 Zimmer zur Verfügung der Gäste stehen.

Die klimatischen Verhältnisse sind in Vihnye sehr angenehm. Von einer grossen Hitze, vielleicht die Stunden von 1 bis 3 Uhr abgerechnet, kann man selbst in den heissesten Sommertagen nicht reden. Vor Winden schützen den Ort die umgebenden Berge, und nur der Westwind kann dem Bache entlang Eingang finden. Nach den letzten achtjährigen meteorologischen Beobachtungen (in den Jahren 1881 bis 1888) beträgt die mittlere Temperatur im Monate Juni 17·18° C., im Juli 19·57° C. und im August 17·77° C.; die relative Feuchtigkeit ist im Mittel im Juni 73·5 Percent, im Juli 72·9 Percent und im August 76·2 Percent.

Die waldreiche Gebirgsgegend, günstige klimatische Verhältnisse, gutes Trinkwasser (die Engelsquelle mit 3·5° C. und die Andreasquelle mit 4·5° C. Temperatur sind weithin berühmt), die Trink- und Badecur mit dem naturwarmen Eisenmineralwasser machen es erklärlich, dass die verschiedenartigsten Kranken das Vihnyer Bad aufsuchen und hier Linderung und Heilung finden, doch hat eine Jahrhunderte alte Erfahrung gezeigt, dass vorzüglich an Blutarmuth, an Frauenleiden und Nervenkrankheiten leidende Kranke es sind, die mit dem besten Erfolge das Vihnyer Bad besuchen.

Nach den Ausweisen haben in den letzten 21 Jahren, also vom Jahre 1868 bis 1888 zusammen 8118 Personen — als ständige Gäste — das Vihnyer Bad besucht, und zwar in den ersten elf Jahren (also 1868 bis 1878) zusammen 2772 oder durchschnittlich 252 per Jahr, in den letzten zehn Jahren (1879 bis 1888) dagegen 5346 oder 535 im Durchschnitt in einem Jahre. Wenn man jetzt von der ganzen Summe die Zahl der Gesunden (1338) und der Dienstboten (847) abzieht, so verbleiben als Kranke 5933, doch muss man von diesen noch 79 in Abrechnung bringen, als solche, die eigentlich gesund im schwangeren Zustande sich befanden und das Bad nur benützten, um bei eintretender Niederkunft leichtere Entbindung und Wochenbett durchmachen zu können. Demnach waren die eigentlichen Kranken 5854 an der Zahl. Wenn man diese nach ihren Krankheiten gruppirt, so erhält man folgendes Resultat:

an Frauenkrankheiten Leidende waren	2148,	d. i.	36·8	Perc.
„ Blutarmuth „ „	1493,	„	25·5	„
„ Nervenkrankheiten „ „	867,	„	14·8	„
„ Erkrankungen der Respirationsorgane Leidende waren	329,	„	5·6	„
„ Scrophulose Leidende waren	313,	„	5·4	„
„ Erkrankungen der Verdauungsorgane Leidende waren	267,	„	4·5	„
„ rheumatischen Erkrankungen Leidende waren . . .	155,	„	2·6	„
„ Marasmus Leidende waren	141,	„	2·5	„
„ Herzleiden Leidende waren	93,	„	1·5	„
„ Erkrankungen der Harnorgane Leidende waren . . .	42,	„	0·7	„
„ Hautkrankheiten Leidende waren	6,	„	0·1	„

Dieser statistische Ausweis ist der beste Wegweiser, welchen Kranken das Vihnyer Bad angezeigt ist.

Das Mineralwasser wird innerlich als Trinkcur und äusserlich zum Baden verwendet. Man badet entweder in den grossen Bassins in Gesellschaft oder allein in den Wannen.

Ausser der Trink- und Badecur werden in den geeigneten Fällen die Terraincur, die pneumatische und elektrische Behandlung angewendet.

Hinter dem Speisesaal ist die gedeckte Kegelbahn, vor dem Badehause der Park, aus dem weithin geebnete Wege in den Tannenwald führen. Die Spazierwege und Waldpromenaden machen über 15 Kilometer aus, und ermöglichen, dass man sich den ganzen Tag in den schönsten Wäldern, auf Bergen und in Thälern aufhalten kann.

Gespeist wird à la carte gewöhnlich im Speisesaal, nur die Kranken lassen sich auf dem Zimmer bedienen. Eine Restauration und Küche nach streng israelitischem Ritus befindet sich im Hell'schen Hause.

Im alten Badehause 57, im neuen Badehause 35, im Hell'schen Hause 44 Zimmer comfortabel eingerichtet — mit Zimmertelegraphen — stehen den Gästen zur Verfügung, ausserdem sind noch 45 bis 50 Zimmer in Privathäusern zu haben.

Hinter dem Badehause steht die römisch-katholische Kirche, in der der Ortspfarrer jeden Freitag um 8½ Uhr Morgens die Messe liest.

Reise. Vihnye ist 3½ Stunden von der Eisenbahnstation Garam-Berzencze (königl. ungarische Nordbahn) entfernt; wenn man auch zufällig dort einen Wagen antreffen kann, so ist es doch sicherer, bei der Direction voraus den Wagen zu bestellen, in welchem Falle man sicher auf einen guten gedeckten Wagen rechnen kann (Preis 6 fl. österr. Währ.). Es ist aber immerhin empfehlenswerth, von Garam-Berzencze auf der schmalspurigen Bahn bis Schemnitz zu fahren, in welcher Stadt man immer auf gute Wägen rechnen kann. Von Schemnitz nach Vihnye (11 Kilometer) führt die Strasse immer in einer schönen Gegend im herrlichsten Tannenwalde. Der Postwagen verkehrt nur zwischen der Stadt und Bad, Preis per Person 1 fl. Ein Separatwagen 5 fl.

Das königl. ung. Telegraphenamt und Postamt sind in Vihnye im Badehause.

Badearzt Physicus Dr. Stefan v. Boleman (wohnt Badehaus, Zimmer Nr. 34, ordinirt des Morgens von 9 bis 10 Uhr, Nachmittags von 3 bis 4 Uhr) Die selbstständige Apotheke ist im alten Badehause.

Badebrochuren (erschienen ungarisch bei Tettey & Comp. in Budapest, deutsch bei W. Braumüller in Wien) sind in allen Buchhandlungen und bei der Badedirection zu haben.

Schwarzenberg (Feketehegy gyógyfürdö)

in Ungarn, im Zipser Comitat, in der Nähe der Bergstadt Merény.

Kaltwasserheilanstalt und klimatischer Curort.

Der Gründer war Ludwig Cornides, der mit dem Vorsatze aus Gräfenberg kam, eine gleiche Anstalt in dem Montan-Bezirke von Zips zu errichten, und durch Zufall auf diese schöne quellenreiche Gegend aufmerksam gemacht wurde. Mit dem Gelde einer Actiengesellschaft wurde im Jahre 1847 ein hölzernes ebenerdiges Curhaus mit zwei Badelocalitäten, einem Speisezimmer und 14 kleineren Wohnzimmern erbaut und auch in diesem Jahre schon von Gästen benützt. Die darauffolgende bewegte Zeit hatte dem Unternehmen Stillstand geboten; Cornides, als ein hervorragender Vaterlandsvertheidiger, musste nach dem Kriege in's Ausland flüchten und Niemand konnte das begonnene Werk weiterleiten.

Bis 1853 stand das Gebäude unbenützt, in welchem Jahre der jetzige Eigenthümer als theoretisch und praktisch gebildeter hydriatischer Arzt die Anstalt von der Actiengesellschaft käuflich übernahm und zum Curgebrauch eröffnete. Seit dieser Zeit sind nun 37 Jahre verflossen, während welcher die Anstalt nach und nach die jetzige Ausdehnung erlangte und über 200 Gäste zu gleicher Zeit Aufnahme finden können. In acht Gebäuden sind 120 Gastzimmer, zwei Speisesalons und eine grosse Veranda, die auch zum Speisen benützt wird, ein Cursaal, ein Lesezimmer und die Wohnung des Eigenthümers, zehn Badelocalitäten, drei Küchen und mehrere Wirthschaftsräumlichkeiten, auch steht in nächster Nähe eine schöne Kegelbahn und Musikpavillon. Die Gebäude liegen auf Wiesengrund in einem Thalkessel, 2000 Fuss (660 Meter) über dem Meeresspiegel, von dichtem Tannen- und Fichtenwald an den ringsumher befindlichen Bergesabhängen umgeben. Durch diese Nadelwälder führen nach verschiedenen Richtungen gut erhaltene Spazierwege zu den vielen Quellen und Fernsichten.

Diese Gegend ist die wasserreichste in ganz Ungarn, denn nicht nur, dass in unmittelbarer Nähe der Anstaltsgebäude sechs starke Quellen entspringen, findet man auch viele im Walde zerstreut, von denen 14 gefasst sind. Die Schwarzenberger Hauptquelle war seit altersher bekannt, und wurde ihr Wasser zum Trinken in Fieber und Unterleibskrankheiten, als wie den Stoffwechsel und die Verdauung beförderndes Mittel öfter angewendet. Das Wasser in den Quellen, von vorzüglicher Güte und Reinheit, hat + 6° bis 8° R., und nach der Analyse des Professors Schenck enthält es in 100.000 Theilen 3·3 Theile an fixen Bestandtheilen, was in Percenten ausgedrückt 0·0033 gibt. Die klimatischen Verhältnisse in Schwarzenberg sind auch recht günstig; von Süd, West und Nord durch hohe Berge geschützt, die Luft milde, rein und sehr ozonreich, durch die Exhalation der Nadelwälder auch

Schwarzenberg (Feketehegy gyógyfürdo).

den Brustkranken heilsam, so dass es scheint, als hätte die Natur den Thalkessel von Schwarzenberg durch seine stets kräftige balsamische Luft und vorzüglich reines Wasser, wie auch durch sein schönes Wiesengrün und überraschenden Fernsichten eigens zur Naturheilanstalt geschaffen.

Ausser den acuten Krankheitsformen, die wohl in einer Heilanstalt seltener zur Behandlung kommen, eignen sich fast alle chronische Leiden für eine rationelle hydriatische Cur. Besonderen Erfolg beobachtete man bei folgenden Krankheiten: bei Blut- und Säftekrankheiten, Krankheiten des Nervensystems, Brust-, Lungen- und Herzleiden, Krankheiten der Verdauungsorgane, Krankheiten der Harn- und Geschlechtsorgane, als auch Hautkrankheiten. Patienten, welche an genannten Uebeln leiden, werden, sobald Heilung oder doch bedeutende Besserung zu erwarten ist, stets in der Anstalt von Mitte Mai bis Ende September zur Cur aufgenommen. Doch wegen noch immer vorkommendem Raummangel ist es nothwendig, während der Hauptsaison betreffs Quartier im Vorhinein Anfrage zu stellen. Die Cur in Schwarzenberg ist streng auf den Principien der Wasserheilkunde basirt und wird nach 37jährigen Erfahrungen des Eigenthümers der Individualität und Krankheit angepasst. Die Temperatur des angewendeten Wassers variirt nach Bedarf von 6° bis 24° R. und wird ausser dem Trinken in Form von Umschlägen, Abwaschungen, Bädern, Abreibungen, Douchen und Einpackungen gebraucht. Das Schwitzen zur Entfernung von Krankheitsstoffen findet in von dem Eigenthümer eigens erfundenen Schwitzkästen statt; es befindet sich im Bade auch ein allopathischer Arzt, der von den Nichteurgästen consultirt werden kann und auch die hydriatischen Curen beaufsichtigt. Ganze Pension sammt Curkosten beträgt für eine Person nicht mehr als 15—18 fl. wöchentlich, für Kinder bis zu zehn Jahren zahlt man die Hälfte. Ausser dem Curtisch, an welchem hydriatische Kost servirt wird, werden Nichteurgäste mit Kaffee, Thee, Chocolade, Wein und Abends mit Braten bedient.

Zur Unterhaltung und Zerstreuung der Gäste stehen denselben Zeitungen, Bibliothek, Clavier, Billard, Kegelbahn und Kegelspiel zur Verfügung, auch ist über die Monate Juli und August eine ständige gute Zigeunercapelle engagirt, welche täglich dreimal concertirt und bei deren Musik zweimal wöchentlich Tanzunterhaltungen stattfinden. Erwähnenswerth ist, dass im verflossenen Sommer zur Erinnerung an den berühmten ungarischen Dichter Tompa Mihály, der sich im Jahre 1866 als Curgast in Schwarzenberg aufgehalten hatte, ein schönes Denkmal, lebensgetreue Büste aus weissem Marmor, auf Sockel von dunklem Karpathengranit, in der Nähe der Hauptpromenade errichtet wurde.

Die nächste Bahnstation, zweieinhalb Stunden vom Bade entfernt, ist Igló-Löcse, Zipser Comitat, an der Kaschau-Oderberger Strecke, woselbst man stets Fahrgelegenheiten nach Schwarzenberg für 4—5 fl. haben kann; die Rückreise kann stets auf den Wägen des Badeeigenthümers erfolgen. Königliches Postamt ist in loco, Telegraphenstation in Merény.

Nähere Auskunft ertheilt gerne schriftlich und durch Prospecte der Eigenthümer und Dirigent der Anstalt Wilhelm Lomniczy.

Fürstlich Clary'sche

Curanstalt Theresienbad in Eichwald

bei Teplitz in Böhmen.

Subalpiner Gebirgscurort und Wasserheilanstalt.

Eichwald nimmt unter den klimatischen Curorten der Neuzeit und speciell das Theresienbad unter den Etablissements für Hydrotherapie einen hervorragenden Platz ein.

Der **Curort** liegt unmittelbar am Fusse des Erzgebirges in einem Thale, welches von Westen, Norden und Osten durch das schön bewaldete Gebirge gegen jede rauhe Luftströmung geschützt ist.

Er besitzt in Folge dessen ein äusserst angenehmes Klima, und in seiner Höhenlage von 420 Meter gleich 1328 Fuss Seehöhe eine reine, ozonreiche, somit stärkende Gebirgsluft.

Am äussersten Ende dieses Thales unmittelbar am Walde wurde das Theresienbad im Jahre 1878 erbaut.

In demselben ist ein Curetablissement geschaffen worden, welches als das grösste dieser Art, die verschiedensten Bäder, Wohnungen, Gesellschaftsräume und Restauration in zweckmässigster und elegantester Einrichtung vereinigt enthält.

Das **Etablissement** besteht aus zwei sich gegenüber liegenden zweistöckigen Gebäuden, deren nördliche kurze Fronten durch eine bis zum Niveau der ersten Stockwerke reichende Terrasse verbunden sind, so dass den Bewohnern der ersten Stockwerke beider Gebäude jedwedes Treppensteigen erspart ist, und die im zweiten Stockwerke wohnenden Curgäste nur eine Treppe zu steigen haben.

Der **Wald** mit wohlgepflegten, weit ausgedehnten schönen Promenadewegen bietet Gelegenheit zu erquickenden Spaziergängen.

Das **vorzügliche Klima,** die herrlichen Gebirgs- und Waldpromenadenwege, die geschützte schöne Lage des Theresienbades und die comfortable zweckentsprechende Einrichtung desselben, bieten zusammen die sichere Grundlage für einen ruhigen, Stärkung gewährenden, gesunden Aufenthalt im Curorte Eichwald, zeuge dessen die Anzahl der Curgäste von Jahr zu Jahr steigt.

Ueber die specielle Einrichtung dieses Curetablissements ist Folgendes anzuführen.

Für die **Wassercur** sind sowohl Separatlogen zum Gebrauch für einzelne Personen, als auch zwei Säle vorhanden, wodurch jeder erwünschte Comfort für den Gebrauch dieser Cur geboten ist.

Die gesammten Einrichtungen für die Wassercur im Theresienbade sind so umfangreich, zweckmässig und comfortabel angeordnet, dass diese Wassercuranstalt in jeder Beziehung mustergiltig ist.

Das **Schwimmbassin** für Herren, sowie jenes für Damen sind mit durchlaufendem temperirbaren Wasser aus dem Gebirgsbache versehen und mit kräftigen Apparaten für diverse kalte Douchen ausgestattet.

Für die gewöhnlichen Reinigungsbäder, sowie für die sonstigen Mineral- und medicinischen Specialbäder sind elegante und sehr bequeme Porzellanbecken vorhanden.

Die **Wohnzimmer** dieses Curhauses haben verschiedene Grössen, für eine, zwei und drei Personen, sind durchaus zweckmässig, bequem und elegant eingerichtet und vielfach mit Balconen versehen, wo die Curgäste den Aufenthalt im Freien auch zu Hause geniessen können und die schönste Fernsicht auf die umgebende waldreiche Landschaft finden.

Die **Anzahl** der Wohnzimmer in beiden Gebäuden ist zusammen 80, so dass sehr bequem circa 120 Personen daselbst Unterkunft finden.

Die **Zimmer** sind theils mit Dampfheizung, theils mit gewöhnlichen Zimmeröfen versehen.

Die **Restaurationslocale,** und zwar ein grosser Saal mit fünf Nebenlocalitäten, darunter Billardspiel und Lesezimmer befinden sich im ersten Stockwerke des linken Flügelgebäudes, in gleicher Ebene mit der Terrasse, mit dem Restaurationsgarten, wie auch in gleicher Ebene mit dem anliegenden Walde.

Die **Administration** des Etablissements liegt in den Händen der Fürst Clary'schen Güterinspection, so dass die beste Garantie für die Erfüllung jeglicher Wünsche der Curgäste geboten ist.

Das **Curwesen** selbst ist einem erprobten Medicinae Doctor anvertraut.

Für den Curgast ist es von Wichtigkeit, dass im Theresienbade die Miethpreise äusserst billig gehalten sind. Je nach Lage, Grösse und Einrichtung kostet ein einfenstriges Zimmer per Woche 5—9 fl.

Ein zwei- und mehrfenstriges Zimmer (Salon) von 9—24 fl. per Woche bei Vermiethung von 1—2 Pièçen. Bei Vermiethung von mehreren im Zusammenhange für ganze Familien bestimmte Localitäten stellt sich der Wochenpreis noch verhältnissmässig billiger.

Guber-Quelle

bei Srebrenica in Bosnien.

Arsen- und eisenhaltiges Mineralwasser.

Im äussersten Osten von Bosnien liegt die Bezirksstadt Srebernica, deren Umgebung eine grosse Anzahl von Quellen enthält, die sämmtlich durch einen Gehalt an schwefelsaurem Eisen und Arsen charakterisirt sind. Die von dem k. k. o. ö. Professor der medicinischen Chemie, Herrn Hofrath Dr. Ernst Ludwig, im Auftrage des k. u. k. gemeinsamen Finanzministeriums vorgenommene chemische Analyse ergab folgende Resultate für 10·000 Gewichtstheile Wasser:

Chlornatrium	0·017	Schwefelsaures Aluminium	2·277
Schwefelsaures Kalium	0·166	Freie Schwefelsäure	0·093
Schwefelsaures Natrium	0·037	Saures phosphorsaures Calcium	0·010
Schwefelsaures Calcium	0·209	Arsenigsäureanhydrid	0·061
Schwefelsaures Magnesium	0·219	Kieselsäureanhydrid	0·648
Schwefelsaures Eisenoxydul	3·734	Lithium, Kupfer	Spuren
Schwefelsaures Mangan	0·009	Organische Substanzen	0·074
Schwefelsaures Zink	0·078	Summe der festen Bestandtheile	7·539

Krynica

in Galizien.

Eisenquelle.

Dank den in jüngster Zeit gebesserten Verkehrsverhältnissen und namentlich durch das Entstehen der, die galizischen Karpathengebirge in ihrer ganzen Länge durchschneidenden Transversalbahn und Tarnow-Leluchower Eisenbahn, welche einerseits in Tarnow an die galizische Carl Ludwig-Eisenbahn, andererseits in Orlo an das nordungarische Bahnnetz unmittelbar anschliesst, ist in den westgalizischen Curorten ein reger Wetteifer geweckt worden, um den dermaligen an solche Anstalten gestellten Anforderungen zu entsprechen und allen gerechten Wünschen des Curpublicum nachzukommen.

Insbesondere gilt dies von der bereits seit dem Jahre 1793 bekannten und besuchten Curanstalt Krynica, welche sowohl rücksichtlich der eminenten Heilwirksamkeit ihrer ausgezeichneten Mineralquellen und Moorlager, als rücksichtlich ihrer reizenden Lage die Perle der galizischen Curorte genannt werden kann.

Die k. k. Curanstalt Krynica liegt in einem freundlichen, von drei Seiten mit sanft aufsteigenden, grossentheils mit Nadelholz bewaldeten Anhöhen umgebenen und gegen Süden ganz offenen, 589 Meter über dem Meere gelegenen Thale, ist mit der nächstliegenden Station Muszyna-Krynica der Tarnow-Leluchower Eisenbahn mittelst einer vorzüglichen, zehn Kilometer langen Chaussée ersten Ranges verbunden.

Krynica besitzt mehrere kohlensäurereiche Quellen, die grösstentheils zur Gruppe der erdigen Eisensäuerlinge gezählt werden. Von diesen zahlreichen Quellen werden bis jetzt vorwiegend nur zwei für Curzwecke benützt, nämlich die sogenannte Krynicaer Hauptquelle Nr. 1 und Slotwinaer Hauptquelle Nr. 2.

Auf Grund beigegebener Analyse müssen wir die Krynica-Eisenwässer zu den stärksten erdigen Säuerlingen rechnen; der Kohlensäuregehalt übertrifft die meisten der bekannten kohlensauren Wässer.

Die Krynicaer Mineralwässer werden zur Trink- und Badecur verwendet. Das Badehaus ist mit vollem Comfort eingerichtet. Es besitzt 76 Badecabinete mit der Einrichtung zum unmittelbaren Erwärmen nach der Schwartz'schen Methode.

Eines wohlverdienten Rufes erfreuen sich die vortrefflichen Eisenmoorbäder von Krynica. Man benützt sie in einem vollkommen neu errichteten Badehause mit 27 Badecabinen.

Vor fünf Jahren wurde ferner in Krynica eine Kaltwasserheilanstalt, allen modernen wissenschaftlichen Erfordernissen entsprechend, errichtet.

Von anderen Cureinrichtungen verdienen noch der Erwähnung:

Gasbäderanstalt, wo die Bäder aus natürlichem kohlensauren Gase bereitet werden, Flussbäderanstalt, separate heilgymnastische Anstalt, Milch- und Molkenanstalt, Kefiranstalt, Dr. Skórczewski's diätetische Curanstalt; Einrichtungen für Terraincur nach Prof. Oertel.

Ein überhaupt mildes subalpines Klima mit ozonreicher Luft ist ein grosser Vorzug der Krynicaer Heilanstalt. Die Temperatur der Sommermonate beträgt durchschnittlich

im Juni	. . . .	15·74
„ Juli	. . . .	17·15
„ August	. . . .	16·67
„ September	. . .	11·90

Localapotheke mit einer Niederlage aller fremden Mineralwässer und Badezusätze.

Erzeugung von Krynicaer Pastillen und Fichtennadelbade-Extract für balsamische Fichtennadelbäder.

Wie die bisherige Erfahrung lehrt, ist die Krynicaer Trink- und Badecur in nachstehenden Krankheiten angezeigt:

Blutarmuth, Bleichsucht, sowohl die primäre Form, als solche, die von chronischen Erkrankungen der Milz, der Leber, der Nieren, von Malaria u. s. w. abhängig ist. Hydrämie, Hypoglobulie und Scorbut, allgemeine Schwächezustände nach schweren acuten Krankheiten, nach langer Lactation, nach anhaltender grosser körperlicher und geistiger Ueberanstrengung. Erkrankungen des Sexualsystems des Mannes mit dem Charakter der Schwäche, Impotenz, Spermatorrhöe, Pollutionen. Erkrankungen des weiblichen Sexualsystems: Menstruationsanomalien, chronische Gebärmutterentzündungen (Metritis und Endometritis chronica) in allen ihren Formen, Sterilität, Neigung zum Abortus etc. Chronische Durchfälle, namentlich bei Kindern, welche mit allgemeiner Kachexie einhergehen. Chronische Darmkatarrhe, mit Diarrhöe verbunden, der Erwachsenen. Magenkatarrh, besonders im initialen Stadium der Krankheit, als die Kranken in Folge von übersaurer Reaction des Mageninhaltes an Verdauungsstörungen und Cardialschmerzen leiden. — Verschiedenartigsten Neuralgien, besonders wenn diese sich als rheumatische oder artheritische Neuralgien charakterisiren, oder in Folge von Anämie entstanden sind. Neurasthenie in allen ihren Formen bei Anämischen. Verschiedenartige Lähmungen, besonders als Folge von Exsudaten, welche die peripherischen Nervenstämme drücken. Manche Rückenmarkskrankheiten (Poliomyelitis chronica anterior). Rheumatismus chronicus, sowohl muscularis als auch articularis. — Alle Formen der englischen Krankheit, die torpiden Scropheln, chronische Bright'sche Krankheit: Herzfehler, sowohl in stadio beginnender Compensate, wie auch in stadio Incompensationis. Traumatische Exsudate, Verrenkungen, schlechtheilende Knochenbrüche u. s. w.

Der Zerstreuung und Bequemlichkeit des Curpublicums wird gewidmet: Parkanlagen, die sich über eine Strecke von über 100 Joch (Cohn) ausdehnen. Neues Curhaus, mit einer Kostenanlage von einer Viertelmillion Gulden erbaut, der Lesesalon, in welchem polnische, deutsche, französische und russische Zeitschriften aufliegen. Die Leihbibliothek. — Ein vorzügliches Musikorchester. Hotels, Restaurationen und Conditoreien. Katholische und ruthenische Kirche, k. k. Postamt und Telegraphenbureau.

Die **Cursaison** dauert vom 15. Mai bis Ende September. Die Frequenz der Curgäste vergrössert sich mit jedem Jahr. Man berechnet sie durchschnittlich auf 4000 bis 5000 nebst Passanten.

Brunnenärzte: Dr. Z. Ashkenasy, Dr. J. Blatteis, Dr. H. Ebers, Leiter der k. k. hydropathischen Anstalt, Dr. L. v. Kopff, k. k. Brunnenarzt, Dr. A. Lorentski, Docent Dr. A. Mars, Dr. Skorczewski.

Bestellungen für die Mineralwässer von Krynica werden von der k. k. Brunnenverwaltung in Krynica realisirt, wie auch allfällige Anfragen von derselben sofort beantwortet.

Wir geben hier die chemische Analyse der wichtigsten Quellen wieder.

Chemische Analyse.

Die kohlensauren Salze als neutrale wasserfreie Carbonate in 1000 Theilen berechnet:

Bestandtheile	I. Krynicaer Hauptquelle. Analyse von A. Alexandrowicz	II. Slotwinaer Hauptquelle. Analyse von Prof. Dr. Stoperanski	III. Slotwinaer Quelle. Analyse von Dr. Dietrich	IV. Krynicaer Quelle. Analyse von Dr. Dietrich	V. Krynicaer Quelle. Analyse von Dr. Dietrich
Schwefelsaures Kali	0·007546	—	0·00233	0·001158	0·00290
Schwefelsaures Natron	0·001454	—	—	—	—
Chlornatrium	0·015278	—	0·00198	0·002925	0·00171
Chlorkalium	—	0·012998	0·0117	0·000118	0·00467
Kohlensaures Natron	0·195426	0·571509	0·24425	0·021029	0·02450
Kohlensaures Kali	—	0·005589	—	—	—
Kohlensaures Lithion	0·001231	0·001415	0·00114	—	—
Kohlensaures Baryt	0·001953	0·002012	—	—	—
Kohlensaurer Strontian	0·000313	0·000161		—	—
Kohlensaurer Kalk	1·389326	0·534404	0·69602	0·659700	0·61650
Kohlensaure Magnesia	0·099185	0·730712	0·39728	0·106360	0·13634
Kohlensaures Eisenoxydul	0·028815	0·017722	0·01431	0·018414	0·02384
Kohlensaures Mangan	0·008016	—	—	0·004311	0·00597
Salpetersaures Natron	Spur	—	—	—	—
Borsaures Natron	Spur	—	—	—	—
Phosphorsaure Thonerde	0·093864	0·001751		—	—
Ameisensaures Natron	0·000786	—	—	—	—
Proprionsaures, essigsaures, buttersaures Natron	0·003332	—	—	0·037050	—
Gemenge von Ameisen-, Proprion- und Buttersäure	—	—	0·00123	0·000420	0·00159
Organische Extractivstoffe	0·035944	—	0·00961	0·008220	0·01285
Fluorkalium	Spur	—	—	—	—
Kieselsäure	0·066784	0·027247	0·02465	—	0·02940
Phosphorsäure und Thonerde	—	—	0·00092	0·000570	0·00069
Phosphorsaurer Kalk	0·002442	0·001503	—	—	—
Summe der fixen Bestandtheile	1·861695	1·907021	1·40489	0·860275	0·86127
Die zur Bildung von Bicarbonaten nöthige Menge Kohlensäure	0·757539	0·864911	0·62184	0·363235	0·3648
Wirklich freie Kohlensäure	2·450735	1·957547	1·89132	1·918472	1·89876

Ebriacher Sauerbrunnen.

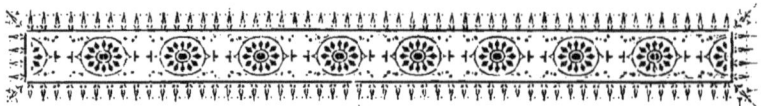

Die Ebriacher Sauerbrunnen des Otto Sanskowitsch in Eisenkappel liegen nächst dem Markt Eisenkappel in Kärnten. Bahnstation Künsdorf. Post- und Telegraphenamt Eisenkappel.

Im schönen Ebriachthal, westlich des Eisenkappel, entspringen aus Granit, am Fusse des Südabhanges von Obir, 655 Meter über dem Meere, die Ebriacher Sauerbrunnquellen I und II.

Die chemischen Analysen beider Quellen ergeben in 10.000 Theilen für

	Quelle I nach Dr. Mitteregger	Quelle II nach Dr. Mitteregger	Quelle II nach Prof. Redtenbacher
Kaliumsulphat . . .	1·371	0·711	0·478
Natriumsulphat . .	1·293	1·735	0·879
Natriumchlorid	0·644	0·619	0·601
Natriumcarbonat . .	21·296	34·853	32·997
Magnesiumcarbonat .	4·532	6·553	6·439
Calciumcarbonat . .	7·023	10·000	9·439
Eisencarbonat .	0·406	0·754	0·269
Lithioncarbonat . . .	nicht gesucht		0·087
Thonerde	0·130	0·630	0·199
Kieselsäure . . .	0·320	0·830	0·781
Abdampfrückstände	40·018	56·687	52·172
Kohlensäure, halbgebunden .	15·679	22·585	21·376
„ freie . . .	22·102	20·096	17·185
Kohlensäure .	37·781	42·681	38·561

Nach diesen Analysen gehören die Ebriacher Quellen in die Classe der alkalischen Säuerlinge und sind sie ausgezeichnet durch grosse Mengen Kohlensäure, besonders freier, wie durch sehr bedeutenden kohlensauren Natron- bei geringem Kalk- und Eisengehalt. Die Ebriacher Quellen geben nicht nur ein sehr werthvolles Heilwasser, sondern sie sind auch ein vorzügliches diätetisches und Erfrischungsgetränk, sowohl allein oder gemischt mit Wein, Zucker, Fruchtsäften, mit welchem sie champagnerweinartig hoch aufschäumen, genommen.

Der Ebriacher Sauerbrunnen wird dermalen nur versendet in Flaschen. Ebriach ist noch kein Curort.

Mallnerbrunn

bei Veldes in Oberkrain.

Naturheilanstalt.

Motto: Wasser thut's freilich —
Rausse.
Höher jedoch steht die Luft,
Am höchsten das Licht!
Rikli.

Naturheilanstalt Mallnerbrunn bei Veldes in Oberkrain (Oesterreich). Wundervolle quellenreiche Hochgebirgsgegend mit See — halbsüdliches Klima, milde Nächte.

Die Anstaltspraxis vertritt den Standpunkt, dass der Mensch seinem Wesen nach eine wandelnde Nervenpflanze ist, deren vornehmste Nahrung im Licht

Veldes

(der Sonne) und der Luft besteht; ferner dass alle chronischen Leiden, in erster Linie vom Nervensystem ausgehen, in Folge dessen gestörter Strahlung (Innervation) auf die Blutbahnen und die Organe. Es bildet darnach hier

die atmosphärische Cur, d. i. der methodische Gebrauch der Licht-Luftbäder, der Sonnenbäder, das Bewohnen der Lufthütten als Quelle höchster Nervenkräftigung und der Säftereinigung den Schwerpunkt, die Wasserapplication den Secundärpunkt der Cur.

In den Lufthütten lebt man gleichsam im Freien und empfängt in hellen Nächten bezaubernde Eindrücke! Deren Zweckmässigkeit und idyllische Lage wird von den bisherigen Bewohnern begeistert anerkannt. Die Leitung besorgt seit 35 Jahren Arnold Rikli, naturwissenschaftlicher Arzt (jeweilig vom 1. December bis 7. April in Florenz, via Senese Nr. 62). Aerztliche Aufklärung in den Schriften: Das Licht-Luftbad 1 M.; Die atmosphärische Cur 60 Pf. beim Verfasser und L. Fernau in Leipzig.

Mallnerbrunn ist die Gründungstätte der atmosphärischen Cur und einstweilen Unicum nicht nur in Oesterreich, sondern auf dem ganzen Erdenrund. Diese Heilmethode wird einstens grosses Aufsehen erregen und allgemeine Nachahmung finden!

Vorwort. Die Curverhältnisse in Veldes sind so eigenthümlicher Art, dass eine etwas ausführlichere Beschreibung als gewöhnlich üblich am Platze ist.

Landschaft. Bevölkerung. Zureise. Veldes liegt in einer der malerischesten Gegenden Oesterreichs, an einem sehr lieblichen See von anderthalb Stunden Umfang, zwischen den wildzackigen Karawanken, welche sich im Grintouz bis zu einer Seehöhe von 2560 Meter erheben, und den malerischen Julischen Alpen mit einer sechsreihigen, amphitheatralischen Staffage, welche sich im König Triglav bis zu 2862 Meter imposant emporthürmen.

Trotzdem mächtige Gebirge Veldes in weitem Kreise umgürten, so zeichnet sich dessen nähere Umgebung doch mehr durch Lieblichkeit und Vielfältigkeit, als durch Grossartigkeit aus. Aehnlich dem hervorragenden Schlossberge, welcher hart am See circa 400 Fuss hoch in senkrechten Felsen abfällt, ist Veldes von einer Menge kleinerer und grösserer, maulwurfartig hingeworfener Hügel umgeben, wovon der höchste circa 500 Fuss relative Höhe erreicht.

Aus dem See, welcher circa 500 Meter über dem adriatischen Meere liegt, ragt ein allerliebstes Inselbergchen hervor, auf welchem sich, als malerische Zierde, eine Kirche sammt Kirchthurm erhebt, von dem aus harmonisches Geläute jeden Samstag Abend lieblich über das Wasser tönt. Gerade jene wie hingesäeten Bergchen verleihen der Umgebung von Veldes einen ganz eigenthümlichen Reiz, und obwohl diese von Künstlerhand schon vielfach aufgenommen wurde, hört man nicht selten das Urtheil, hier übertreffe die Natur jedes Bild.

Die Volkssprache in Oberkrain ist die slavische, indessen sprechen die meisten Männer deutsch, und die heranwachsende Jugend lernt die deutsche Sprache ziemlich allgemein. Die Bevölkerung, ein kräftiger Menschenschlag, obwohl noch ziemlich uncultivirt, bezeugt im Allgemeinen doch einen gutmüthigen Charakter.

Das stark durchschnittene Land Oberkrains bietet mannigfache interessante, kürzere und längere Thal- und Gebirgsausflüge, auch liefert die Gegend in botanischer Beziehung sehr dankbare Ausbeute.

Durch die Nähe des adriatischen Meeres und den Schutz hoher Berge gegen Norden und Osten erfreut sich Veldes eines sehr milden Gebirgsklimas, was sich namentlich an den angenehmen Morgen und milden Abenden fühlbar macht, welche schon im nachbarlichen Südsteiermark merklich feuchter und rauher sind.

Veldes liegt westlich von Laibach und südöstlich von Villach, eine halbe Stunde (per Wagen) von der Kronprinz Rudolfsbahn-Station Lees Veldes entfernt. Letztere wird per Bahn von Laibach in anderthalb Stunden, von Villach in drei Stunden erreicht. Südlich von Villach, nach circa einer Stunde Fahrzeit, oder auch, wenn man aus Italien über Pontafel kommt, muss man durch die Abzweigestation Tarvis fahren, allwo meistens Wagenwechsel stattfindet.

Liebhaber schöner Gebirgsansichten können von Villach aus den sogenannten Aussichtswaggon (in welchem man rechter Hand zu sitzen hat) benützen, wozu man blos einer Fahrkarte I. Classe bedarf.

Für die bei Tage anlangenden Züge finden sich in der Regel hinreichend Fahrgelegenheiten nach Veldes auf der Station, nämlich Einspänner zu 1 fl. und Zweispänner zu 2 fl. Die Post nimmt ebenfalls Passagiere um 40 kr. per Kopf auf, jedoch in beschränkter Zahl. Mit Nachtzügen anlangende Gäste sollten nicht ermangeln, sich früher rechtzeitig Fahrgelegenheiten zu bestellen, nämlich beim Postmeister Schrei in Lees oder direct beim Anstaltsdirigenten.

Beschreibung der Bade- und Curanstalts-Localitäten. Die Badeanstalt Mallnerbrunn liegt hart am östlichen Ende des Sees, mit der Hauptfront nach Südwesten, dem schönsten Theil der Umgebung, gerichtet. Sie verfügt über zwei reichhaltige Quellen (eigentlich Thermen neutralen Wassers) mit der Temperatur von 8 und 12·5° R., wovon letztere in einem Bassin aufgefangen ist, in welchem man sowohl Schwimmbäder als auch die so wichtigen ableitenden Beinbäder nimmt.

Ausser diesem Bassin wird auch der See zu Vollbädern benützt, dessen Temperatur im Sommer zwischen 16 bis 20° R. wechselt. Wenig über den Seespiegel erhaben liegt der Badesaal für die Damen, unmittelbar darüber deren Sonnenbadgalerie. Ein Stockwerk höher und um die halbe Hausbreite rückwärts (weil die Anstalt an einem Abhange steht) befindet sich der Badesaal für Männer, sowie ebenfalls darüber deren Sonnenbadgalerie. Neben der letzteren ist ein gemeinschaftlicher, gut ventilirter Wohn- und Schlafsaal für zehn Herren vorhanden, hauptsächlich für solche, welche möglichst billig logiren wollen.

Eine Originalität des Veldeser Curortes besteht in der sogenannten Lufthütten-Colonie, welche circa zehn Minuten entfernt gegenüber der Curanstalt, hart am See und in nach Norden und Westen vom Schlossberge sehr geschützter Lage errichtet ist. Diese Hütten in verschiedenen Grössen, nämlich von einem kleinen bis zu einem ziemlich grossen Zimmer, sind in ihrer Hauptfront, welche nach dem See gerichtet ist, ganz offen, zu gelegentlichem Verschluss mit Vorhängen versehen; Kastanienbäume umgeben sie von allen Seiten. Um je nach der Witterung die Hütten stärker oder schwächer lüften zu können, sind grössere Lüftungsöffnungen mit Verschlussbalken nach rückwärts angebracht. Eine solche Hütte ist für je zwei Individuen mit genügenden Möbeln ausgestattet und bildet für die ernstlich Lichtluftbadenden das ständige Quartier. Nicht nur Herren, sondern auch Damen mit ihren Kindern können in denselben Unterkunft nehmen. Je nach dem zunehmenden Bedürfnisse werden diese Lufthütten in verschiedener Form vermehrt. Das betreffende Grundstück besitzt nämlich eine Anlage für 30 solcher Hütten in drei Reihen, wobei zwischen je zwei derselben eine geräumige Kastanienallee zu schattigen Spaziergängen einladet.

Die gesundheitliche Beschaffenheit, sowie die idyllische Lage der Lufthütten-Colonie wird von den Bewohnern derselben allgemein begeistert anerkannt, so dass das Wohnen daselbst für sich allein schon eine halbe Cur in sich schliesst.

Das Wohn- und Speisehaus musste einstweilen (localer Intriguen wegen) im Dorf Veldes oben, circa 15 Minuten von der Badeanstalt entfernt, errichtet werden. Die Mehrzahl der Curgäste speist dort, und zwar stets im Freien unter einer Veranda. Ausser diesem Wohngebäude stehen den P. T. Curgästen noch verschiedene andere Privatwohnungen und Gasthäuser zur Verfügung, falls unsere Wohnräume besetzt sind.

Seit der Saison 1888 spielt in Veldes täglich zweimal an verschiedenen Orten eine Curmusik.

Eigenthümlichkeit der Curmethode in Veldes. Um sich eine richtige Vorstellung vom Curorte Veldes anzueignen, ist es nöthig, zu wissen, dass sich zweierlei Gäste daselbst einfinden, nämlich sogenannte Sommerfrischler, die zahlreicher erst von Mitte bis Ende Juli eintreffen, sich in den verschiedenen Gast- und Privathäusern am See einlogiren und der Hauptzahl nach mit Ende August wieder abziehen. Dieselben benützen ausser den Seebädern auch die Bäder im sogenannten Louisenbade, in einer kohlensäurereichen, eisenhältigen Quelle von 18° R.; sie geniessen die milde, reine Luft auf Spaziergängen, Seefahrten, sowie auf kleineren und grösseren Ausflügen in die Umgebungen. — Die andere Gruppe umfasst diejenigen Gäste, denen es ernstlich um eine gründliche Erholung oder um Herstellung ihrer verlorenen Gesundheit zu thun ist. Diese sind die eigentlichen Curgäste, welche durch die gemeinsamen Zwecke, welche sie verfolgen, und die gemeinschaftlichen Curmittel zu einer förmlichen Curfamilie verbunden werden. Die ersten Gäste dieser Kategorie erscheinen schon Ende Mai, die letzten verschwinden gegen Ende September, indem die Anstalt jeweilig am 1. Juni eröffnet und am 30. September geschlossen wird.

Der Schwerpunkt der in Veldes üblichen Heilmethode wird, wie schon erwähnt wurde, in die atmosphärische Cur gelegt, weil diese für uns, als Lichtluftgeschöpfe, in chronischen Leiden viel geeigneter (adäquater) ist, als die einseitige Wassercur. Es wird schwerlich jemals eine andere Methode im Stande sein, eine ebenso gründliche Umstimmung (Kräftigung) des Nervensystems und des Gefässsystemes hervorzubringen. Mallnerbrunn steht hierin seit 34 Jahren als Unicum da. Wohl kommen daselbst alle möglichen Wasseranwendungsformen (warme wie kalte), wenngleich meistens in untergeordnetem Grade vor. Schon vor Gründung der Anstalt hatten wir Gelegenheit, die schädliche Einseitigkeit mancher Kaltwassercuren, sogar Nervenüberreizung selbst bei milder Wasseranwendung, kennen zu lernen. Durch das Vorwiegen der atmosphärischen Cur wird Besserung, sogar Heilung namentlich in Nervenleiden erzielt, wie solches durch die Wassercur allein nie möglich ist.

Die Naturheilkunde kennt keine Krankheits-Objecte nach medicinischer Classificirung und Benennung, sondern sie sieht nur erkrankte Individuen, in welchen die Lebenskraft mit der Materie (Stoffwechselrückstände) kämpft. Besonders abfällig verwirft sie den medicinischen Standpunkt der „örtlichen Leiden" nämlich die örtliche Behandlung zur Hauptsache zu machen — indem sie den Grundsatz aufstellt, dass der menschliche Organismus ein integrirendes Ganzes ist, welches für jede Localstörung verantwortlich gemacht werden muss!

Sie beruht daher auf einfacher, solider Grundlage, die sie zu einem ganz selbstständigen Heilsystem stempelt, welches keine Krankheitsform grundsätzlich ausschliesst, wenn auch vorgerückte Erkrankungen, weil unheilbar, hie und da eine Abweisung erfordern.

Sehr viel hängt von der Ausdauer in der Cur ab, ob dieselbe befriedigend oder durchgreifend nachwirkt. Eine zu kurze Cur ist manchmal so viel wie keine Cur. Der erste hygienische Cursus gegen tief chronische Leiden sollte nie unter zwei Monaten dauern, indem erfahrungsgemäss festgestellt ist, dass man für jeden Curmonat auf die sechsfache Zeit lytischer (langsam bessernde) oder kritischer (mit stürmischen Ausscheidungen begleitete) Besserung rechnen kann. Erst nach Ablauf dieser Zeit darf man sich ein massgebendes Urtheil über die Curwirkung gestatten. Schwer Nervenkranke sollten den ersten Curcyklus auf drei oder vier Monate ausdehnen, um bei schlechtem Wetter Ruhepausen eintreten zu lassen.

Die wirksamste Curperiode ist stets von Anfang Juni bis Ende Juli, weil die Sonnenstrahlen im Frühsommer auf das vegetative Leben fördernder wirken, als selbst die wärmeren Strahlen des Nachsommers.

Entschieden abzurathen ist es, Familienangehörige mitzubringen, welche die Cur nicht zu machen beabsichtigen, es sei denn zum Zwecke ernstlicher Pflege des Kranken, aber auch dann nur, wenn sie von den Curprincipien vollständig überzeugt sind; im anderen Falle bewirken sie, weil ihnen als Gesunden (?) Manches unbequem ist, einen recht nachtheiligen Einfluss auf den Curanten.

Wir empfehlen, einen Anzug winterlicher Unterkleider oder Ueberkleider mitzubringen. Blutarme beides; alle nöthigen Currequisiten erhält man in Veldes, natürlich kleinere nothwendige Gegenstände, wie Leibbinde, Feldflasche, Honigbüchse, Brotsack etc., nur kaufweise.

Bad Kienbergklamm

Luftcurort

bei Kufstein (Tirol).

500 Meter über dem Meer. Altbekanntes, bestens renommirtes Bade-Etablissement, unmittelbar am Gebirge; herrliche Sommerfrische. Neu und com-

Bad Kienbergklamm.

fortabel eingerichtet mit 20 Fremdenzimmern; hübscher geräumiger Speisesaal; Belvedère mit Glasverschluss gewährt herrliche Aussicht auf die Gebirgskette und das Innthal, umgeben mit bequemen Gartenanlagen. Kalte und warme Bäder. Sool- und Fichtennadelbäder in Zinkwannen. Für Fahrgelegenheiten wird bestens Sorge getragen. Das ganze Jahr offen.

Kaiser Franz Josef-Bad Tüffer.

Wildbad.

Bad Tüffer liegt unmittelbar an der österreichischen Südbahnstation Markt Tüffer in der schönsten Gegend Steiermarks, 8¼ Stunden von Wien per Eilzug. Die hier zu Tage tretenden reinsten Akratothermen von 38·5° C. erwiesen sich, sowie jene in Gastein, Pfäffers in der Schweiz und Teplitz in Böhmen, höchst wirksam bei Gicht, Rheumatismen, Gelenksleiden, Nervenleiden, Unterleibs- und Frauenkrankheiten, allgemeiner und örtlicher Schwäche, Impotenz, Blutarmuth, Leukämie, schwerer Reconvalescenz, Hautaffectionen etc. etc. Durch den Gebrauch des Thermalwassers als Trinkcur wurden bei Magen-, Gedärme- und Kehlkopfleiden ganz vorzügliche Resultate erzielt, und wurde auf Rath vieler Aerzte ein eigener Trinkbrunnen errichtet, wie auch Thermalwasser in Versandt gebracht wird.

Unter-Schmecks (Alsó-Tátrafüred)

Oberungarn.

Eisenmoor-, Krummholz- und Mineralbäder, klimatischer Curort und Kaltwasser-Heilanstalt.

Kaum eine halbe Stunde von Ó- und Uj-Tátrafüred, von diesen in östlicher Richtung ungefähr 70 Meter tiefer, liegt in der Mitte eines schönen Fichtenwaldes das jüngste der Tátraer Bäder: Alsó-Tátrafüred. In einer Höhe von 940 Meter über dem Meeresspiegel ist das Bad um den sogenannten „Grützkocher" im Bereiche der Ortschaft Uj-Leszna gebaut. Der Curort ist mit der Poprad-Felkaer Landstrasse durch eine gut erhaltene Flügelstrasse verbunden. In den patriarchalischen Jahren der ungarischen Badesaison war der „Grützkocher" der Nachmittagsspaziergang der Tátrafüreder Gäste, wo die Gesellschaft um das knatternde Feuer herum plauderte, die schönere Hälfte der Gästeschaar sich gleich sorgsamen Hausfrauen um das warme Element zu schaffen machte, um die heuflische Jause fertig zu bringen, und die stärkere Hälfte der Gesellschaft die gebratenen Erdäpfel aus der Gluth hervorzog, während die Leichtfüssigeren auf dem schönen Rasen ihr Reif- und Ballspiel trieben. Nicht selten zogen die Badegäste bei Musikklängen zur grützespeienden Quelle, wo sie in dem von schönen Fichten umgebenen freien Tanzsaale sich am Tanze ergingen oder Pferderennen mit allen seinen Formalitäten veranstalteten. Am Abende zog die Gesellschaft zu Zweien beim blassen Lichte der Lampions und von den Klängen des Rákóczymarsches geleitet, in's Bad zurück.

Wie hat sich seitdem auch das alte Gesicht des „Grützkochers" geändert! Die einfache Waldquelle speit nicht mehr Sand und kleine Kiesel, die Wiese und die Rennbahn existiren nicht mehr. An Stelle des Idylls der Waldeinsamkeit ist geräuschvolles Leben getreten, an Stelle der Rennbahn stehen schöne Häuser inmitten gut gepflegter Gärten: wohin sich früher nur der Botaniker wagte, um seltene Blumen zu pflücken, dort erhebt sich jetzt ein schönes Curbad, welches wohl erst 1882 in die Taufe genommen wurde, schon in der Wiege zu grossen Hoffnungen berechtigte und heute schon eine solche Nothwendigkeit ersetzt, wonach Tausende unserer Landsleute, und zwar die schönere Hälfte derselben, bisher nach dem Auslande wanderte. Dies ist das Eisenmoor und dessen Verwerthung auf dem Gebiete der Hygiene.

Nicht nur die glückliche Lage und die dort befindlichen fünf kohlensauren Quellen, von denen eine alle 24 Stunden 2400 Hektoliter Wasser gibt, sondern auch die neuestens entdeckten, ausgedehnten eisenhaltigen Mineralmoorlager machen Alsó-Tátrafüred zu einem so ausgezeichneten Curorte, dass es hinsichtlich der Heilkraft mit Marienbad und Franzensbad in eine Reihe gestellt werden kann.

Von Norden und Nordwesten gegen rauhe Winde durch die mächtige Kette der Central-Karpathen vollkommen geschützt, bietet es eine herrliche Aussicht auf die einzig in ihrer Grossartigkeit dastehende Gruppe der Hohen Tátra, in das pittoreske Kohlbachthal, wie auf das herrliche Zipser Hochplateau mit seinen zahlreichen blühenden Ortschaften.

Einen Hauptreiz von Unter-Schmecks bilden die weithin sich ausdehnenden Spazierwege mit zahlreichen Ruhebänken und der liebliche, mitten in einem anmuthigen Naturparke liegende Curort selbst, welcher dem Besucher ein äusserst wohlthuendes, interessantes Bild bietet und selbst auf das düsterste Gemüth einen wohlthuenden, erfrischenden Eindruck übt.

Klima. Unter-Schmecks besitzt einen Complex von klimatischen Eigenschaften, wodurch es sich ganz besonders zum heilbringenden Aufenthalte für Kranke und Erholungsbedürftige qualificirt. Es ist von 8000 Fuss hohen Alpen umgeben, und da in der ganzen Tátra trotzdem keine Gletscher vorkommen, ist dieser Ort auch von dem schädlichen Einflusse der eisigen Luftströmung frei. Es hat ein gesundes Klima mit allen Vorzügen der Alpenluft ohne deren Nachtheile.

Nach dem Durchschnitte mehrerer Jahre hat Unter-Schmecks eine Temperatur:

im Mai	+ 9·2° C.
„ Juni	+ 14·9° „
„ Juli	+ 16° „
„ August	+ 15·2° „
„ September . . .	+ 11° „

Der Luftdruck beträgt 676·5 Millimeter, die Durchschnittsfeuchtigkeit der Luft 76·8 Percent, der Ozongehalt 9·5 Percent.

Diese Daten sind Monats-Durchschnitte und nach täglich dreimaliger Beobachtung, und zwar Früh 7 Uhr, Mittags 2 Uhr und Abends 8 Uhr gewonnen.

Unter-Schmecks ist kraft seiner klimatischen Vorzüge ein Luftcurort erster Classe und wegen seiner krystallklaren leichten Kohlensäuerlinge mit einer Temperatur von + 6° C. auch zu Kaltwasser-Curen besonders geeignet.

Saison. Die Vor- oder Frühjahrssaison dauert vom 15. Mai bis 20. Juni, die Haupt- oder Sommersaison vom 20. Juni bis 20. August, die Nach- oder Herbstsaison vom 20. August bis 30. September.

In der Vor- und Nachsaison sind die Preise um 30—50 Percent ermässigt.

Verkehrsmittel. Die Fahrzeit von Budapest beträgt 12 Stunden, von Wien 10, von Breslau 11, von Oderberg 7, von Kaschau 3½ Stunden.

Post- und Telegraphen-Verbindung.

Alsó-Tátrafüred ist von der Natur mit einem so glücklichen Zusammentreffen der verschiedenen Heilfactoren gesegnet, dass hiedurch der Werth dieses Badeortes beträchtlich erhöht und der Kreis der dort heilbaren Krankheiten ausserordentlich erweitert wird.

Die Heilfactoren Alsó-Tátrafüreds sind: **Alpenluft, eisenhaltige Moorbäder und kohlensaures Trinkwasser** (siehe Prospect), ferner **Krummholzbäder.** Das Alsó-Tátrafüreder Moor wurde in der unter der Leitung Carl Than's stehenden königlich ungarischen chemischen Versuchsstation vom Assistenten Alexander Kalecsinszky analysirt.

Analyse. Nachstehend geben wir die in dem chemischen Laboratorium der königlich ungarischen Universität in Budapest durch Professor Alexander Kalecsinszky durchgeführte chemische Analyse der frisch gestochenen Moorerde von Unter-Schmecks.

Von 1000 Gewichtstheilen lösen sich in folgenden Lösungsmitteln die beistehend angegebenen Mengen auf:

In Wasser lösliche organische Substanz	21·43
„ „ „ unorganische Substanz	3·09
„ Alkohol löslich	12·50
„ Soda löslich	250·22
„ Kalilauge löslich	175·29
„ Salzsäure löslich, unorganische Substanz	139·71
„ verdünnten Säuren und Laugen unlösliche Pflanzenstoffe	299·82
Sand	82·14
Verlust	12·80
	1000·

Schwefelsaures Eisenoxydul ($Fe\,SO_4$)		0·63
Gyps ($Ca\,SO_4$)		0·03
Bittersalz ($Mg\,SO_4$)		0·13
Alaun ($Al_2\,O_3$)		0·73
Glaubersalz mit Kalium ($Na_2\,SO_4$)		0·19
Kieselsäure ($Si\,O_2$)		1·00
Mangan, Ammoniak und Chlor		Spuren
Quellsäure		7·51
Quellsatzsäure		4·29
Humussäure		2·63
Humussubstanzen		9·80
Wachs		1·30
Harz		11·19
Humussäure		250·22
Humuskohle		175·29
Pflanzenstoffe (in verdünnten Säuren und Laugen unlösbar)		299·82
Eisenoxydul	9·82	
Alaun	64·54	
Kalkoxyd	2·11	
Manganoxyd	0·61	
Natriumoxyd mit Kalium	10·22	139·71
Kieselsäure	39·36	
Phosphorsäure	10·82	
Schwefelsäure	2·23	
Chlor	Spuren	
Unlösliche Stoffe (Sand)		82·14
Verlust		13·09
	Summa	1000·

Die Bedeutung der Curanstalten Alsó-Tátrafüreds zusammenfassend, können wir kühn behaupten, dass in den verschiedensten Krankheitsfällen hier die zur Heilung oder Besserung erforderlichen Bedingungen aufgefunden werden können. Als **Alpencurort** kann es wegen seiner staubfreien, reinen Luft und wegen seiner geschützten Lage gegen chronischen Katarrh der Luftröhren empfohlen werden. Solche Kranke können auch behufs Stählung der Haut die Kaltwassercur gebrauchen und die Milch-, Molken- oder Mineralwassercur fortsetzen.

Indication. Als **Eisenmoorbad** in einer Höhe von 940 Meter, inmitten dichter Fichten, müssen wir Alsó-Tátrafüred gegen Frauenkrankheiten mit oder ohne Blutarmuth, besonders gegen chronischen Gebärmutterkatarrh und gegen Exsudate der Gebärmutter oder des Eierstockes, bei regelwidriger oder schmerzvoller Menstruation, bei Krankheiten der Gebärorgane und bei sonstigen krankhaften Erscheinungen der Gebärmutter eine ganz ausserordentliche Heilkraft zuschreiben. Wir können ferner bei chronischem Magen- und Darmkatarrh, bei rheumatischen Exsudaten, bei Fällen von Ueberreizung oder Schlaganfallerscheinungen des Rückenmarks günstige Erfolge hoffen.

Unterkunft und Verpflegung. In Alsó-Tátrafüred stehen mit den im Jahre 1884 aufgeführten Gebäuden 204 vollkommen trockene, mit allem Erforderlichen ausgestattete Zimmer den Gästen zur Verfügung.

sämmtliche Zimmer, mit wenigen Ausnahmen, mit hübschen Kachelöfen, mit doppelten Fenstern und bequemen Federbetten. Die Gänge und gemeinsamen Erker sind durch Fallthüren gegen Luftzug geschützt, die Closets mit Waserleitung versehen und vollkommen geruchlos.

Zahlreich gedeckte Terrassen sind günstig angebracht und gewähren eine prächtige Aussicht. Die Corridore sind breit, licht und gegen Luftzug geschützt.

In Alsó-Tátrafüred stehen folgende Gebäude:

1. Die „Gemse", einstöckiges Wohnhaus mit 42 Zimmern und 13 Erkern. 2. „Der Adler", einstöckiges Wohnhaus mit 60 Zimmern, 12 Loggien und 4 Erkern. 3. Der „Auerhahn", Wohnhaus mit 59 Zimmern, 7 Loggien und 8 Erkern. 4. Der „Storch", Villa mit 2 Zimmern. 5. Die „Turteltaube", Villa mit 8 Wohnzimmern und 4 Loggien. 6. „Reh", Villa mit 35 Zimmern. 7. Das „Eichhörnchen", Villa mit 6 Wohnzimmern; in diese Villa wurden provisorisch, bis das grosse Curhaus fertig wird, die Speisesäle, das Lese-, Spiel- und Billardzimmer, ferner 2 Glassalons mit Clavier untergebracht. 8. Das Badehaus mit 28 Localitäten und gedeckter Trinkhalle. 9. Die Privatvilla Dr. Samuel Pap's. 10. Ungefähr 300 Schritte von diesen Gebäude steht das einstöckige Wirthshaus mit 9 Localitäten für das mittlere Volk; daneben Stallungen für 24 Pferde und 2 entsprechend grosse, fest gebaute Wagenremisen. 11. Das „Tátra-Aussicht" benannte, hübsch gebaute und glänzend eingerichtete Gasthaus, mit grossen Sälen für Herrn und Damen, mit gedeckten Erkern und einer grossen offenen Terrasse. Die „Tátra-Aussicht", welche Eigenthum Alsó-Tátrafüreds bildet, ist ein häufig aufgesuchter Sammelpunkt der Gäste sämmtlicher drei Tátrafüred. Man findet hier eine Conditorei, ein Kaffeehaus, eine Milchschenke und ein Gasthaus. Von hier öffnet sich eine herrliche Aussicht über das ganze Poprádthal bis zur Lublóer Burg. Von der „Tátra-Aussicht" gelangt man auf einem gut gepflegten schattigen Spazierwege in 10 Minuten nach O- und Uj-Tátrafüred. Das Alsó-Tátrafüreder Badehaus ist bisher im **Lande das einzige, welches für Moorbäder vollkommen zweckmässig** und bequem eingerichtet ist. Ueberdies besitzt das Badehaus eine grosse Kaltwasser-Abtheilung mit einem grossen Becken und mit oberen, unteren und Seitendouchen. Alsó-Tátrafüred steht unter der Leitung Valer Horn's.

Cur- und Musiktaxe. Jeder Gast, welcher sich länger als drei Tage im Curort aufhält, zahlt wöchentlich 1 fl. an Curtaxe und 1 fl. an Musiktaxe, wovon nur Aerzte und deren Frauen befreit sind.

In der Vor- und Nachsaison wird die Musiktaxe nicht eingehoben.

Badearzt. Ordinirender Badearzt für Unter-Schmecks ist Dr. S. Pap de Csüged, ung. Landtags-Ablegat, welcher vom Frühling bis zum Herbste in seiner eigenen Villa vis-à-vis dem Badehause wohnt, im Winter aber in Budapest — Kerepeser-Strasse Nr. 8 — gerne Auskünfte ertheilt.

Zerstreuung. Die aus einer vorzüglichen Nationalcapelle bestehende Curcapelle spielt täglich dreimal je eine Stunde; Kränzchen, Tombolas, Concerte und Unterhaltungsabende, Vorlesungen, Billard, Clavier, gedeckte Kegelbahn und Croquet-Spielplatz, reichhaltige Bibliothek ungarischer und deutscher Werke, reiche Auswahl der gelesensten Journale, Ausflüge zu Fuss, zu Pferde oder zu Wagen in das Gebirge oder in die historisch berühmte Umgebung auch in die Nachbar-Curorte können leicht bewerkstelligt werden.

Bazar. Herr Adolf Maurer, Buchhändler aus Kaschau, unterhält einen reich ausgestatteten Bazar, in welchem neben den verschiedensten Luxus- und nützlichen Gegenständen auch Photographien, Tátra-Albums, sowie Cigarren zu haben sind.

Fremdenbesuch. Um das rasche Aufblühen unseres Curortes zu illustriren, führen wir den Fremdenbesuch während des sechsjährigen Bestehens des Curortes an; die Curliste vom Jahre:

1883 weist	515	Personen.
1884 „	1272	„
1885 „	1502	„
1886 „	2229	„
1887 „	2234	„
1888 „	2247	„
1889 „	2483	„

Besonders lohnende Ausflüge sind: Die Rosahütte und die Kohlbachwasserfälle, welche sowohl der wildromantischen Umgebung willen, als auch ihrer Grossartigkeit halber von kaum einer ähnlichen Naturerscheinung in Europa übertroffen werden, wie überhaupt unsere Central-Karpathen mit ihren imposanten, jäh aufsteigenden Spitzen, von welchen wir nur flüchtig die Gerlsdorfer, die Lomnitzer, Schlagendorfer und Meerang-Spitze erwähnen, und die zahlreichen Gebirgsseen (Meeraugen), wie die drei Seen im Felkerthal, die fünf Seen im Kohlbachthal, den Poppersee, den Fischsee mit dem Meerauge und den Csorbaer See, welcher an Lieblichkeit und Grossartigkeit seines Gleichen sucht, die Bélaer Tropfstein- und die Dobschauer Eishöhle den Touristen wärmstens empfohlen werden.

Der Curort ist Eigenthum der Kesmarker Bank-Actien-Gesellschaft. Anfragen und Wohnungsbestellungen sind zu richten an Director Horn Valér in Alsó-Tatrafüred.

Seebad Velden.

450 Meter. Bahn- und Dampfschiffstation. Post- und Telegraphenamt. Badearzt. Apotheke; gleichmässiges windstilles Klima, zwei öffentliche Badeanstalten mit Douche-, Wannen-, Geh- und Schwimmbäder des Ulbing und Wrann. Die meisten Villen von schattigen Parks und Gärten eingeschlossen; schöne Anlagen: bei der Badeanstalt in Ulbing, im nahen Walde, am südlichen Ufer bis Anenhof, am Bäckerteich; reizende Spazierwege mit schöner Aussicht: kleiner Sternberg, eine halbe Stunde, grosser Sternberg, 733 Meter, mit prachtvoller Aussicht auf Klagenfurt und Villach, mehrere Seen, südliche Gebirgskette und viele Thäler.

Baassen (Bázna, Felsö-Bajom)

im Kleinkokler Comitat, Siebenbürgen

Jod- und bromhältiges Soolbad

liegt fünf Viertelstunden nordwestlich von der Station Mediasch (Medgyes) der königlich ungarischen Staatsbahn.

Tägliche Postverbindung mit Mediasch.

Indicationen: bei Rheumatismus und Gicht, bei Scrophulose, bei Syphilis, bei Neuralgien und Ischias, bei chronischen Frauenkrankheiten, bei chronischen Hautleiden (Eczem, Lupus, Psoriasis) und bei Rhachitis.

Rudolfsbad

in Reichenau, Niederösterreich.

Wasserheilanstalt.

Die Wasserheilanstalt Rudolfsbad über Anregung des bekannten Professors der Dermatologie an der k. k. Universität in Wien, Dr. Hebra, von den Gebrüdern Waissnix erbaut. wurde im Jahre 1866 unter den Auspicien

Rudolfsbad.

der berühmtesten medicinischen Autoritäten eröffnet und hatte sich sehr bald eines so zahlreichen Besuches zu erfreuen, dass schon in den nächsten Jahren durch Anlegung von Dependenzen für die Unterkunft der mehr und mehr zuströmenden Gäste Vorsorge getroffen werden musste.

Haben schon gediegene Leitung, comfortable Einrichtung etc. das Ihrige zu diesem Erfolge beigetragen, so hat die Anstalt denselben doch hauptsächlich ihrer unvergleichlichen klimatischen und landschaftlichen Lage und Umgebung zu danken. Am Fusse der beiden höchsten Gipfel Niederösterreichs, des Schneebergs und der Rax, beide über 2000 Meter Seehöhe, in einem reizenden, weiten Thalkessel gelegen, gewährt die Landschaft Reichenau dem völlig trunkenen Auge ein Bild der vollendeten Lieblichkeit und Frische, wie sie in unserem, an Naturschönheiten gewiss bevorzugten Oesterreich ein zweiter Ort nicht bieten kann. Und wie frei, wie kräftig lebt es sich in dieser reinsten, sauerstoffreichen, von den Ausdünstungen der die Berghänge deckenden Fichtenwaldungen durchtränkten Luft, die Sinne und Nerven wie ein Morgenbad erfrischend. Ein Kranz von Villen, von den Spitzen der Geburts- und Finanz-Aristokratie der Residenz bewohnt, umsäumt das Thal, zumeist stimmungsvoll der Lieblichkeit der Scenerie angepasst. Und dieses Paradies ist in kaum zwei Stunden per Südbahn (Station Payerbach) von Wien aus zu erreichen, welcher Nähe es auch den so massenhaften Besuch der Wiener Touristenwelt verdankt.

Die Wasserheilanstalt Rudolfsbad selbst beherbergt jährlich 300—400 Gäste, die sich grossentheils aus Wien und Ungarn, vom Ausland aber zumeist aus Russland, Serbien, Italien und England contingentiren.

Betreffs der Curmittel und Curbehelfe ist die Anstalt den modernsten Anforderungen der Hydrotherapie gemäss eingerichtet. Ausser den in verschiedenen Formen, eventuell mit mineralischen Zusätzen in Gebrauch kommenden warmen und kalten Bädern, Douchen, Einpackungen, Abreibungen etc. findet auch die Elektricität, als constanter und faradischer Strom, von kommender Saison an auch in Form von elektrischen Bädern, die Massage, die Oertl-sche Terraincur, der Ergostat, Inhalationen und schwedische Heilgymnastik zahlreiche Anwendung. Eine besonderes Augenmerk wird der Diät gewidmet.

Die wichtigsten Krankheitsformen, die in der Anstalt zur Behandlung kommen, sind:

Krankheiten der Athmungsorgane (chronische Katarrhe, Emphysem, Asthma, pleuritische Exsudate etc.);

der Circulationsorgane (organische Herzfehler, Herzverfettung, pericar-ditische Exsudate etc.);

der Verdauungsorgane (habituelle Obstipation, chronische Katarrhe des Magens und der Gedärme, Hämorrhoiden, Cordialgie etc.);

der Harn- und Geschlechtsorgane (Blasenkatarrh, Pollutionen, Impotenz, Perimetritis, Metritis);

des Nervensystems (Nemestherie, Hysterie, Myelitis, Tabes, Epilepsie etc.);

ferner Rheumatismus, Chlorosis, Anämie, Scrophulosis, Scoliosis, Kyphosis, Lordosis, Ankylosis, letztere durch schwedische Heilgymnastik, Extension etc.).

Eigenthümer des Rudolfsbades sind J. M. Waissnix' Erben, leitender Curarzt Dr. Ludwig Thomas.

Die Saison beginnt alljährlich mit 1. Mai und endet mit October.

Seebad Millstatt

in Kärnten.

Herrlich gelegener See, reizende Spaziergänge an den Ufern desselben und in den nahen pittoresken Wäldern; hübsche Parkanlagen, leichte, äusserst lohnende Gebirgspartien.

Mildes, gleichmässiges Klima (Seewassertemperatur im Hochsommer bis zu 25° C., daher für Personen zarterer Constitution, jeden Alters zu längerem Aufenthalte besonders indicirt. Seehöhe 580 Meter. Gute Wohnungen, Restaurants und Bäder mit mässigen Preisen.

Nähere Auskünfte durch den Förderungsverein in Millstatt, welcher auch Wohnungen und Wagen vermittelt.

Millstatt.

Kovászna

Siebenbürgen.

Alkalisch-muriatische Quelle und subalpiner Gebirgscurort.

Dieses Bad gehört zu jenen wohlthätigen Curorten, die nicht durch speculative Reclame aufgesucht werden, sondern ihre Anziehungskraft ausschliesslich den günstigen Heilerfolgen zu verdanken haben.

Hier ist man frei vom übertriebenem Luxus, frei von den riesigen, lärmenden Bewegungen der Luxusbäder, und der Kranke kann sich ausschliesslich den Heilquellen widmen.

Kovászna liegt am Rande der Karpathen, die Siebenbürgen von Rumänien trennen.

In der Mitte des Ortes befindet sich eine Quelle, die von ihren Heilerfolgen rühmlichst bekannt ist. Diese Quelle heisst: „Pokolsar" (sprich Pokolschaar) zu deutsch „Höllenkoth".

Der Name entspricht vollkommen, denn die Quelle entspringt unter Getöse aus einem ausgestorbenen Vulkan. Vor Jahrzehnten war die Quelle ausserhalb des Ortes, hat aber eines Tages den Platz gewechselt und kam am Hauptplatze zum Vorschein. Ihren vulkanischen Ursprung ist die Quelle manchmal bestrebt an den Tag zu legen, indem sie unter Getöse ausbricht und den ganzen Platz mit Schlamm und einer lavaartigen Flüssigkeit bedeckt. Kommt die Quelle in einem solchen Falle zur Ruhe, dann bleibt eine kraterförmige Vertiefung zurück, die mit Steinen ausgefüllt werden muss.

Der Pokolsar ist nicht nur eine Sehenswürdigkeit, ein Unicum, sondern auch von soleh' günstigem Heilerfolge begleitet, dass er es verdient, von weit und breit besucht zu werden.

Sein Wasser ist trüb, dunkelgrau, schlammig, die Oberfläche mit einer theerartigen Flüssigkeit bedeckt.

Temperatur sehr niedrig, mit riesigem Kohlensäuregehalt. An trüben Tagen — wenn die Evaporation erschwert ist — pflegt sich die Kohlensäure derart anzuhäufen, dass das Baden unmöglich wird. Ausser der Kohlensäure ist die Quelle noch sehr reich an Kochsalz.

Beim Baden fühlt man anfangs Kälte, später ein starkes Prickeln und Rothwerden der Haut, wodurch das Bad gut vertragen wird.

Ausgezeichnete Heilerfolge hat die Quelle in unzähligen Fällen erzielt:

1. bei chronischen Rheumatismen;
2. bei Gelenksentzündungen und Verkrümmungen;
3. bei Hautleiden;
4. bei Nervenleiden.

Ein Theil des Ortes erstreckt sich in die Berge und heisst Vajnafalva. Hier gibt es beinahe in jedem Hofe einen Brunnen, der eisenkohlensaures Wasser enthält, welches, in den Häusern, gewärmt zu Wannenbädern gebraucht wird.

Kovászna (Mikesbad und Umgebung).

Diese Eisenbäder erfreuen sich des besten Rufes und stehen dem Gehalte und Heilerfolge den berühmtesten Bädern nicht nach.

In Vajnafalva befindet sich auch im sogenannten Gräflich Mikes'schen Hof ein kaltes Eisenbad mit zwei Spiegeln. Ausserdem sind hier auch mehrere Badezimmer mit Wannen, eingerichtet für warme Bäder.

Mit gutem Erfolge werden diese Bäder benützt:

1. bei allgemeiner Schwäche;
2. bei schweren Reconvalescenzen;
3. bei Exsudaten;
4. bei Gebärmutterleiden;
5. bei Blutarmuth;
6. bei weissem Fluss;
7. bei rheumatischen Leiden.

In Kovászna existirt eine besondere Sehenswürdigkeit, von der die geographischen Werke bisher nicht sprachen. Es ist nämlich eine Grube, in die einige Treppen wie in einen Keller hineinführen. Stellt man sich in diese Grube mit erhobenem Haupte hinein, so verspürt man binnen einigen Secunden eine angenehme Wärme an den Beinen und Unterleib. Nach längerer Zeit wird der ganze Körper erwärmt. Bücken darf man sich da nicht, denn drei Athemzüge in der unteren Schichte bringen den sicheren Tod.

Diese Höhle entspricht vollkommen der Hundshöhle bei Neapel. Zur Erwärmung nach einem Bade im Pokolsár sendet der Arzt die Patienten hieher. Die Höhle ist gedeckt und gut verschlossen. Die Benützung geschieht unter strenger Aufsicht.

Wie aus dem Gesagten ersichtlich, strömen hier aus dem Boden riesige Massen von Kohlensäure heraus, wovon man sich auch mit einer brennenden Kerze überzeugen kann. Diese Höhle heisst im Volksmunde Gözlö (Dampfer).

Erwähnen müssen wir noch eine in Vajnafalva befindliche „Trinkquelle", „Horgácz" genannt, die einen reichen Soda- und Kochsalzgehalt aufweist. Dieses Wasser ist bei katarrhalischen Erkrankungen von sehr gutem Erfolge und kann auch mit Wein als ausgezeichneter Säuerling getrunken werden.

Noch eine Quelle muss erwähnt werden, das sogenannte Salzbad. Dies liegt im östlichen Theile des Ortes und hat zwei bequeme Spiegel. Um das Bad befinden sich noch verschiedene Bitter- und Salzquellen.

Während der Badesaison sind hier sehr billige Wohnungen zu haben. Es wohnt hier ständig ein Arzt. Die Apotheke ist vorzüglich eingerichtet.

Während der Saison sorgt die Verwaltung für gute Musik.

Cur- und Musiktaxe 2 fl. 50 kr.

Nächste Bahnstation Kronstadt, von wo man in 4—5 Stunden hieher gelangen kann.

Jetzt wird übrigens auch der Bau einer Eisenbahn nach Kovászna in Angriff genommen.

Sämmtliche Quellen und Bäder hat in diesem Jahre eine Actiengesellschaft übernommen, die Alles aufbietet, um das Bad allen modernen Anforderungen entsprechend auszustatten.

Die Gegend bietet sehr schöne Ausflüge. Das Bad ist von Tannenwäldern umgeben.

Im Orte Post- und Telegraphenstation.

Sämmtliche Quellen werden jetzt neuerdings analysirt. Hier gebe ich eine ältere Analyse.

I. Pokolsár

in 10.000 Theilen:

Schwefelsaures Kali	1·205
Schwefelsaures Natron	0·103
Chlornatrium	54·407
Jodnatrium	Spuren
Kohlensaures Natron	72·424
Kohlensaurer Kalk	2·505
Kohlensaure Magnesia	2·973
Thonerde	0·142
Kieselsäure	0·170
Organische Theile	Spuren
Summe der festen Bestandtheile	133·932
Halbgebundene Kohlensäure	32·108
Freie Kohlensäure	19·002

Temperatur + 9° bis 10° C.
Specifisches Gewicht 1·012775.

II. Vajnafalvaer Quelle

in 10.000 Theilen:

Schwefelsaures Kali	0·318
Schwefelsaures Natron	0·756
Chlornatrium	2·084
Kohlensaures Natron	1·707
Kohlensaurer Kalk	0·629
Kohlensaures Eisenoxydul	0·965
Thonerde	0·411
Organische Bestandtheile	Spuren
Summe der festen Bestandtheile	8·446
Halbgebundene Kohlensäure	1·994
Freie Kohlensäure	20·424

Temperatur + 14° C.
Specifisches Gewicht. 1·001662.

III. Horgácz-Quelle

(neue Analyse)

in 1000 Theilen:

Natriumbicarbonat	4·1792
Chlornatrium	1·0360
Magnesiumbicarbonat	0·7058
Chlorkalium	0·6202
Calciumbicarbonat	0·5439
Calciumsulfat	0·2606
Eisenbicarbonat	0·0712
Manganbicarbonat	0·0192
Kieselsäure	0·0077
Chlorlithium	0·0054
Jodnatrium	0·0007
Summe der gelösten Bestandtheile	7·4499
Freie Kohlensäure	1·5188

Aus der Analyse ist es ersichtlich, dass dieses Wasser mit dem berühmten Gleichenberger Wässern gleichwerthig ist, nur enthält es etwas mehr Eisen. In Folge seiner vorzüglichen Bestandtheile verdient es von den Aerzten besonders berücksichtigt zu werden.

IV. Höhle (Gözlö)

in 100 Theilen 760 Millimeter; Druck 0° C.

Kohlensäure	55·193
Oxygen	9·736
Nytrogen	35·071
Summe	100·000

Dr. Zentái
Badearzt.

St. Radegund

in Steiermark.

Wasserheilanstalt.

Am südlichen Abhange des 1446 Meter hohen Schöckelgebirges, 735 Meter hoch über der Meeresfläche, liegt die Wasserheilanstalt St. Radegund inmitten ausgedehnter Fichtenwaldungen auf einer malerisch gelegenen Hochebene, gegen Norden von der mächtigen Wand des Schöckels geschützt, nach Süden offen, ein herrliches Panorama gewährend. In der Umgebung bei 60 Quellen, 4 bis 8° R. temperirtes krystallklares Trinkwasser bietend. Das Klima ist ein mildes tonisirendes Hochgebirgsklima.

Die **Heilmethode** ist die Priessnitz'sche Wassercur in milder Form angewendet mit Diätcuren (auch vegetarisch) verbunden. Heilgymnastik und Massage. Medicamente ausgeschlossen.

Die **Wassercur** ist ein souveränes Heilmittel in acuten Krankheiten, in chronischen Krankheiten erreicht sie grosse Erfolge. So bewährt sich die Cur bei allen Arten des Rheumatismus, bei Scrophulose, Rhachitis, Blutarmuth, Scorbut und Zuckerruhr, bei Alkoholismus, Nicotinismus, Morphinismus, bei Krankheiten und Schwächen der Zeugungs- und Harnorgane, bei Malaria, acuten und chronischen Nerven- und Rückenmarks-Krankheiten, ebenso der Respirations- und Verdauungsorgane, bei Circulations-Störungen, bei allen Frauenkrankheiten etc. Bei zweifelhaften Fällen wende man sich vertrauensvoll an die ärztliche Leitung.

Die **Saison** dauert vom 1. April bis Ende October; Frequenz 800 bis 1000 Personen.

Unterhaltungen. Täglich zweimal Curmusik, einmal wöchentlich Tanz, ferner Clavier, Billard, Kegelbahn, Journale und eine reichhaltige Bibliothek.

Communication. Letzte Bahnstation Graz, von da zwei Stunden Wagenfahrt, täglich zweimal Postverbindung. Telegraph im Curorte.

Adresse für Telegramme. Radegund; für Briefe: St. Radegund bei Graz.

Die **Wasserheilanstalt** ist in Pavillon-System eingerichtet, die Curgäste sind in 24 Villen und Curhäusern untergebracht, woselbst die Curen ausgeführt werden. Badebedienung in jedem Hause. — Aufgenommen werden nur Curbedürftige und deren Angehörige.

Aerztliche Ordination täglich in deutscher, ungarischer, französischer und italienischer Sprache. Consilien in Gegenwart der Curärzte gestattet.

Die **Verköstigung** ist eine gemeinsame im Cursaale, an welche alle Curgäste gebunden sind. Das Speisen in der Wohnung ausnahmsweise gestattet.

Die **Preise** der Zimmer durchschnittlich 5—7 fl. per Woche. Vom 1. Juli bis 15. August 20 Percent höher. Beköstigung 11 fl. per Woche. Vegetarianer und Kinder zahlen weniger.

Curtaxe 4 fl. per Person. Wochentaxe 50 kr. Für Familien relativ weniger Curreffecten werden neu verkauft oder leihweise abgegeben.

Prospecte in deutscher, ungarischer und französischer Sprache gratis.

Aerztliche Leitung: Med. et Chir. Dr. Gustav Novy, Leiter der Anstalt. Med. Univ. Dr. Gustav Ruprich, Assistenzarzt.

St. Radegund.

Felsö-Ruszbach-Fürdö

Druzbaki.

Alkalisch-erdige Thermen, subalpiner Gebirgscurort.

In Oberungarn, Comitat Zips, Popradthaler Bezirk. Bahnstationen: Késmark, Orlö oder Piwniczna in Galizien. Post- und Telegraphenstation Podolin — während der Saison ständige Verbindung. Entfernung von der Bahn zwei Stunden, von der Post eine halbe Stunde.

Die **Anstalt** liegt auf einem sonnigen Hochplateau, umgeben in Osten, Norden und Westen von Tannenwaldungen, gegen Süden und Südwesten offen. Seehöhe 617 Meter, die nördlichen Waldungen über 1100 Meter, die westlichen 950 Meter, die nordöstlichen 800 Meter.

Der **Boden** ist ein poröser Kalktuff, absolut trocken. Geologisch liegt das Bad am südöstlichen Ausflug einer aus mezozoischen Gebirgen gebildeten Insel, was erst im Jahre 1870 durch die k. u. k. geologische Reichsanstalt in Wien constatirt wurde. Der hiesige Kalktuff weist in seinen zahlreichen Höhlen Abdrücke von verschiedenen Blättern (Buche, Erle, Haselnussbaum) und incrustirte Stämme vorwiegend von den Laubhölzern auf. Sehr interessant und eigenthümlich sind die zahlreichen Moffetten, die in der ganzen Anstalt zerstreut sind. Es sind dies oft sehr grosse und tiefe kesselförmige Krater, deren Wände aus Kalktuff durch Wasser gebildet sind. Im Boden derselben findet man eine Oeffnung, von der periodisch Kohlendioxydgas ausströmt und verschiedene Thiere tödtet. Im grössten derselben, dem sogenannten „Giftloch", sind mehrmals auch Menschen umgekommen. In solcher kraterförmigen Einfassung treten auch alle hiesigen Quellen zu Tage, was dann zu der Folgerung führt, dass die jetzigen Moffetten einstens auch Mineralquellen waren, denen auf unbekannten unterirdischen Wegen das Wasser entgangen und nur die Ausströmung der Kohlensäure (CO_2) geblieben ist.

Diese Kohlensäure muss aber aus sehr tiefen Schichten emporsteigen, weil die Ausdünstungen warm sind und verursachen, dass alle hiesigen Mineralwässer als Thermen (+ 18° bis + 25° C.) zu Tage kommen.

Das **Klima** ist ein subalpines mit den Aenderungen, welche durch den warmen Boden, die Lage gegen Süden und Umgebung der Anstalt mit hohen bewaldeten Bergen von den übrigen drei Seiten begründet sind.

Luftdruck durchschnittlich 706·417 Millimeter (Bo 704·727 Millimeter), mittlere Temperatur der verflossenen (ungünstigen) Saison + 14·51° C., mittlere Bewölkung 4·96 (Scala 10), Ozongehalt nach Dr. Lender's Ozonoskop 9·28 (Scala 14), die grösste Windstärke 4 (Scala 10) bei Gewittern fünfmal beobachtet. Niederschlagsmenge 156·35 Millimeter, Feuchtigkeit der Luft 82·52 Percent, Zahl der heiteren Tage in der Saison (Juni, Juli, August, September) 88. Windrichtung in Percenten: N 3·03, NE 19·59, E 8·31, SE 2·77, S 2·48, SW 26·34, W 23·46, NW 14·02.

Mineralquellen sind sehr viele, von denen drei täglich zu 50.000 Hektoliter (d. i. zu 5,000.000 Liter) Wasser geben. Von den vielen Quellen ist bis nun nur eine quantitativ untersucht worden, und zwar die Hauptquelle.

Chemische Analyse

von A. W. Scherfel
in 1000 Theilen Wasser.

Schwefelsaures Kali	0·029794
Schwefelsaures Natron	0·550883
Schwefelsaurer Kalk	0·057673
Schwefelsaures Magnesia	0·138324
Chlormagnesium	0·036739
Kohlensaure Magnesia	0·033372
Kohlensaurer Kalk	1·304593
Thonerde	0·003413
Kohlensaures Eisenoxydul	0·001579
Kieselsäure	0·018100
Summa der festen Bestandtheile	2·174470
Kohlensäure, halbgebunden	0·592101
Kohlensäure, ganz freie	1·092798
Summa aller Bestandtheile	3·859369

Spuren von Lithion, Ammon, Strontian, Phosphorsäure, Schwefelwasserstoff.

Jetzt sind wieder sieben andere Quellen zur chemischen Analyse gegeben und bis nun auch schon qualitativ untersucht. Auf Grund dessen kann man schon wissen, dass hier folgende Gruppen von Mineralwässern vertreten sind: salinisch-erdige Thermen, alkalinisch-salinische thermale Säuerlinge und thermale Eisensäuerlinge. Ausserdem haben wir in der nächsten Nähe der Anstalt zwei kalte Mineralquellen: einen Eisensäuerling und einen reinen alkalinischen Säuerling (mit einem sehr unbedeutendem Gehalt an Na Cl).

Bis nun waren nur drei Quellen zur Cur, und zwar vorwiegend zur Badecur benützt, sobald aber die Analyse fertig sein wird, werden wir auch mit der Trinkcur beginnen.

Die **Curmittel,** welche hier einem Curgaste angeboten werden, sind: Trink- und Badecur, Milch-, Molken-, Kefircur und die klimatische Terraincur.

Bäder werden aufgewärmt in den 16 Badecabinen gegeben, naturwarme Bäder nimmt man in den beiden Piscinen (Bassins für Sammelbäder), die sich im Badehaus selbst befinden, oder in dem sogenannten „alten Spiegelbad" in einem ungedeckten Bassin, der sich weiter im Walde befindet. Sowohl die Piscinen, wie auch das „alte Spiegelbad" können als Schwimmbäder dienen, da sie darnach eingerichtet sind. Ausserdem hat man noch Falldouchebäder vom naturwarmen Mineralwasser; für die Zukunft soll man noch auf den Moffetten „trockene Kohlensäurebäder" einrichten.

Badearzt seit mehreren Jahren ist Dr. Carl Csáky, k. u. k. Regimentsarzt in der Reserve, tit. Bezirksarzt des Popradthaler Bezirkes, Stadtarzt zu Podolin. Apotheke befindet sich in der eine halbe Stunde entfernten Stadt Podolin. Es sei auch bemerkt, dass das neue, erst vorige Saison eröffnete Badehaus musterhaft eingerichtet ist; die erste Classe kann auch den Comfort-Ansprüchen genügen, die zweite ist zwar einfacher, aber jedenfalls nicht schlechter, als in den übrigen Curorten eingerichtet. Ein Vollbad I. Classe kostet 40 kr., II. Classe 30 kr., Piscinenbad 15 kr., ein Bad im „alten Spiegel" im Walde 10 kr. Douchebäder gratis. Curtaxe bis nun keine. — Quartiere von 20 kr. bis zu 1 fl. per Tag; die letzteren sind neu und sehr gut möblirt und je für 2—3 Personen eingerichtet.

Die **Zahl der Wohnzimmer** beträgt jetzt nur 48, im Frühjahr werden wahrscheinlich noch mehr errichtet werden.

Für äusserst billige und sehr gute Kost sorgt die unter strenger Controle stehende Restauration. Tägliche Kost für eine Person kostet 1 fl. 50 kr. bis 1 fl. 80 kr., eine mindere Kost kann man auch um 1 fl. und darunter haben. In dem erstgenannten Preise versteht man z. B. ein Mittagsmahl mit vier bis fünf Gängen. Bei der kleinen Zahl der Curgäste speist man à la table d'hôte.

Für **Zerstreuungen** wird bestens gesorgt. Man findet hier schön und gut erhaltene Spaziergänge im Park (einem bis zehn Joch grossen Wäldchen in der Mitte der Anstalt) und in den die Anstalt umfassenden Tannenwäldern. Die Nähe der Pieninen (Roth-Kloster und Szczawnica) und der Hohen Tatra (Schmecks und Zakopane) wie auch andererseits die vielen Sehenswürdigkeiten der Zips bieten einem hiesigen Curgast viele Ausflugsorte. In der verflossenen Saison haben hiesige Gäste Ausflüge nach Roth-Kloster und Szczawnicaer Curbad, in die Pieninen, in die Hohe Tatra von Schmecks und von Zakopane aus, nach dem Lubloer Bad und auf das Lubloer Schloss, nach dem Curbad Zegiestów u. s. w. gemacht, wo schon Ausflüge in die nächste Gegend gar nicht erwähnt werden.

Was die **Indicationen** für die hiesige Cur anbelangt, so geben wir sie hier nach dem Wortlaut der bezüglichen Aeusserung unseren Badearztes. Diese Aeusserung lautet: „Das Mineralwasser im Curorte Felsö-Ruzsbach hat sich, in Form von Bädern angewendet, zu jeder Zeit gegen folgende Krankheitszustände als zuverlässig und sicher wirkend erwiesen, ist daher in Folge der von mir seit zehn Jahren gemachten Erfahrungen, wie auch auf Grund der durchgeführten Analyse bei folgenden Krankheiten indicirt: Bei Hautkrankheiten, inwiefern dieselben chronischer Natur sind, bei allerlei Haut- und Knochengeschwüren, bei Drüsengeschwülsten und Exsudaten, besonders wenn dieselben im Unterleibe ihren Sitz haben, ferner bei chronischem Muskel und Gelenksrheumatismus, sowie bei Gicht, insbesondere aber bei englischer Krankheit der Kinder. Bei allen soeben angeführten krankhaften Zuständen hat sich obige Heilquelle, richtig angewendet, immer glänzend bewährt und wurden auch recht befriedigende Resultate bei diversen Neuralgien, sowie bei dem so häufig vorkommenden weissen Fluss der Frauen erzielt.

Innerlich genommen bewährt sich benanntes Mineralwasser vorzüglich bei Blasen- und Nierenkatarrh, fördert bei eingetretener Tuberculose und Phthise die Verkalkung der bereits vorhandenen Tuberkeln respective Cavernen und führt unter Mitwirkung anderer heilkräftiger Factoren (hohe und windstille Lage, ozonreiche Waldluft, Kefir- und Molkencur, Alpenmilch u. s. w.) langsam und sicher zur Genesung.

Dies ist die ärztliche Aeusserung über die Indicationen für die Hauptquelle. Durch die neu analysirten Heilwässer, welche in ihrer Zusammensetzung von der Hauptquelle sehr verschieden sind, wird sich auch der Umfang der Indicationen für das hiesige Curbad wesentlich erweitern.

Die statistischen Daten für die Saison 1889 sind folgende:

Stabile Curgäste 112 Personen, Passanten circa 300 Personen. Mineralbäder 2500 und 100 gratis. Die vorzügliche Moorerde wird nächstens zu Heilzwecken verwendet.

Die **Literatur** des Curortes enthält zahlreiche werthvolle Werke seit dem Jahre 1549. Die wichtigsten sind zwei Monographien von Dr. Innocentius Petrycy Krakow 1635) und von Dr. Samuel Hambach, Physicus der 16 Zipser Städte.

F.-Ruszbach Fürdö Igazgatósága.

Königswart in Böhmen.

Eisenquelle.

Königswart besitzt eine Summe von **Heilkräften**, wie man sie nicht leicht wieder so zahlreich beisammen findet, wenn es sich namentlich um Kräftigung des Organismus durch Vermehrung und Verbesserung der Säfte handelt. Als dahin gehörend wollen wir zuerst die zu Trink- und Badecuren verwendeten, an Eisen und Kohlensäure ausserordentlich reichen Stahlquellen nennen, wovon die Victorsquelle in 10.000 Theilen, bei einer Summe aller festen Bestandtheile von 7·4882, die hauptsächlich aus Carbonaten von Natron, Kalk und Magnesia bestehen, an kohlensaurem Eisenoxydul 0·8542 und an Kohlensäure 29·5700 enthält. Dahin sind ferner zu zählen die in dem prachtvollen, mit grossem Lesesaale verbundenen neuen Badehause sowohl nach Schwarz'scher als auch nach Pfrim-scher Methode aus diesem Wasser bereiteten Stahlbäder mit oder ohne Zusatz von stets frischem Fichtennadeldestillat, dann die aus dem hiesigen ausgezeichneten Moore bereiteten Moorbäder, weiters die im Badehause bestehenden Halb-, Dampf-, Douche- und Bassinbäder, sowie endlich die hier geübte Behandlung mittelst kalten Abreibungen, Massage und Elektricität. Als zu den Heilkräften gehörend muss auch die günstige Lage der hiesigen Curanstalt angeführt werden. Diese liegt 723 Meter hoch am südlichen Abhange eines mit hochstämmigen Nadelholzwaldungen bedeckten Gebirgszuges, der sich in meilenweiter Ausdehnung bogenförmig von Südost nach Nordwest hinzieht, und indem er sich noch 300 Meter über die Curanstalt erhebt, diese gegen Norden, Nordosten und Nordwesten vollkommen schützt, während sie gegen Süden und Südosten frei liegt und eine herrliche Fernsicht über den Böhmerwald und das Fichtelgebirge gewährt. Man hat demnach hier einerseits die Sonnenseite, andererseits durch die bis unmittelbar zur Curanstalt herabreichenden Waldungen die reinste, ozonreiche Wald- und Gebirgsluft. Endlich muss noch als zu den Heilkräften von Königswart zählend die Richardsquelle genannt werden, dieser vortreffliche, vollkommen eisenfreie Säuerling, welcher sich wegen seines reichen Gehaltes an Kohlensäure — 21·4622 — und äusserst geringfügigen festen Bestandtheilen — 1·0829 — in 10.000 Theilen bei den verschiedenartigen katarrhalischen Affectionen heilsam bewährt, abgesehen davon, dass dieses Wasser mit oder ohne Beimischung von Wein als ausgezeichnetes Erfrischungsgetränk dient.

Die Richardsquelle und Victorsquelle sind auch in ausgedehnter Versendung, und wurden dieselben bei der balneologischen Ausstellung in Frankfurt a. M. im Jahre 1881 mit der bronzenen und in Teplitz im Jahre 1884 mit der silbernen Medaille prämiirt.

Indication: Aus dem Gesagten erfolgt, dass der Curgebrauch in Königswart dort überall angezeigt ist, wo es sich darum handelt, eine Vermehrung und Verbesserung des Blutes, sowie der Säfte überhaupt herbeizuführen und Schwächezustände des Körpers und der einzelnen Organe desselben zu beseitigen. Dahin gehören: Blutarmuth, Bleichsucht, Rhachitis, Scrophulose, Tuberculose, allgemeine Nervosität und Neurasthenie; ferner die vielen auf Schwäche der Sexualorgane beruhenden Krankheiten, als häufige Pollutionen und Spermatorrhöe, Menstruationsstörungen, Leukorrhöe und damit zusammenhängende Sterilität; ebenso empfiehlt sich Königswart als Erholungscur nach allen schweren Krankheiten und als Nachcur nach dem Gebrauche von Karlsbad, Marienbad etc. Der innere Gebrauch der Richardsquelle bewährt sich ferner bei den chronischen Katarrhen, wie Kehlkopf- und Bronchialkatarrh, Magen- und Darmkatarrh, Harnröhren- und Harnblasenkatarrh, ebenso bei Blasensteinleiden und Harngries, sowie endlich bei den verschiedenen mit wässerigen Ausschwitzungen und Anschwellungen verbundenen Krankheiten (Wassersucht).

Die Heilerfolge bewähren sich bei richtiger Indication fast ausnahmslos und stellen sich stets als die erwünschten und günstigsten heraus, wie dies auch

Königswart.

bei dem Zusammenwirken der zahlreichen hier vorhandenen Heilkräfte nicht anders zu erwarten ist.

Der Besuch des Curortes, welcher in den letzten fünf Jahren abwechselnd um ein Geringes zu- und abgenommen hat, belief sich durchschnittlich auf jährlich 453 eigentliche Curgäste, während die Anzahl der vorübergehenden Besucher alljährlich 5000 bis 6000 beträgt, wohin namentlich die Marienbader Curgäste gehören, die Königswart als ihren schönsten Ausflugsort alltäglich ausserordentlich zahlreich besuchen.

Königswart, zwischen Marienbad und Eger an der Franz Josefsbahn gelegen, ist **Eisenbahnstation**, wo alle Züge regelmässig halten.

In Bezug auf **Comfort** sind zuerst die vier Hotels anzuführen, wo für Unterkunft, Verköstigung und Verpflegung der Curgäste bestens gesorgt ist, und von denen „Hotel Buberl“ und „Hotel Waidmannsheil“ bei der Curanstalt selbst, „Hotel Kaiser von Oesterreich“ und „Hotel zum schwarzen Bären“ im Städtchen Königswart sich befinden. Ausserdem sind die bei der Curanstalt gelegenen sehr schönen neun Villen zu erwähnen, und zwar „Villa Metternich“ und die dazu gehörende, an der Stelle des alten Badehauses erbaute „Neue Villa“, beide Eigenthum des Fürsten Metternich, gegenwärtig vom Badearzte Dr. Kohn mitgepachtet, dann die andern verschiedenen Privaten gehörenden Villen, als „Waldschlösschen“, „Villa Hartmann“, „Villa Stickl“, „Villa Mahler“, „Trianon“, „Stadt Linz“ und „Laurer's Haus“, die alle sehr schön gelegen, von Gärten umgeben sind und zahlreiche elegante und billigst berechnete Wohnzimmer für Curgäste enthalten. In der „Villa Metternich“ und im „Waldschlösschen“, sowie in „Laurer's Haus“ besteht auch eine Art Pension, wo man, wenn es gewünscht wird, die Verpflegung im Hause selbst haben kann. Unweit der Curanstalt sind endlich noch zwei im Walde prachtvoll gelegene Kaffeehäuser, „Café Bachmann“ und „Schweizerthal“, zu nennen. Im Städtchen selbst mit nahezu 2000 Einwohnern und einem Bezirksgerichte befindet sich das Post- und Telegraphenamt, von wo zu den Hauptzügen der Postwagen verkehrt, mit welchem auch Passagiere befördert werden. Aber auch andere, sowohl halb-

Königswart.

gedeckte als auch geschlossene Wägen stehen den Curgästen in den Hotels und in mehreren Villen, so in der „Villa Metternich“ und „Villa Hartmann“ zur Verfügung.

Vom **Curpersonale** muss ausser dem Badeanstaltspächter, Med. Dr. Kohn, unter dessen Leitung das Badehaus, die Quellen und die Brunnenversendung steht, das Gemeindeamt genannt werden, welches die täglich spielende Brunnenmusik, die Ausgabe der Curliste und die polizeiliche Ueberwachung der Curanstalt besorgt und auch die Cur- und Musiktaxe von den Curgästen einhebt. Während der Curzeit, welche vom 1. Mai bis Ende September andauert, wird der ärztliche Beirath den Curgästen von den beiden hiesigen Aerzten, dem oben genannten Dr. Kohn und Dr. Kindl ertheilt.

Zimmermiethe: 4 fl. bis 10 fl. per Zimmer und Woche.

Bäderpreise: Stahlbad 1 fl., Schwarz'sches oder Pfrim'sches Stahlbad 1 fl. 20 kr., Moorbad 1 fl. 70 kr.

Cur- und Musiktaxe: 1. Classe fl. 5.—, 2. Classe fl. 3.—, 3. Classe fl. —.50 für jede Partei; für jede einzelne Person mehr derselben Partei fl. 1.—.

Die besuchtesten **Ausflugsorte** sind: Vor Allem Marienbad, das mit Königswart durch drei Strassen in Verbindung steht, und wohin man auf der neu erbauten, längs des Bergrückens im Walde fortlaufenden Strasse zu Wagen in einer halben Stunde gelangt, dann das dem Fürsten Metternich gehörende Schloss Königswart mit seinem reichhaltigen Museum und schönem Parke, ferner der fürstlich Metternich'sche Thiergarten und das Jagdschloss Glatzen des Fürsten Schönburg, sowie viele andere im Walde näher oder entfernter gelegene Ausflugsorte, wohin überall schöne Spaziergänge führen. Endlich sind noch die Orte Eger, Franzensbad und Karlsbad zu nennen, wovon die zwei ersteren mittelst Bahn in einer halben und drei Viertelstunden und letzterer in zwei Stunden zu erreichen ist.

Von wichtigeren **geschichtlichen Notizen** ist Folgendes anzuführen: Auf Grundlage der Analyse sämmtlicher hiesiger Mineralquellen durch Herrn Prof. Dr. Lerch in Prag, welche über Antrag des fürstlich Metternich'schen Domäne- und Badearztes Dr. Kohn vom Besitzer der Quellen, Sr. Durchlaucht dem Fürsten Richard Metternich, im Jahre 1861 veranlasst worden ist, wurde Königswart mittelst Statthaltereierlasses vom 19. August 1862 als öffentlicher Curort erklärt und hierauf im Jahre 1864 vom genannten Herrn Fürsten das erste Haus in der Nähe der Quellen, die gegenwärtige Villa Metternich, als Wohnhaus für Curgäste erbaut und in der Umgebung Spaziergänge angelegt und Anpflanzungen gemacht. Im Jahre 1869 wurde die Victorsquelle neu gefasst und in den Siebziger-, sowie in den späteren Jahren entstanden die anderen oben erwähnten Villen und Hotels. Im Jahre 1877 wurde weiters vom Quellenbesitzer die gedeckte Wandelbahn und im Jahre 1885 das neue Badehaus mit grossen Kosten aufgebaut, während bis dahin ein einfaches Häuschen mit wenigen Badezellen diesem Zwecke gedient hat.

Med. Dr. A. Kohn,

fürstl. v. Metternich'scher Domäne- u. Badearzt, Pächter d. Cur- u. Badeanstalt Königswart.

Roncegno

Südtirol.

Constante Temperatur, 18—22° R. auf 535 Meter Seehöhe. Von der Bahnstation Trient drei Stunden und von jener Bassano-Veneto fünf Stunden entfernt.

Roncegno liegt im malerischen Suganathal, windgeschützte Lage, würzige Luft, begrenzt von dichten Waldungen, Wiesen und üppigen Weingebirgen und ist Centrum von vielen schönen Ausflügen.

Seine natürlichen arsen- und eisenhältigen Quellen müssen durch ihre Zusammensetzung und Wirkungen als einer der mächtigsten Heilschätze der Gegenwart angesehen werden, umsomehr, als der Arsengehalt des Roncegnowassers alle bisher bekannten Quellen übertrifft.

Indicationen: 1. bei Hautkrankheiten; 2. bei Affectionen des Nervensystems; 3. bei chronischen Krankheiten der weiblichen Geschlechtsorgane; 4. bei Säfteverlusten, die in der Reconvalescenz nach erschöpfenden Krankheiten, profusen Menstrualblutungen, Kachexie beobachtet werden; 5. bei Intermittens- als prophylaktisches und bei Malaria-Fieber als Heilmittel auch in den Fällen, wo das Chinin wirkungslos bleibt; 6. bei Angina als Gurgelwasser; 7. bei Chlorose, Anämie etc.

Badesaison vom 1. Mai bis Ende September.

Bad Neudorf

Constantinsbad.

Lage und klimatische Verhältnisse des Curortes. Bad Neudorf liegt unweit der Bezirksstadt Weseritz, Egerer Kreis, im Königreiche Böhmen, von der Bahnstation Mies (Kaiser Franz Josefbahn) zwei Stunden entfernt. Die das Bad umgebende Gegend repräsentirt sich als eine von waldigen, engen Thälern durchschnittene, gegen Süden und Osten sich sanft abdachende, gegen Westen und Norden durch das Erzgebirge des Kaiserwaldes geschützte Hochebene. Die durchschnittliche Höhe dieser Hochebene über dem Meeresspiegel beträgt über 500 Meter. Die Waldungen, die den grösseren Theil des Bezirkes bedecken, sind fast durchwegs Nadelholzwaldungen. In Folge der geschilderten Verhältnisse ist das Klima ein äusserst günstiges; es hat alle Vortheile, welche eine Gebirgsgegend bieten kann, insbesondere eine stärkende, reinste Wald- und Gebirgsluft. — Was das neue im Jahre 1873 gebaute Curhaus anbelangt, so ist dieses mit allem Comfort eingerichtet und liegt am Fusse des dichtbewaldeten Radischer Berges, in einem gegen Süden sich absenkenden lieblichen Thale, welches von den mächtigen Basaltkuppen des Pollinkner, Scheibenradischer, des Schwannberges, Spitzberges und Schafberges begrenzt wird. Rings um das Bad erstreckt sich ein sehr ausgedehnter Park, welcher zum grossen Theil schattige Spaziergänge, schöne Blumenpartien aufzuweisen hat; so auch der schöne Hochwald des Radischer Berges, der mit seinen ausgedehnten Spaziergängen, mit Genehmigung Sr. Durchlaucht des Fürsten Löwenstein zur Benützung freisteht. Im Parke selbst befinden sich kaum 50 Schritte vom Curhause entfernt die Trinkquellen; anstossend an das Quellenhaus befindet sich die gedeckte Colonnade.

Quellen. Die Quellen sind schon seit alten Zeiten in der Neudorfer Gegend bekannt gewesen, und wurden von der umliegenden Bewohnerschaft häufig benützt. Die Rudolfsquelle entspringt aus einem Moorgrunde wenige Schritte entfernt vom alten Badehause; sie ist mit zahlreichen Kohlensäure- und Schwefelwasserstoff-Gasquellen durchsetzt. Diese Quelle und die in unmittelbarer Nähe vorkommenden reichen Moorgründe gaben den ersten Anstoss zum Entstehen der alten Badeanstalt Neudorf, welche seit langen Jahren als Heilanstalt benützt, und durch die daselbst erzielten vorzüglichen Heilerfolge in weiten Kreisen bekannt geworden ist.

Von der Rudolfsquelle südöstlich beiläufig zehn Minuten entfernt, in der nächsten Nähe des jetzigen neuen Curhauses entspringen auf einem Flächenraum von etwa zwölf Quadratklaftern nicht weniger als fünf Quellen: die Karlsquelle, Franzensquelle, Sophienquelle, Giselaquelle und Felsenquelle. Die Wässer dieser Quellen zeichnen sich vorzüglich dadurch aus, dass sie kohlensäurereiche Säuerlinge darstellen, aus welchen sich unter fortwährendem Brausen und mitunter äusserst heftigen stürmischen Bewegungen grosse Mengen von Gas entwickeln. Die Wässer sind alle klar, geruchlos und ungefärbt. Bezüglich zweier dieser Eigenschaften macht die Rudolfsquelle eine Ausnahme.

Ihr Wasser ist nicht so klar wie das der übrigen fünf Quellen, auch zeigt sich der Geruch von Schwefelwasserstoff. Der Geschmack sämmtlicher Wässer ist im Allgemeinen der den Stahlwässern zukommende. Alle diese Quellen setzen auf ihrem Abflusse rostbraun gefärbten Eisenocker ab und haben eine constante Temperatur von 8·8° R.; nur die Rudolfsquelle zeigt Schwankungen in den Temperaturgraden, was dem grossen, ganz frei gelegenen und allen äusseren Einflüssen ausgesetzten Bassin zuzuschreiben ist. Die Quellenstöcke sind mittelst Röhrenleitung mit einem Bassin verbunden, von wo aus das Wasser für die Mineralbäder (Stahlbäder) in's Curhaus geleitet wird.

Die Neudorfer Moorerde. Die Bad Neudorfer Moorerde bildet eine feuchte graulichtbraune bis grauschwarze, von grösseren und kleineren Pflanzenresten durchsetzte, leichte erdige Substanz, welche sich sehr leicht, ganz besonders im lufttrockenen Zustande zerbröckeln und in ein grobes graubraunes, mit unzähligen Fasern untermengtes Pulver zertheilen lässt.

Indicationen. Gicht, Rheuma, Ischias, Gelenksanschwellungen, Ablagerungen in den Gelenken, Anämie, Bleichsucht, Frauenkrankheiten, Anämie mit chronischer Metritis, Rhachitis, scorbutische Beschaffenheit des Blutes, Schwäche des Nervensystems, Neuralgien, hysterische Irritationen, Lähmungen, Spinalirritationen, Hypochondrie, Magenkatarrhe, Schwäche und Unthätigkeit der Muskelhaut des Darmcanals, Vorfälle und Senkungen, Blutungen, Schwächezustände der äusseren Haut und der Schleimhäute u. dgl.

Promenaden und Ausflüge. Radischer Berg, Schafberg, Schwannberg, Wolfsberg, Guttenstein, Dudakenmühle, Fürst Löwenstein'scher Thiergarten, Schippin, Schlanzenmühle, Lawatschenmühle, Altmühle, Marazenmühle, Žižkagrund, Pfalzermühle, Veitsmühle, Vogelherd, Kunstfarb, Stift Tepl, Marienbad etc. etc.

Analyse der Quellen.

Uebersichtliche Zusammenstellung der analytischen Resultate der Neudorfer Stahlquellen.
In 10.000 Theilen Wasser, die kohlensauren Salze als Bicarbonate gerechnet.
Nach Hofrath R. Fresenius' Analyse vom Jahre 1876.

Bestandtheile	Karlsquelle	Franzensquelle	Sofienquelle	Giselaquelle	Felsenquelle
Kohlensaures Natron	3·95495	2·88341	2·92502	2·22916	2·28572
Kohlensaures Lithion	0·04239	0·03018	0·04797	0·02903	0·03064
Schwefelsaures Kali	0·25191	0·21405	0·20931	0·18275	0·25764
Chlorkalium	0·17472	0·09533	0·09302	0·07358	0·08961
Chlornatrium	1·01809	0·76720	0·82881	0·56639	0·57795
Bromnatrium	0·00795	0·00373	0·00294	0·00321	0·00334
Jodnatrium	0·00005	0·00004	0·00004	0·00006	0·00006
Phosphorsaures Natron	0·02234	0·02241	0·02477	0·02030	0·02833
Kohlensaurer Kalk	2·49140	1·57680	1·34735	1·06331	1·52336
Kohlensaurer Baryt	0·00306	0·00228	0·00352	0·00279	0·00329
Kohlensaure Magnesia	2·80332	2·16230	2·13850	2·50339	1·94138
Kohlensaures Eisenoxydul	0·91513	0·88069	0·77411	0·72212	0·73728
Kohlensaures Manganoxydul	0·03683	0·03928	0·03882	0·03972	0·03610
Phosphorsaure Thonerde	0·00436	0·00376	0·00456	0·00672	0·00533
Kieselsäure	0·70016	0·64961	0·65092	0·59426	0·62697
Summe aller festen Bestandtheile	12·42666	9·33107	9·08966	7·03679	8·15000
Freie Kohlensäure	21·74949	26·64254	25·52793	24·75178	25·92354
Summe aller Bestandtheile	40·17615	35·97361	34·61859	31·78757	34·07354

Obladis.

Höhencurort mit Hochgebirgsklima, Sauerbrunnen und Schwefelquelle, Trinkanstalt, Bade- und Curort

im Oberinnthale in Tirol.

Obladis.

Die Trink- und Badeanstalt zu Obladis befindet sich im tirolischen Oberinnthale im k. k. Gerichtsbezirke Ried in der k. k. Bezirkshauptmannschaft Landeck in der Gemeinde Ladis anderthalb Stunden nordwestlich von Ried, vier Wegstunden von Landeck, eine halbe Stunde oberhalb des Dorfes Ladis, in einer Höhe von 1382 Metern über dem Meere, mitten in einem herrlichen Fichtenwalde.

Das Etablissement umfasst 75 Fremdenzimmer mit einem grossen schönen Speisesaale, von dessen Balkon aus man eine herrliche Rundsicht geniesst.

Die Anstalt besitzt eine Schwefel- und Sauerbrunnenquelle. Erstere wird zur Bereitung der Bäder, die letztere zur Trinkcur benützt. Die Sauerbrunnenquelle wird von ärztlicher Seite für Unterleibskrankheiten und speciell für Magenkatarrh bestens empfohlen. Bäder sind täglich zum Preise von 40 bis 70 kr. zu haben. Auf Verlangen werden auch Fichtennadelbäder verabreicht.

Analyse.

In einem Pfund Wasser = 16 Unzen = 7680 Gran enthält der Säuerling nachstehende Bestandtheile:

Schwefelsaures Natron	0·3302	Gran
Schwefelsauren Kalk	1·2940	„
Schwefelsaure Magnesia	2·7625	„
Chlormagnesium	0·0384	„
Kohlensaure Magnesia	0·0606	„
Kohlensauren Kalk	8·2637	„
Kohlensaures Eisenoxydul	0·0445	„
Kieselsäure	0·0207	„
	12·8146	Gran
Freie Kohlensäure	12·6343	„

Nebstbei finden sich auch in demselben Spuren von schwefelsaurem Kali, phosphorsaurer Magnesia und organischer Substanz vor.

Das specifische Gewicht ist bei einer Temperatur von 15° $\frac{73·151}{72·972}$ = 1·00251.

Die Zimmerpreise differiren je nach ihrer Lage und Ausstattung zwischen 80 kr. und 2 fl. Frühstück und Jause, bestehend in einem Glase Kaffee mit Brot, kostet je 15 kr. Mittags und Abends wird per Table d'hôte gespeist, und kostet das Mittagmahl 1 fl. und das Nachtessen 60 kr. per Person ohne Wein.

In dem die Anstalt umgebenden Fichtenwalde sind auf grosse Entfernungen hin bequeme Spazierwege mit zahlreichen Ruhebänken angelegt.

Von der Bahnstation Landeck verkehren täglich mehrere Stell- und Eilwagen, sowie auch andere Wagen nach Prutz und Ried im Oberinnthale, von welchen Orten die Anstalt in anderthalb Stunden zu Fuss oder mittelst Maulthieren oder Tragsesseln erreicht werden kann.

In der schönen neuerbauten Anstaltscapelle mit einem Raume für 200 Menschen wird täglich die heilige Messe gelesen.

Während der Saison, d. i. vom 15. Juni bis 15. September, besucht der graduirte Gemeindearzt von Ried wöchentlich viermal die Anstalt und versieht dort die Stelle eines Curarztes.

In Prutz befindet sich die Post- und Telegraphenstation, mit welcher die Curanstalt durch ein Telephon in Verbindung steht, und überdies durch eine eigene Botin täglich zweimal verkehrt.

Obladis ist ein Höhencurort von eminenter Bedeutung. Was die klimatischen Verhältnisse betrifft, könnte man, wenn man die absolute Höhe des Ortes allein in Betracht zieht, allerdings glauben, in Obladis müsse es selbst im höchsten Sommer kühle Tage und eine rauhe Luft geben. Im Frühling, Herbst und Winter ist dies allerdings der Fall. Desto angenehmer gestalten sich aber dafür die Sommertage. Eine gemässigte Temperatur, eine reine milde Waldluft und die vor rauhen Winden geschützte Lage zeichnen nebst anderen günstigen Umständen diesen Curort vor vielen seinesgleichen vortheilhaft aus.

Szt. György

Ungarn.

Kalte Schwefelquelle.

Besitzt eine wirksame Quelle von 16·2° C., welche in einem Liter Wasser 0·06 Gramm schwefelsaures Natron, 0·295 Gramm Chlornatrium, 0·133 Gramm kohlensauren Kalk, 0·0079 Gramm Schwefelwasserstoff enthält.

Wysowa.

Alkalisch-muriatische Quelle. Trink- und Badeanstalt.

Der **Curort Wysowa** im Kronland Galizien, liegt 525 Meter über der Meeresfläche an der südlichen Grenze des Gorlicer Bezirkes in einem anmuthig gelegenen, von waldreichen Berghöhen umgebenen, sich weit ausbreitenden Ropa-Thale, des an Naturschönheiten so reichen galizischen Hochlandes. Wysowa hat ein subalpines Klima, welches aber durch die geschützte Lage des Thales gemildert wird. Die Temperatur der Sommermonate beträgt durchschnittlich: im Mai 14° C., im Juni 15·4° C., im Juli 19·6° C., im September 16·9° C.

Reiseverbindungen. Mit der Carl Ludwigsbahn oder Transversalen Eisenbahn bis Grybów-Gorlice und von da gelangt man mit Wagen in vier Stunden. Von Lemberg mit Transversalenbahn bis Gorlice-Grybów. Von Warschau über Krakau. Von Posen über Breslau, Oppeln und Krakau. Von Czernowitz über Stanislau, Stryj, Zagórz. Von Pest über Czacza und Żywiec.

Der Curort Wysowa mit zahlreichen auf seinem Bergboden sich befindenden Mineralquellen (sehr starken muriatisch-alkalinischen Säuerlingen, mit grossen Quantitäten doppeltkohlensaures Eisenoxydul und Brom), bietet eine sehr anmuthige Ansicht dar und macht einen angenehmen Eindruck durch seine Einrichtungen.

Aus dem karpathischen Sandsteine entspringen hierorts freiwillig fünf Mineralquellen, reich an freier Kohlensäure, chemisch analisirt von Prof. Dr. Radziszewski. Ihre wichtigsten Bestandtheile (in 1000 berechnet) sind folgende:

Bestandtheile	Rudolfsquelle	Salzquelle (Hauptquelle)	Bronislausquelle	Wandaquelle	Josefsquelle
		Prof. Dr. Radziszewski 1882			
Doppeltkohlensaures Natron	3·27045	7·32822	3·68119	1·95263	2·31693
Doppeltkohlensaures Eisenoxydul	0·09097	0·05095	0·13850	0·09408	0·04062
Doppeltkohlensaurer Kalk	0·69047	0·90045	0·46542	0·50908	0·42835
Doppeltkohlensaures Strontiumoxydul	0·00244	0·01189	0·00273	0·00234	0·00225
Doppeltkohlensaure Magnesia	0·28686	0·28117	0·16071	0·20962	0·16169
Chlornatrium	0·85541	2·42549	1·08922	0·52682	0·71624
Chlorkalium	0·07160	0·09945	0·07124	0·04554	0·05201
Bromkalium	0·02371	0·07118	0·00934	0·00506	0·00460
Jodkalium	0·00014	0·00025	0·00013	0·00009	0·00015
Chlorlithium	0·00193	0·00386	0·00181	0·00108	0·00332
Summe der fixen Bestandtheile	5·32986	11·20867	5·26169	3·39136	3·76802
Wirklich freie Kohlensäure	1·53459	0·91684	1·94957	1·22202	1·34719

Unterkunft. 100 Gastzimmer, darunter auch heizbare im Curgebäude und Privathäusern. Restaurationen gibt es zwei. Vorzügliche Küche, aufmerksame Bedienung. Die Lebensweise ist eine einfache und billige.

Die zur Behandlung kommenden Krankheiten: Reconvalescenz nach schweren Krankheiten, Typhus, hartnäckige Unterleibsentzündungen mit zurückgebliebenen Exsudaten, nach acuten Anfällen von Gicht und Rheumatismus, nach zahlreichen und erschöpfenden Geburtsfällen oder nach langdauerndem Säugen kommende Erschöpfung und Entkräftung. Ferner Scrophulose, Blutarmuth, Bleichsucht und Malaria, chronischer Katarrh der Respirationsorgane, Bronchitis, die beginnende Tuberculose und Lungenphthyse, die pleuritischen Exsudate, chronischer Magen- und Darmkatarrh, Katarrh der Gallenwege, Leber-, Milz- und Drüsenanschwellungen, Katarrh der Harnblase, verschiedene Krankheiten der weiblichen Organe bei Mädchen und Frauen, als Menstruationsstörungen, chronischer Katarrh und Schwäche der Geschlechtsorgane, auf allgemeiner Schwäche oder auf Blutarmuth beruhend, verschiedene Nervenleiden, begleitet mit der Blutarmuth oder mit langdauernden Magen- und Darmkatarrhen, halbseitiger Kopfschmerz, Hysterie, Nervosität u. s. w.

Die Einrichtungen entsprechen vollkommen den Anforderungen der Heilwissenschaft, als auch dem neuesten Standpunkte der Balneotherapie.

Sie enthalten:

1. Fünf Mineralbrunnen, und zwar:

a) Rudolfsquelle, ein starker, natronhaltiger Eisensäuerling;
b) Salzquelle, ein salinisch-alkalischer Jodo-Bromo-Eisensäuerling;
c) Bronislausquelle, ein sehr starker muriatisch-alkalischer Eisensäuerling;
d) Wandaquelle, ein alkalischer Eisensäuerling;
e) Josefsquelle, ein eisenhaltiger alkalischer Säuerling.

2. Ein Badehaus mit 20 Badecabineten, für Mineralbäder und für allgemeine und partielle Eisenmoorbäder bestimmt.

3. Heilgymnastik.

4. Milch-, Molken und Kumyscuren.

5. Hausapotheke mit einer Niederlage fremder Mineralwässer und Badezusätze.

6. Inhalationscuren.

7. Klimatische Cur.

8. Fichtennadelextract für balsamische Fichtenbäder.

Badearzt, Post, Musik etc.

Hygiea-Sprudel-Kronenquelle

bei Radkersburg, Steiermark.

Analyse.

	Gramm
Kohlensaures Natrium	8·02066
Kohlensaures Lithium	0·03208
Kaliumsulfat	1·10935
Chlorkalium	0·19098
Chlornatrium	0·39842
Kohlensaures Calcium	3·33700
Kohlensaures Magnesium	1.76690
Kohlensaures Eisenoxydul	0·24182
Kieselsäure	0·43410
Halbgebundene Kohlensäure	5·81950
Freie Kohlensäure	24·66650

15·50131 fixe Bestandtheile, 30·48600 Kohlensäure in 10.000 Gramm (10 Liter) Wasser.

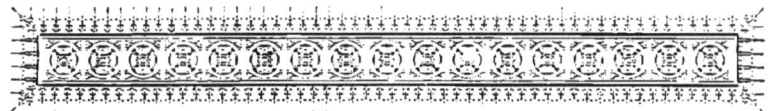

Trofaiach

Obersteiermark.

Seehöhe 659 Meter. Günstige Lage inmitten einer herrlichen Alpenwelt. Beliebter Sommeraufenthalt. Ausgangspunkt vieler Hochgebirgstouren. Eisenbahn-, Post- und Telegraphenstation. Elektrische, Schlacken-, Alpenlatschen-, Fichtennadel-, Douche- und Schwimmbäder.

Trofaiach.

Leitender Arzt Dr. Wilhelm Ehrlich.

Indicationen der elektrischen Bäder: Neurasthenie, Hypochondrie, neuralgische, convulsivische und rheumatische Affectionen.

Indicationen der Schlackenbäder: Erkrankungen des Nervensystems, Hysterie, Veitstanz, Blutarmuth, Bleichsucht und Rhachitis.

Indicationen der Alpenlatschen- und Fichtennadelbäder: chronischer Rheumatismus der Muskeln und Gelenke.

Spaziergänge und Ausflüge: Schülerpark, Kehrwald, Forstwald, Rudolfshöhe, Hexenstein, Freienstein, Wasserfall, Krumpensee, Tragöss, Erzberg.

Hochgebirgstouren: Gössek, Reichenstein, Hochthurm, Wildfeld, Griessmauer, Thalerkogel. Auskünfte ertheilt der Fremdenverein in Trofaiach.

Rohitsch-Sauerbrunn.

Alkalisch-sulfatische oder Glaubersalzquelle. Milch- und Molken-Curort.

Lage und Klima des Curortes. Seit Jahrhunderten schon durch seine heilspendenden Quellen weit und breit bekannt, nimmt der in der südlichen Steiermark gelegene und dem Lande Steiermark gehörige Curort Rohitsch-Sauerbrunn, Dank der ihm andauernd zugewendeten Fürsorge, gegenwärtig noch einen hervorragenden Rang unter den renommirten Bädern ein und erfreut sich der dankbarsten Anerkennung Aller, welche hier Heilung von ihren Leiden oder Erholung von den Sorgen und Anstrengungen des aufreibenden Berufslebens suchten und fanden. Mit Recht wird Rohitsch-Sauerbrunn die Perle der grünen Steiermark genannt.

Seehöhe. Geographische Lage. An den Ost-Ausläufern der karnischen Alpen in einem reizenden Thale gelegen und umgeben von reich mit Eichen und Buchen bewaldeten Höhen, gewährt der Curort einen ebenso gesunden als angenehmen Aufenthalt. Nach den neuesten Messungen liegt Rohitsch-Sauerbrunn 228 Meter über dem Meeresspiegel. Gegen Nord und Ost ist es durch Gebirge geschützt, und ähnelt hierin dem ebenfalls unter dem 46. Breite- und 33. Längegrade gelegenen Curorte Gleichenberg, mit welchem es auch das milde feuchtwarme Klima gemein hat.

Meteorologische Notizen. Die mittlere Jahrestemperatur des Curortes betrug nach dreijährigem Durchschnitt der Saison-Monate Mai bis inclusive September + 16·3° C. bei einem mittleren Barometerstande von 740·5 und einem durchschnittlichen Feuchtigkeitsgehalt der Luft von 77 Percent.

Waldluft. Wird dabei auch noch der hohe Sauerstoffgehalt der Luft berücksichtigt, welcher seine Entstehung dem üppigen Grün der in unmittelbarer Nähe befindlichen Wälder und Wiesen verdankt, so darf Rohitsch-Sauerbrunn gewiss zu den vorzüglichsten subalpinen klimatischen Badeorten gerechnet werden.

Reiseverbindungen. Der Curort ist von der Südbahnstation Pöltschach mittelst durch reiche landschaftliche Bilder verschönerter Wagenfahrt auf vorzüglicher Strasse in 1½ Stunden zu erreichen.

In Pöltschach ist ein äusserst lebhafter Bahnverkehr, da täglich sechs Eil- und gewöhnliche Personenzüge in der Richtung Wien-Triest und ebenso sechs Züge in der Richtung Triest-Wien bei Passirung daselbst anhalten.

Saison. Die Curanstalt beginnt die Saison mit 1. Mai und schliesst dieselbe im October. Die sogenannte hohe Saison beginnt am 1. Juli und dauert bis 20. August.

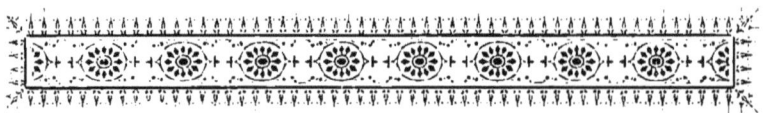

Heilquellen. Seinen grössten Schatz besitzt Rohitsch-Sauerbrunn in seinen Heilquellen, welche als Vermittlung zwischen der reinen Natrokrene und dem Glaubersalzwasser einzig in ihrer Art dastehen. Die wichtigsten Quellen sind der Tempelbrunnen und die Styriaquelle, welche ausschliesslich zur Trinkcur verwendet werden, und von denen ersterer den auch als Erfrischungsgetränk weltberühmten Rohitscher Säuerling liefert, während die Styriaquelle ihrer kräftigen Beschaffenheit wegen nur als Heilmittel gebraucht wird. Ausser den genannten zwei Brunnen entspringen im Curorte noch weiter sieben Säuerlingsquellen, deren Wässer aber nur zur Herstellung der kohlensauren Bäder benützt werden.

Die lange Reihe jener Neuerungen und Verbesserungen, welche der hohe steiermärkische Landesausschuss in den jüngsten Jahren in der Landes-Curanstalt Rohitsch-Sauerbrunn durchzuführen in der Lage war, hat ihren dermaligen Abschluss in der Errichtung und dem Baue eines neuen Füllschachtes gefunden.

Bis Ende 1889 nämlich wurde die Füllung der zur Versendung gelangenden Säuerlinge durch Pumpwerke vorgenommen. Nachdem jedoch auf diesem Wege ein Theil der in den Säuerlingen enthaltenen freien Kohlensäure verloren ging, wurde schon seit längerer Zeit die Errichtung einer neuen Central-Füllanlage geplant, nämlich eines Füllschachtes, zu welchem das Sauerwasser vom Grunde der betreffenden Quellfassungen in massigem Gefälle durch emaillirte Rohre geleitet werden sollte. Diese Anlage wurde im Herbst des Jahres 1889 nach dem schon früher vom Herrn Professor Johann Rumpf geschaffenen Grundlagen unter Leitung des Herrn Professors Dr. R. Hörnes ausgeführt, wobei derselbe bestrebt war, die von ihm als zweckentsprechend erkannten Pläne seines Herrn Vorgängers mit möglichst geringen Veränderungen durchzuführen.

Diese neue, mit einem Kostenaufwande von über circa 20,000 fl. hergestellte Central-Füllanlage gewährt wesentliche Vortheile, sowohl in Bezug auf die Qualität als auch hinsichtlich der Quantität des in einem bestimmten Zeitraume zu füllenden Sauerwassers. In erster Hinsicht wird jener Verlust an freier Kohlensäure vermieden, der bei der Anwendung einer Pumpe nothwendigerweise erfolgen muss, und selbst bei einer Pumpe des zweckmässigsten Systemes nie vermieden werden kann. Erfahrungsgemäss wurde bei dem mit Recht weltberühmten landschaftlichen Rohitscher Säuerlinge bei der bisherigen Füllmethode ein Theil der freien Kohlensäure durch die Pumpenarbeit ausgetrieben, und ist dies die alleinige Ursache, aus welcher der in den Handel gebrachte Säuerling sich einigermassen von dem am Brunnen selbst getrunkenen unterschied. Während das frisch geschöpfte Wasser sowohl der Tempel- als der Styriaquelle ähnlich wie Champagner moussirt und zumal die Tempelquelle für sich allein oder mit säuerlichem Wein, Fruchtsäften und Zucker gemischt, ein vortreffliches Erfrischungsgetränk bildet, konnte dies den bis nun in den Handel gebrachten, mit Pumpen gefüllten Säuerlingen aus den oben angeführten Grunde nicht in gleichem Grade nachgerühmt werden. Dies ist jetzt vermieden, und macht sich die Einwirkung der grösseren im Wasser zurückgehaltenen Menge an Kohlensäure auch dadurch fühlbar, dass selbst längere Zeit aufbewahrte Flaschen keinen so starken Bodensatz aufweisen, als dies früher der Fall war. Leichte Niederschläge am Boden der Flasche rühren lediglich von kleinen Mengen kohlensaurer Salze her und lösen sich bei leichtem Schütteln der Flasche wieder auf.

Die Ausdehnung und Einrichtung der Füllschachtanlage gestattet aber nicht blos, die Säuerlinge unter vollkommener Bewährung ihrer ausgezeichneten Qualität zu füllen, sondern sie erlaubt auch eine viel raschere und ausgiebigere Ausnützung der Quellen, so dass die Direction der Curanstalt in der Lage ist, selbst den grössten Bestellungen umgehend durch frisch vorgenommene Füllung nachzukommen.

Dass diese unschätzbare Neuerung nicht verfehlen wird, den Ruhm des altberühmten landschaftlichen Rohitscher auf's Neue zu beleben, zu vergrössern und in die weitesten Bahnen zu lenken, unterliegt keinem Zweifel, und dankbaren Herzens muss hiefür der Vertreter des Landes gedacht werden, welche niemals ermangeln, mit offener Hand und richtigem Verständniss Alles aufzubieten, was zum Gedeihen dieses herrlichen Curortes und seiner segenbringenden Quellen beizutragen vermag.

Sowohl der Tempelbrunnen als auch die Styriaquelle gehören in die Gruppe der alkalisch-salinischen Säuerlinge, sind jedoch, wie die nachfolgenden, von Herrn Professor Dr. Max Buchner in Graz ausgeführten Analysen zeigen, nicht unwesentlich von einander verschieden.

Analysen.

Bestandtheile in 10.000 Theilen:

	Tempelbrunnen	Styriaquelle
Schwefelsaures Kalium	0·3616	2·1292
Schwefelsaures Natrium	19·6068	19·2772
Salpetersaures Natrium	0·1187	0·0092
Chlornatrium	1·6950	0·9425
Jodnatrium	0·0013	0·0003
Saures, kohlensaures Natrium	10·8350	11·2281
Phosphorsaures Calcium	0·0092	0·0274
Saures, kohlensaures Calcium	10·3570	8·3570
„ „ Magnesium	34·3500	45·3331
„ „ Eisen	0·0680	0·0623
„ „ Mangan	--	0·0386
Phosphorsaure Thonerde	0·0095	0·0100
Kieselsäure	0·3307	0·4100
Völlig freie Kohlensäure	24·4907	31·4969
Summe aller wägbaren Bestandtheile	102·2335	122·3218

Spuren von Barynm, Strontium, Lithium, Bor, Brom.

Völlig freie Kohlensäure in 1 Liter Wasser 1012·58 Kub.-Cm. 1583·37 Kub.-Cm.

Ueberblicken wir die Reihe der in beiden Quellen enthaltenen fixen Bestandtheile, so finden wir, dass das schwefelsaure Natron oder Glaubersalz hier wie dort in derselben Menge vertreten ist, dass aber der Styriabrunnen noch ausserdem eine siebenmal grössere Quantität von Kaliumsulfat oder Arcanum duplicatum führt. Desgleichen ist die Styriaquelle reicher an doppeltkohlensaurem Natrium oder Magnesium als der Tempelbrunnen, während letzterer mehr Kochsalz enthält. Beide Quellen sind sehr reich an Kohlensäure. Vergleichen wir die chemische Zusammensetzung der Rohitscher Säuerlinge mit jener der bekanntesten anderen alkalisch-salinischen Mineralwässer, so ergibt sich, dass die Rohitscher Quellen in ihrem Glaubersalzgehalte den verschiedenen Karlsbader Brunnen am nächsten stehen, dagegen die letzteren in Folge ihrer hohen Temperatur bedeutend weniger Kohlensäure und weniger doppeltkohlensaure Magnesia und Kalk führen, welche dort als einfach kohlensaure Salze in Form des Sprudelsteines abgesetzt werden. Durch Erwärmen können wir sonach die Rohitscher Quellen in ein den Karlsbader Wässern sehr ähnliches Wasser umwandeln, da ein Theil der Kohlensäure hiebei verloren geht und die grossen Mengen der doppeltkohlensauren Magnesia und des Kalkes in Form eines weissen Pulvers, ein Analogon des Karlsbader Sprudelsteines, als Niederschlag herausfallen. Die Summe der fixen Bestandtheile ist in den Rohitscher Säuerlingen eine weit höhere, als bei den Karlsbader Brunnen, und steht hierin namentlich die Styriaquelle den Marienbader Wässern am nächsten. Was den Gehalt an doppeltkohlensaurer Magnesia betrifft, so überragen die Rohitscher Quellen alle bisher bekannten Mineralwässer sehr bedeutend.

Heilwirkungen beider Quellen. Beide Quellen, als Trinkcur gebraucht, sind von erprobter Wirkung bei Magen- und Darmkatarrhen, Magenerweiterung, Krämpfen, Magengeschwüren, Leber- und Milzanschwellung, Gelbsucht, Gallensteinen, Diabetes, Rachen- und Bronchialkatarrhen, Wechselfieber und seinen Folgezuständen, Blasenkatarrhen und Katarrhen der weiblichen Sexualorgane, Bleichsucht.

Die Styriaquelle eignet sich ihrer stärker abführenden Wirkung wegen noch insbesondere als vorzüglichstes Mittel gegen Fettsucht, Abdominalplethora und hartnäckige Stuhlverstopfung.

Verwendung des Tempelbrunnens auch als diätetisches und Erfrischungsgetränk. Die Tempelquelle zeichnet sich, abgesehen von ihrer Heilkraft, auch noch in diätetischer Richtung aus.

Allein oder mit säuerlichem Wein, auch Fruchtsäften vermischt liefert der Tempelbrunnen ein ausgezeichnetes Erfrischungsgetränk, namentlich an Orten, wo schlechtes Trinkwasser vorhanden ist oder wo Epidemien herrschen.

In Wechselfiebergegenden kann der „echte Rohitscher" durch keinen anderen der jetzt im Handel befindlichen Säuerlinge ersetzt werden, da er

Rohitsch-Sauerbrunn.

allein jene Glaubersalzmengen enthält, welche, täglich genossen, durch ihre Einwirkung auf Leber und Milz einen mächtigen Schutz gegen Intermittens ausüben.

Sonstige Curmittel. Die günstigen Wirkungen, welche die Trinkcur und das vortreffliche Klima von Rohitsch-Sauerbrunn auf jeden Patienten ausüben, können noch durch eine Reihe von künstlichen Curmitteln erhöht werden. Wir nennen hier in erster Linie das kohlensäurehaltige Bad, die verschiedenen Kaltwasserproceduren, die Milch-, Molken- und Kefyrcuren.

Bäder. Das kohlensäurehaltige Bad, welches entweder aus einer Mischung von Säuerling mit Süsswasser oder aus reinem, mit glühenden Stahlkolben erhitztem Säuerling bereitet wird, ist ein sehr mächtiger Hautreiz. Der Körper des Badenden ist nach wenigen Minuten mit Gasbläschen besät, es stellt sich ein lebhaftes Prickeln auf der Haut ein, und die Körperoberfläche röthet sich. Die Pulsfrequenz sinkt oft sehr bedeutend und nicht selten stellt sich im Bade ein Gefühl von Oppression ein.

Kaltwassercuren. Kaltwassercuren, welche über Anordnung der Badeärzte in einer sehr zweckmässig eingerichteten hydropathischen Anstalt durch ein gut geschultes Personale ausgeführt werden, finden besonders in jenen Fällen Verwendung, in welchen neben den Erkrankungen der Verdauungsorgane auch nervöse Störungen vorhanden sind, oder in welchen, wie dieses nicht selten beobachtet wird, eine allgemeine Nervosität das vorherrschende Leiden ist.

Milch-, Molken- und Kefyrcuren. Milch, Molke und Kefyr werden von einem Appenzeller Sennen in vorzüglicher Qualität geliefert, und finden namentlich bei schwächlichen, blutarmen Personen oder bei Erkrankungen der Respirationsorgane ihre Verwendung.

Elektrische Curen und Massagen. Neben den Bade-, Milch- und Molkencuren werden auch faradische und galvanische Ströme oder die Massage zur Unterstützung der Cur gebraucht.

Besuch des Curortes. Circa 2000 Personen ohne Passanten.

Curdauer. Wie in allen Curorten, so ist auch in Rohitsch-Sauerbrunn der grösste Andrang von Gästen während des Monats Juli und der ersten Hälfte des August. In der That ist zu dieser Zeit das Leben ein sehr bewegtes, da Bälle, Concerte und andere Vergnügungen einander in bunter Reihe folgen. Trotzdem sind die heissen Sommermonate, wenigstens in vielen Fällen, zum Curgebrauche minder geeignet, als die kühlere Frühjahrs- und Herbstzeit, welche bei dem milden Klima des Curortes namentlich für alle aus nördlicheren und höher gelegenen Gegenden kommenden Patienten am zuträglichsten ist.

Die Curdauer hängt natürlich einzig und allein von dem Zustande des Patienten ab und kann häufig nicht gleich bei Beginn der Cur definitiv festgestellt werden. In leichten Erkrankungsfällen genügen zumeist drei Wochen, während bei schweren Leiden vier bis sechs Wochen nöthig sind, um einen dauernden Erfolg zu erzielen.

Mineralwasserversendung. Die Versendung der landschaftlichen Rohitscher Säuerlinge ist eine sehr bedeutende und zeugt von der allgemeinen Beliebtheit und Werthschätzung dieser altbewährten Mineralwässer.

Alljährlich kommen weit über eine Million Liter davon in den Handel, und zwar wird das Wasser des Tempelbrunnen in Flaschen alter Form à $1^{5}/_{10}$ Liter, $^{7}/_{10}$ Liter, sowie in eleganten Bordeauxflaschen à 1 Liter und $^{5}/_{10}$ Liter mit Etiquette und weisser Kapsel, jenes der Styriaquelle ausschliesslich nur in Bordeauxflaschen à 1 Liter und $^{1}/_{2}$ Liter mit Vignette und grüner Kapsel verschickt.

Verkaufsstellen. Der Verkauf geschieht entweder bei der Direction in Sauerbrunn oder bei den Haupt-Depots in Wien, Pest, Triest, Graz, Brünn und Linz, sowie auch in allen namhaften Mineralwasserhandlungen des In- und Auslandes.

Preis-Courante sind jederzeit bei der Direction oder in den Haupt-Depots erhältlich.

Leitung der Curanstalt. Die Curanstalt Rohitsch-Sauerbrunn ist Eigenthum des Landes Steiermark und wird von einem dem steiermärkischen Landesausschusse verantwortlichen Director geleitet.

Aerzte. Den ärztlichen Dienst versehen die beiden landschaftlichen Brunnenärzte Dr. Joseph Hoisel und Dr. Victor Eltz.

Oeffentliche Anstalten. Eine gut eingerichtete Apotheke, sowie ein permanentes Post- und Telegraphenamt stehen zur Verfügung des Publicums.

Wohnungsangelegenheiten. Alle Wohnungsangelegenheiten betreffenden Anfragen werden in frankirten Zuschriften unmittelbar nur an die Direction der Landes-Curanstalt Sauerbrunn in Untersteiermark gerichtet und von dort aus jederzeit schnellstens besorgt.

Bei jeder Wohnungsbestellung ist der Tag des Eintreffens und die Dauer der Wohnungsmiethe genau anzugeben, weil die Weitervermiethung der Quartiere an letztere Bestimmung gebunden ist. Bei einer Wohnungsbestellung ohne bestimmte Angabe der Aufenthalts-, d. i. der Miethdauer, wird eine solche von vier Wochen als Norm angenommen und in Vormerkung gebracht. Dauert der Aufenthalt länger als vier Wochen oder als bei der Bestellung festgesetzt wurde, und ist nicht rechtzeitig ein bezügliches bestimmtes Uebereinkommen mit der Direction getroffen worden, so versteht es sich von selbst, dass die P. T. Partei ein anderes Quartier für den Fall beziehen muss, als über das von ihr bisher bewohnte unterdessen schon anderweitig verfügt worden wäre.

Preise der Wohnungen und Bäder, Tarife für das Bedienungspersonale etc. Die Preise der Wohnungen in den landschaftlichen Gebäuden, die Preise der Bäder, Curorts- und Musiktaxe, der Tarif für das Zimmer- und Bade-Bedienungspersonale, für Kleiderputzer, Wäscherin, für Beleuchtung u. s. w. sind vom steiermärkischen Landesausschusse billigst festgesetzt und müssen strenge eingehalten werden. Im Monate Mai, dann vom 21. August bis zum Saisonschluss sind die Zimmerpreise am niedrigsten; man hat die Wahl zwischen Zimmern von 40 kr. bis 1 fl. 50 kr. täglich; vom 1. Juli an bis 20. August werden höhere Zimmerpreise berechnet, und kommt sodann das billigste Zimmer auf 60 kr., das theuerste auf 2 fl. 60 kr. täglich zu stehen. Die Wohnungen sind mit aller nöthigen Bequemlichkeit ausgestattet und die grösste Reinlichkeit und Ordnung den Dienern zur strengsten Pflicht gemacht; detaillirte Preistarife und Broschüren werden auf Wunsch jederzeit unentgeltlich verabfolgt.

Curorts- und Musiktaxen. Jeder Gast hat bei einem Aufenthalte von sieben Tagen die Curortstaxe mit 3 fl. 50 kr. und die Musiktaxe mit 2 fl. 50 kr. per Person zu entrichten. Kinder bis zu zwei Jahren sind von den Taxen befreit. Kinder von zwei Jahren bis zum vollendeten zehnten Jahre zahlen die Hälfte der obigen Taxen und solche über zehn Jahre alt die vollen Taxen.

Domestiken haben 1 fl. per Person zu entrichten. Vom 10. Mai bis inclusive 20. September werden diese Taxen auch bei einem Aufenthalte unter sieben Tagen, und zwar vom 10. bis letzten Mai, dann vom 21. August bis 20. September mit 20 kr., in den Monaten Juni, Juli, sowie vom 1. bis einschliesslich 20. August aber mit 30 kr. täglich per Person ohne Unterschied des Alters berechnet und nur von Domestiken nicht eingehoben.

Die Curorts- und Musiktaxen werden bei der Contozahlung im Rentamte verrechnet und eingehoben.

Comfort. Die Zahlung der Curorts- und Musiktaxen berechtigt zur Benützung der Heilbrunnen, Promenaden und Parkanlagen, sowie insbesondere zum Besuche der Lese- und Spielzimmer, des Cursaales und der darin abgehaltenen Kränzchen, Tombolas und Bälle.

Curorchester. Das sehr gut geleitete und gut besetzte Curorchester spielt täglich zwei Stunden Morgens während der Brunnencur und zwei Stunden Abends auf dem mit reizenden Anlagen geschmückten Curplatze.

Restaurants und Cafés. Zur Verpflegung des Publicums bestehen drei comfortable Anstaltsrestaurants, wo man nach Couvert und nach der Karte zu billigst festgesetzten Preisen von 12 Uhr ab bis zum späten Nachmittag speist und wo neben gewöhnlicher Küche auch streng curgemässe Küche geführt wird. Ausser diesen beiden Restaurants gibt es im Curorte noch verschiedene andere Privat-Gasthäuser, wo sowohl nach der Karte als nach dem Couvert gut und billig bedient wird.

In dem mit schön gelegener Terrasse verbundenen Kaffeehause werden Kaffee, Gefrorenes und alle sonst üblichen Getränke bestens servirt und liegen dort die gelesensten Journale des In- und Auslandes auf. Weiters erhält man in dem geräumigen Pavillon des schweizer Molkensieders zu jeder Tagesstunde frische Kuh- und Ziegenmilch.

Unterhaltungen und Vergnügungen. Zum Vergnügen der Gäste dienen ein grosses Schwimm- und Vollbad, eine Reitschule mit eleganten Reit- und Wagenpferden, Ausflüge in die reizenden Umgebungen zu Fuss und zu Wagen. Für Bergpartien stehen Tragesel, zum Selbstkutschiren für Kinder und Damen niedliche Korbwägen zur Benützung bereit. Die schönen Parkanlagen und Promenaden, ein prachtvoller Cursaal mit comfortablen Speisesälen, Café, Conditorei, Lese- und Spielzimmer, eine Wandelbahn, grosses Curorchester, Bälle, Reunionen, Concerte, Tombolas, Kapselschiessstätte, Croquetplatz etc. Im Curorte befindet sich auch eine Leihbibliothek.

Balaton-Füred

am Plattensee.

Einfacher alkalischer Säuerling, alkalisch-sulfatische Quellen, Lufteurort mit Seeklima.

Lage und Topographie des Bades. Balaton-Füred liegt von dem durch die Insel Ferro gehenden Meridian gerechnet 46° 58′ nördlicher Breite und 36° 32′ östlicher Länge, im Zalaer Comitate am nördlichen Ufer des Plattensees, zwei Meilen von Veszprim, 140—150 Meter über dem Meeresspiegel.

Das Klima am Plattensee. Das Klima von Füred ähnelt sehr demjenigen einer Meeresküste; zufolge des vor dem Curort sich ausbreitenden, 20 Quadratmeilen umfassenden Plattensees ist die Luft milde, gleichförmig, mässig feucht, rein und ozonreich.

Analyse der Füreder Heilquellen. Im Territorium des Badeortes befinden sich drei alkalisch-salinische, kohlensaure-ferruginöse Quellen. Die Haupt- oder Franz Josef-Quelle inmitten des Curplatzes; dies ist die älteste, reichste, zur Trinkcur vornehmlich und zum Versandt ausschliesslich frequentirte Quelle.

Indication: Das alkalisch-salinische, kohlensaure-ferruginöse Wasser der Balaton-Füreder Franz Josef-Quelle ist nach vieljähriger Erfahrung von guter Wirkung bei veraltetem Katarrh der Athmungsorgane, des Magens, der Gedärme, Nieren, Becken und Blasen; ferner vermöge seiner leicht lösenden Wirkung bei den durch Erschlaffung der Gedärme entstandenen Hartleibigkeit, bei Leber- und Milzleiden, Hämorrhoiden und Frauenkrankheiten; ebenso bei Blutarmuth, Bleichsucht und Scropheln.

Mineralbad Daruvár

Slavonien.

Ueber die Existenz dieses Bades finden wir Daten bereits aus dem Jahre 193 nach Christi Geburt. Die Römer kannten schon damals die besondere Heilkraft dieser Thermen, welche eben „Thermae Jasorvenses“ hiessen. Daruvár, am Abhange des mit Waldungen bedeckten, 989 Meter hohen Mittelgebirges Slavoniens gelegen, besitzt ein mildes Klima.

Das Wasser der kräftigen Heilquellen ist 42—50° C. warm.

Die Cur besteht in Baden, Trinken, Molkencur, Elektrisir- und Massagecur. Bäder sind Porzellan-, Spiegel-, Schlamm- und Moorbäder.

Salzerbad

bei Hainfeld in Niederösterreich.

Der Curort Salzerbad ist in drei Stunden von Wien per Westbahn, auch mittelst Süd- und Aspangbahn zu erreichen, und liegt 500 Meter über der Meeresfläche, inmitten der niederösterreichischen Alpenwelt, in herrlicher,

Salzerbad mit Kleinzell-Puchau.

gesunder Gebirgsgegend, in einer von hohen Bergen umgebenen Thalmulde, rings umschlossen von weit ausgedehnten Nadelholzwaldungen unmittelbar vor dem Orte Kleinzell.

In Folge seiner günstigen Lage besitzt Salzerbad ein sehr mildes Klima.

Der Curort besteht aus einem grossen Hotel und 14 grösseren und kleineren Villen, mit zusammen über 400 bewohnbaren, comfortabel eingerichteten Pièçen und einer vorzüglichen Restauration erster und zweiter Classe.

Salzerbad besitzt Mineralquellen, welche sowohl als Trink- als auch Badecur verwendet werden.

Seiner chemischen Zusammensetzung nach besteht das Mineralwasser von Salzerbad aus einer Combination von Kochsalz und Glaubersalz, in der Wirkung ähnlich den Quellen von Karlsbad, Franzensbad und Marienbad, daher bestens zu empfehlen für alle Arten von Magenleiden und deren Folgeübel, für Nervenleiden, ob selbe von Gehirn oder Rückenmark ausgehen, ganz vorzüglich aber für alle Arten von Frauenkrankheiten, wie Schleimflüsse, chronischen Entzündungen, Gebärmutterleiden, Menstruationsstörungen, hysterische und Schwächezuständen.

Als Soolbad verwendet, bildet das Salzerbad-Mineralwasser ein unübertreffliches Heilmittel bei Scrophulose jeder Art, Rhachitis (englische Krankheit), chronischen Gelenksentzündungen, bei Gicht und allen allgemeinen Ernährungsstörungen.

Im Salzerbade besteht weiters eine von einem renommirten Badearzt geleitete und bestens eingerichtete Wasserheilanstalt, und werden auch sonstige Curen, wie: Massage-, Entfettungs- und Inhalations-, Milch- und Molkencuren etc. ausgeführt. Desgleichen sind Marmorwannenbäder und ein 1300 Quadratmeter umfassendes Voll- und Schwimmbad (18° R.) zur Verfügung.

Salzerbad besitzt ein eigenes Post- und Telegraphenamt.

Die Preise für Unterkunft und in der Restauration können als billig bezeichnet werden.

Zu den in Hainfeld anlangenden Eisenbahnzügen stehen alle Arten Wägen zur Fahrt nach dem von dort drei Viertelstunden entfernten Curorte in Bereitschaft.

Nähere Auskünfte ertheilt bereitwilligst die Curortverwaltung in Wien, Währing, Zimmermanngasse 10, von wo auch ausführliche Prospecte über Verlangen kostenfrei versendet werden.

Rajecz-Teplicz.

Alaun- und eisenhaltige indifferente Therme.

Klima. Das Klima im Trencsiner Comitat ist der menschlichen Gesundheit sehr zuträglich, gemässigt, jedoch mehr zu niederer als höherer Temperatur sich hinneigend. Uebrigens ist dieselbe nach der verschiedenen Höhen- und Breitenlage der Orte sehr von einander abweichend.

Was in dieser Hinsicht Rajecz-Teplicz selbst anbelangt, gesellen sich zur äusseren Schönheit und Lage alle Vorzüge eines klimatischen Curortes, indem es 420 Meter über dem Meere gelegen, zwar nicht in übermässiger, aber doch schon bemerkenswerther Weise das Gesammtnervensystem anregt und erfrischt. Sein mildes Höhenklima ist also für alle jene Fälle passend, wo das Erforderniss anregender, aber nicht stürmisch erregender Einflüsse auf den Organismus als Bedingung einer sicheren, schnelleren und leichteren Besserung nothwendig erscheint.

Curindication und Curmittel. *a)* Bei katarrhalischen Affectionen der Schleimhäute: Bindehautkatarrh, Ohrenfluss, katarrhalische Affectionen des Urogenitalsystems, Blenorrhöe; *b)* Hautkrankheiten: Phtyriasis, Prurigo, Lichen, Psoriaris, nässelnde Ecceme, scrophulöse Hautgeschwüre; *c)* Krankheiten des Nervensystems: Lähmungen; *d)* bei plastischen Exsudaten; traumatischen Exsudaten; Exsudaten nach puerperalen Processen, rheumatischen Ausschwitzungen.

Die physiologische Wirkung dieser alkalisch-erdigen Mineralthermen ist zweifacher Art: durch ihre Temperatur und durch ihren Gehalt an Kalksalzen. Erstere wirkt anregend auf die Hautthätigkeit, befördert die Circulation und Resorption, wirkt restaurirend auf den Gesammtorganismus, belebt die Nerventhätigkeit. Letztere wirken adstringirend und austrocknend auf die äussere Haut und Schleimhäute.

Innerliche Anwendung: als Säure tilgendes Mittel bei Nieren- und Blasensteinen.

Bad Vellach

bei Kappel in Kärnten.

Eisen-Säuerling und klimatischer Curort.

„Wer Sinn und Gefühl für den Gegenstand einfach schöner Natur in seiner Brust trägt; wer die momentanen Vergnügen des Stadtlebens im Sommer gern mit dem freundlichen Aufenthalte in einem romantischen Alpenthale vertauschen mag; wer die Fesseln steter Geschäfte auf eine Zeitlang abschütteln kann und seiner Kräfte-Abspannung zu Hilfe kommen will — der eile auf ein paar Wochen in die Arme der anspruchslosen Nymphe von Vellach: züchtig wird sie ihn empfangen, ihm perlende Becher credenzen, und gestählt mit neuer Kraft wird der scheidende Pflegling das Gelübde ihr ablegen, wiederzukehren und neue Libationen ihr zu weihen.“

Freiherr von Schmidburg.

Im mittleren Deutschland und den angrenzenden Gebietstheilen Oesterreichs sind die Eisensäuerlinge häufig vertreten: im Süden unseres Vaterlandes und in der Schweiz repräsentiren nur Bad Vellach und St. Moritz die Eisenwässer und gehören gleichzeitig dem alpinen Klima an.

In dieser Hinsicht ist Bad Vellach das österreichische St. Moritz, jedoch bevorzugt durch einen grösseren Eisen- und Kohlensäuregehalt seiner Quellen, ein angenehmeres Temperaturmittel und alle günstigen Verhältnisse, welche der Grenze des alpinen und subalpinen Klimas zukommen. (Seehöhe der Vellacher Thalsohle 850 Meter.)

Die Luft zeigt eine anregende, wohlthuende Frische, ist speciell in dem in Fichtenwaldungen eingebetteten Vellach überreich an Ozon und hat einen absolut wie relativ hohen Feuchtigkeitsgehalt, wirkt daher beruhigend auf das Nervensystem und die gereizten Schleimhäute. Von besonderem Werthe ist bei allen Leiden, welche durch den Gebrauch kohlensäurereicher Eisenwässer, sei es innerlich oder als Bad, Heilung finden, eine lebhafte Anregung zum Stoffwechsel.

Bad Vellach leistet in dieser Beziehung das Möglichste durch seine reine, sauerstoffreiche Luft und die einladenden Spaziergänge und Partien, wie in das interessante Kotschnathal, auf die Anhöhe des Seebergsattels, nach Seeland, Kappel, auf den Storschitz u. s. w.

Ueberhaupt bietet Bad Vellach Touristen ein angenehmes Standquartier für den Grintouz, die beiden Obire und die anderen benachbarten, bis 2600 Meter hohen Bergriesen der karnischen Alpen.

Vor wenigen Jahren noch ein bescheidenes, durch unrichtig angewendete Sparsamkeit im Aufblühen gehindertes Alpenbad, besitzt Bad Vellach heute alle Behelfe eines zeit- und fachgemäss (durch Ad. Czernicki in Wien) eingerichteten Curortes, dessen bequeme und wohnliche Häuser des lebhaften Besuches wegen in den letzten zwei Jahren bedeutend vergrössert wurden.

Die Bäder sind für den Gebrauch von Mineralwasser und von Süsswasser in allen beliebigen Anwendungsarten eingerichtet, und für die Trinkcur bestehen die zweckmässigsten Vorkehrungen. Speisen und Getränke sind bei mässigen Preisen anerkannt vorzüglich.

Den Abgang von Theater und erschöpfenden Vergnügungen ersetzen: ein wundervolles Gebirgspanorama, die Ruhe einer imposanten Natur, würzige

Wald- und Alpenluft, und gewähren, unterstützt von den Wirkungen der altberühmten Heilquellen Vellachs, dem überarbeiteten, nervösen Städter das höchste Gut: „Erfrischung und die Wiederkehr voller Gesundheit".

Als bewährte Indicationen gelten für den Gebrauch der Vellacher Trink- und Badecur insbesondere:

Anämie und Chlorose, sowohl die primäre Form, als solche, welche von chronischen Erkrankungen der Leber, Milz, Nieren, von Malaria u. s. w. abhängen.

Chronische Erkrankungen des Nervensystems, wenn sie mit Anämie einhergehen.

Erkrankungen der weiblichen Sexualorgane, als Menstruationsstörungen, schmerzhafte oder mangelnde, unter Umständen auch übermässige menstruale Blutungen, chronischer Uterusinfarct, Sterilität, Neigung zum Abortus, Gebärmutter- und Scheidenkatarrhe, namentlich solche, welche nach Erschöpfungszuständen des Körpers einzutreten pflegen.

Seitdem Vellach auch durch zeitgemässe Einrichtungen und wohnlichen Comfort in die Reihe der renommirten Bäder getreten ist, rechnet es mit Zuversicht auf volle Würdigung seiner Heilschätze.

Analyse der Vellacher Mineralsäuerlinge.

Nach Dr. J. Mitteregger, k. k. Professor der Chemie in Klagenfurt.

10.000 Gramm Wasser enthalten bei Quelle	II	IV
Schwefelsaures Kali	3·497	1·642
Schwefelsaures Natron	0·651	1·637
Chlornatrium	2·673	2·903
Kohlensaures Natron	13·616	12·345
Kohlensaure Magnesia	0·793	1·499
Kohlensaurer Kalk	14·189	15·525
Kohlensaures Eisenoxydul	0·112	0·412
Thonerde	0·189	0·130
Kieselerde	0·050	0·050
Halbgebundene Kohlensäure	12·143	12·902
Freie Kohlensäure	21·014	22·796
In Summa in 10.000 Gramm Wasser	68·327	71·841
Temperatur:	7·2° R.	6·8° R.

Die Vellacher Quellen gehören zu den kohlensäurereichsten Mineralsäuerlingen, enthalten keine Spur von organischen Beimengungen, sind von äusserst angenehmen, prickelndem Geschmack, und ist deren Eisengehalt in Folge von Uebersättigung des Wassers mit freier reiner Kohlensäure ungemein leicht assimilirbar.

Mineralwasserversandt. Das Vellacher Mineralwasser wird nach der einfachsten und anerkannt rationellsten Art (System Czernicki) und genau den sanitätsbehördlichen Verfügungen entsprechend, in Liter- und Halbliterflaschen gefüllt und in Packungen zu 25 und 50 Flaschen versandt.

Bestellungen effectuiren: die Curanstalt und Brunnenversendung Bad Vellach in Kärnten und alle Mineralwasserhandlungen und Apotheken.

Preise loco Bad Vellach: Eine Literflasche 20 kr., eine Halbliterflasche 16 kr. — Kisten und Packungen zum Selbstkostenpreise.

Allgemeine Curverhältnisse. Bad Vellach hat wärmere Winter und kühlere Sommer als Klagenfurt und Laibach, doch trotz seiner schützenden Umgebung, aus seiner Hochlage erklärlich, bisweilen jähe Temperaturwechsel, daher die Curbrauchenden sich auch mit wärmeren Kleidern versehen mögen. Die Wohnungen in Bad Vellach sind zum grössten Theile heizbar. Die Hochsommertemperatur ist stets mässig. Tagsüber bieten übrigens schattige Promenaden, Abends die vom Hochgebirge niederströmende würzige Alpenluft angenehme Kühle.

Um bestimmter Unterkunft versichert zu sein, die periodisch nicht garantirt werden könnte, empfiehlt sich die rechtzeitige Bestellung der erforderlichen Belegräume unter entsprechender Anzahlung.

Zimmerpreise im Curhause: Ein Zimmer mit einem Bett 1 fl.; ein Zimmer mit zwei Betten 1 fl. 50 kr.; ein Balconzimmer mit zwei Betten 2 fl. (neuer Tract); für je ein Bett mehr pro Tag 50 kr.

Im Mai, Juni und September sind die Wohnpreise um 25 Percent ermässigt.

Zimmerpreise im alten Curhause: Ein Zimmer im Hochparterre mit zwei Betten 1 fl. 50 kr.; ein Zimmer im Dachgeschosse mit zwei Betten 80 kr.; ein Zimmer im Dachgeschosse mit einem Bett 50 kr. Zimmerbeleuchtung wird separat berechnet.

Das Badehaus ist für reine Mineralwasserbäder (Stahlbäder), gemischte Mineralwasserbäder und reine Süsswasserbäder mit kalten und warmen Douchen eingerichtet.

Preise: Ein reines Mineralwasserbad (Stahlbad) 80 kr.; ein gewöhnliches Mineralwasserbad 60 kr.; ein Süsswasser-Wannenbad 40 kr.; ein Süsswasserbad mit Douchebenützung 60 kr.; ein Badetuch 3 kr.; ein Handtuch 2 kr.

Das ständige Post- und Telegraphenamt Bad Vellach befindet sich in der Curanstalt selbst.

Bahnstation für das Bad Vellach ist Künsdorf der Kärntner Südbahnlinie; zugleich Aussteigstelle für Völkermarkt, Klopein und Kappel.

Postfahrten von Künsdorf nach Kappel (Eisenkappel): Täglich um neun Uhr Vormittags, einspännig; täglich um 3 Uhr Nachmittags, doppelspännig mit bequemem, viersitzigem Wagen. Fahrpreis pro Person 1 fl.

Von Kappel nach Bad Vellach verkehrt die Post täglich um 7 Uhr Abends einspännig. Fahrpreis 70 kr. Einspänner von Kappel nach Vellach 2 fl. Am Bahnhofe Künsdorf stehen in der Regel Ein- und Doppelspänner.

Sicherer ist die Vorherbestellung des gewünschten Wagens entweder durch die Curverwaltung von Bad Vellach oder bei den Herren J. Niederdorfer in Eisenkappel oder Carl Pogantsch in Miklauzhof. Rechtzeitige briefliche oder telegraphische Bestellung der Fahrgelegenheiten, unter genauer Angabe der Ankunftszeit in Künsdorf, ist in diesem Falle unerlässlich.

Fahrpreise ab Künsdorf bis Bad Vellach: Für einen Einspänner 5 fl., für einen Doppelspänner 8 fl.

Für Gäste aus dem Süden ist die Verbindung von der Station Krainburg über Kanker und Seeland nach Bad Vellach bedeutend näher, jedoch des steilen Seebergpasses wegen (1218 Meter), über welchen Ochsenvorspann genommen werden muss, ziemlich umständlich.

In Bad Vellach wird bis auf Weiteres keine Curtaxe eingehoben.

In der zur Curanstalt gehörigen Capelle findet zeitweilig, über specielles Verlangen auch öfter Gottesdienst statt.

Für Lectüre, Tages- und Wochenblätter ist reichlich, für anderen Zeitvertreib durch Kegelbahnen, Piano und sonstige Unterhaltungs-Gelegenheiten gesorgt.

Fahrgelegenheiten stehen entweder seitens der Badeinhabung oder aus Eisenkappel nach billigem Tarife zur Verfügung.

Kappel, als Sectionscurort des österreichischen Touristenclub, stellt für Bergtouren Führer bei.

Die ärztliche Behandlung in Bad Vellach leitet der Districtsarzt E. Zeman im nahen Eisenkappel.

Wohnungsanfragen werden sofort erledigt und alle näheren Auskünfte bereitwilligst ertheilt durch

Josef Gross jun.

Besitzer der Curanstalt und Brunnenversendung Bad Vellach bei Kappel, Kärnten.

Budapest.

Bitterwässer, erdig-sulfatische Wässer, alkalisch-erdige Quellen. Luftcurort mit Seeklima.

Budapest zählt hinsichtlich der Bäder und seiner Mineralquellen zu den gesegnetsten Städten des Continents. Es sind keine Bäder im gewöhnlichen Sinne des Wortes, welche ihre Entstehung dem Speculationsgeiste verdanken und keinen anderen Zweck haben, als die allgemeine Reinlichkeit zu fördern. Die Bäder Budapests sind eine directe Consequenz des reichen Segens, welcher zum Heile der leidenden Menschheit aus dem gebenedeiten Schosse der Mutter Erde hervorquillt: sie sind nahezu ausnahmslos wirksame Heilquellen, welche nur in Folge der früheren, jetzt Gott Dank überwundenen Zurückgebliebenheit des Landes und der Hauptstadt den verdienten Weltruf erst erringen müssen.

Der moderne Aufschwung der Hauptstadt auf allen Gebieten hat auch in dieser Hinsicht eine wesentliche Besserung gebracht, und ehe wenige Decennien in's Land gehen, werden Kranke und Sieche aus allen Weltgegenden hier zusammenströmen, um Heilung und Genesung zu finden und hiefür dem Ungarlande eine ewige dankbare Erinnerung bewahren.

Schon unter der römischen Herrschaft waren die fünf Bäder Ofens nicht nur bekannt, sondern auch sehr cultivirt und gerne benützt; das heutige Altofen nannten die Römer Aquincum, d. h. Fünfwasser, womit sie unbedingt die damaligen fünf Bäder bezeichnen wollten.

Die Hunnen, als sie Pannonien eroberten, theilten die Ofener Thermen ihrer topographischen Lage entsprechend ein in solche, welche dem Josefsberg entspringen, Kaiser-, Lukas- und Königsbad (unter der Bezeichnung Felhévviz), und in jene Gruppe nahe dem Gerhardsberge (Blocksberge) mit dem Ursprunge welche sie Alhévviz nannten (Raitzen-, Bruck- und Blocksbad).

Sämmtliche Bäder von Ofen, ebenso jenes der Margarethen-Insel haben grosse Mengen von naturwarmem und schwefelhältigem Mineralwasser in einer Temperatur von 35—50° R.

Saxlehner's Hunyadi János-Bitterquelle.

Die zu grosser Berühmtheit gelangte Hunyadi János-Bitterquelle ist eine Stunde südwestlich von Budapest in einer von Weingebirge umsäumten Thalebene gelegen. Im Jahre 1863 begann der Besitzer Andreas Saxlehner in Budapest mit dem Versandt des natürlichen „Hunyadi János"-Bitterwassers, und fand dasselbe in der medicinischen Welt eine so ungetheilt günstige Aufnahme, dass das Hunyadi János-Wasser heute einen jährlichen Versandt von mehreren Millionen Flaschen aufzuweisen hat und in allen Welttheilen ein vielgebrauchtes Heilmittel ersten Ranges geworden ist.

Das Hunyadi János-Wasser wurde zu wiederholten Malen von ersten Autoritäten auf dem Gebiete der Chemie (Liebig, Bunsen, Fresenius, Ludwig, Akademie der Medicin, Paris und Andere) analysirt. Nach Justus von Liebig enthält dieses Wasser in 10.000 Theilen:

Schwefelsaure Magnesia	160·158
Schwefelsaures Kali	0·849
Schwefelsaures Natron	159·148
Chlornatrium	13·050
Kohlensaures Natron	7·960
Kohlensaurer Kalk	9·330
Kieselsäure	0·011
Thonerde und Eisenoxyd	0·042
Summe der festen Bestandtheile	350·548

Freie und halbgebundene Kohlensäure . . 5·226

Liebig knüpft folgendes Gutachten an seine Untersuchung: „Der Gehalt des „Hunyadi János-Wassers" an Bittersalz und Glaubersalz übertrifft den aller anderen Bitterquellen, und es ist nicht zu bezweifeln, dass dessen Wirksamkeit damit im Verhältniss steht."

Das natürliche Hunyadi János-Bitterwasser wird nach einer vom königlichen Medicinalrathe Herrn Professor Dr. Alois Martin zu München veröffentlichten Broschüre mit ganz besonderem Erfolge angewendet:

1. bei habitueller Verstopfung und daraus sich entwickelten Folgeübeln;
2. bei habituellen Congestionen nach dem Gehirne, den Lungen u. s. w.;
3. bei chronischen Erkrankungen der Athmungs- und Kreislaufsorgane;
4. bei Blutstauungen in den Unterleibsorganen und den sogenannten Hämorrhoidal-Leiden;
5. bei Krankheiten der weiblichen Geschlechtsorgane;
6. bei allgemeiner Fettleibigkeit wie bei fettiger Entartung des Herzens und der Leber;
7. bei krankhafter Harnsäurebildung und daraus hervorgehender Nieren- und Blasen-Steinbildung.

In den Publicationen der Firma Andreas Saxlehner in Budapest über das Hunyadi János-Bitterwasser finden wir eine stattliche Reihe von Gutachten ärztlicher Celebritäten (wir nennen hier nur die Namen v. Bamberger, Benedict, C. Braun v. Fernwald, v. Botkin, v. Buhl, v. Cantani, Cloëtta, Eichhorst, Esmarch, Fauvel, Friedreich, v. Gärtner, Gruber, Hertz, Hirsch, Immermann, Jonquière, Korányi, Mantegazza, Minich, Moleschott, v. Mosetig, Müller, v. Nussbaum, v. Renz, v. Rokitansky, Rosenthal, v. Scanzoni, Schnitzler, Schultze, Strambio, Virchow, Wunderlich, Zdekauer und Andere), welche sich empfehlend über die Vorzüge dieses Wassers ausgesprochen haben.

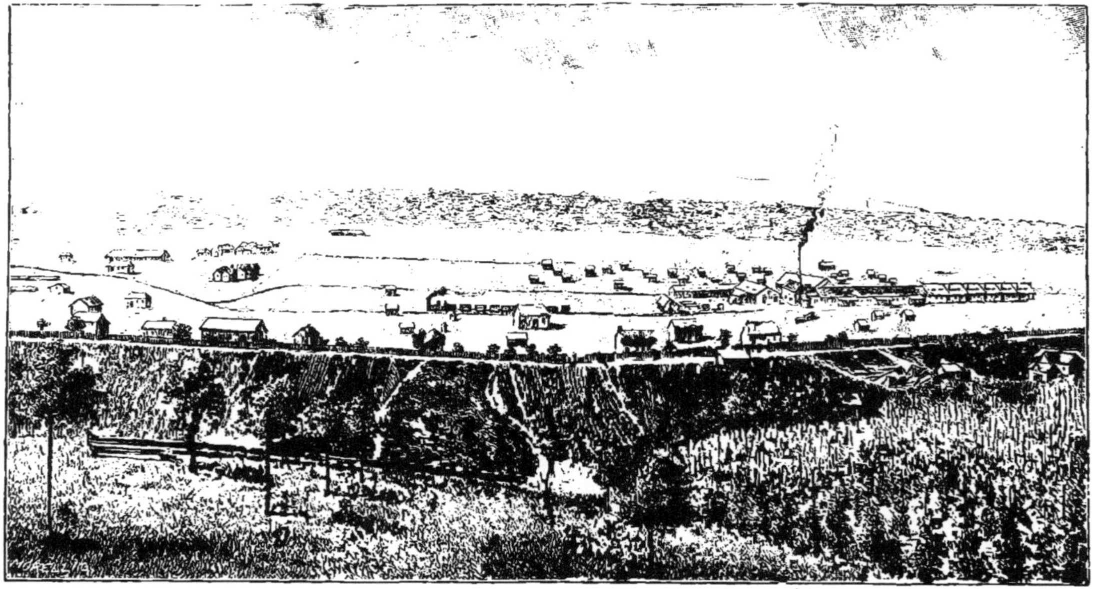

Saxlehner's Hunyadi János-Bitterquelle.

Vom Dobogóberg aus gesehen, bietet das Etablissement mit seinen zahlreichen weit ausgedehnten Gebänden und Brunnenhäusern einen prächtigen Anblick. Eine Colonie voll Leben und Betrieb nimmt heute die Stätte ein, wo sich vor 50 Jahren noch ein grosser Teich befand, an dessen Uferrande die schönsten Krystalle von schwefelsauren Natron zu finden waren.

Im Vordergrunde befindet sich das Central-Füllhaus mit den Wasser-Reservoirs, in welche das Wasser durch Pumpen aus den einzelnen Brunnenschächten — 70 an der Zahl — unterirdisch geleitet wird. Ein seit August 1887 aufgestellter, patentirter Füllapparat ermöglicht die Füllung von über 100.000 Flaschen binnen 12 Stunden. Vom Füllapparat weg werden die Flaschen verkorkt und mittelst Rollbahn in die an das Füllhaus anstossenden grossen Magazine mit einem Fassungsraum von eineinhalb Millionen Flaschen expedirt.

Neben dem Füllhaus befindet sich das Maschinenhaus, und wird sowohl die Tischlerei zur Anfertigung der Kisten, als auch der Füllapparat mittelst Dampf in Betrieb gesetzt. Gleichzeitig dient die Maschine zur Erzeugung der elektrischen Beleuchtung, welche in dem Etablissement eingeführt ist.

Eine grosse Stallung und Remisen für den Wagenpark, eine Cantine für die Arbeiter, Magazine für leere Flaschen, Strohhülsen etc. vervollständigen die Einrichtung des Etablissements, welches in jeder Beziehung auf der Höhe der Zeit steht.

Die zum Versandt bestimmte Waare wird im Etablissement selbst in die Waggons eingeladen, nachdem die Firma Saxlehner im Jahre 1888 eine eigene, zweieinhalb Kilometer lange, normalspurige Bahn vom Etablissement bis zur Station Budapest-Kelenföld herstellen liess.

Das Hunyadi János-Bitterwasser wird nur in Glasflaschen à circa drei Viertel und einen Liter Inhalt versandt. Jede Flasche trägt eine Etiquette mit dem Brustbilde des Hunyadi János und mit der Handzeichnung „Andreas Saxlehner" im rothen Mittelfelde. Das Wasser ist in allen Mineralwasserhandlungen und den meisten Apotheken erhältlich.

Kaiserbad in Budapest.

Die grösste und berühmteste Badeanstalt Budapests, an der Donau und am Fusse des Josefberges gelegen. Raum für über tausend Badende.

Das **Dampfbad** (noch von den Türken erbaut), die Schlamm-, Porzellan-, Marmor-, Stein- und Türkenbäder, so auch das prachtvolle gedeckte Damenschwimmbad und das grösste Herrenschwimmbad sind ausschliesslich mit schwefelhältigen Mineralwässern gespeist, welche aus zehn heissen und lauen Quellen entspringen, die jede 24 Stunden über 370.503 Kubikfuss, d. i. 117.079 Hektoliter Mineralwasser liefern von einer Temperatur von 27—64·75° C.

Ausserordentlicher Erfolg bei: Gicht, chronischem Rheumatismus, Ischias, allen Formen von Lähmungen, Knochenverletzungen, Anasthesien, Neuralgie, Exsudate, Steifheit der Glieder, Geschwüren, Leber, Milz- und Harnbeschwerden, Frauenkrankheiten, metallischen Intoxicationen etc.

Die **Schwimmbäder** werden als stärkendes Mittel benützt gegen allgemeine Schwäche, Blutarmuth und Bleichsucht.

Der **Thermalbrunnen** gegen chronischen Magenkatarrh, Unterleibsbeschwerden und chronischen Katarrhen der Respirations- und Digestionsorgane.

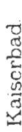

Kaiserbad

Massage-Cur.

200 Wohnzimmer von 50 kr. bis 3 fl., stossen an die Badezimmer. Gute Restauration, Promenade. Während der Hauptsaison (15. Mai bis 15. September) täglich zweimal Concerte. Keine Cur- oder Musiktaxe. Post, Telegraph und Telephon im Hause. Verkehr nach allen Richtungen mittelst Pferdebahn, Dampfschiffe und Droschken.

Badearzt Dr. Coloman Brunner.

Das Bad gehört einer wohlthätigen Stiftung, steht unter unmittelbarer Aufsicht des königlich ungarischen Ministeriums des Innern, und der ganze Reinertrag wird zur unentgeltlichen Verpflegung mittelloser Kranken verwendet.

Geheizte Gänge ermöglichen die Wintercur. Im Frühjahre und Herbst sind die Zimmerpreise um 25 Percent, im Winter um 50 Percent billiger.

Curhaus Margaretheninsel.

Curort Magaretheninsel

in unmittelbarer Nähe der Hauptstadt Budapest.

35° R. warme artesische Quelle. Porzellan- und Marmorwannen. Steinbäder mit Douche-Apparaten, grossartige Packanlagen, 300 mit allem Comfort eingerichtete Zimmer. Conversationssaal, in- und ausländische Zeitungen, Post, Telephon mit Telegraphenverbindung, täglich Musik.

Krankheiten, bei denen die Therme der Margaretheninsel mit günstigem Erfolg angewendet wurde, sind: Gicht, Rheuma der Gelenke, Muskel- und Nervenleiden, chronische Gelenks- und Beinhautentzündungen, Lähmungen, die nach Gicht, äusseren Verletzungen, Typhus entstanden sind, chronische Hautkrankheiten, Leiden, die von Ausschlägen und äusseren Verletzungen herrühren, schmerzhafte Narben, Blasenleiden, Menstruationsstörung etc. Gleichzeitig wird mitgetheilt, dass auch elektrische Bäder nach dem neuesten System eingeführt sind, welche in Vereinigung mit den Thermen der Insel, bei Rheuma, Gicht,

Rückenmarksleiden. Lähmungen. Neuralgien, besonders Ischias mit gutem Erfolg benützt werden.

Innerlich wird die Therme mit günstigem Erfolg gebraucht: bei chronischem Magenkatarrh. Unterleibsbeschwerden. chronischen Katarrhen der Rachen-. Kehlkopf-, Luftröhren- und Bronchialschleimhaut; bei chronischem Magen-. Darm- und Blasenkatarrh.

Auf der Insel befindet sich eine Apotheke, versehen mit allerlei Mineralwässern.

Ordinirender Arzt: Dr. Bauer.

Bei Abonnement oder gleichzeitigem Ankaufe von Bade- und Fahrkarten Preisermässigung. Curgäste erhalten Vortheile bei Bade- und Fahrkarten.

Verkehr mit der Hauptstadt halbstündlich mittelst Dampfschiff.

Dauer der Badesaison vom 1. Mai bis 1. October.

Bestellungen auf Wohnungen übernimmt das Inspectorat der Margarethen-insel in Budapest.

Erfahrungsmässige chemische Beschaffenheit.

	In 10.000 Gewichtstheilen		Procent der Aequivalente	
Calcium	1·5237	Gewichtstheile	47·97 $Ca^1/_2$	100
Natrium	0·9188	„	25·15 Na	
Magnesium	0·3726	„	19·55 $Mg^1/_2$	
Kalium	0·4336	„	6·98 K.	
Mangan (mit Eisenspuren)	0·0069	„	0·16 $Mn^1/_2$	
Lithium	0·0015	„	0·13 Li	
Strontium	0·0042	„	0·06 $Sr^1/_2$	
Kohlenstoff (in den Carbonsäuren)	0·4992	„	52·38 $(CO_3)^1/_2$	— 100
Sauerstoff „ „ „	1·9968	„		
Chlor	1·2291	„	21·83 Cl	
Schwefel (in den Sulphursäuren)	0·4977	„	19·58 $(SO_4)^1/_2$	
Sauerstoff „ „ „	0·9954	„		
Silicium (in den Siliciumsäuren)	0·1378	„	6·20 $(Si O_3)^1/_2$	
Sauerstoff „ „ „	0·2363	„		
Jod	0·0008	„	0·01 (J. és B.)	
Brom	0·0004	„		
Freie Kohlensäure	3·9820	„	113·96 $(CO_2)^1/_2$	— 166·82
Halbgebundene Kohlensäure	1·8304	„	52·38 „	
Carbonoxydsulfit	0·0462	„	0·48 $(COS)^1/_2$	
Borsäure und Spuren verflüchtigender organischer Säuren.				
Summe der gelösten Bestandtheile	14·7152	Gewichtstheile.		
Summe der festen Theile	8·8566	„		

St. Lucasbad (Ofen).

Dicht am Ofener Donauufer in einem herrlichen schattenreichen Parke, in unmittelbarer Nähe der prächtigen Margarethenbrücke reizend und romantisch gelegen, mit der herrlichen Aussicht auf den majestätischen Donaustrom und das prächtige Panorama von Budapest. ist das St. Lucasbad sowohl was die unübertreffliche Heilkraft seiner hunderttausendfach bewährten Thermen anbetrifft, wie wegen seiner grandiosen Einrichtungen, eminenter Leitung und wunderbaren Lage, welche alle Annehmlichkeiten der Grossstadt mit dem Reiz landschaftlicher Romantik verbindet, ein Curort seltenster Art. Nach den neuesten Principien der Hygienik und der medicinischen Wissenschaft angelegt und fortwährend verbessert, sind die verschiedenen Bade-Etablissements des St. Lucasbades mit aller Eleganz und dem grössten Comfort, den höchsten

Anforderungen unserer Zeit entsprechend eingerichtet und ausgestattet. Verwaltung und Badepersonal sind voll zuvorkommendster Höflichkeit gegen die Badegäste und die Preise sehr civile.

Die reiche Fülle der Naturschätze, über welche dieses Bad auf seinem ausgebreiteten Terrain gebietet, beginnt eigentlich erst jetzt das Heilung suchende Publicum lebhafter zu interessiren. Jedoch nicht allein der unerschöpfliche Wasserreichthum ist staunenswerth, sondern auch die verschiedenartige Zusammensetzung und Wärmegrade der zahlreichen Quellen, welch' letztere von 21=50° R. variiren und 1.168.473$^{1}{}_{10}$ Kubikfuss Wasser in 24 Stunden liefern. Das wichtigste Heilbad des Curortes ist das Schlammbad (Moorbad), welches über seinen Quellen erbaut, über ein 840 Quadratmeter grosses dachfreies Spiegelbassin und 138 Cabinen verfügt und gegen Rheumatismus, exsudative Processe, Gicht, Erkrankungen der Knochen, Gelenke und Drüsen, Ischias und Syphilis mit gutem Erfolge benützt wird.

Raitzenbad.

Raitzenbad (Ráczfürdö) wurde durch König Mathias Corvinus 1457 zum königlichen Bade gemacht: sowohl das im heutigen Volksbade in rothem Marmor gehauene königliche Wappen, aber noch mehr ein bestandener gedeckter und gewölbter Gang in die damaligen königlichen Gärten und von diesen in die königliche Burg lassen mit Bestimmtheit auf die Richtigkeit dieser Behauptung schliessen. Es liegt am Fusse des Blocksberges, mit mächtigen, 35° R. heissen schwefelhaltigen Mineralquellen.

Bietet durch seine zwei elegant ausgestatteten Dampfbäder (für Herren und Damen) sowie durch die vielen Separat-, Spiegel- und Wannenbäder dem gesunden und kranken Publicum Alles, was ein öffentliches Bad nur bieten kann.

Salz-, Malz-, Eisen- und elektrische Bäder mit Douchen, eventuell Massage, vorzügliche Restauration, gute und billige Wohnzimmer stehen den Badegästen zur Verfügung.

Communication: Eigene Omnibusse vom Deákplatze, ferner Localdampfboote und Ueberfuhrpropeller.

Badepreise von 20—60 kr.

Jährlich 300.000 Badegäste.

Badearzt und Director: Dr. v. Heinrich.

Heilmittel: Wannen- und Vollbäder mit naturwarmem Mineralwasser bis zu 35° R. eventuell mit Salz, Malz, Eisen, Moor oder Fichtennadel, ferner elegant eingerichtete Dampfbäder für Herren und Damen, elektrische Bäder und Massage. Laue und kalte Douchen in allen Formen.

Besondere Heilwirkung gegen alle rheumatische und gichtische Leiden, chronische Hautkrankheiten, Verkrümmungen und Lähmungen der Extremitäten. Hämorrhoiden, Anschoppungen der Leber und Milz, Scrophulose etc.

Bruckbad.

Im Jahre 1556 unter Mustafa Pascha von den Türken erbaut, ist heute Eigenthum der Hauptstadt Budapest, liegt im Mittelpunkte der Stadt, am Fusse des Blocksberges, aus dem die, dasselbe reichlich versehenden, 42—43° C. naturwarmen Quellen entspringen. Es bietet dem Publicum — unter der Leitung des Directors Johann Wessely und des Badearztes Dr. Elemér Lisznyai jedwede Bequemlichkeit und ist seiner Heilkraft halber, besonders bei chronischen Rheumatismen, Gichtanfällen, Gelenksentzündungen äusserst anempfehlenswerth.

Das erst vor Kurzem beendigte, mit orientalischer Pracht ausgestattete, nach den Plänen und unter der Leitung des städtischen Ingenieurs Herrn Johann Hofbauer erbaute Dampfbad kann als europäische Sehenswürdigkeit bezeichnet werden, auch sind die schönen Porzellan- und Wannenbäder von kararrischem Marmor, sowie die Steinbäder mit Comfort und allen Anforderungen der Jetztzeit entsprechend eingerichtet.

Im Badehause selbst sind schöne und billige Wohnungen zu haben.

Omnibusse verkehren vom Badegebäude bis in's Stadtwäldchen. Propellerstationen Schwurplatz (Pest) — Bruckbad (Ofen).

Blocksbad.

Das Gebäude des Blocksbades liegt an dem Grenzende des steilen Abhanges des kahlfelsigen Blocksberges, unweit von dem Ufer der Donau auf der Landstrasse, auf felsigem Boden, der mit grosser Anstrengung und bedeutendem Kostenaufwande dem Berge enthauen werden musste, um die uralten unterirdischen Quellen zu fassen.

Seinen ungarischen Namen „Sárosfürdö" (Schlammbad) entlehnte dieses Bad von der grossen Menge des Schlammes, der sich in dem Bassin der Quelle, aus dem krystallreinen Wasser reichlich und schnell niederschlägt. In dem Gebäude befinden sich im ersten Stocke 21 Wohnzimmer, zu ebener Erde fünf Wohnzimmer nebst zahlreichen Stein- und Wannenbädern: das unterirdische Local (das alte Badhaus) hat fünf geräumige Steinbäder und ein grosses allgemeines Bad.

Bad auf der Palatinalinsel.

Dasselbe liegt im Stadtwäldchen, wird von dem Artesischen Brunnen (der tiefste aller bisher gebohrten Brunnen) gespeist. Dieses gut besuchte, elegant eingerichtete Etablissement ist Eigenthum der Stadt. Die Hauptstadt gedenkt dieses herrlich gelegene Bad in möglichst kurzer Zeit zu einem fashionablen Curorte umzugestalten.

Franz Josef-Bitterquelle

ein natürlich purgirendes Mineralwasser, eine halbe Stunde von Ofen entfernt, erfreut sich auch eines bedeutenden Exportes nach allen Welttheilen. Sie ist Eigenthum des Herrn Moriz Hirschler. Die Direction befindet sich in Budapest, IV. Waitznergasse 16.

Niederlindewiese

Oesterr.-Schlesien

Schrothisch-diätetische Naturheilanstalt

wurde im Jahre 1829 von Johann Schroth gegründet und am 5. Mai 1840 gesetzlich anerkannt, ging nach dem Tode des Gründers, am 26. März 1856, an seinen Sohn, Emanuel Schroth, über.

Die Anstalt liegt in einem schönen, von bewaldeten Mittelgebirgen vor Nordwinden geschützten Thale im nordwestlichen Schlesien, vier Kilometer von der Stadt Freiwaldau entfernt, 500 Meter über dem Meere, und wird von dem quellenreichen klaren Staritzbache durchrieselt.

In unmittelbarer Nähe der Anstalt befindet sich Post-, Telegraphenamt und Eisenbahnstation.

Die mittlere Jahrestemperatur beträgt 7° R.

Während der heissen Sommertage bieten die kühlen Nächte und der sich reichlich bildende Thau angenehme Erfrischung, während im Winter die Nordwinde und damit einhergehende Kälte durch die gegen Norden liegende Bergkette bedeutend vermindert wird.

Einhüllungen in feuchte kalte Leinentücher nebst Kotzen, Federbett und dadurch erzeugte feuchte Wärme, zweckmässige Diät, Erfrischung durch Wein, Aufenthalt in ozonreicher Luft und dadurch Anstrebung vermehrten Stoffumsatzes, bilden im Allgemeinen die Behandlungsweise.

Vorzüglich bewährt hat sich die Behandlung bei specifischen Leiden, chronischen Drüsenkrankheiten, Katarrhen der Verdauungs-, Sexual- und Athmungsapparates, chronischem Rheumatismus und Gicht, während als Contraindicationen vorgeschrittene Lungentuberculose und Tabes, hochgradiger Herzfehler und Krebs anzusehen sind.

Die Anstalt befindet sich unter Aufsicht des Eigenthümers Emanuel Schroth, und ist die ärztliche Leitung dem Med. Dr. Herrn Leopold Nemerad anvertraut. Es wurden auch statistische Tabellen zurückgelegt, aus welchen ersichtlich ist, dass die Anstalt besuchten:

	Personen		
	Männer	Frauen	Zusammen
Im Jahre 1878	310	76	386
" " 1879	345	100	445
" " 1880	374	90	464
" " 1881	445	114	559
" " 1882	497	137	634
" " 1883	473	115	588
" " 1884	457	131	588
" " 1885	490	157	647
" " 1886	486	123	609
" " 1887	451	120	571
Vom Jahre 1887 verblieben	21	5	26
Im Jahre 1888 wurden aufgenommen	468	120	588
Zusammen	489	125	614
Von diesen sind geheilt	332	83	415
" " " gebessert	108	36	144
" " " ungeheilt	17	1	18
" " " gestorben	4	—	4
Hiezu die ohne Cur	48	16	64
Zusammen	509	136	645

Niederlindewiese

Für **Unterkunft** ist in der Anstalt selbst, in den in unmittelbarer Nähe derselben sich befindlichen Privathäusern mit 220 Zimmern gesorgt, und werden die Wohnungen vom Inspector angewiesen.

Die **Zimmer** variiren im Preise von 2—7 fl. pro Woche.

Die **Aufnahmstaxe** beträgt 8 fl. und für Kinder bis zu 14 Jahren 4 fl.

Bedienung pro Woche 2 fl. 50 kr. und ein separater Diener (Dienerin) 6 bis 8 fl.

Für **Zerstreuung** ist in der Curhaus-Restauration durch Bibliothek, Zeitungen, Billard, Musik, Scheibenschiessen, Spaziergängen in den Gartenanlagen und Ausflügen auf die nahen bewaldeten Berge hinlänglich gesorgt und ist die Anstalt das ganze Jahr hindurch von Kranken besucht.

Emanuel Schroth.

Steinerhof

bei Kapfenberg in Steiermark, Mürzthal.

Fichtennadelbad.

Die Anstalt ist für Fichtennadelbäder, gewöhnliche Wannenbäder, künstliche und Dampfbäder, Douchen, sowie für die gebräuchlicheren hydrotherapeutischen Proceduren eingerichtet. Die klimatischen Verhältnisse sind anerkannt vorzüglich. Die Zimmerpreise sind bescheiden und werden bei längerem Aufenthalt diesbezüglich die möglichsten Concessionen gemacht.

Steinerhof eignet sich in Folge seiner vorzüglichen Lage und seiner Curmittel, insbesondere bei Krankheiten der Athmungs- und Circulationsorgane, bei Nerven- und Hautkrankheiten, bei Rheumatismus und Gicht, sowie bei Schwächezuständen, Bleichsucht, Wassersucht und Reconvalescenten.

Liebwerda

Cur- und Badeort.

Eisenbahnstation Raspenau-Liebwerda der südnorddeutschen Verbindungsbahn. Im Thale des Isergebirges am Fusse der 1122 Meter hohen Tafelsichte und schönster gesunder Lage.

Zweistöckiges Curhaus mit allem Comfort, theilweise gedeckter Curplatz, Curcapelle, Villen und Privatwohnungen, dann eine vollkommen eingerichtete Badeanstalt und eine Kaltwasserheilanstalt, ringsum Wald mit den schönsten Promenadewegen.

Tetschen an der Elbe

Böhmen

Luftcurort

liegt am rechten Elbeufer und am nördlichen und östlichen Fusse des Schlossberges unter 50° 46′ nördlicher Breite, 31° 54′ östlicher Länge (von Ferro), 139 Meter über dem Spiegel des adriatischen Meeres im anmuthigen Elbethal und zählt zur böhmisch-sächsischen Schweiz.

Tetschen ist durch die gegen Norden und Süden vorgelagerten Gebirge sowohl gegen die rauhen und kalten Nordwinde, sowie gegen die heissen Südwinde geschützt, das Klima ist daher ein mildes und angenehmes.

Die mittlere Jahrestemperatur ist + 8·9° C., das Temperaturmaximum + 38·8° C., das Temperaturminimum — 34·4° C.

Die vorherrschende Windrichtung ist von Nordwest-West, die magnetische Abweichung beträgt 10° 50′ nach West.

All' dieses schon, namentlich aber die ausgedehnten Nadelwaldungen auf den die Stadt einsäumenden Höhen und Hügeln, ferner die zahlreich dahin führenden bequemen, mit Wegweisern und Ruhebänken versehenen Promenaden und gut gepflegten Waldwege, endlich die Menge der überraschendsten und schönen Aussichtspunkte machen Teschen mit dem zur Stadt gehörigen, eine halbe Wegstunde entfernten, idyllisch gelegenen Ort Laube, für Fremde zu einem der reizendsten und gesündesten Aufenthaltsorte des schönen Elbethales.

Tetschen ist der Sitz einer katholischen Seelsorge mit zwei Kirchen, einer k. k. Bezirkshauptmannschaft, eines k. k. Bezirksgerichtes und Steueramtes, k. k. österreichischen Hauptzollamtes, königlich sächsischen Zollamtes, eines k. k. Post- und Telegraphenamtes, einer kunstgewerblichen Fachschule, einer fünfclassigen Knaben- und Mädchen-Volksschule, einer dreiclassigen Knaben- und Mädchen-Bürgerschule, einer gewerblichen und kaufmännischen Fortbildungsschule. Die Einwohnerzahl beträgt 7200.

Die Stadt hat an und für sich eine gesunde Lage, sie geniesst vermöge ihrer Sauberkeit und ihren sanitären Einrichtungen, darunter die vorzügliche Hochquellen-Wasserleitung mit Zuleitung in die Wohngebäude, die Elbefluss-Badeanstalt, das Schlachthaus und die vorzügliche Canalisation, einen sehr günstigen Ruf.

Den ärztlichen Dienst besorgen vier Med. Univers.-Doctoren.

Die Stadt ist durch Bahnen und gute Fahrstrassen, sowie durch die Wasserstrasse der Elbe mit den bedeutendsten Orten der sächsisch-böhmischen Schweiz, sowie mit den hervorragendsten Städten des In- und Auslandes verbunden.

Tetschen ist Station der k. k. priv. österr. Nordwestbahn und der k. k. priv. böhm. Nordbahn. Erstere vermittelt den Personen- und Güterverkehr zwischen Tetschen, Prag, Wien, Dresden, Berlin, zum Anschlusse an die sächsische Staatsbahn, letztere zwischen Tetschen und den nordböhmischen Bezirken zum Anschlusse an die österr. Staatsbahn, der Dux-Bodenbacherbahn und Aussig-Teplitzerbahn via Bodenbach.

Die beiden genannten Verkehrsanstalten sind Eisenbahn-Knotenpunkte mit für nahe und weitere Tagesausflüge sehr günstig verkehrenden Zügen.

Anschlüsse sind nach allen Richtungen und namentlich auch nach den böhmischen Badeorten Teplitz, Bilin, Karlsbad, Marienbad, Königswart und Franzensbad gesichert.

Den Personenverkehr zu Wasser im Frühjahre bis Herbst vermittelt die sächsisch-böhmische Dampfschifffahrts-Gesellschaft stromaufwärts bis Leitmeritz, stromabwärts bis Dresden-Riesa. Die Dampfboote landen an allen Zwischenstationen sowie an den bedeutendsten Ausflugspunkten und bieten allen möglichen Comfort mit guter Restauration.

Als schöne Aussichtspunkte sind zu nennen: der Quaderberg, Kaiseraussicht* und Leopoldshöhe 282 Meter, Rosenkamm 430 Meter, Dittersbach 232 Meter, Doberuberg 534 Meter, Falkenberg 501 Meter, Jägerkreuz 535 Meter, Kolmer-Scheibe 440 Meter, Königstein* mit Festung 353 Meter, Lilienstein 404 Meter, Marienfels 427 Meter, Prebischthor* 409 Meter, Rabenstein 388 Meter, Rosenberg* 616 Meter, Schäferwand 270 Meter, Schneeberg* 721 Meter, Schreckenstein* 245 Meter, Sperlingstein 399 Meter, Spitzbüttl 330 Meter, Tyssaer Wände 615 Meter, Tschirnstein 540 Meter, Winterberg* 569 Meter, Zinkenstein 684 Meter, Zirkelstein* 540 Meter über dem Meeresspiegel. An den mit * bezeichneten Punkten sind Restaurationen vorhanden.

Für die Ausflüge ist seitens des Gebirgsvereines für die sächsisch-böhmische Schweiz in Tetschen ein Führerdienst organisirt, welcher auch die Herausgabe einer Touristenkarte veranstaltet hat. Die Stadt ist ferner durch eine Kettenbrücke über die Elbe und durch Personenüberfuhren mit dem schön gelegenen Industrialorte Bodenbach, mit dem Luftcurorte Obergrund (daselbst Dampfbäder) verbunden; die Entfernung von diesen Orten beträgt je eine Viertelstunde. In verhältnissmässig kurzer Zeit ist Herrnskretschen, Schandau, Königstein, Dresden etc. per Bahn und Dampfboot zu erreichen.

An Sehenswürdigkeiten sind unter anderen zu verzeichnen: Das Gräfl. Thun'sche Schloss auf einem, 152 Meter über den Meeresspiegel liegenden Felsen mit seinen ausgedehnten Parkanlagen, schönen Garten- und Gewächshäusern, berühmt durch seine Rosen- und Camelienzucht, seiner Waffen- und Gemäldesammlung und grossartigen Bibliothek.

Der Zutritt in den Schlossgarten ist jederzeit gestattet, in das Schlossgebäude auf gewisse Zeitpunkte beschränkt.

Ferner die Anlagen der Oesterr. Nordwest Dampfschifffahrts-Gesellschaft (Umschlagsplatz Laube) und mehrere Villen mit grossartigen Park- und Gartenanlagen.

Absolut gute und empfehlenswerthe Hotels und Pensionen, welche allen Ansprüchen zu genügen vermögen, besitzt die Stadt: das Hotel „zum silbernen Stern“ am Ringplatze; „zur goldenen Krone“ und „zur Stadt Prag“ am Ringplatze; „zum Engel“, Bensnergasse; das Dampfschiff-Hotel am Landungsplatze mit Veranda auf die Elbe; Hotel „Ulrich“ mit Gartenanlagen an der Elbe; die Schützenhaus-Restauration mit schönem Park und Aussicht auf die Elbe; ferner in Laube die städtische Restauration mit Fremdenzimmern zum Sommeraufenthalte eingerichtet, mit schönem Garten am Elbestrom liegend.

Ausserdem sind noch zahlreiche Gartenrestaurationen vorhanden.

Für musikalische Genüsse sorgen die Besitzer der Hotels und Restaurationen durch Veranstaltung von Concerten, darunter Militärconcerte, sowie auch die verschiedenen Unterhaltungs- und Geselligkeitsvereine.

In den Hotels liegen die bedeutendsten Tages-, politische und humoristische Blätter des In- und Auslandes auf, es besteht hier eine renommirte Buchhandlung mit einer Leihbibliothek.

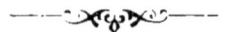

Kreuzen

bei Grein an der Donau, Oberösterreich.

Wasserheilanstalt.

Kreuzen, eine Stunde von Grein an der Donau entfernt, 430 Meter über dem Spiegel des mittelländischen Meeres gelegen, ruht wie das ganze untere Mühlviertel auf Granit, welchem in der waldigen Umgebung der Anstalt unzählige, nie versiegende Quellen mit einer Temperatur von 6—8° R. im Sommer entsprudeln. Dieselben vereinigen sich in zwei Bächen, deren krystallhelle Wässer, im Hochsommer etwa auf 18° Wärme steigend, zahlreiche Wasserfälle in der über eine Viertelstunde langen, stark abfallenden Felsenschlucht bilden und die in dichter waldiger Umgebung gelegenen natürlichen Becken und Sprudel enthalten, in welchen sich die vielfachen Wellen-, Vollbäder und Douchen des Curortes befinden. — Die klimatischen Verhältnisse in Kreuzen sind ungemein günstig, indem die Winterkälte selten mehr als 8° R. beträgt und die Sommerhitze die Temperatur von + 23° R. äusserst selten übersteigt. — Die vorherrschenden Winde sind jene aus Südost und West, minder häufig Nordost, am seltensten der Nordwind, indem die an der südöstlichen Abdachung eines Berges liegende Anstalt gegen Norden durch höhere Berge geschützt ist. — Der Wechsel der Temperatur ist nie so grell als in Gebirgsthälern; die Gluth der Sonnenhitze wird durch die überall freie Luft bedeutend gemässigt. Gewitter sind verhältnissmässig selten, der Regen erfrischend, nie anhaltend. Nebel kommen, da der Ort ziemlich hoch und in entsprechender Entfernung von der Donau gelegen, nur in seltenen Fällen vor und zerstreuen sich auch dann vor 9 Uhr Früh. Die Natur scheint Kreuzen zur Heilanstalt geschaffen zu haben, und zwar zur Naturheilanstalt im vollsten Sinne des Wortes. Nicht allein das Wasser ist hier das heilende Princip, sondern ebensosehr die paradiesische Gegend, welche Alles zu vereinen scheint, was man von einem schönen, gesunden Aufenthalte verlangen kann. Die stets reine, milde Luft, die Gelegenheit zu Spaziergängen in balsamisch duftenden Nadelholzwaldungen, das üppige Wiesengrün, überraschende Fernsichten etc. üben einen höchst wohlthätigen Einfluss auf Alle, die Gesundheit und Erholung bedürfen und suchen.

Heilmittel der Anstalt. 1. Bäder, welche nach den neuesten Grundsätzen so eingerichtet sind, dass sie jeder hydro-therapeutischen Anforderung entsprechen. Besonders hervorzuheben sind die Bäder im Freien, welche gestatten, alle hydro-therapeutischen Proceduren an schönen und warmen Tagen im Freien machen zu lassen.

2. Diät, welche für jeden Patienten je nach dem Erforderniss von dem Arzte genau geregelt und unter seiner Aufsicht strenge durchgeführt wird. — In einer geschlossenen Anstalt ist der Arzt viel mehr als in der gewöhnlichen ärztlichen Praxis in der Lage, die Befolgung der vorgeschriebenen Diät zu beaufsichtigen. Die Wirkung dieses vorzüglichen Naturheilmittels zeigt sich bei stricter Befolgung oft ungemein mächtig. Solche Diätformen, die übrigens

wie gesagt, jedem einzelnen Falle angepasst werden, sind: Gewöhnliche Curkost, Fleischdiät, vegetabilische Diät, Milchdiät, Trockendiät, Diät nach Professor Oertel.

3. Elektricität, welche in allen ihren Formen zu Gebote steht.

4. Massage nach Dr. Metzger's Methode.

5. Schwedische Heilgymnastik.

Es sei hier erwähnt, dass in seltenen Fällen zur Unterstützung und Beschleunigung der Cur auch Mineralwässer und Medicamente verordnet werden.

Anzeigen für die Wassercur. Die Krankheitsformen, welche durch eine rationelle Anwendungsweise des Wassers mit gutem Erfolge behandelt werden, sind mannigfach. Vorzugsweise aber eignen sich für Wasserbehandlung:

a) Allgemeine Ernährungsstörungen, als: Blutleere, Bleichsucht, Fettsucht, Scorbut, Scrophulose, scrophulose Drüsenanschwellung und Geschwüre, Zuckerruhr, chronischer und acuter Gelenks- und Muskelrheumatismus, Gicht, progressive Muskelatrophie (Schwund);

[illegible]

b) Krankheiten des Nervensystems, Gehirncongestionen, Neurasthenie, Entzündungen und degenerative Processe, wie z. B.: Paralysen nach Apoplexien; Myelitis, Tabes dorsualis. — Alle Arten Neuralgien, wie: Ischias, Gesichtsschmerz, Migräne, dann Asthma nervosum, Chorea, Hypochondrie, Hysterie, Melancholie;

c) Krankheiten der Verdauungsorgane und der adnexen Organe, als: Magenkrampf, Katarrhe des Magens und Darmes, Constipation, Magenerweiterung, Magengeschwüre, Krankheiten der Leber und Milz, Hämorrhoiden etc.;

d) Krankheiten der Harn- und Geschlechtsorgane, katarrhalische Zustände in den Harnwegen, Lähmung der Blasenmuskulatur, Impotenz, Pollution. Günstige Resultate sind bekannt bei Frauenkrankheiten: habituellen Congestionen, krankhaften Absonderungen, Schleim- und Blutflüssen, bei Exsudaten und Neigung zu Frühgeburten;

e) Infectionskrankheiten.

Zur Heilung von Wechselfieber sind die reine Luft und die klimatischen Verhältnisse, in welchen die Anstalt liegt, sehr günstig, ebenso zur Beseitigung der Nachkrankheiten nach schweren Exanthememen (Blattern, Scharlach, Masern), oder Typhus, Cholera, Diphteritis.

Die Aufnahme. Aufgenommen werden in der Regel nur solche Personen, welche die Wassercur zu gebrauchen beabsichtigen. Wer in die Anstalt aufgenommen zu werden wünscht, möge sich vorerst an den Arzt wenden.

In Wohnungs-, Verpflegs- und Zahlungsangelegenheiten, überhaupt in allen wirthschaftlichen Dingen möge man sich an den Administrator, als den Vertreter des Eigenthümers, wenden.

Personen, welche zur Begleitung oder aus irgend einem anderen Grunde sich mindestens eine Woche in der Anstalt aufhalten, auch solche, welche auswärts wohnen und die Anstaltsräumlichkeiten benützen, werden als Curgäste betrachtet.

In der Musiksaison tritt in der Regel eine Erhöhung dieser Eintrittsgebühr nicht ein.

Bei Vermiethung von Wohnungen in der Anstalt für die ganze Saison ist die Eintrittsgebühr auch mit Rücksicht auf die Curmusik in dem vereinbarten Wohnungspreise inbegriffen.

Bei auswärts wohnenden Curgebrauchenden, welche eigene Menage führen und deren Aufenthalt ganz oder theilweise in die Musiksaison fällt, erhöht sich die Eintrittsgebühr auf 5 fl.

Jeder in der Anstalt Verweilende unterwirft sich der allgemeinen Hausordnung; wer mit derselben nicht einverstanden ist, thut am besten, die Anstalt zu verlassen.

Die Cur ist im Allgemeinen die in Wasserheilanstalten übliche. Die Temperatur des angewendeten Wassers variirt je nach Krankheitsform und Körperconstitution des Curgebrauchenden von 24—8° R.

Die Cur wird, je nachdem die Krankheit es erfordert, ein-, zwei- oder dreimal des Tages genommen, und zwar:

Die Morgencur zwischen $4\frac{1}{2}$ und 7 Uhr, die Vormittagscur zwischen $10\frac{1}{2}$ und $11\frac{1}{2}$ Uhr, die Nachmittagscur zwischen $4\frac{1}{4}$ und 6 Uhr.

Nach jeder Cur ist ein Spaziergang bis zur vollständigen Körpererwärmung erforderlich. Nur solchen Kranken, welche nicht gehen können, ist es gestattet, sich nach der Cur im Bette zu erwärmen.

Die Art der Cur wird vom Arzte genau vorgeschrieben. Es ist nicht gestattet, dieselbe ohne sein Vorwissen abzuändern oder zu unterlassen.

Aerztliche Consilien können, jedoch nur mit Einwilligung und in Gegenwart des Anstaltsarztes, stattfinden. Zum Curgebrauche oder sonst zufällig anwesende P. T. Aerzte werden freundlichst gebeten, sich ärztlicher Rathschläge an die Patienten zu enthalten.

Der Arzt verpflichtet sich, den P. T. Ordinariis über den Zustand der ihm zur Cur anvertrauten Patienten auf Wunsch Bericht zu erstatten, dagegen beansprucht er, dass sie sich mit ihm direct mündlich oder schriftlich in's Einvernehmen setzen, wo sie für wünschenswerth halten, auf die Curverordnung einen Einfluss zu nehmen.

Der Arzt ordinirt jedem Curgaste nach seiner Ankunft. Ausserdem ertheilt er ärztlichen Rath in den Ordinationsstunden von 8 bis 11 Uhr Vormittags.

Schwere Patienten besucht er, so oft er es für nothwendig erachtet, oder so oft er dazu aufgefordert wird, auf ihrem Zimmer.

Jeder P. T. Curgast kann in dringenden Fällen zu jeder Zeit seinen ärztlichen Rath beanspruchen.

Die Kost. Die P. T. Curgäste sind gehalten, sich von der Anstalt beköstigen zu lassen. Ausgenommen hievon sind nur Familien, welche eine Wohnung mit Küche gemiethet haben und eigene Menage führen.

Die Diät für Curbrauchende ist eine einfache und reizlose; diesen sind auch Gewürze, Kaffee, Thee, geistige Getränke im Allgemeinen nicht gestattet.

An der Curtafel darf weder Bier noch Wein getrunken noch überhaupt Curwidriges servirt werden.

Während der Curzeit darf Niemandem extra servirt werden.

Das Speisen ausser der gemeinschaftlichen Curtafel kann nur ausnahmsweise und nicht vor halb 2 Uhr stattfinden. Geschieht das abgesonderte Speisen auf ärztliche Anordnung, so wird der gewöhnliche Preis berechnet.

Das Frühstück und Abendessen kann im Freien vor dem Salon oder im Salon auf beliebigem Platze genommen werden.

Das Mitnehmen eigener Speisen und Getränke in die Anstalt kann nicht gestattet werden.

Aus Gesundheitsrücksichten darf für Curgäste kein Frühstück nach 9 Uhr Vormittags und kein Abendessen nach 8 Uhr Abends servirt werden.

Das Mitnehmen von Hunden in den Speisesalon und das Benützen des Tafelservices zum Füttern derselben ist nicht gestattet.

Wohnung. Von den Gebänden der Anstalt sind drei, nämlich das Stammcurhaus, das kleine Curhaus und das grosse Curhaus mit dem im Jahre 1888 erbauten eigenen Bäderhause und der grossen Wandelbahn in Verbindung gebracht. Ausserdem sind noch an Wohnhäusern in der Anstalt: die dem grossen Curhause schräg gegenüber liegende Priessnitzvilla, das eine kurze Strecke abseits gelegene Häuschen zur schönen Aussicht und der bewohnbare Theil des herzoglich coburgischen Schlosses. In diesen Häusern stehen Zimmer zum Preise von 4—20 fl. per Woche zur Verfügung.

Die Lage und Promenaden der Anstalt. Kreuzen ruht wie das ganze untere Mühlviertel auf Granit. Viele nie versiegende, reine Quellen entsprudeln demselben in der waldigen Umgebung von Kreuzen und bilden zwei Bäche, welche bald vereinigt in zahlreichen Wasserfällen durch die über eine Viertelstunde lange Felsenschlucht, Kemat, strömen. Ueberall hier finden sich wohlgepflegte Wege, auf denen man stundenlang bald im Schatten des Waldes, bald über Wiesen am Bache vorbei spazieren gehen kann, und viele Bänke auf schattigen Plätzen und an Quellen laden zur Ruhe und Erfrischung ein; Wegzeiger sichern den Fremden vor dem Verirren und machen ihn bald bekannt mit den Namen aller schönen Punkte, Fernsichten, Schluchten, Quellen etc.

Die Anstalt liegt auf einer mässigen Anhöhe und hat eine Lage, wie sie gesünder, reizender und abwechslungsvoller nicht so bald gefunden wird.

Während gegen Norden ein Bergrücken ansteigt und vor Nordwinden schützt, dehnt sich von dem Plateau, auf dem die Anstalt liegt, der weiteste Fernblick gegen Osten, Süden und Westen aus.

Von dem herrlichen Donauthale mit dem Schlosse Greinburg, wo uns die Donau wie ein schöner See entgegenleuchtet, schweift das Auge über oft malerisch gelegene Bauerngehöfte, Ortschaften und Kirchlein, über das Schloss Klamm bis zu den Schneekuppen der Alpenkette vom Oetscher bis zum hohen Priel.

Die nächste der vielen Quellen, welche rings um die Anstalt der Erde entsprudeln, ist die Schulzenquelle. Dieselbe entspringt am Ende einer Akazienallee, die gleich neben dem kleinen Curhause in's Thal führt und Ferdinandsallee genannt wird.

Der Weg führt dann vorbei vor der Amalienruhe über einen Bach (Badbachel genannt), und man steht vor einem Wegzeiger mit vier Armen. Ueberall hin führen einladend gut gehaltene Wege.

Wir folgen zuerst dem Fahrwege, bei Wiesen und schattigen Plätzen am Fusse des Schlossberges vorüber und gelangen zum Damen-Schwimm- und Curbade.

Kaum sind wir aber einige Schritte gegangen, so fesselt uns schon der sogenannte Bärensprung, eine Felsenkluft, zwischen welcher tosend das Wasser hinabstürzt in die Neptunsgrotten. Hier herrscht überall Leben der Natur, und kaum an einer Quelle vorüber, stehen wir schon wieder an einem solchen erquickenden Born; es ist die Herzogquelle.

Kreuzen

Von hier führt ein Pfad nach aufwärts zum Herkulesfels und einer nach abwärts zum Bache, welcher hier bald unter dem Gestein verschwindet und erst wieder bei der Wolfsschlucht zwischen den Felsen hervorbraust.

Von der Wolfsschlucht gelangen wir bei der hohen Stiege vorüber zum Felsenthor, von da nach dem Wiener Wellenbad.

Ein Spazierweg, der uns rechts langsam ansteigend in grossem Bogen über die Marienruhe zur Waldpromenade führt, bildet einen der anmuthigsten Plätze der Umgegend. Links kann man über verschiedene Gehöfte zum Priessnitzkogel gelangen, rechts führt uns der Pfad im Waldesschatten weiter bis zum Magyarengruss, einem reizenden Ruhepunkte, den vielen jährlich die Anstalt besuchenden Ungarn zu Ehren so benannt.

Vom Magyarengruss führt der Weg in gleicher Richtung bis an den Fuss des Berges und mündet in die Fahrstrasse.

Ein Arm zeigt nach der Gloriette auf der Schmidthöhe. In einer Viertelstunde ist sie erreicht.

Ein Fahrweg in dem Hauptthal führt zur Kremserquelle, bei welcher ein liebliches Plätzchen zur Rast ist.

Von hier aus beginnt ein in Serpentinen angelegter, mit Bänken reichlich versehener Weg, auf welchem man den bewaldeten Berg hinansteigt. Nur eine kleine Strecke entfernt von der zweiten Krümmung sieht man die aus einer Felsenspalte hervorbrechende Josefinenquelle. In fünf Minuten von dieser Quelle ist auf diesem Waldwege die Albertsquelle, und in weiteren 10 Minuten die Haberkornquelle zu erreichen.

Von da aus lässt sich die Promenade in zwei Richtungen ausdehnen: entweder an einem Bauernhofe vorbei zu dem eine schöne Fernsicht bietenden Priessnitzkogel und über die Kemat zurück, oder abwärts über den Bach längs der Wasserleitung zurück.

Schreitet man von der Albertsquelle abwärts, so erreicht man in einigen Minuten die sogenannten Linzer Wellenbäder, drei von der Natur gebildete, von mächtigen Felsen umragte Becken, welche der durchströmende Bach ausfüllt, und welche früher auch zu Vollbädern verwendet wurden.

Schlägt man vom Wegzeiger die vierte Richtung ein, so gelangt man auf dem Wege links zwischen Wald und Wiese zur Alexandrinenquelle.

Von da geleitet ein Bergpfad zu dem grossen Bauernhofe Krückelberger.

Kehren wir nun auf das Plateau der Anstalt zurück, um von da aus die sogenannte kleine Tour kennen zu lernen.

Vom Plateau führt gegenüber der Isabellenhöhe ein schattiger Spazierweg ein wenig den südlichen Abhang hinab dem Walde zu. In einer geringen Entfernung über uns sehen wir die Schlossmauern, und unter uns liegt das Dorf Aigen. Hier gelangen wir zum „Familiensitze“ und zur Stelle des „Wiedersehens“, so genannt, weil man von hier aus nochmals den Abreisenden auf der Fahrstrasse im Thale ein Lebewohl zuwinken konnte. Vom „Wiedersehen“ wenige Schritte entfernt führt ein abweichender Pfad zum Jägersitz.

Von dem Jägersitz führt links ober dem später zu erwähnenden Herkulesfelsen eine Stiege zur Eremitage, einem in tiefem Waldesschatten gelegenen einsamen Platze, wo in alter Zeit wirklich ein Einsiedler gehaust haben soll.

Gehen wir vom Jägersitz zum Hauptweg zurück, so kommen wir auf diesem zur Ernstensruhe.

Von der Ernstensruhe kommen wir zum Herkulesfelsen, einer majestätischen Felsengruppe.

Hier theilt sich der Weg. Der obere führt zur Alexandrinenruhe, der untere vom Herkulesfelsen zur Herzogsquelle, ein obligater Ruhepunkt der kleinen Tour, welche von da beim Schwimmbade und bei der Amalienruhe vorüber durch die schattige Ferdinandsallee wieder zurück zur Anstalt führt.

Auf dem Plateau selbst sind viele schattige Plätze, der Marienbrunnen, woraus eine Quelle fliesst, ein hoher Springbrunnen, Lauben, ein Blumenpavillon, Statuen u. s. w.

Die Promenade unmittelbar um das Schloss beginnt vom Plateau und führt beim Eichenhain, worin recht lauschige Sitze sich bergen, vorüber vom Helenenplatz zum Stillleben.

Längs der Schlossmauer gelangen wir nun weiter zur Laube Karlsruhe und dann zum Gesäuse. Am Ende des Schlossgartens führt der Alphonssteig steil in die Tiefe hinunter.

Durch den Schlosshof kommt man beim tiefen Schlossbrunnen mit sehr gutem Wasser vorüber zur Wilhelmshöhe, auch ein reizender hoher Aussichtspunkt.

Von der Wilhelmshöhe führen mehrere Wege hinab zu den Spaziergängen um's Schloss herum und zur Fahrstrasse, welche dieses mit der Anstalt verbindet.

Mit diesem sind aber die Promenaden und Quellen noch lange nicht erschöpft.

Unmittelbar rückwärts des vorhin erwähnten Marienbrunnens führt eine Stiege hinab zur Strasse. Eine kleine Strecke unterhalb dieser Stiege führt von der Strasse abzweigend, die Maximilianallee in weniger als fünf Minuten zur Keihlsquelle.

Verfolgt man aber die Fahrstrasse von der Anstalt zum Marktflecken, so zweigt beim ersten Steinkreuze rechts ein Fahrweg ab, auf dem man in fünf Minuten einige kleine Häuser erreicht, und ist man vor diesen vorbei, so führt der Weg in den schönen Pfarrhofwald, in welchem die Pfarrhofquelle entspringt. Der Pfarrhofwald bildet eine der schönsten Partien in der Umgebung der Anstalt.

Kreuzen steht mit Recht in dem guten Rufe, in einer herrlichen Gegend zu liegen und schöne Spaziergänge zu haben. Ausser den einigen hier angeführten, welche alle in der nächsten Nähe der Anstalt liegen, gibt es noch sehr viele Wege und Ruheplätze und Quellen in der Umgebung, welche dem promenirenden Curgaste täglich neue Abwechslung und neuen Reiz bieten.

Dr. Otto Fleischanderl.

Johannisbad

im Riesengebirge.

Wildbad.

Johannisbad. Luft- (Höhen-) Curort in anmuthiger, geschützter Berglage, liegt im Nordosten Böhmens in einer Meereshöhe von 610—651 Meter.

Curmittel. Zur Badecur dient die hier am Fusse des Schwarzenbergs entspringende lauwarme, chemisch indifferente, jedoch physikalisch (durch elektromagnetische Strömung) wirksame Edelquelle mit einer beständigen Temperatur von 29° C., der Classe der Akratothermen, wie Gastein, Wildbad (Württemberg), Tüffer, Schlangenbad, Landeck u. a. m. angehörig.

Die Krankheiten und Leiden, welche hier ihre Heilung oder Milderung finden, sind erfahrungsgemäss: Rückenmark- und Nervenleiden, rheumatische, katarrhalische und Hämorrhoidalzustände, Frauenkrankheiten, Verwundungen und deren Folgen, Depressionszustände des Geistes und Gemüthes nach physischen Erschütterungen oder consumirenden Krankheiten, Ferner Blutschwäche und der Zustand der Entkräftung nach schweren Krankheiten.

Bad Neuhaus

bei Cilli in Untersteiermark

eine und eine halbe Stunde von der Südbahnstation Cilli, 1245 Fuss über der Meeresfläche, in einem romantischen, reichbewaldeten Seitenthale des prachtvollen Sannthales gelegen, eröffnet die Saison am 1. Mai.

Klima. Trotz der hohen Lage milde, mittlere Sommertemperatur + 16·5° C., Jahresmittel 9·0° C.; die Luft durch die Exhalationen der ausgebreiteten Nadelwälder balsamisch, mässig feucht, ausserordentlich ozonreich, rein und kräftig, vollkommen staubfrei. Während der Sommermonate keine Landregen, keine Nebel. Das Thal gegen Nord, Ost und West durch hohe Berge abgeschlossen, gegen Süden geöffnet, geniesst fast beständige Windstille.

Die Thermalquellen haben die constante Temperatur von 29·2° R. (37° C.), gehören deshalb zu den kräftigsten Akratothermen, wie Gastein, Pfäffers etc., mit welchen sie auch die gleiche chemische Zusammensetzung haben.

Die neu aufgefundene Stahlquelle hat nach Prof. Buchner folgende chemische Zusammensetzung; in 10.000 Gewichtstheilen Wasser sind enthalten:

Kaliumsulfat	0·28100
Natriumsulfat	0·11300
Magnesiumchlorid	0·03210
Magnesiumsulfat	0·18340
Magnesiumcarbonat	0·02600
Calciumcarbonat	3·74000
Eisencarbonat	0·08700
Thonerde	0·23000
Kieselsäure	0·11400
Halbgebundene Kohlensäure	1·70660
Freie Kohlensäure	1·49000
Summe der wägbaren Bestandtheile	8·00310

Zufolge mehrhundertjähriger Erfahrung sind die Thermen von Neuhaus, unterstützt durch die Stahlquelle und die kräftige, ozonreiche Gebirgsluft, von unübertroffener Heilwirkung in folgenden Krankheiten:

1. In Frauenkrankheiten, wie: chronische Entzündung des Uterus, der Ovarien, Exsudaten in der Beckenhöhle, Menstruationsstörungen, Bleichsucht, Uterinal- und Vaginal-Katarrhen (weisser Fluss), habituellem Abortus, Unfruchtbarkeit etc.

2. In Nervenkrankheiten, wie: Hyperästhesien, Ueberreiztheit der Nerven, Schlaflosigkeit, Gehirnerethismus, Migraine, Gesichtsschmerz, Spinal-Irritation, Ischias und anderen Neuralgien, Krämpfen aller Art, vom leichten nervösen Zittern bis zu den schwersten tonischen und clonischen Krämpfen, Chorea, Epilepsie, Hysterie und Hypochondrie, in Lähmungen, sowohl peripheren als centralen Ursprunges, Tabes dorsalis, und anderen Rückenmarkerkrankungen, Basedow'sche Krankheit etc.

3. In Schwächezuständen, als: Anämie nach erschöpfenden Krankheiten, protrahirter Lactation, Blut- und Säfteverlusten, vorzeitiger Alters-

Neuhaus bei Cilli in Untersteiermark.

schwäche, Impotenz, Schwächung des Gehirns nach anstrengenden geistigen Arbeiten etc.

4. In Gicht, Muskel- und Gelenksrheumatismus.

5. In traumatischen Exsudaten nach Verletzungen, Knochenbrüchen, Zellgewebsvereiterungen, Beinhautentzündungen, Contracturen, Gelenkssteifigkeit etc.

6. In Magen-, Darm- und Blasenkatarrhen, Albuminurie nach Scharlach etc.

7. In chronischen Hautkrankheiten.

Zum Curgebrauch dienen das grosse Curbassin mit 29·0° R., das Fremdenbad mit 27·0° R., das kalte Schwimmbad mit 21·0° R., elegante Separatbäder mit Marmorbassins mit beliebigen Temperaturen, elektrische Bäder, Douchen, die Stahlquelle, Molken-, Milch-, elektrische Curen etc.

Die bedeutende Elevation des Thales — Neuhaus hat von allen südsteierischen Bädern die höchste Lage, 1245 Fuss; Gleichenberg liegt 930, Rohitsch-Sauerbrunn 800, Tüffer 760, Römerbad, das sich das steierische Gastein nennt, gar nur 755 Fuss — die unmittelbare Nähe von Bergen von 4000 Fuss Höhe, der ausserordentliche Reichthum an Nadelwäldern stempeln das Klima zum subalpinen und bieten alle Vortheile desselben, was schon durch die Gesundheitsverhältnisse der hiesigen Einwohnerschaft erhärtet wird, unter welchen den pfarramtlichen Ausweisen zufolge Lungenphthyse fast gar nicht vorkommt.

Zum Vergnügen und zur Bequemlichkeit des Curpublicums dienen ein gutes Curorchester, ein eleganter Cursaal, Lesezimmer mit zahlreichen Zeitschriften, schöne Speisesäle, Billard, Clavier, Leihbibliothek, Mineralwasserhandlung, Apotheke, weit ausgedehnte schattige Promenaden mit zahlreichen Ruheplätzen, Concerte, Bälle, Spazierfahrten, elegante Fiaker, Rollwagen, Tragsessel etc.

Post- und Telegraphenstation, täglich zweimalige Postverbindung mit Cilli: Abgang der Post in Cilli vom Hotel Elephant.

Wohnungsbestellungen und Anfragen an die Direction der Landes-Curanstalt in Cilli.

Neueste Badebroschüre, aufgelegt bei Braumüller in Wien 1883, durch jede Buchhandlung beziehbar.

Landschaftlicher Badearzt und Director Dr. Paltauf.

Kuschwarda

Böhmerwald.

Subalpiner Gebirgscurort.

Täglich Postverbindung von Prachatitz, zweimal täglich von Winterberg und einmal täglich nach Freyung in Bayern. 18 Fremdenzimmer. Im Gasthof Reif die beste Verpflegung zu den billigsten Preisen.

Ausflugsorte: Ruine Kunzwarte, Emilienstein, „bayrisches Häusl“.

Héviz

bei Keszthely.

Im südwestlichen Ungarn, eine halbe Stunde entfernt von der Stadt Keszthely (am Plattensee), sehr romantisch gelegen in einem schmalen fruchtbaren, von bewaldeten Hügelreihen eingeschlossenen und nur gegen Süden geöffneten Thale. das mit seiner weiten Wiesenfläche bis zum nahegelegenen Plattensee sich ausdehnt.

Die Therme Héviz. zuerst im Jahre 1769 erwähnt, ist Eigenthum des k. u. k. Kämmerers Graf Tassiló Festetich und zur Zeit an einen wohlrenommirten Unternehmer, Georg Govorcsin, an den auch alle Anfragen in Betreff der Zimmerbestellungen zu richten sind, verpachtet. Die Heilquelle liegt in der Mitte eines circa 10 Kataster Joch umfassenden Teiches, dessen trichterförmiger Grund sich gegen die Peripherie immer mehr abflacht. Der Grund des Teiches wird von einer mächtigen, körnig-breiartigen, schwarzbraunen Niederschlage, einer sogenannten Moorschichte bedeckt; diese hat die vortheilhafte Eigenschaft, dass ihre Consistenz es dem Leidenden gestattet, sich in derselben in beliebiger Tiefe eingraben zu können, was, abgesehen von dem bezweckten Heilerfolg, schon des angenehmen Gefühles wegen, das diese leicht sich anschmiegende poröse Masse verursacht, allgemein und mit Vorliebe benützt wird. Das Wasser selbst ist ausserordentlich klar, hat eine schwankende Temperatur von 32·5° bis 36·2° C., riecht etwas nach Schwefelwasserstoffgas und hat einen weichen Geschmack, gibt aber geschöpft und ausgekühlt ein sehr angenehmes, vollkommen geruch- und geschmackloses Trinkwasser.

1000 Theile Wasser enthalten nach Analyse Dr. Heller's, Vorstand des k. u. k. pathologisch-chemischen Institutes in Wien an festen Bestandtheilen:

Kohlensauren Kalk	0·177
Chlormagnesium	0·124
Schwefelsaures Natrium	0·112
Kochsalz	0·039
Kieselerde	0·033
Schwefelsaures Eisenoxydul	0·003
Stickstoffhaltige organische Substanzen	0·042
Kalk, Ammoniak, Thonerde und Manganoxyd	0·001
Summe	0·531

Der Mischung nach also gehört Héviz zu den indifferenten Thermen (Akratothermen), und zwar — wenn man die Temperatur des Wassers berücksichtigt — ist es nach der Eintheilung von Kiesch, den wärmesteigernden Akratothermen beizuzählen.

Die Thermen selbst werden als Wasserbäder benützt, und zwar vorzugsweise gegen chronische Gicht und Rheumatismus, sowie gegen Lähmungen, welche die Folgen von Exsudationen sind und Steifigkeiten der Gelenke, die in Folge von Gelenksentzündungen zurückgeblieben sind; bei scrophulösen

Anschwellungen und Geschwüren, Syphilis, Neuralgien (besonders Ischias, Brachial- und Intercostal-Neuralgie), beginnenden Rückenmarksleiden, namentlich aber bei Nachkrankheiten aus Schuss- und Hiebwunden, bei Verkürzung und Contracturen in Folge von Knochenbrüchen und Hautkrankheiten, (besonders Eczem- und Unterschenkelgeschwüre). Es braucht nicht besonders betont zu werden, dass die meisten und schönsten Heilerfolge bei Lähmung, Gicht und Rheumatismuskrankheiten erzielt wurden, und dass der auflösenden und erweichenden Wirkung des Moores die ausserordentlich leichte Heilung von Geschwüren, Steifheit der Gelenke u. dgl. zuzuschreiben ist.

Zur Aufnahme der Badegäste dienen neun gut eingerichtete Wohnhäuser, die alle, ohne die Stiegen gebrauchen zu müssen, benützt werden können. Inmitten dieser Wohnhäuser steht die Restauration und das Kaffeehaus. Sie alle sind mit den schönsten Promenaden umgeben und hinter ihnen ist auf einer mässigen Anhöhe ein hübscher Park angebracht, so dass die Curgäste den ganzen Tag hindurch Schatten finden. Für Unterhaltungen, Zeitschriften und Musik ist während der ganzen Saison, die vom 1. Mai bis zum 30. September dauert, bestens gesorgt, auch findet sich eine kleine Capelle, in welcher Sonntags Gottesdienst abgehalten wird.

Für mittellose Curgäste ist ein Armenhaus und Armenbad vorhanden, beide unentgeltlich zu benützen gegen Vorweisung der von der Keszthelyer Güterdirection des grossmüthigen und wohlwollenden Eigenthümers erhaltenen Erlaubniss.

Die Zahl der Badegäste steigt von Jahr zu Jahr, besonders in der Hauptsaison Juni-Juli derart, dass es rathsam ist, die vor und nach der Hauptsaison gelegene Zeit für den Curgebrauch zu wählen, oder sich wenigstens rechtzeitig an den Badepächter zu wenden.

Die Umgegend des Bades ist überaus schön und anmuthig, schon die nächste Umgebung gewährt die üppige Vegetation des ungarischen Wellenlandes und bietet dem Botaniker eine reiche Ausbeute an seltenen Pflanzen. Der nächste und gewöhnlichste Ausflug mittelst Fiaker und Omnibusse, welche täglich mehrere Male verkehren, ist nach Keszthely, einer halbmondförmig am Plattensee gelegenen Stadt, welche in Folge der vielen Curgäste zur Sommerszeit ein sehr heiteres Leben entwickelt, dann nach den vielbesungenen und dichtbewaldeten Bergen Tátika, Rezi, Szigliget und dem berühmten Weinberge Badacsoni mit prachtvoller Aussicht auf den See und das umliegende Wellenland.

Garay.

Szántóer Sauerwasser

Ungarn.

Analyse. Der Sauerbrunn in Szántó enthält laut der im Jahre 1863 vom Gerichtschemiker Herrn J. v. Molnár gepflogenen chemischen Analyse in einem Civilpfund Wasser folgende Bestandtheile: Schwefelsaures Kali 1·32, schwefelsaures Natron 3·29, Chlornatrium 3·85, kohlensaures Natron 2·00, kohlensaurer Kalk 8·36, kohlensaure Bittererde 1·90, Alaunerde 0·03, Kieselsäure 0·09 Gramm. Summa der festen Bestandtheile 20·84 Gramm. Freies kohlensaures Gas 30·4 Kubikzoll.

Harkány.

Warme Schwefelquelle.

Historischer Ueberblick. Im südwestlichen Ungarn liegt zwischen dem majestätischen Donaustrome und der, Slavoniens Urwälder durchrauschenden Drau, die Perle der Stefanskrone, das schon von den Römern wegen seiner

Südöstliche Seite des Harkányer Gasthauses.

Weine geschätzte Comitat Baranya. Ein mildes, fast heiteres Klima, reine, gesunde Luft, üppige Vegetation und die reizende Abwechslung in der äusseren Gewandung von Berg und Thal, Wald und Feld, Weinländen und Wiesen haben dieser schönen Gegend von jeher einen grossen Fremdenzufluss zugeführt. Hier liegt nun in einer schönen Ebene am Südfusse der Nagy-Harsányer Hügelkette, eines Ausläufers des Turonyer Höhenzuges, das Dorf Harkány, dessen wunderbar heilsame Therme diesem Dörfchen einen grossen Ruf zu erringen geeignet ist.

Von Jahr zu Jahr steigerte sich die Frequenz und mit ihr der Anspruch auf erhöhte Bequemlichkeit und zeitgerechten Comfort. So setzte der grosse Patriot und Freiheitskämpfer Casimir Battyányi seines Vaters edles Werk in würdiger Weise fort, indem er im Jahre 1845 weitere 24 Cabinen erbaute (die sogenannten „oberen", jetzt mit weissem Marmor versehenen), ferner das jetzige grosse Curhaus mit dem schönen Cursalon aufführen liess, den Park verschönerte und um die Baulust zu heben und den Badegästen ausser dem Curhause auch comfortable Wohnungen zu verschaffen, die der Restauration gegenüber liegenden Gründe seinen Beamten für billiges Entgelt überliess.

Topographie. Die Thermalquelle Harkány liegt im Baranyaer Comitate, in einer Entfernung von 20 Minuten westlich von Siklós in einer herrlichen Ebene, welche im Norden und Süden von der bei St. Gotthard in Steiermark nach Ungarn tretenden, die Comitate Zala, Somogy und Baranya durchziehenden Alpenkette umsäumt wird. Dieselbe zerfällt in drei Gruppen: den Mecsek, das Siklóser Gebirge und die Höhen von Baranyavár. In der Formation ist hier vorherrschend der Kalkstein, in Fünfkirchen der Kohlensandstein, der auch als vortreffliche Steinkohle einen bedeutenden Industriezweig bildet, der die Erste k. k. priv. Donau-Dampfschifffahrts-Gesellschaft, nachdem sie sich in den Besitz der Kohlenlager gesetzt hatte, zum Baue einer eigenen Eisenbahn veranlasste.

Die artesische Quelle.

1. Humus	0° 1′ 0″
2. Dunkelgrauer fetter Thon	0° 3′ 0″
3. Feinkörniger glimmerreicher Sand	1° 5′ 11″
4. Lichtgrauer fetter Thon	2° 5′ 1″
5. Grauer sandiger Thon	1° 3′ 0″
6. Grobkörniger glimmerreicher Sand	2° 0′ 10″
7. Bräunlicher sandiger Thon	2° 1′ 6″
8. Feinkörniger Sand	1° 0′ 1″
9. Brauner sandiger Thon	0° 2′ 0″
10. Feinkörniger Sand	1° 0′ 0″
11. Grobkörniger Sand	0° 1′ 7″
12. Lichtgrauer Thon	0° 1′ 5″
13. Grobkörniger Sand	0° 8′ 0″
14. Grobkörniger Sand und Geschiebe	2° 0′ 1″
	19° 5′ 6″

Analyse.

Chemische Bestandtheile der Harkányer Schwefeltherme.

		1000 Theile Wasser	1 Civilpfund Gr.
Kohlensaures Natron	$Na_2 CO_3$	0·2061	1·583
Kieselsaures Natron	$Na_2 Si O_2$	0·1297	0·996
Boraxsaures Natron	$Na BO_2$	0·0105	0·081
Kochsalz	$Na Cl$	0·0183	0·371
Chlorkalium	$K Cl$	0·0735	0·561
Chlorlithium	$Li Cl$	0·0027	0·021
Chlorcalcium	$Ca Cl$	0·0437	0·336
Chlormagnesium	$Mg Cl_2$	0·0341	0·262
Jodmagnesium	$Mg J_2$	0·0077	0·059
Brommagnesium	$Mg Br_2$	0·0016	0·012
Kohlensaures Magnesium	$Mg CO_3$	0·0007	0·005
Kohlensaurer Kalk	$Ca CO_3$	0·0986	0·757
Kohlensaures Strontium	$Sr CO_3$	0·0088	0·068
Kohlensaurer Mangan	$Mn CO_3$	0·0033	0·025
Summe der festen Bestandtheile		0·6693	5·140
Organische Stoffe		0·0150	0·121

Halbgebundene und freie CO_2 191·75 Kubikcentimeter 5·88 Kubikzoll
Schwefelkohlenoxydgas gelöst COS 6·82 Kubikcentimeter 0·27 Kubikzoll.

Diese vom ersten Fachmanne in Ungarn, Professor Dr. Carl Than ausgeführte Analyse reiht die hiesige Quelle zu den Schwefelquellen, und zwar zur Gruppe der alkalischen Schwefelquellen.

Die **Indicationen** können in folgende zusammengesetzt werden:

1. Bei Muskel- und Gelenksrheumatismen sowohl acuter, als auch chronischer Form, auf rheumatischen Grundlagen beruhenden Exsudationen wird durch den Gebrauch der Harkányer Schwefeltherme in den meisten Fällen Heilung erzielt. 2. Bei verschiedenen Gichtformen sehr oft Heilung, in vielen Fällen aber, indem die Therme beruhigend und restaurirend wirkt, Linderung der

starken Schmerzen und weniger häufige Anfälle. 3. Unterleibsbeschwerden, besonders von Leber- und Milzanschwellung, sowie von Unregelmässigkeiten in der Blutbewegung herrührend, wohin auch die Hämorrhoidalbeschwerden, so auch die Unregelmässigkeiten in der Menstruation zu rechnen sind, schwinden nach regelmässigem Gebrauch der Harkányer Schwefeltherme vollständig. 4. Bei

Badhaus in Harkány.

Neurosen, besonders Lähmungen, wenn dieselben peripheren Ursprunges sind oder von Rheumatismus oder Gicht herrühren. 5. Bei acutem oder chronischem Magenkatarrh. 6. Bei veralteten Hautausschlägen oder Geschwüren. 7. Bei Krankheiten der Harnorgane, insbesondere bei Blasenkatarrh. 8. Bei Krankheiten der weiblichen Geschlechtsorgane, Unregelmässigkeiten der Menstruation,

Der artesische Brunnen in Harkány.

chronischem Katarrh, weissem Fluss. 9. Bei Rhachitis und allen Formen der Scrophulose, ob dieselben sich als Augenentzündung, als Ohrenkatarrh, als Drüsengeschwülste, als Hautausschläge oder Geschwüre manifestirt. 10. Bei zurückgebliebenen Entzündungsproducten, wenn dieselben noch einer Resorption fähig sind. 11. Bei Mercurialkrankheiten. 12. Schliesslich noch bei Verletzungen, resp. deren Folgen, als Narben, Gelenksteifigkeit, Contracturen u. s. w.

Marienbad

in Böhmen.

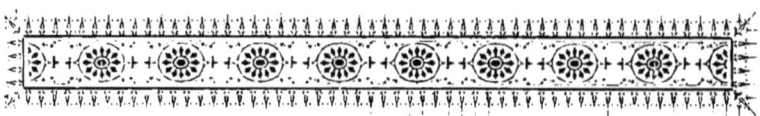

Alkalisch-sulfatische und Eisenquellen: Eisen-Mineralmoor.

Die Lage Marienbads. Das ganze nordwestliche Böhmen ist reich gesegnet an Heilquellen, die alle einem gemeinsamen Boden, einem mächtigen Granitlager entquellen: vor Allem das weltbekannte Karlsbad mit seinen heissen Glaubersalzwässern, das eisenreiche Franzensbad und unser vielseitiges Marienbad. Wiewohl im Egerer Kreise, dicht an der Grenze des Deutschen Reiches, in dem vom Böhmerwald, dem Fichtel- und Erzgebirge gebildeten Becken neben diesen noch gar viele Heilquellen ungekannt und unberühmt dem Schosse der Erde entspringen, sind es doch diese drei genannten Badeorte, die einschliesslich des herrlichen Teplitz den Weltruf der „böhmischen Bäder" gemeinsam begründeten, zu denen alljährlich viele tausende Menschen aus der ganzen Welt heranpilgern.

Während Karlsbad der Sage nach vor 500 Jahren einem Zufalle seine Entdeckung verdankt, haben die beiden anderen Curorte, wiewohl auch seit Jahrhunderten gekannt und geschätzt, mit jenem ihren grossen Aufschwung erst der neueren Zeit zu danken, die ja auf allen Gebieten mit vorurtheilsfreien Blicken die Naturkräfte in den Bann der Menschen brachte, und besonders durch Schaffung der modernen Verkehrsmittel diese Orte dem Ganzen näherte, indem dieselben durch die Eisenbahnen unter sich und mit allen Civilisations-Centren direct verbunden wurden.

Marienbad liegt unter dem 30° 21′ östlicher Länge und 49° 58′ nördlicher Breite, 628 Meter hoch, unmittelbar an der Kaiser Franz Josefs-Bahn, ist von Wien in 8, von Berlin in 11, von München in 8, von Leipzig in 8, von Hamburg in 19, von Dresden in 7½, von Frankfurt am Main in 13, von Königsberg in Preussen in 24, von Paris in 30, von Stuttgart in 13, von Breslau in 16 und von Budapest in 19 Stunden zu erreichen.

Die Stadt ist in einem breiten, nach Süden offenen Kesselthale gelegen, rings von Hochwald umgeben, der auf Meilen hin von wohlgepflegten Promenadenwegen durchzogen ist, die dem Einen die Möglichkeit bieten, auf sanft ansteigenden oder ebenen Wegen zu lustwandeln, dem Andern in steilem Anstieg die Muskeln zu üben. Keine mit ewigem Eise bedeckten Bergriesen, kein überwältigend grosses Bild bietet sich hier dem Besucher, aber eine herzanmuthende, liebliche Idylle breitet sich vor des Beschauers Blicken aus.

Die Marienbader Glaubersalzquellen sind bei analoger chemischer Zusammensetzung noch einmal so concentrirt wie die Karlsbader. Entsprechend den Ergebnissen der chemischen Analyse sind die Indicationen für diese beiden Heilorte nahezu dieselben, und ist Marienbad, wie dies Hufeland ausgesprochen hat, als das „kalte Karlsbad" zu bezeichnen.

Die Quellen gehören nach ihrer chemischen Zusammensetzung in drei verschiedene Kategorien: I. Repräsentanten der kalten Glaubersalzwässer:

Ferdinands- und Kreuzbrunn-, Wald- und Alexandrinenquelle. II. Eisenwässer: Der Ambrosiusbrunnen (die eisenreichste Quelle in Deutschland und Oesterreich) und die Carolinenquelle. III. Als erdig-alkalische Quelle: Die Rudolfsquelle.

In den drei modernen grossen Badehäusern werden Moor-, Stahl-, Dampf-, Gas- und Heissluftbäder verabfolgt: Kaltwasserheilanstalt. Die kalten Glaubersalzquellen, chemisch und therapeutisch denen Karlsbads analog, geben als „kaltes Karlsbad" Indicationen bei Zuckerharnruhr, Gicht und Fettsucht, weiters bei Krankheiten des Magens und Darms, bei Blutüberfüllung und fettiger Infiltration der Leber, katarrhalischer Gelbsucht, Gallensteinen, Unterleibs-Stauungen (Hämorrhoiden), bei Fettherz, Lungenemphysem und chronischem Bronchialkatarrh, ferner bei verschiedenen Krankheiten der Harnorgane, bei Frauenkrankheiten, insbesondere bei Sterilität und den Leiden der kritischen Jahre. Die Eisenwässer, die stärksten in Deutschland und Oesterreich, in Verbindung mit Stahl- und Moorbädern geben besonders mit Rücksicht auf die wunderbar günstige Lage des Ortes die weitestgehenden Indicationen der Eisenwässer überhaupt (Blutarmuth, Bleichsucht etc.). Die Rudolfsquelle findet bei chronischen Leiden der Harnorgane ihre Anwendung, insbesondere bei Pyelitis, Nieren-Concrementen, chronischem Blasenkatarrh und überall, wo stark diuretisch gewirkt werden soll. Die Moorbäder werden angewendet bei Exsudaten in den Gelenken, im Bauchfell und im Parametrium, sowie bei Muskel-Rheumatismus und Krankheiten der peripheren Nerven: sie sind die kräftigsten aller bekannten Eisenmoorbäder. Neues Salzsudhaus, neuerbaute Colonnade, elektrische Stadtbeleuchtung, k. k. Bezirksgericht, Post-, Telegraphen- und Zollamt, reichhaltiges Lesecabinet. Täglich diverse Concerte und Theater. Katholische, evangelische, englische Kirche (auch russischer und schwedischer Gottesdienst). Synagoge.

Saisondauer: 1. Mai bis 30. September.

Jährliche Frequenz 5000 und circa 12.000 Passanten. Alle fremden Mineralwässer in der Trinkhalle.

Versandt der Mineralwässer und des Mineralmoor durch die Brunnenversendung. Versandt des natürlichen Mineralsalzes und der Pastillen durch den Pächter Josef Müller.

Wohnungen und Wohnungsbestellungen. Es empfiehlt sich, dringlicher Wohnungsanerbietungen am Bahnhofe oder in den Strassen der Stadt nicht zu achten. Wohnungsmangel in den Curhäusern ist selbst in der Hochsaison nicht zu fürchten. Die Preise richten sich je nach der Lage, Ausstattung und Grösse der Zimmer, sowie der Zeit des Curgebrauches und sind im Allgemeinen mässige.

Prospecte und Broschüren gratis im Bürgermeisteramte.

Bürgermeisteramt. **Brunnen-Inspection.**

Petanz (Széchényikut)

in Ungarn, Eisenburger Comitat.

Sauerwasserquelle.

Eröffnet 1882. Nur Versandtgeschäft.

Lage. Am rechten Murufer, knapp an der ungarisch-steiermärkischen Grenze, eine Stunde von der Stadt Radkersburg und eine Stunde von Muraszombat neben Radein an der Radkersburg-Luttenberger Bahn (Station „Radein") in anmuthiger gesunder Gegend gelegen.

Indicationen. Als kohlensäurereichster Natron-Lithion-Säuerling vom königlich ungarischen Ministerium für Heilwasser erklärt und dem berühmten „Biliner" angereiht, wird es mit ausserordentlichen nachweisbaren Erfolge bei verschiedenen Magen-, Gallen-, Blasen- und Nierenleiden, gichtischen Erkrankungen, träger Verdauung, katarrhalischen Affectionen und überhaupt dort angewendet, wo es sich um Absonderung abnormer, gesundheitsstörender, wässeriger und schleimiger Substanzen handelt, denn es wirkt sanft auflösend, ableitend, wie „Radeiner".

Epidemische Krankheiten. Wegen der ungewöhnlichen Tiefe des Brunnens (40 Meter) ist das Wasser frei von den gefürchteten krankheiterregenden „Bacillen", und ist somit als Vorbeugungsmittel bei Ausbruch von epidemischen Krankheiten und gegen Wechselfieber von unschätzbarem Werthe. Gegen den gefürchtesten Feind der Kinder, gegen „Diphteritis", wird es von Aerzten ebenfalls als Vorbeugungsmittel empfohlen. Dr. O. Johannsen (Oberarzt Liebau) empfiehlt für Kinder fleissiges Ausspülen des Mundes, um die krankmachenden Bacterien nicht einnisten zu lassen.

Als Tafelwasser ist es ein höchst beliebtes Getränk, namentlich mit lichtem, säuerlichem weissen Wein gemischt. Wegen seiner wunderbar labenden Wirkung, besonders nach geistiger oder körperlicher Anstrengung, hat es sich rasche Verbreitung verschafft.

Bestandtheile in 10.000 Gr. Wasser: Kohlensäure 48·214. kohlensaures Natron 30·894. kohlensaures Lithion 0·190. kohlensaure Kalkerde 6·553. kohlensaure Magnesia 2·759. Chlornatrium 7·281. schwefelsaures Natron 1·145. Kieselsäure 0·818. Summa 97·854. Es ist somit bedeutend reichhaltiger als „Giesshübler". „Mohaer Agnes" und ähnliche andere Wässer.

Analysirt in Wien. Berlin, Budapest und Zala-Egerszeg.

Auszeichnungen. Prämiirt in Triest. Wien. Budapest, Steinamanger und Fünfkirchen. Zahlreiche Anerkennungen.

Versendung. Die Versendung geschieht per Bahn in Kisten. besonders nach Ungarn. den Alpenländern und Italien. Preiscourante und Brunnenschriften auf Verlangen gratis und franco. Jährlicher Umsatz eine Million Flaschen.

Eigenthümer Josef Vogler. Gutsbesitzer. gewesener Haupt- und Realschuldirector in Wien. Begründer und Redacteur der pädagogischen Zeitschrift „Volksschule".

Ischl

Alpencurort und Badeort

liegt unter dem 47° 12′ nördlicher Breite und dem 34° 13′ östlicher Länge im Traunthal auf einer von Traun und Ischl umflossenen Halbinsel. Es bildet den Mittelpunkt des Salzkammergutes.

Ischl ist ein Marktflecken mit 7600 Einwohnern, mit Ausnahme von 400 Protestanten sämmtlich Katholiken. Der Ort ist Sitz eines Bezirksgerichtes. eines Steueramtes. einer Salinen- und Forstverwaltung.

Die Curmittel sind vorzüglich Bäder, Inhalationen und Trinkeuren.

Bäder: *a)* Rudolf-Gisela-Wirerbad und k. k. Salinen-Dampfbad: es werden sowohl gewöhnliche Wasserbäder als solche mit Zusatz von Soole. Mutterlauge. Fichten- und Latschenkiefer-Präparaten. Salzbergschwefelquelle, Schwefelschlamm. Molke. Moor. Eisen. Jod etc. verabfolgt. und *b)* Soolendampf- und russische Dampfbäder.

Kaltwasserheilanstalten nächst der Trinkhalle und in Kaltenbach.

Inhalationsanstalten (erbaut 1880). Inhalationen von zerstäubter Soole, Soolendämpfen. von Fichten- und Latschenkieferdämpfen. pneumatische Apparate.

Trinkhalle. Es werden verabfolgt: Kuh-. Schaf- und Ziegenmolke, Kräutersäfte. die in Ischl entspringenden Kochsalzquellen (Klebelsberg- und Maria Louisenquelle). Mineralwässer des In- und Auslandes.

Schwimmanstalt: Flussbäder, Turnhalle.

Indicationen: Anomalien der Ernährung und Blutmischung. Blutarmuth. Scrophulose. Rhachitis. chronische Katarrhe der Luftwege. beginnende Phthysis und Tuberculose. Exsudate der Brust- und Bauchhöhle. Frauenkrankheiten; Reconvalescenz nach schweren Erkrankungen. als Nachcur von Marienbad, Franzensbad, Karlsbad etc.

Curtaxe: Dieselbe wird nach vierzehntägigem Aufenthalt voll eingehoben und beträgt 8 fl., ferner für Ehefrauen 3 fl.. für Kinder. Gouvernanten. Erzieher. Gesellschafterin 1 fl.. niedere Diener 50 kr. à Person. Vom 7. bis einschliesslich 12. Aufenthaltstage wird nur die halbe Taxe eingehoben. Von der Entrichtung der Curtaxe sind befreit: Aerzte. Militärs vom Hauptmanne abwärts. Beamte bis zur vierten Classe. Volksschullehrer und deren Gattinnen und Kinder, Cooperatoren. und mit legalen Armuthszeugnissen versehene Personen.

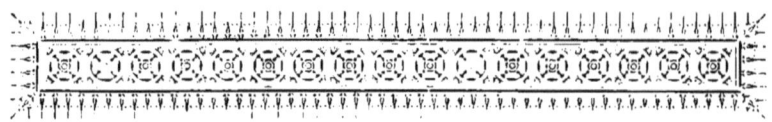

Curort Sangerberg.

In dem berühmten Mineralquellendelta Karlsbad-Marienbad-Franzensbad im nordwestlichen Böhmen liegt eine Meile von Marienbad in nördlicher Richtung auf dem Plateau des „Kaiserwaldes", eines von Marienbad bis Schlaggenwald sich erstreckenden, bewaldeten Höhenzuges, 723 Meter über dem Meere, die Stadt Sangerberg (unter dem 50° 3' nördlicher Breite und 30° 24' östlicher Länge) und unmittelbar daran der junge Curort Bad Sangerberg mit seinen in therapeutischer Beziehung hervorragenden natron-, eisen- und glaubersalzhältigen Eisensäuerlingsquellen.

Von den zahlreich hier zu Tage tretenden Quellen wurden bis jetzt drei gefasst und hergerichtet: die Rudolfs-, Gisela- und Vincenzquelle.

Die Rudolfsquelle ist eine vortreffliche reine Eisenquelle (ein vorzüglicher Natron-Eisensäuerling), die im Pfunde (= 16 Unzen) Wasser $^3/_4$ Gran (in der Mass 2 Gran) enthält, daher die bekanntesten Eisenquellen, wie Pyrmont, Kissingen, Dryburg, Schwalbach, Spaa etc. an Eisengehalt bedeutend übertrifft. Ausserdem ist diese Quelle sehr reich an Kohlensäure (in 10.000 Theilen Wasser 25·4050 freie oder halbgebundene Kohlensäure) und enthält nur geringe Mengen von Chlornatrium und Glaubersalz, so dass wegen des mässigen Gehaltes an Salzen der ganze Eisengehalt der Resorption in's Blut anheimfällt und wegen des gleichzeitigen grossen Kohlensäurereichthums der Quelle keinerlei Verdauungsbeschwerden nach sich zieht, selbst in den hochgradigsten Fällen der Chlorose und Anämie, wo bekanntlich die Verdauung fast gänzlich darniederliegt, gewiss ein Vorzug, der die Beachtung in höchstem Grade verdient. Der Gebrauch dieses Wassers empfiehlt sich und hat sich ausgezeichnet bewährt bei Blutarmuth, Bleichsucht, Hysterie, Hypochondrie, bei Scrophulose, bei Nervenkrankheiten, die auf einer Alteration der schlechten Blutmischung basiren, bei Lähmungen einzelner Körpertheile (Paresen und Paralysen), bei Geschlechtskrankheiten der Frauen, als weisser Fluss, zu geringen oder zu häufigen und starken Menstruationen, chronischen Entzündungen der Gebärmutter, bei Senkungen derselben in Folge von Schwächezuständen etc.; ferner bei chronischen Eczemen und alten Hautgeschwüren. Schon nach kurzem Gebrauche dieses Wassers schwindet die Blässe der Wangen, die einem frischen kräftigen Roth Platz macht, belebt sich der zerrüttete kranke Organismus und schwinden die lästigen Symptome der angedeuteten Krankheiten.

Diese vortrefflichen Eigenschaften der hiesigen Quellen werden an Ort und Stelle noch besonders durch eine sehr reine würzige Waldluft (da die Quellen inmitten einer Fichtenwaldung gelegen sind) in ihrem Werthe wesentlich gehoben.

Das Wasser sämmtlicher Quellen, besonders aber das der Gisela- und Rudolfsquelle, eignen sich vorzüglich zur Mischung des Weines und zur Bereitung von moussirenden Limonaden mittelst Fruchtsäften und pulverisirtem Zucker. Der Wein erhält, mit diesem Wasser vermischt, einen qualitativ besseren Geschmack.

Sangerberg

Das **Klima** des Curortes ist in den Sommer- und Herbstmonaten ein vorwaltend mildes und angenehmes, da der Curort in einem von West, Nord und Ost durch grösstentheils bewaldete Berghöhen vollkommen gegen rauhere Luftströmungen geschützten weiten Thalkessel liegt, während im Süden das überall bewaldete Terrain sich nur ganz allmählich erhebt. Wegen seiner Gebirgslage, seiner gesunden, reinen, von harzig-balsamischer Waldluft gewürzten milden Atmosphäre und seiner vorzüglichen Mineralquellen wird der Curort Sangerberg von allen ärztlichen Personen, die selben bis jetzt kennen zu lernen Gelegenheit hatten, für eine vortreffliche Lungenkrankenstation als besonders geeignet erklärt, wie solches ausdrücklich vom Herrn Med.-Rath Dr. Küchenmeister in Dresden betont wird. Es ist also Sangerberg, abgesehen von seinen Mineralquellen, auch ein klimatischer Gebirgscurt (2189 Fuss über dem Meeresspiegel des adriatischen Meeres).

Ferner ist diese Curanstalt besonders noch zu empfehlen als Nachcur nach Karlsbad, Marienbad, Franzensbad, Gastein etc.

Ferne von geräuschvollen Fabriksetablissements, frei von durch Steinkohle erzeugtem Kohlendunst der Athmosphäre, ist Sangerberg ein geeigneter Ort für einen ruhigen, stärkenden Landaufenthalt, wie ihn der Grossstädter nothwendig braucht, wenn er Erholung von seinen Geschäften sucht.

Zur Bequemlichkeit des die Cur gebrauchenden Publicums wurde in unmittelbarer Nähe der Quellen ein allen gerechten Anforderungen entsprechendes Curhaus im Schweizerstyle erbaut, das 40 elegante comfortabel eingerichtete, gesunde und trockene Wohnzimmer zu mässigen Preisen enthält; in demselben Gebäude befinden sich ausgedehnte Restaurations-Localitäten, in denen mehr als 200 Personen bequem Speisen und conversiren können. In einem vollkommen separaten Nebenbau sind Wagenremisen und Stallungen untergebracht. Das Curhaus ist auf der West- und Nordseite von einem zur Curanstalt gehörigen mehrere Hektar grossen, hohen, schattigen Fichtenwalde, der von vielen Spaziergängen durchzogen wird, umgeben, während an der Süd-Ostseite, der Hauptfaçade des Curhauses, eine junge Parkanlage sich ausbreitet. Für Ruhe- und Sitzplätze in den Parkanlagen ist reichlich gesorgt.

Das **Badehaus,** ebenfalls in unmittelbarer Nähe der Quellen und durch diese direct gespeist, enthält ausser geräumigen und elegant hergerichteten Warträumen, 12 grosse Badecabinete, deren Einrichtungen den verschiedenen Bädern entsprechen. Es werden bereitet: Mineralwasser- Voll- und Halbbäder, Fichtennadelextract- und Moorbäder, die wegen geringer Regiekosten fast um die Hälfte billiger als in anderen Curorten verabfolgt werden. Auch sind in den Cabinen die nöthigen Doucheapparate angebracht nebst den erforderlichen Ansätzen für therapeutische Zwecke. Das Fichtennadelextract wird von den Zweigen der jungen Fichten zur Zeit ihres üppigsten Wachsthumes hier gewonnen. Die Mineralmoor gleicht in seinen chemischen Bestandtheilen dem in Marienbad verwendeten Moor vollständig und ist namentlich sehr reich an Eisen und Glaubersalz. Das hier befindliche Moorlager hat eine bedeutende Ausdehnung.

Durch die Lage des Curortes in unmittelbarer Nähe der Stadt ist es auch möglich, etwa verordnete Milch- und Molkencuren durchzuführen, da stets eine reine, gute Milch, wie sie durch Fütterung mit würzigen Gebirgskräutern erzielt wird, zu haben ist.

Etwaige früher eingeleitete elektrische Curen können hier fortgesetzt werden, da die Curanstalt die zu diesem Zwecke erforderlichen Batterien und Apparate besitzt, und werden die hiesigen reichhaltigen Heilpotenzen gewiss das Möglichste zur Erzielung eines Erfolges beitragen.

Alle vorerwähnten Umstände, besonders aber die heilkräftigen Quellen und der wirksame Moor, die geschützte, günstige Lage der Curanstalt mitten im Fichtenwalde auf einem ebenen Terrain, wo der Kranke ohne besondere

Anstrengung im Freien sich bewegen kann, das im Sommer angenehme milde Klima, die Bequemlichkeit der errichteten Anstalten etc. machen diesen Ort zu einer wahren Heilanstalt für die leidende Menschheit und kann selbe bei passenden Fällen bestens empfohlen werden. Besonders aufmerksam gemacht sei noch auf die Vincenzquelle, eine vortreffliche salinische (glaubersalzhaltige) Quelle von sehr angenehmem und sehr erfrischendem Geschmacke. Der Analyse nach Herrn Professor Kletzinsky zufolge enthält dieselbe 38·4 Percent Glaubersalz, 37·09 Percent kohlensauren Kalk, 6·44 Percent Kochsalz und 8 Percent kohlensaures Eisenoxydul. Nebstdem zeichnet sich diese Quelle durch ihren bedeutenden Gehalt an freier Kohlensäure (14·0610 in 10.000 Theilen Wasser), sowie durch ihre constante niedere Temperatur (4° bis 5° R.) aus.

Die gelind auflösende Wirkung dieser Quelle, der bedeutende Gehalt an kohlensaurem Kalk, der nicht unbeträchtliche Kochsalz- und Eisenzusatz, der grosse Kohlensäure-Reichthum, sowie die niedrige Temperatur des Wassers bilden eine Zusammensetzung, wie sie keine andere bekannte Quelle dieser Art bietet; sie genügt damit den wesentlichsten Indicationen bei allen chronischen Lungenleiden, bei Appetit- und Schlaflosigkeit, habituellem Kopfschmerz, bei Gicht und Rheumatismus, Hämorrhoidalleiden und chronischen Hautkrankheiten aller Art.

Da der ordinirende Arzt Herr Med. Univ. Dr. Rudolf Greaser in nächster Nähe des Curhauses wohnt und auch täglich im Ordinationszimmer der Anstalt zu sprechen ist, so ist den P. T. Curgästen Gelegenheit geboten, im Bedarfsfalle sofort ärztliche Hilfe bei der Hand zu haben.

Postverbindungen hat Sangerberg täglich zweimal mit Königswart und zweimal täglich seit einigen Jahren mit Neudorf-Petschau-Karlsbad, nebst einer einmaligen täglichen Ruralpost nach Einsiedl-Tepl. Die Eisenbahnstation ist Königswart-Sangerberg. Marienbad, welches zwei Stunden von hier ist, ist mit Fahrgelegenheit in einer Stunde bequem zu erreichen. Als angenehmer Ausflugsort muss das „Jagdschloss Glatzen" erwähnt werden, welches eine kleine Stunde von hier entfernt liegt. Karlsbad wird in zweieinhalb Stunden mit Fahrgelegenheit, Königswart in einer Stunde mit Fahrgelegenheit erreicht und von dort ist Franzensbad in einer Stunde via Eger mittelst Bahn zu erreichen.

Der **Besuch** unseres Bades war im verflossenen Jahre 125 Personen, welche unsere Quellen, Mineral-, Fichtennadel- und Moorbäder, sowie Douchen mit gutem Erfolg gebrauchten. Passanten zählten 1200 Personen.

Sangerberg liegt zwischen den drei berühmten Bädern: Karlsbad, Marienbad und Franzensbad.

Ausser dem Curhause sind in dem freundlichen Städtchen Sangerberg (2500 Einwohner) noch mehrere respectable Gasthäuser, auch sind in Privathäusern sehr schöne, gesunde und billige Wohnungen zu haben.

Dauer der Saison. Die Badesaison dauert vom 15. Mai bis Ende September.

Bei der Hieherreise empfiehlt es sich der Billigkeit und Bequemlichkeit wegen bei der Badeverwaltung Sangerberg direct brieflich oder telegraphisch die Fahrgelegenheit für die Station Königswart oder Station Marienbad der k. k. a. priv. Kaiser Franz Josefs-Eisenbahn zu bestellen.

Briefe und Telegramme wolle man adressiren: An die Badeverwaltung Sangerberg, Böhmen.

Preblau

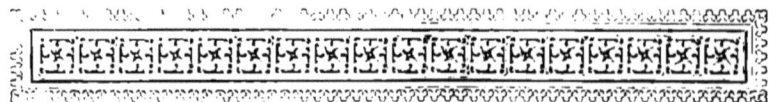

Sauerbrunn und Curanstalt

Lavantthal, Kärnten.

Der Sauerbrunn entspringt 828 Meter über der Meeresfläche und werden dessen Wässer seit Jahrhunderten als Heilquelle benützt und versendet. Das Urgebirge desselben besteht aus feldspathhältigem Gneis, Glimmerschiefer und Amphibolschiefer.

An der Ursprungsstelle treten aus den feinen Ritzen des Gesteines mit grossen Blasen freier Kohlensäure die Aederchen der Quelle aus, um die unmittelbar ein steinerner, oben mit einer dicken Glasplatte verschlossener Brunnenkranz, in weiterem Umkreise durch Cementlagen gesichert, gelegt wurde.

An der Sohle des Brunnens ist in den Steinkranz das Ablaufrohr eingelassen; durch den an dem freien Ende desselben befindlichen Schwenkhahn kann der Abfluss beliebig geregelt werden. Die Füllung des Wassers zu Versandtzwecken erfolgt in unmittelbarer Nähe des Brunnenkranzes in der Weise, dass der Säuerling mit Hilfe eines auf das Ablaufrohr vor dem Schwenkhahn aufgesetzten automatischen Apparates direct in die untergestellten Flaschen abfliesst, welche sofort an Ort und Stelle verkorkt werden.

In dieser Weise wird jeder Verlust an Kohlensäure, sowie jede Veränderung hintangehalten und der Versandt eines vorzüglichen, in seiner Qualität ganz unveränderten, mit der chemischen Analyse immer übereinstimmenden Säuerlings ermöglicht. Der regelmässige Zufluss der Quelle beträgt per Minute 8·5 Liter.

In Folge dieser Eigenschaften, sowie weiter seiner besonderen Eignung als diätetisches und erfrischendes Getränk ist die Versendung im Vorjahre auf mehr als 600.000 Flaschen gestiegen und nimmt noch stetig zu.

Die chemische Analyse wurde wiederholt im Jahre 1846 und 1863, zuletzt 1889 von Herrn Dr. E. Ludwig, k. k. Hofrath und Professor der medicinischen Chemie an der Universität Wien, gemacht. Nach dieser enthalten 10.000 Gewichtstheile des Preblauer Säuerlings:

Schwefelsaures Kalium	0·870
Chlorkalium	0·081
Chlornatrium	1·325
Borsaures Natrium	0·324
Natriumbicarbonat	30·298
Calciumphosphat	0·009
Calciumbicarbonat	3·960
Strontiumbicarbonat	0·004
Magnesiumbicarbonat	1·008
Eisenbicarbonat	0·014
Manganbicarbonat	0·009
Aluminiumoxyd	0·002
Kieselsäureanhydrid	0·600
Lithium	Spuren
Organische Substanz (mit Spuren von Ameisensäure)	0·046
Freie Kohlensäure	21·734

Die chemische Analyse, alte Ueberlieferung und massgebende ärztliche Erfahrung in der einschlägigen Literatur niedergelegt, indicirt die häufigste Anwendung des Preblauer Säuerlings bei Säurebildung im Blute, bei Katarrhen der Athmungs- und Verdauungsorgane, bei chronischen Katarrhen überhaupt, insbesondere bei denen der Harnröhre, der Blase und des Harnapparates, sowie bei Bright'scher Nierenkrankheit.

Nach Genuss von nur geringen Mengen des Säuerlings macht sich eine auffallende Vermehrung der Urinabsonderung bemerkbar, der Urin wird mit vermehrter Kraft ausgestossen. Schleim und Eiter werden gründlich ausgestossen und vermindern sich. Wohlthätig ist dabei die Verminderung der Schmerzen und die Klärung des Urin. Von Alters her bekannt und ganz specifisch ist die Wirkung des Preblauer Säuerlings bei Harngries und Steinbildung, sowohl in der Blase, als in den Nieren, durch die schnellere Wegführung der kleineren Concremente, als auch durch die Begünstigung der Lösung und des Zerfalles der grösseren Steine.

Vor der Steinoperation ist dieser Säuerling ein wohlthätiges Vorbereitungsmittel, sowie nach derselben die Heilung der Blase beschleunigt wird.

Die Curanstalt Preblau in nächster Nähe des Sauerbrunnen, durch ihre Lage in einem der schönsten Thäler der deutschen Alpenländer, durch ihre Höhenlage, 828 Meter, und das dabei relativ sehr milde Klima, indem im weiten Kreise umliegende höhere bis 2400 Meter aufsteigende Alpen gegen Norden, Osten und Westen Schutz geben, die reiche Vegetation, besonders des Nadelwaldes, die kräftige Alpenluft und ein ausgezeichnetes Trinkwasser vereinigen Bedingungen wie nirgends, dass diese Curanstalt als dringendes Bedürfniss gefühlt, vor länger als zwei Jahrhunderten von der Landesregierung gegründet wurde. In der Höhenlage, bei der reichen Nadelwaldvegetation, dem grossen Reichthum aufgehender Quellen, dem geringen Temperaturwechsel, der gänzlich staubfreien Luft ist eine grosse Immunität von Tuberculose constatirt worden, welche seit einigen Jahren einen Zug dieser Kranken auf die Alpen dieser Gegend gelenkt hat. Die gemachten Beobachtungen ergaben ausgezeichnete Heilerfolge.

Unterstützende Mittel der Cur sind kalte, warme, auch Sauerbrunnbäder, eine ausgezeichnete Milch und Molke, Inhalationen.

Anfragen und Quartierbestellungen an den dirigirenden Badearzt Dr. D. Bancalari.

Sauerbrunnbestellung durch die Preblauer Brunnenverwaltung.

Die nächste Eisenbahn gegen Norden ist die Kronprinz Rudolfsbahn mit der Eilzugsstation Judenburg, 48 Kilometer, gegen Süden die Staatsbahn mit der Station Wolfsberg, 12 Kilometer entfernt. In beiden Stationen sind immer sehr gute Fahrgelegenheiten zu haben.

Die Postverbindung mit den beiden genannten Stationen ist eine täglich zweimalige. Die Strasse ist sehr gut und die Fahrt sehr schön.

Die Preblau nächste Post- und Telegraphenstation ist St. Leonhard (im Lavantthal).

Bad Stoósz

Ungarn.

Subalpiner Gebirgscurort und Sommerfrische mit Wald.

Bad Stoósz im Abanj-Tornaer (vormals Zipser) Comitate, eine Viertelstunde von der Bergstadt Stoósz entfernt, liegt in einem anmuthigen, nur gegen Süden offenen Thale, inmitten eines harzduftenden Tannenwaldes, 2000 Fuss hoch über dem Meere. Das milde Höhenklima, die ozonreiche und staubfreie Berg- und Waldluft, die gegen Norden gänzlich geschützte Lage, als auch die grosse Anzahl erquickender Gebirgsquellen erheben dieses Bad in die Reihe der hervorragendsten klimatischen Curorte unseres Vaterlandes.

Das von Jahr zu Jahr rasch wachsende Interesse der Badebesucher für diesen Curort veranlasste die Badeverwaltung, selbst mit Anwendung der grössten Opfer, diese Badeanstalt derart einzurichten, dass den Curgästen die

Bad Stoósz

Annehmlichkeiten eines Badeaufenthaltes in jeder Beziehung geboten werden können. So wurden seit verflossener Badesaison nicht nur mehrere grosse Bauten aufgeführt und auf Verschönerung grosse Summen ausgegeben, sondern es wurden durch moderne, allen Ansprüchen genügende Badeeinrichtungen, durch Einführung der sogenannten Fichtenbäder und der Milchcur, auch die von der Natur gebotenen Curmittel zum Wohle der Besucher ergänzt.

Der durch die neuen Bauten so entstandene Häusercomplex übt schon von weitem den besten Eindruck auf den Besucher, im Bade selbst bilden die trockenen, bequemen, auch für vier bis fünf Personen genügend grossen, hübsch eingerichteten, mit Telegraphen ausgestatteten Zimmer, die vorzüglich ungarische Küche und die gute Bedienung, im Freien aber die stundenweiten schönen, gut gepflegten Spaziergänge im kühlen Tannenwalde mit den zahlreichen Quellen, ferner die milde, ozonreiche und erquickende Waldluft einen wahren Schatz dieses Curortes. Ebenso reich ist die nächste Umgebung des Bades an geeigneten schönen Partien zu Ausflügen und an sehenswerthen Merkwürdigkeiten, von welchen wir folgende erwähnen wollen: die am Stoószerberge in nächster Nähe des Bades befindliche und durch ihre Wallfahrten berühmte Marienecapelle, der „Schwalbenhügel“ und „Räuberstein“, von welch' beiden Spitzen man die schönste Aussicht nach Süden zu bis Miskolcz und nach Norden zu auf die Karpathen geniesst.

Ferner das „Bodokaer Försterhaus", die Wlaszlovits'sche Stoószer Messerfabrik, die Bergstadt Schmölnitz mit ihren alten Kupferbergbauten, Cementwässern und Tabaksfabrik, die Bergstadt Unter-Metzenseifen mit vielen Eisenhämmern und künstlicher Forellenzucht. Die berühmte Jászóer Probstei mit ihrem reichen Dom und alten Landesarchiv, die Fels- und Höhlenpartien um Jászó herum, die geschichtlich berühmte Tornaer- oder Bebek-Schlossruine, das wildromantische Szádellöer und Ajer Thal u. s. w.

In dieser schönen Umgebung ist den Badegästen auf Stoószer Terrain auch die Jagd, Forellenfischerei und Krebsfang gestattet. Zur Unterhaltung und Zerstreuung der Gäste im Bade sorgt die in der Hauptsaison ständige Musikcapelle. Es stehen ausserdem zwei Kegelbahnen, Clavier, Zeitungen zur Verfügung; es werden Tanzunterhaltungen, Tombola und andere Spiele arrangirt, so dass jeder Curgast beliebige Unterhaltung und Zerstreuung findet.

Die das Stoószerbad aufsuchenden Gäste erhalten auf jeder grösseren Station in Ungarn Tour- und Retourkarten mit einem Nachlass von 33⅓ Percent; diese Karten sind bis Ende September giltig und lauten nach der Station Szomolnok-Hutta, von wo man auf gutem Wege nach einstündiger Fahrt im Wagen der Badeanstalt oder wartenden Wägen das Bad erreicht. Die P. T. Badegäste werden gebeten, ihr Eintreffen der Badeverwaltung rechtzeitig bekanntzugeben, und sorgt selbe für Zustellung von Fahrgelegenheiten zu folgenden Preisen, und zwar:

Ein Einspänner für eine Person	1 fl.	50 kr.
„ „ „ zwei Personen	2 „	— „
„ Zweispänner, offene Kutsche	2 „	50 „
„ gedeckte Kutsche	3 „	— „
„ geschlossene Kutsche	3 „	50 „

Das Bad kann von Kaschau und Rosenau in vier bis fünf Stunden auf guten Miethwagen erreicht werden.

Die **Heilmethoden,** welche in Anwendung kommen, sind folgende: 1. Jeder Zweig der Kaltwasserheilmethode. 2. Elektrische Behandlung. 3. Massage. 4. Fichtenbäder. 5. Milchcur.

Medicamente und Säuerlinge werden nach Bedarf gegeben.

Die **Kost** der Curgäste wird nach deren Krankheiten geregelt und wird das à la carte-Speisen von nun ab ebenfalls gestattet.

Krankheiten, bei welchen durch correcte Anwendung der Kaltwasserheilmethode besonders günstige Resultate erzielt werden, sind folgende: Nervosität, Nervenschwäche, nervöses Herzklopfen, Krämpfe, Neuralgie, Hysterie, Hypochondrie, Schlaflosigkeit, Lähmungen, Blutarmuth, Bleichsucht, Scrophulose, chronischer Lungenkatarrh, Asthma, beginnende Lungenschwindsucht, Fettsucht, schlechte Verdauung, Appetitlosigkeit, Magen- und Darmkatarrh, habituelle Verstopfung, Gicht und rheumatische Affectionen, Reconvalescenten, Morphiumsucht u. s. w.

Bei dem grössten Theil der hier angeführten Krankheiten dient neben der Kaltwasserheilmethode als kräftiges Hilfsmittel die elektrische Behandlung und Massage.

Fichtenbäder und die Milchcur werden bei beginnender Lungenschwindsucht, chronischem Lungenkatarrh, Reconvalescenten u. s. w. mit aussergewöhnlichem Erfolg angewendet.

Badearzt Dr. Desiderius Czirfusz, hauptstädtischer practicirender und Frauenarzt. Wohnt bis 15. Mai in Budapest, IV. Franz Josef-Quai 12, von da im Bade.

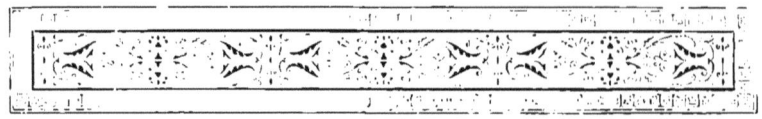

Die Römerthermen von Monfalcone

zwischen Triest und Görz.

Heisse Chlor- und Schwefelbäder (40° C.).

Auf der Fahrstrasse von Triest nach Italien, in der Nähe des uralten Schlosses Duino, welches — auf einem schroff in's Meer hinabstürzenden Felsen gelegen — eine der malerischesten Scenerien der Adria bildet, gelangt der Reisende zum berühmten Ausflusse des Timavo, der bekanntlich schon von Virgil besungen wurde:

Antenor potuit mediis elapsus achivis
Illiricos penetrare sinus atque intima tutus
Regna Liburnorum, et fontene superare Timavi,
Unde per ora novem vasto cum murmure montis
It mare praerudtum et pelago premit arva sonauti.

Virgil: Aeneis Lib. I.

In der Nähe dieses Flusses befand sich der denkwürdige Tempel: Diomedes, der Hoffnung geweiht, mit dem heiligen Walde; in diesem Tempel brachten die alten Römer Dankesopfer für die in der Therme wiedererlangte Gesundheit und Genesung.

Die Römerthermen liegen etwa zwei Kilometer von Monfalcone, am Fusse eines Berghügels, „St. Antonio" genannt, ganz nahe, kaum zehn Minuten vom Timavo entfernt. Der genannte Hügel und der angrenzende „Della punta" (von der Spitze) waren nach Plinius zur damaligen Zeit vom Meere umspült und als Insel angesehen, sind heutzutage aber mit dem Festlande verbunden. Plinius deutet an, dass die Therme auf einer dieser Inseln entsprang.

„Illiricii ora mille amplius insulis frequentantur natura vadoso mari aestuaris que tenui alveo intercursantibus Clarae: ante ostia Timavi calidorum fontium cum aestu maris crescentibus." (Histor. nat. Lib. III. Cap. XXVI. XXX.)

Diese Thermen waren demzufolge schon den alten Römern bekannt und erfreuten sich eines grossen Zuspruches und gleichen Rufes, was wir aus den Trümmern eines alten Gebändes und aus prachtvollen, zur Mitte des vorigen Jahrhunderts entdeckten Mosaikfussböden, aus den Votivinschriften:

S. A. S. Pro Sol.
Aquilini
Vilici August.
et Titi Julii
Aquilini
Julia
Stratonicae
V. S.

Spei Auguste
C. Saccouius
Varo Tribu Co:
Il Imilitare
V. S.

und aus einem Bleirohre, auf welchem die Worte Aqua Dei et vitae gravirt waren, zu schliessen berechtigt sind.

Die Römerthermen von Monfalcone.

Die Zerstörung der prächtigen Stadt Aquileja durch die Barbaren hatte auch die Zerstörung der nur $1^1/_2$ Stunden davon entfernten Kaiserbäder (Aquae imperiales), der heutigen Bäder von Monfalcone, zur Folge, und die heilkräftigen Thermen blieben lange, lange Zeit unter den Ruinen der Gebäude, welche sie bedeckten, begraben.

Erst im Jahre 1433 forschte der damalige Podestà der Republik Venedig in Monfalcone, Francesco Nani, den Angaben des Plinius folgend, den verschütteten Quellen nach, fand sie wieder und erschloss sie dem Publicum zum Gebrauche.

Noch heutzutage dient das damals in der Länge von 30 Fuss und in der Breite von 10 Fuss erbaute, seitdem aber überwölbte Bassin zum Auffangen der Quelle, und es versetzt durch seine solide Bauart den Kunstverständigen in Staunen.

Die vielen Kämpfe, welche auf den friaulischen Ebenen zwischen den Oesterreichern, Venetianern, Türken, Uskoken u. s. w. ausgefochten wurden, führten im sechzehnten und siebzehnten Jahrhundert wiederholt die Zerstörung dieser Bäder herbei, welche abermals, und zwar seit 1620, gänzlich verlassen blieben.

Erst im Jahre 1799 begann man den Bau eines kleinen Hauses am Ausflusse der Thermen, und die Regierung Kaiser Napoleon's I. war es, die nach sorgfältiger Erhebung und Constatirung der vortrefflichen, ja wunderwirkenden Eigenschaften der Quellen die Errichtung eines grossartigen Badeetablissements beschloss und auch begann. Später that sowohl die Gemeinde Monfalcone, als auch die Privatspeculation so Manches für die Nutzbarmachung der Thermalwässer, welche, da der Quellenschlund unter dem Meeresspiegel liegt, sich über das specifisch schwerere Meerwasser emporheben und — wie schon Plinius feststellte — die Ebbe und Fluth des Meeres mitmachen. Auf diese Eigenschaft der Quellen basirte sich der Gebrauch derselben bis in neuere Zeit, denn Bassins und Wannen waren so angelegt, dass sie sich nur beim höchsten Wasserstande mit heissem Quellenwasser füllten, also nur zur Zeit der Meeresfluth benützt werden konnten. Dass dies ein grosses Hemmniss für den Aufschwung der Thermen war, ist selbstverständlich. Es wurde daher in neuester Zeit eine Dampfpumpe aufgestellt, welche nun zu jeder beliebigen Tageszeit eine für viele Hunderte von Badenden zureichende Menge heissen Mineralwassers aus dem tiefer liegenden Quellenschlunde fördert.

Auch für ein Bassin ist gesorgt, in welchem dieses Wasser nachtsüber abgekühlt und dann zu der dem Zustande des Patienten entsprechenden Regelung der Temperatur des den Quellen unmittelbar entnommenen Wassers in den Wannen und Bassins verwendet wird.

In dem seit 1433 bestehenden als Quellenfassung dienenden grossen unterirdischen Bassin bildet sich reichlicher Schlamm, welcher, das ganze Jahr über von dem heissen Thermalwasser getränkt, eine grosse therapeutische Wirksamkeit bewahrt.

Das Badeetablissement, von Monfalcone aus in 15 Minuten mittelst regelmässig verkehrenden Wagen erreichbar, entspricht allen Anforderungen der Bequemlichkeit und Reinlichkeit, und die Wirksamkeit der Thermen, welche bei hoher Temperatur neben allen anderen Eigenschaften des Meereswassers einen erhöhten Jodgehalt aufweisen und ausserdem sehr stark schwefelhältig sind, grenzt nicht selten geradezu an das Wunderbare.

Jährlich kommen in Fällen von Gicht, Rheumatismus jeder Art, Ischias, Scropheln, Hautkrankheiten, in den aus Beinbrüchen herrührenden Schmerz- und Schwächezuständen u. s. w. die auffallendsten Heilungen vor, denen es zuzuschreiben ist, dass der Besuch von Jahr zu Jahr zunimmt.

Monfalcone, wo sich die meisten Curgäste aufhalten und hinreichend gute Unterkunft finden, ist ein hübsches, in unmittelbarer Nähe des Meeres gelegenes Städtchen, von welchem aus der Besucher in einer Eisenbahnstunde nach Triest oder nach Görz, in einer Stunde nach dem berühmten Aquileja und Grado gelangt.

In dem Gasthause zur Post, im Albergo Italia, im Albergo alla città di Roma u. A. finden die Gäste gute Unterkunft und Verpflegung zu mässigen Preisen. Auch in der Badeanstalt gibt es gute Zimmer für Schwerkranke, die die kurze Fahrt von der Stadt zum Badehause vermeiden müssen.

Als Badearzt fungirt Herr Dr. Giovanni Macovich, welcher mit der Ueberwachung und Leitung der Badecur, und wo es nöthig ist, auch die Anwendung der Elektrotherapie und Massage verbindet.

Chemische Analyse

der Römerthermen in Monfalcone, von Professor Dr. Cenedella in einem Liter Thermalwasser ausgeführt:

	bei Fluth	bei Ebbe
Kohlensaurer Kalk	0·2120	0·2600
Kohlensaure Magnesia	0·0645	0·0681
Kohlensaures Eisenoxyd	0·0151	0·0181
Schwefelsaurer Kalk	0·9014	0·7330
Schwefelsaures Magnesia	0·0136	0·0133
Schwefelsaures Natron	1·5516	1·3846
Chlorkalium	0·0525	0·0337
Chlormagnesium	3·3471	3·0231
Chlornatrium	7·0102	7·4779
Jodmagnesium	0·0618	0·0773
Bromnatrium	0·0285	0·0337
Thonerde	0·0050	0·0080
Kieselsäure	0·1980	0·2570
Naphta	0·0550	0·0620
Organische Substanzen, Theer	0·0720	0·1600
Schwefelwasserstoffgas	0·0154	0·0154
Kohlenwasserstoffgas, aus den Bicarbonaten ber.	0·4258	0·4194
Leicht. Wasserstoffg. Hydrogenum protocarburatum	0·0072	0·0072

Die Temperatur des Wassers ist zwischen 39 bis 41° C.

Der Preis eines Bades in separatem Zimmer mit Steinwanne sammt Wäsche ist 60 kr.

Schlammumschläge in Separatcabineten mit Bett kosten 20 bis 50 kr., nach Mass des Schlammbedarfes.

Für die Zufahrt zum Bade und Rückfahrt in geschlossenen zweisitzigen Wägen ist der Preis per Person mit 60 kr., in viersitzigen Wagen mit 50 kr. festgestellt.

Eröffnung: 15. Mai.

Schwefelbad Krzeszowice.

Krzeszowice, bei 250 Meter Seehöhe, Dorf mit 2061 Einwohnern (laut Volkszählung vom Jahre 1881) im Grossherzogthum Krakau, polit. Bezirk Chrzanów, Station der Kaiser Ferdinands-Nordbahn, Arzt, Apotheke, Post- und Telegraphenamt im Orte.

Die für Heilung rheumatischer Leiden sehr wirksamen Schwefelbäder werden aus einer natürlichen Quelle von + 10° C. gespeist und künstlich (mittelst Dampfeinleitung) auf die ordinirte Temperatur erwärmt.

Parád

Luftcurort mit Seeklima, Eisenquelle, kalte Schwefelquelle

in Ungarn, Hevescher Comitat.

Lage. Der Curort Parád liegt 200 Meter über dem Meeresspiegel im Paráder Thale der Hevescher Mátra auf dem südlichen Abhange des sogenannten „Fehérkö"-Berges. Der ganze Curort ist umgeben von reichlich bewaldeten, aus Trachitgestein bestehenden Berggruppen, welche sich in anmuthigen Partien reihend, aus den vielfältigen Landschaften der Mátra hervortreten. Alle Gebäude des Curortes befinden sich in einem sorgfältig gepflegtem Parke, in welchem der milde und erfrischende Luftkreis der Mátra überall zu fühlen ist.

Klima. Das Klima des Curortes ist ein mild erfrischendes Gebirgsklima mit mässig warmem Luftkreise, mit den mittleren Sommerwerthen von 744 Millimeter Luftdruck und (vom Mai bis Ende September) + 18° C. Temperatur. Der Curort ist raschen Temperaturschwankungen nicht ausgesetzt und durch die umgebenden Erhöhungen der Berge gegen rasche Nord- und Nordwestwinde geschützt.

Mineralquellen. Parád besitzt drei, chemisch verschieden zusammengesetzte Mineralquellen, und zwar: 1. Eisenalaun-Quellen; 2. schweflig-alkalische Sauerquelle (Csevitzequelle); 3. eisenhaltige Sauerquelle (Clarissequelle).

Analysen.*)

1. Die Eisenalaun-Quellen.

In einem Liter Wasser	Bad Gramm	Honaquelle Gramm	Schachtlauge Gramm
Schwefelsaures Kupfer	0·03577	0·00791	0·14310
„ Eisenoxyd	0·88179	1·10429	3·52718
„ Eisenoxydul	0·14577	0·02001	0·58311
„ Mangan	0·07547	0·01025	0·30189
„ Aluminium	0·75918	0·95363	3·03672
„ Calcium	0·32215	1·09280	0·88861
„ Magnesium	0·14274	0·22317	0·57097
„ Kalium	0·00148	0·01940	0·00591
„ Natrium	0·00813	0·03155	0·03250
„ Lithium	Spuren	Spuren	0·00194
Chlornatrium	0·00315	0·00622	0·02716
Arsentrioxyd	Spuren	Spuren	0·00150
Kieselsäure	0·05113	0·06800	0·19300
Freie Schwefelsäure	0·31461	0·50484	1·25846
Summe	2·74137	4·04573	10·57208

Temperatur + 13° C.

*) Die Eisenalaun-Quellen und die Clarissequelle wurden durch Professor Dr. Béla Lengyel im Jahre 1883 und die Quellen der schweflig-alkalischen Säuerlinge im Jahre 1861 von Dr. Emil Felletar analysirt.

2. Die schweflig-alkalische Sauerquelle.

In 1000 Gramm Wasser	Gramm
Schwefelsaures Kali	0·08184
Chlorkalium	0·01014
Chlornatrium	0·00842
Kohlensaures Natron	1·11873
Kohlensaurer Kalk	0·35037
Kohlensaures Magnesium	0·16135
Kohlensaures Eisenoxydul	0·00167
Kohlensaures Manganoxydul	0·00375
Kieselsäure	0·01230
Reine Thonerde	0·00053
Organische Substanz	0·00850
Summa der nicht flüchtigen Bestandtheile	1·75760
An die zwei kohlensauren Salze halbgebundene Kohlensäure	0·70512
Total freie Kohlensäure *	2·25936
Schwefelwasserstoffgas	0·01487
Summa der wägbaren Bestandtheile	4·73695

Diese Quelle enthält noch unwägbare Spuren von unterschwefelsaurem Salz, Schwefelmetall und Steinöl.

Temperatur + 13° C.

3. Der Eisensäuerling Clarissequelle.

In einem Liter Wasser	Gramm
Kohlensaures Natron	0·08842
Kohlensaures Kali	0·00862
Kohlensaures Lithium	0·01175
Kohlensaures Calcium	0·46833
Kohlensaures Magnesium	0·09083
Kohlensaures Eisenoxydul	0·03655
Schwefelsaures Calcium	0·03489
Phosphorsauses Calcium	0·00207
Chlornatrium	0·00481
Kieselsäure	0·04927
Summe	0·69555
Freie und halbgebundene Kohlensäure	2·25449

das heisst 1127 Kubikcentimeter.

Temperatur + 13° C.

Reise. Der Curort steht nur 20 Minuten Fahrzeit entfernt von der Bahnstation Parád der Mátraer Eisenbahnlinie. Die Mátraer Eisenbahn kommt mit drei Hauptlinien der königlich ungarischen Staatseisenbahnen in Berührung, nämlich: bei Kis-Ujszállás mit der Budapest-Predealer, bei Kaál-Kápolna mit der Budapest-Kaschauer und bei Kis-Terenne mit der Budapest-Hatvan-Rutkaer Linie, wodurch Parád eines der bequemst erreichbaren Curorte ist. Der Verkehr zwischen der Station Parád und dem Curorte wird mit bequemen Wagen aufrecht erhalten.

Wirkung, Anwendung und Indication der Paráder Mineralquellen. 1. Die Paráder Eisenalaunquellen üben im menschlichen Organismus eine blutbildende, erregend zertheilende, adstringirend stärkende, blutstillende und desinficirende Wirkung. Sie werden angewendet in Form von Vollbädern, eventuell als Sitzbäder, Begiessungen, Umschläge bei folgenden Krankheiten: *a)* Verdauungskrankheiten, und zwar bei chronischem Magenkatarrh, bei Verdauungsstörungen in Folge von abnormer Innervation oder mangelndem Stoffwechsel; bei chronischem Darmkatarrh; bei, nach Wechselfieber eintretenden Verdauungsbeschwerden und mangelnder Blutbildung; bei chronischem Mast-

* Freie Kohlensäure in 1000 kc. Wasser 1203·882 kctm.

darmvorfall; fliessenden Hämorrhoiden; bei Blasenkatarrh und Schwäche des Sphincter uretrae; *b)* bei Krankheiten der weiblichen Geschlechtsorgane, und zwar bei chronischer Gebärmutterentzündung, bei Intumescenz der Gebärmutter; bei Amenorrhöe; bei zu geringer oder schmerzhafter oder zu reichlicher Menstruation; bei aussergewöhnlichen Blutungen; bei Senkung, Vorfall und Knickungen der Gebärmutter; bei habituellen Fehlgeburten; bei Katarrh der Gebärmutter und dessen Folgen; bei chronischen Eierstocksentzündungen und Geschwülsten; *c)* bei Krankheiten der männlichen Geschlechtsorgane, und zwar nach Selbstbefleckung oder Ausschweifung eingetretener Spermatorrhöe oder Impotenz; *d)* bei Erkrankungen des Nervensystems, welche als Folgen der vorgenannten Krankheiten aufzutreten pflegen; *e)* bei chronischem Rheumatismus, Gicht und Scrophulose mit fieberlosem Verlauf; *f)* bei Bleichsucht und Rhachitis; *g)* bei Hautausschlägen, welche in Folge der oben genannten Erkrankungen auftreten.

2. Die Paráder schwefligalkalischen Säuerlinge beleben die Function des gesammten Nervensystems, befördern den Stoffwechsel und die Blutbildung; als Trinkcur angewendet, sind sie bei folgenden Erkrankungen indicirt: bei abnormer Production der Magensäure; bei einfach chronischem oder durch geistige Getränke erzeugtem Magenkatarrh; bei chronischem mit hartnäckigen Diarrhöen verbundenem Darmkatarrh; bei chronischem Katarrh der Gallenwege; bei Wechselfieber auftretenden Störungen des Stoffwechsels und Milzgeschwülsten; bei Hämorrhoidalleiden; bei chronischen Lungen-, Bronchial- und Larynxkatarrhen; bei chronischem Blasenkatarrh; bei chronisch rheumatischen und gichtischen Erkrankungen, verbunden mit Blutarmuth; so auch nach anhaltend gewesener Mercurialbehandlung. Als normales Getränk sind dieselben indicirt: während Epidemien herrschen und dort, wo das Trinkwasser den Anforderungen der Gesundheitslehre nicht entsprechend ist.

3. Der Paráder Eisensäuerling, die Clarissequelle, vermehrt die rothen Blutkörperchen, belebt die Zellenbildung und befördert die Knochenentwicklung. Ist zur Trinkcur indicirt bei an Blutarmuth, an chronischen Magen-, Darm-, Lungen- und Bronchialkatarrh Leidenden; bei überstandenen schweren Krankheiten eintretender Reconvalescenz; bei der Bleichsucht; bei Leiden der allgemeinen Blutmischung und der Knochenbildung, welche Scrophulose, Rhachitis oder Anämie nach sich ziehen.

Curzeit. Die Curzeit beginnt den 1. Juni und dauert bis Mitte September, eventuell bis 1. October.

Wohnungen. Die Wohnhäuser sind alle aus Stein und gebrannten Ziegeln gebaut, können gut gelüftet werden, sind trocken, rein und mit bequemen Möbeln, so auch Bettzeug versehen.

Bemerkung: Es ist sehr zweckmässig, die Wohnung bei der Badedirection entweder per Post oder telegraphisch noch vor der Ankunft zu bestellen.

Bäder. Die Eisenalaunbäder werden entsprechend der curärztlichen Verordnung in 29 bequem eingerichteten Badezimmern von 7 Uhr Morgens bis 12 Uhr Mittags und Nachmittag von 5 bis 7 Uhr verabreicht.

Das Badepersonal hat die Verpflichtung, den P. T. Curgästen die grösste Zuvorkommenheit zu beweisen, die Badewannen in ihrer Gegenwart zu reinigen und das Bad der vom Arzte bezeichneten Temperatur entsprechend pünktlich zu bereiten.

Beköstigung. Die Küche und der Keller des Herrn Pächters Vincenz Báthy versieht in zwei niedlich eingerichteten Speisesälen die P. T. Curgäste mit wohlschmeckenden Speisen und guten Weinen.

Curortstaxe. Für eine Person 3 fl., für Kinder unter 12 Jahren je 1 fl., für Domestiken je 50 kr.

Die Curtaxe ist zu entrichten, wenn der Aufenthalt im Curorte länger als drei Tage dauert.

Musiktaxe. Dem stabilen Orchester, welches täglich Morgens von 6 bis 8 Uhr und Abends von 6 bis 8 Uhr Promenademusik hält, hat zu bezahlen:

eine Person für 1 bis 10 Tage Aufenthalt . .	täglich	30 kr.
„ „ „ 1 „ 20 „ „	im Ganzen	4 fl.
„ „ „ über 20 „ „	„ „	5 „

Wagentaxe. Der Transport von der Eisenbahnstation Parád bis zum Curort oder zurück:

für eine Person	60 kr.
„ „ Kiste oder einen Koffer . .	30 „

Zu Ausflügen:

eine zweisitzige Kutsche für den ganzen Tag . .	8 fl.	— kr.
„ „ „ „ „ halben „ . .	4 „	— „
„ „ „ „ zwei Stunden . .	2 „	— „
ein Omnibusbillet im Gesellschaftswagen . . .	— „	50 „

Gesellschaftliche Ressourcen. Curmusik täglich zweimal, Tanzunterhaltungen, gesellschaftliche Spiele, ein Clavier und verschiedene Journale im Cursalon, Tombola im Bazar, eventuell Concerte und magische Vorstellungen, Spaziergänge im weiten Parke, Fusstouren auf verschiedene schöne Punkte der Mátra, Ausflüge zu Wagen in weiter gelegenen Thäler, verbunden mit Besteigen der Bergspitzen, stehen reichlich zur Erholung der geehrten Curgäste zur Verfügung.

Postverkehr und Telegraphenamt. Den Post- und Telegraphendienst besorgt das im Curort stabilisirte Post- und Telegraphenamt.

Curverwaltung, Bedienung, allgemeine Sicherheit. Die Curverwaltung steht unter der Inspection der Gutsdirection und wird besorgt durch den Curverwalter, welcher die Aufrechterhaltung der allgemeinen Ordnung, Reinlichkeit, sowie die pünktliche und zuvorkommende Bedienung der geehrten Curgäste durch das hiezu bestimmte Domestikenpersonal beaufsichtigt.

Die Obliegenheiten der allgemeinen Sicherheit werden durch den Commandoposten der Paráder Gensdarmerie erfüllt.

Curarzt, Apotheke. Betreff der Anwendung der Paráder Mineralquellen gibt der officielle Curarzt ausführliche Anweisung den P. T. Curgästen.

Während der ganzen Curzeit besteht im Curorte selbst eine wohl ausgerüstete Apotheke.

Reglement. Die Bestellung der Wohnungen bezweckende, sowie jede übrige den Curort bezüglichen schriftliche oder telegraphische Mittheilung ist an die Badedirection von Parád zu richten.

Die P. T. Curgäste mögen bei ihrer Ankunft den ihnen vorgelegten Meldzettel gütigst ausfüllen.

Die vom Curverwalter ämtlich ausgestellten Rechnungen sind bei ihrer Zustellung auszugleichen.

Die Badedirection hat das volle Bestreben, jeden billigen Wunsch zu erfüllen, daher sind die geehrten Gäste aufgefordert, sowohl ihre praktischen Rathschläge, als auch ihre eventuellen Klagen dem Verwalter in der Kanzlei des Curhauses gefälligst mitzutheilen.

Lärmende Unterhaltungen, welche die allgemeine Ordnung, insbesondere aber die nächtliche Ruhe der Curgäste stören, sind strengstens untersagt.

Zuckmantel.

Wasserheilanstalt.

Diese Wasserheilanstalt wurde im Jahre 1879 von weil. Dr. *Angel* erbaut, unter dessen Leitung sie bis zu seinem im Jahre 1887 erfolgten Tode stand. Sie wurde erbaut und eingerichtet nach dem Vorbilde der Gräfenberger Anstalten. Nachdem die Anstalt im Jahre 1888 unter anderer Leitung gestanden war, übernahm im Sommer des Jahres 1889 die ärztliche Führung Herr Dr. *Ludwig Schweinburg*, der die Anstalt im December 1889 käuflich erwarb. Der genannte nunmehrige Besitzer hatte als *langjähriger erster Assistent des Professor Dr. Winternitz in Wien-Kaltenleutgeben* Gelegenheit, reiche Erfahrungen auf dem Gebiete der *Hydrotechnik* zu sammeln, und wird dieselben im Dienste der leidenden Menschheit verwerthen. In diesem Sinne wird die Behandlung in *rationeller Weise* und nach *streng wissenschaftlichen Grundsätzen* geschehen. Der Standpunkt der rohen Empirie wird hier keine Geltung haben: die primitiven Einrichtungen, die die empirische Methode aus Unkenntniss, Eigensinn oder Bequemlichkeit zum Schaden der Kranken und zum Schaden des Rufes der Wassercuren — nicht „Kaltwassercuren" — beibehält, werden verlassen werden.

Aus diesem Grunde wird die Heilanstalt nach jeder Hinsicht eingreifende Verbesserungen und wesentliche Erweiterungen erfahren.

Die Anstalt besteht aus circa 70 Wohnzimmern (mit circa 100 Betten), einem Speise- und Damensalon, einer grossen gedeckten, nach Süden gelegenen Veranda. Die Zimmer werden, dem modernen Bedürfnisse entsprechend, grösstentheils neu und comfortabel mit *Telegraphenleitung* eingerichtet. Hiezu nun wird ein den modernen Principien vollkommen entsprechendes, mit allen modernen Curbehelfen ausgestattetes *Badehaus* neu erbaut, mit zwei Badesälen, einer für Herren und einer für Damen. In diesen *luftigen* und *hellen* Räumen sind nebst den Abtheilungen für die Einwickelungen *temperirbare* fliessende Wannenbäder, fliessende Sitz- und Fussbäder, *temperirbare* Regen-, Fächer-, aufsteigende etc. Douchen, Dampf-, sogenannte schottische Douchen, Dampfkastenbad etc. In den Abtheilungen für Einwickelungen und Wannenbäder kann jede Person vollkommen *isolirt* werden. Das Badehaus ist mit dem Wohnhause in so unmittelbarer Verbindung, dass man aus diesem in jenes, ohne in's Freie zu kommen, gelangt. Nebst den sonstigen Vorzügen hat die Ausführung der Curproceduren in eigens hiefür bestimmten Räumlichkeiten gegen die früher übliche in den Wohnzimmern noch den, dass nur dadurch eine *strenge Ueberwachung* von Seite des Arztes stattfinden kann, die dringend nothwendig erscheint, soll die Cur ihrem Zweck entsprechen. Sowie die Patienten selbst unter strenger *ärztlicher* Aufsicht stehen und die Anordnungen des ärztlichen Leiters, der seine ganze Zeit unausgesetzt seinen Patienten widmet, unbedingt befolgen müssen, so muss der Arzt auch in der Lage sein, die Ausführung der Curproceduren selbst zu beaufsichtigen.

Zuckmantel

Die Therapie unserer Zeit drängt immer entschiedener zu den physikalischen Heilmethoden. Nur ein Theil hievon ist die moderne Hydrotherapie. Ein anderer und nicht minder wichtiger Theil derselben besteht aus gymnastischen Uebungen, schwedischer Heilgymnastik, aus der Anwendung maschineller Vorrichtungen für manche Krankheitsformen etc., der mechanischen Therapie im Allgemeinen. Hiefür dient ein grosser Saal für Gymnastik, der neu erbaut, in Verbindung mit den Badesälen, mit Turnapparaten, Maschinen etc. nach den jüngsten Erfahrungen reichlich ausgestattet ist. Dass zu diesen physikalischen Heilmethoden auch Massage, Elektricität gehören und in geeigneter Weise geübt werden, ist heutzutage fast selbstverständlich.

Diätetischen Massregeln überhaupt, den Diäteuren, wie Milch-, Trocken-, Weir Mitchell'schen Curen wird ein besonderes Augenmerk zugewendet, wie auch namentlich die Diät für Magenkranke in hervorragender Weise Berücksichtigung erfährt, weshalb für diese ein separater Tisch eingerichtet ist. Terraincuren werden bei den hiezu vorzüglich geeigneten Ortsverhältnissen mit zweifellos gebotener Vorsicht ausgeführt. Wo es nothwendig erscheint, finden medicamentöse Einwirkungen statt.

Der Leiter des Institutes geht überhaupt von dem Grundsatze aus, dass im Allgemeinen jede einseitige „Curmethode" ihren Zweck verfehle, und dass nur im Zusammenwirken aller durch die moderne Wissenschaft und die grossen therapeutischen Errungenschaften der letzten Jahre gebotenen Factoren die höchste Sicherung des Erfolges gelegen sei. Jede Einseitigkeit, jede Schablone wird daher ängstlich vermieden. Im Kampfe gegen die Krankheit darf keine der zu Gebote stehenden Waffen verächtlich zur Seite gelegt werden, bei strenger Individualisirung wird jede ihre geeignete erspriessliche Verwendung finden.

Trotz der ausgedehnten Umgestaltungen, der beträchtlichen Vergrösserung und Verschönerung erfahren die Preisverhältnisse keine Erhöhung.

Tobelbad

Steiermark.

Landschaftlicher Curort.

Lage. Der landschaftliche Curort Tobelbad liegt in der schönen Steiermark, etwa eine Fahrstunde südwestlich von Graz entfernt, 330 Meter über dem Meeresspiegel unter 47° 4′ 8″ nördlicher Breite, 32° 5′ östlicher Länge, in einem schmalen, malerischen Gebirgsthale, welches sich gegen Süden in das herrliche Kainachthal öffnet.

Die von Professor Schrötter vor vielen Jahren vorgenommene Analyse der Tobelbader Thermen stimmt mit den früheren darin überein, dass die Natur der Therme seit dieser Zeit sich nicht geändert hat.

Heilkraft der Quellen: Bei Nervenkrankheiten, bei Frauenkrankheiten, bei rheumatischen und gichtischen Leiden, bei scrophulösen Leiden, bei leichteren Stasen der Leber und des Pfortadersystems, bei atonischen Wunden, bei Reizzuständen der Haut, bei Krankheiten, die auf allgemeiner Ernährungsstörung beruhen.

Pöstyén (Pistyan)

in Ungarn.

Schwefelschlammbad.

Die als eine der seltensten Naturerscheinungen am Uferrande des Waagflusses und im Flussgebiete selbst in einer kaum messbaren Mächtigkeit zum Vorschein kommenden heissen Mineralquellen, welche überall an ihren Ursprungsstätten einen Mineralschlamm zu Tage fördern, werden schon seit Jahrhunderten als Heilquellen benützt und fanden auch stets ob ihrer wunderbaren Heilkraft von den ärztlichen Autoritäten die grösste Anerkennung sowie die vollste Würdigung in allen grösseren balneologischen Werken. Sie sind in ihrer Art die „Einzigen“, welche den so heilkräftigen Mineralschlamm in solcher Menge und in einer so hohen Temperatur als Ursprungsproduct mit sich führen. Dieser Mineralschlamm bietet als Heilmittel den nicht genug zu würdigenden Vortheil, dass durch die blosse locale Anwendung desselben schon schwere Folgezustände von Krankheiten behoben werden, und dass derselbe auch bei solchen Kranken angewendet werden kann, wo der Gebrauch von Bädern nicht angezeigt ist. Die chemischen Bestandtheile des Mineralwassers sind: Schwefelsaures Kali, Natron, Kalk, Chlornatrium, Chlormagnesium, kohlensaure Magnesia und Kalk, Kieselerde, basisch phosphorsaures Eisenoxyd. Der Mineralschlamm enthält: Kieselerde, kohlensauren Kalk, Eisenoxyd, Magnesia, Thonerde, Gyps, Phosphorsäure. Die Naturwärme des Mineralwassers und des Schlammes wechselt zwischen 46 und 52° R. Bei nachfolgenden Krankheiten werden die Heilquellen mit dem günstigsten Erfolge angewendet:

Bei chronischer Gicht und Rheumatismus, besonders bei Ablagerungen in den Gelenken, bei Steifheit und Verkrümmung derselben, bei rheumatischen Affectionen der Nervenscheiden, Gesichtsschmerz, Ischias. Bei scrophulösen Leiden, Anschwellungen und Vereiterungen der Drüsen, Beinhaut- und Knochen-Affectionen, Caries und Necrose, bei Gelenksanschwellungen, Steifheit und Verkrümmung derselben. Bei Folgezuständen von chronischen Entzündungsprocessen und schweren Verletzungen, besonders wenn erstere an der äusseren Haut, den Schleimhäuten, den Drüsen, der Beinhaut und den Knochen vorkommen, bei gestörter Empfindlichkeit und Beweglichkeit einzelner Gliedmassen nach Knochenbrüchen und Verrenkungen. Bei Krankheiten des Nervensystems, bei Lähmungen einzelner Gliedmassen, als Folgezustände von Verletzungen der Nervenstämme, bei Lähmungen nach Entzündungsprocessen. Bei syphilitischen Affectionen der Beinhaut und der Knochen, besonders bei solchen Kranken, die vor längerer oder kürzerer Zeit eine antisyphilische Cur überstanden haben. Bei Katarrhen dem Schleimhäute, bei Hautkrankheiten, die mit einer Geschwürbildung verbunden sind, bei Hämorrhoidalzuständen und Menstruationsanomalien. Die Heilkraft der Bäder ist so überraschend wirksam, dass nach kurzem Gebrauch bereits deren wohlthätiger Einfluss bemerkbar ist, bei fortgesetzter Cur verschwinden die Leiden und äussert sich die Nachwirkung, indem man sich erfrischt und gekräftigt fühlt. Die Bäder sind in drei Gebäuden untergebracht und enthalten dieselben fünf Vollbäder, in welchen eine den Heilzwecken entsprechende constante Temperatur des Wassers unterhalten wird, und 50 Separatbäder, wo die Temperatur des Wassers nach ärztlicher Anordnung regulirt werden kann. Frisch bereitete Schafmolke ist immer zu bekommen. Die rebenreiche Umgegend liefert vom 1. September an die vorzüglichsten Trauben zu einer Traubencur. Die Saison wird am 1. Mai eröffnet und Ende October geschlossen. Bei chronischen Entzündungsprocessen der Knochen, der Beinhaut, bei Folgezuständen von schweren Verletzungen, wo zumeist nur eine locale Anwendung des Mineralschlammes stattfindet, kann die Cur auch in den Wintermonaten gebraucht werden.

Im Curort bestehen 130 Wohnhäuser mit circa 400 Zimmern zur Aufnahme der Curgäste möblirt, mehrere der Häuser haben Gartenanlagen.

In den Parkanlagen, wo täglich zweimal eine vorzügliche Nationalmusikcapelle spielt, befindet sich das Hotel mit 42 Zimmern und den Restaurations-Räumlichkeiten; das Kaffeehaus, welches nebst seinen eigenen Localitäten noch den Cursalon mit einem Clavier enthält; das Parkhaus, besonders freundlich gelegen, mit 20 Wohnzimmern. Ein Sommertheater, wo täglich Vorstellungen gegeben werden, Concerte, Tanzkränzchen, Ausflüge in der schönen Umgebung des Curortes bieten den Curgästen angenehme Zerstreuungen. Im Curort selbst befindet sich eine Apotheke, in welcher alle Mineralwässer zu bekommen sind, eine Postanstalt mit täglich viermaligem Verkehr und ein Telegraphenamt.

Durch eine äusserst günstige Gestaltung der Flussverhältnisse ergab sich in neuester Zeit die Möglichkeit, im Flussgebiete selbst ein grosses Reservoir anzulegen, in welchem sich constant eine grosse Menge Mineralschlamm ablagert, daher von nun an auch den Anforderungen des grossen Publicums entsprochen und der heilkräftige Pöstyéner Schlamm im In- und Ausland in beliebiger Quantität versendet werden kann. Zur Auflösung des im getrockneten Zustande verpackten Schlammes möge das dazu erforderliche Mineralquellenwasser bestellt werden, welches überdies als gleichzeitige oder auch selbstständige Trinkcur bei sehr vielen Krankheiten mit bestem Erfolg gebraucht wird, insbesondere bei Magenkatarrh, Milz- und Leberkrankheiten, chronischen Blasenentzündungen etc.

Eisenbahnstation an der Waagthalstrecke der königlich ungarischen Staatsbahn; wird von Pressburg in 3½ Stunden erreicht.

Fahrzeit der Personenzüge von Wien nach Pressburg 2½ Stunden, von Pest nach Pressburg 7½ Stunden.

Nähere Auskünfte ertheilt mit grösster Bereitwilligkeit die herrschaftliche Gutsverwaltung und herrschaftlicher Badepächter Alexander Winter.

Mineralbad Lajta-Pordány

Ungarn.

Lage. Das dem Fürsten Nicolaus Esterházy gehörige Mineralbad bei Lajta-Pordány ist durch die Südbahnlinie Wien-Ebreichsdorf von Wien in zwei Stunden zu erreichen.

Badehaus. Das im Jahre 1860 erbaute Badehaus enthält ein geräumiges Vollbad mit Douche und Wasserpumpe, acht Cabinete, davon zwei für Wannenbäder. Man kann daher gemeinschaftlich oder auch einzeln in den Cabinen baden oder sich der Wannenbäder bedienen.

Zunächst dem Badehause befindet sich die Baderestauration mit Speisesaal und separirten Zimmern.

Umgebung. Eine englische Parkanlage, besonders aber die liebliche und abwechslungsreiche Umgebung von Weingärten, Feldern, Auen, Wiesen, Wäldern und die Nähe des Leithagebirges machen den Aufenthalt daselbst sehr angenehm.

Fahrgelegenheit. Durch die bequeme Fahrordnung der Züge von Wien nach Ebreichsdorf und zurück an Sonn- und Wochentagen Früh und Abends (Preis der Tour- und Retourkarten, zwei Tage giltig, fl. 1.10) ist den P. T. Bewohnern Wiens die Möglichkeit geboten, diesen reizend gelegenen, noch wenig bekannten Badeort Lajta-Pordány als Ausflugsziel und als Sommerfrische zu benützen. Samstag Abends halb 8 Uhr und Sonntag Früh halb 8 Uhr erwarten Wagen (Sitz per Person 65 kr., hin und zurück fl. 1.30) die P. T. Fahrgäste in Ebreichsdorf, um dieselben nach Prodersdorf zu fahren. Retourfahrt von dort nach der Bahnstation Sonntag Abends 7 Uhr, Ankunft in Wien $^3/_4$9 Uhr, dann Montag Früh $^3/_4$6 Uhr, Ankunft in Wien $^3/_4$8 Uhr. Wenn grössere Gesellschaften die Partie machen, so wolle man gefälligst die Badedirection früher verständigen, damit die nöthigen Wagen beigestellt werden. Von der Eisenbahnstation Unter-Waltersdorf der Wiener-Neustadt-Grammat-Neusiedler Eisenbahn ist das Bad für Fussgänger leicht in einer Stunde zu erreichen.

Analyse. Die seit Jahrhunderten bekannte warme Schwefelquelle entspringt aus sedimentären Gesteinsarten. Das Wasser enthält nach der vom Professor Joss aus Wien vorgenommenen Analyse vorzugsweise schwefelsauren und kohlensauren Kalk, schwefelsaure Bittererde, schwefelsaures Natron, Kali, dann Thonerde, Kieselerde, Eisen, Jod, Mangan und Quellsäure. In einer österreichischen Mass Wasser sind bei 0° R. und bei 28·774" Barometerstand 1·952 Kubikzoll Schwefelwasserstoffgas und 6·682 Kubikzoll Kohlensäure enthalten. Die ebenda zu Tage tretende kalte Quelle wird in das grosse Bassin geleitet, so dass an dessen einer Seite das warme, an der anderen das kalte Wasser zufliesst und hat somit eine Temperatur von + 19° R.

Wirkung, Anwendung und Indication. Dieses Mineralwasser wirkt anregend und belebend auf die Haut und die Schleimhäute und stärkt das Nervensystem.

Der Gebrauch dieser Quelle ist angezeigt bei Hautkrankheiten, bei chronischen Katarrhen, namentlich der Athmungsorgane, des Magens und des Darmcanals, bei Schleimflüssen, bei Rheumatismen, Gicht und Lähmungszuständen, bei chronischen Blei-, Mercur- und Jodvergiftungen, bei der Scrophel- und Bleichsucht. Auch als allgemeines Erfrischungsbad ist diese Quelle von Jedermann vortheilhaft zu benützen.

Bei allen diesen krankhaften Zuständen ist das Baden mit dem Trinken zweckmässig zu verbinden, namentlich bei Kehlkopf-, Magen- und Darmkatarrhen, bei Bleichsucht, bei Hämorrhoiden etc.

Neben der Mineralquelle fliesst eine eisenhaltige frische Quelle, welche ein vortreffliches Trinkwasser bietet.

Beköstigung und Wohnung. Für gute Speisen und Getränke, für bequeme Wohnung, prompte Bedienung bei billigen Preisen ist bestens gesorgt.

Gries bei Bozen

in Deutsch-Südtirol.

Trauben-, klimatischer und Terraincurort.

Topographisches. Gries liegt am Südabhange der Tiroler Alpen unter dem 46° 30′ 15″ nördlicher Breite und dem 29° östlicher Länge von Ferro, 275 Meter über der Adria und und verdankt seine Vorzüge seiner günstigen Lage am Südfusse der hohen, fast senkrecht aufsteigenden Porphyrfelsenberge Guntschna und Alten von 1222 Meter Höhe, in dem eine wahre klimatische Oase darstellenden, südlichen Alpenthale der Etsch.

Curmittel. Die wichtigsten sind die reine, trockene, windstille und warme Luft und die kräftige Insolation; als weitere Curbehelfe sind zu nennen: die feinsten südlichen Früchte, feinschalige, saftige und süsse Curtrauben, starke und edle Weine, Kräutersäfte, Kuh- und Ziegenmilch, Molke, Kefir und Kumys, endlich alle wichtigen Mineralwässer.

Heilanzeigen. Der Curaufenthalt in Gries ist bei folgenden Leiden und Krankheitszuständen angezeigt: Allgemeine Schwäche, Blutarmuth, Reconvalescenz nach schweren Krankheiten und Operationen, Wechselfieber, Bleichsucht, Scrophulose, Lymphdrüseneiterung, Beinhautentzündung, Knochenfrass, fungöse Gelenksleiden, Rhachitis, Keuchhusten, Katarrhe der Athmungsorgane, Emphysem, Asthma, Rippenfellexsudat, stationäre Lungen- und Kehlkopf-Phthyse und Bluthusten, jedoch ohne hektisches Fieber, Kreislaufstörungen jeder Art, Kraftabnahme des Herzmuskels, Herzfehler, Fettherz, Fettsucht, chronische Gicht, Rheumatismus, veraltete Exsudate und Lymphstockungen, allgemeine und locale nervöse Störungen, Schlaflosigkeit, Neurasthenie, Neuralgie, Basedow'sche Krankheit, Rückenmarksleiden, Verdauungsschwäche, Magenkatarrh und -Geschwür, chronische Stuhlverstopfung und Meteorismus, Leber-, Milz- und Nierenleiden, Wassersucht, Diabetes, Erkrankungen der weiblichen Geschlechtsorgane und Hysterie. Gries eignet sich auch vorzüglich als Uebergangsstation von und nach den Curorten des Südens.

Schwefelbad Lubien

in Galizien.

Schwefelbad Lubien.

Das Schwefelbad Lubien befindet sich in der Nähe der Stadt Lemberg. Es liegt 275 Meter über dem Meeresspiegel, umgeben von sanft aufsteigenden, mit Fichten und Laubholz bewaldeten Hügeln. Sein sandiger, leicht durchlassender Boden nimmt das Regenwasser sehr schnell auf, und sind hiedurch die Wohnungen trocken und reinlich. Das Klima ist gleichmässig, ohne rapiden Wechseln des Wärmegrades wie auch der Windrichtungen, was die bedeutende Entfernung von den Karpathen mit sich bringt. Die Ortschaft selbst ist ein Dorf von 3000 Einwohnern, in deren Mitte sich die Badeanstalt, mit einem 30 Joch grossen Park umgeben, befindet. Bestens erhaltene Fusssteige, blühende Rasenteppiche erfreuen das Auge, bequeme Ruhebänke und Lauben stehen zur erquicklichsten Erholung einladend bereit. Ein zweiter Park, ausschliessliches Eigenthum des Besitzers, steht dem Publicum sammt seinen Anlagen und Wärmehaus jederzeit zum Besuche offen. Gleich in der Nähe befindet sich der wegen seines sandigen Bodens und reinem Gewässer bekannte Badefluss Were

Schwefelbad Lubien.

szyca. Die Anstalt besitzt zwölf theils stockhohe, theils ebenerdige, malerisch reizend zwischen frischem Grün gelegene Häuser; 200 möblirte und hotelmässig eingerichtete Zimmer stehen zur Aufnahme von Gästen bereit.

Die **Communication** lässt nichts zu wünschen übrig. Die Entfernung beträgt von Lemberg 22½ Kilometer; von Grodek, Station der Carl Ludwigbahn, 7½ Kilometer; von Szczerzec, Station der österreichischen Staatsbahn (vormals Erzh. Albrecht), 7½ Kilometer.

Folgende Leiden werden durch die Lubienier Bäder behoben: Langwierige Metallvergiftungen, wie Mercurialismus, Blei, dann chronische Vergiftung durch Kupfer. Hautkrankheiten, als: Hautausschlag, Schuppenflechte, Juckblattern, Finnen, Nesselausschlag, Neigung zu Abscessen und alle Arten scrophulöser und syphilitischer Geschwüre. Verheimlichte wie auch veraltete Syphylis, dann Scropheln eignen sich besonders zur Heilung. Alle Arten Rheumatismus der Muskeln und Gelenke, Podagra, langwierige, nach geheilten Brüchen oder Verrenkungen entstandene Anschwellungen, alle Arten Entzündungen, sowie englische Krankheiten, werden mit ausserordentlichem Erfolge durch den Gebrauch der Lubienier Schwefelbäder geheilt. Ebenso eignen sich hiezu Paresis, Paralysis und Neuralgie. Sehr zu empfehlen sind die Lubienier Schlammbäder gegen weissen Fluss, Mutterschweiss und alle anderen Entzündungen der Genitalien bei Frauen.

Wohnungen. Einzelne Zimmer stehen im Preise von 50, 60, 70, 80 kr. bis 1 fl. 20 kr. täglich und von 12, 15, 18, 22, 26 bis 32 fl. monatlich zur Verfügung. Auf Verlangen wird für jede Wohnung eine mit derselben in Verbindung stehende Küche gegen eine Vergütung von täglich 20 kr. beigegeben. Ein Bettzeug 30 kr., eine Matratze 10 kr., eine zweite Bettstatt 20 kr. täglich.

Saison. Die erste Saison dauert vom 20. Mai bis 20. Juni; die zweite vom 20. Juni bis 20. August; die dritte vom 20. August bis 20. September.

Wasserzufluss 18.000 Liter per Stunde = 430.000 Liter per Tag.

Schwefelsaures Kali $K_2 SO_4$	0·149732
„ Natrium $Na_2 SO_4$	0·934018
„ Lithium $Li_2 SO_4$	0·006889
„ Ammonium $(NH_4)_2 SO_4$	0·094925
„ Calcium $Ca SO_4$	12·422813
„ Strontium $Sr SO_4$	0·484207
„ Magnesium $Mg SO_4$	1·297766
„ Aluminium $Al_2 (SO_4)_3$	1·466351
Unterschwefelsaurer Kalk $Ca S_2 O_3$	0·219923
Chlornatrium (Kochsalz) $Na Cl$	0·390806
Doppeltkohlensaurer Kalk $Ca H_2 (CO_3)_2$	5·511364
„ Magnesia $Mg H_2 (CO_3)_2$	0·035956
„ Eisenoxydul $Fe H_2 (CO_3)_2$	0·053055
Phosphorsaure Thonerde	0·009176
Kieselsäure	0·821800
Organische Körper	0·459008
Mangansaure Salze	Spuren
Sumpfgas	„
Stickstoffgas (Azot) oder 733·4609 Kubikcentimeter	0·144630
Schwefelwasserstoffsäure $H_2 S$ oder 54·03 Kubikcentimeter	1·117351
Kohlensäure, völlig freie, CO_2 oder 850·8516 Kubikcentimeter	1·677420
Summe aller Bestandtheile	27·626892

Diese Menge enthält freier Gase 2·939404 Gramme oder 1638·3122 Kubikcentimeter.

Das Ergebniss dieser Analyse zeigt deutlich an, dass die Lubiener Heilquellen durch ihren Gehalt an Schwefelsäure und Gasen den berühmtesten schwefelhaltigen Quellen nicht nur gleichgestellt, sondern dieselben wegen ihres reichen Alaminhaltes weit übertreffen. So lautet der Ausspruch des Professor Dr. Radziszewski.

Die durch Professor Dr. Radziszewski im Jahre 1881 vorgenommene chemische Analyse der Ludwigsquelle ergab folgendes Resultat: Wärmegrad 10·1° C. Gattungsschwere: 1·00216.

Frequenz circa 1200 Badegäste.

Suliguli

Eisenquelle.

Diese berühmte und in ganz Ungarn eine der hervorragendsten Quellen entspringt im Maramoroscher Comitat 3½ Stunden von Ober-Vissó, in einem äusserst schönen, romantischen, engen Thale sprudelnd; den Namen „Suliguli" erhielt die Quelle vom Berge gleichen Namens, an dessen Fuss sie zu Tage bricht. Im Jahre 1873 wurde das Wasser der Suliguliquelle vom Professor der Chemie Carl Thon in Budapest untersucht; es ist somit das Suliguli ein alkalisch muriatischer jodhältiger Eisensäuerling. Sehr vortheilhaft wird es von mir und von vielen anderen Aerzten bei Störungen und Krankheiten der Verdauungsorgane, bei Gallensteinen, bei Diabetes, bei Nierensteinen, bei Gicht verwendet, es ist überdies ein sehr gesuchtes und beliebtes Sauerwasser, mit Wein getrunken ist es vortrefflich; ja sogar den Transport über's Meer kann das Wasser ohne sich zu ändern bestehen, weswegen es die Aufmerksamkeit der Engländer auf sich lenkte.

Von Budapest gelangt man mit der ung. Staatsbahn nach Debreczin oder nach Szernes, von da nach M.-Friget mit der Nordostbahn; von M.-Friget führt ein herrlicher Fahrweg nach Ober-Visso und von dort in romantischer prachtvoller Gegend ein gut gehaltener Gebirgsweg nach Suliguli, von wo ein sehr schöner Ausflug nach Makarló, einer jüngst neu erbauten grossartigen Wasserschleusse, sowie auf die herumliegenden Gebirge gemacht werden kann. Die Zeit des Aufenthaltes in Suliguli ist vom 1. Juli bis 20. August. Das Wasser ist bei einer Luftwärme von 14° R. etwa 10° R., sehr reich an Kohlensäure, vollkommen klar, farblos, durchsichtig, nach Kohlenwasserstoffgas riechend, säuerlich, dann tintenartig schmeckend.

Dr. Carl Novák.
k. ung. Forstdirections-Oberarzt und Professor der Hygiene.

Mineralbad Savanyukut

Ungarn.

Sauerbrunn.

Lage und Klima. An der niederösterreichischen Grenze, im nördlichen Theil des Oedenburger Comitates, am Fusse des Rosaliengebirges, bei Savanyukut (Sauerbrunn) sprudelt die Sauerbrunnquelle hervor. Es ist dies ein alkalinischer, nicht viel freie Kohlensäure enthaltender Eisensäuerling, der durch die unmittelbar dem Glimmerschiefer auflagernde, eisenoxydreiche, mediterrane Schotterschichte durchsickert, und auf mediterranem Mergel am ungefähr tiefsten Punkte der Mulde angelangt, genöthigt ist, hervorzuquellen.

Savanyukut ist ein nebst seiner Mineralquelle auch seiner angenehmen schönen Lage und gesunden Luft wegen, namentlich von den Bewohnern der Umgegend, mit Vorliebe besuchter Badeort, wohin die Wiener, Wiener-Neustädter und Oedenburger zur Sommerzeit schaarenweise pilgern. Ständige Badegäste treffen indess auch von der Ferne ein.

Fahrgelegenheit. Dieser hauptsächlich klimatische fürstlich Nicolaus Esterházy'sche Badeort ist durch die Südbahn von Wien in $2^1/_2$ Stunden, von Wiener-Neustadt in $^1/_4$ und von Oedenburg in $^3/_4$ Stunden bequem zu erreichen; an der Station mit mehrmalig täglicher Verbindung, mit Post- und Telegraphenamt.

Umgebung. Die Gegend bietet mit ihren grossartigen mit Fichten- und Eichen bewaldeten Höhen, dem bedeutenden Weinbau, Feldbau und der örtlich namhaften Obsteultur ein abwechslungsvolles, anziehendes Bild; und wenn wir hier am mit Fichten dicht bedeckten Rosaliengebirge mit der romantischen Burg Forchtenstein und der Rosaliencapelle, die als höchstgelegener Punkt die ganze Gegend dominirt, die Blicke gegen Westen schweifen lassen, dann sehen wir zur Rechten die Ruszter Berge und jenseits derselben in breiterem Streifen die grosse Wasserfläche des Neusiedler Sees vor uns, das fruchtbare Hügelland, im Hintergrunde das Lajthagebirge mit ihren waldbedeckten Kuppen, eingesäumt mit freundlichen Ortschaften, darunter die alte Stadt Kismarton (Eisenstadt), zur Linken sehen wir Pottendorf, dann den mächtigen Schneeberg und den Wiener-Wald.

Badehaus. Zunächst dem Badehause mit genügenden Wannenbädern befindet sich die Baderestauration, mit ausgebreiteten Gartenanlagen und schattigen Spaziergängen umgeben. In dem von harzigen Nadelwald bewachsenen Berge sind ausgedehnte Spaziergänge mit den nöthigen Ruhesitzen angebracht.

Wohnung. In den reizenden Sommerwohnungen bequeme Unterkunft.

Beköstigung. Für gute Speisen und Getränke, prompte Bedienung bei billigen Preisen, ist bestens gesorgt.

Wirkung und Cur-Indication. Curmittel bilden die Trinkquelle, ein eisenhaltiger, äusserst wohlschmeckender Säuerling, und das Fichtennadelbad. Ersterer hat sich besonders heilwirkend für Blutarme und Nervenkranke bewährt, letzteres gegen Gicht, Rheumatismus und Frauenkrankheiten.

Curarzt. Während der Badesaison ist im Orte selbst der Curarzt anwesend.

Curtaxe. Es besteht keine Curtaxe.

Szliács

nächst Altsohl in Oberungarn.

Eisentherme.

Lage, Klima. Szliács liegt im Sohler Comitate, inmitten einer am linken Ufer des Granflusses dahinziehenden Bergkette, auf der Mittelterrasse eines Hügels, 360 Meter Seehöhe.

Die **Temperatur** ist in den Sommermonaten überaus wohlthuend, nie zu heiss, selbst im Hochsommer des Morgens und Abends erfrischend und belebend; Abends kein Niederschlag.

Die Badequellen. Auf der Mittelterrasse des Szliácser Hügels, auf einem 250 Quadratmeter grossen Flächenraume, steigen aus vier Kratern vier glücklich abgestufte warme Quellen auf, und unmittelbar über dieselben sind die auf's Zweckmässigste construirten vier Badebassins.

Das Wasser des Spiegels macht in Folge des mit grosser Kraft und in ausserordentlicher Menge durchströmenden Kohlensäuregases den Eindruck, als wäre es in ewigem, lebhaft siedendem Zustande. Professor Hauch hat im Jahre 1854 dieses aufströmende Gas gemessen, und gefunden, dass per Minute 31546 Kubikcentimeter Gas aufsteigt. Die Menge des Kohlensäuregases ist demnach eine so bedeutende, dass behufs Verhütung von Kohlensäurevergiftungen während des Badens die Luft über dem Wasserspiegel durch fortwährendes Fächeln immer in Bewegung gehalten werden muss. Dieses Fächeln besorgen vermittelst zweckmässiger Fahnen neben jedem einzelnen Bassin die beim Eisengitter des Spiegels stehenden Bademädchen.

Die Trinkquellen. Szliács hat vier Trinkquellen, welche einige hundert Schritte von den Wohngebäuden entfernt, auf einem beiläufig 40 Quadratklafter grossen Flächenraume, demnach nicht weit entfernt von einander aus der Tiefe der Erde entspringen.

Indication. Drei Krankheitsgruppen sind es vornehmlich, gegen welche die Heilquellen von Szliács das vorzüglichste Heilmittel bilden; diese sind:

1. Blutarmuth.
2. Krankheiten der weiblichen Genitalien.
3. Affectionen des Nervensystems.

Neu-Schmecks

in der Tátra, Ungarn.

Lage und Klima. Neu-Schmecks (Neu-Tátrafüred) liegt an der Südlehne der ungarischen Tátra, 1005 Meter über dem Meere, gegen Norden von über 2400 Meter hohen Bergen umrahmt. Die Lehne gegen Süden fällt ohne Voralpen ab, so dass sie von der Sonne möglichst lange beschienen wird. Dies erklärt die höhere Wintertemperatur von Neu-Schmecks (— 2·8° C.) im Verhältniss zu seiner Lage (Jahresmittel der Temperatur + 6·2° C.). Das Klima von Neu-Schmecks im Sommer und Winter bietet ein wahres Asyl für Kranke verschiedenster Art. Die glänzendsten Erfolge werden erreicht bei schwindsüchtiger Anlage und beginnender Lungenphtyse, Blutarmuth, Reconvalescenz, bei Nervenkrankheiten aller Art, namentlich bei Neurasthenie und Basedow'scher Krankheit, bei Malaria und andere Leiden.

Winteraufenthalt: Die zwei Sanatorien sind zum Winteraufenthalt für Lungenkranke berechnet und mit allem Comfort der Neuzeit eingerichtet. Der gänzliche Mangel an Gletschern und Lawinen, eine leichte Communication, gute Schlitten- und Eisbahn, (letztere unter ärztlicher Controle) erhöhen die Annehmlichkeit des Winteraufenthaltes.

Umgebung, Ausflüge und Promenaden. Prachtvoller, meilenweit reichender Park von Nadelhölzern. Im Sommer bietet sich den kräftigeren Kranken reichlich Gelegenheit zu den schönsten Wald- und Hochgebirgstouren, deren Centrum Neu-Schmecks ist. Wir führen hier in Kürze die folgenden an: Kohlbacher Wasserfälle (zu Fuss 1 Stunde, zu Pferd oder Wagen ¾ Stunden), das Felkaer Thal mit dem See (zu Fuss 2 Stunden, zu Pferd 1½ Stunden), die Gerlsdorfer Spitze (2659 Meter, Aufstieg 6 Stunden), die Lomnitzer Spitze (2635 Meter, Aufstieg 5 Stunden), die Schlagendorfer Spitze (2478 Meter, Aufstieg 4 Stunden). Von kleineren Promenaden ist zu erwähnen der Neu-Schmeckser Wasserfall (7 Minuten), die Schöne Aussicht (15 Minuten), die Fünf Quellen (20 Minuten), Pauls Wende (7 Minuten), die äussere Ringpromenade (20 Minuten). Letztere ist die eigentliche Promenade, für Brustkranke berechnet, an der die Seehöhe bei je 10 Meter Steigung markirt ist, und die zur methodischen Uebung der Lunge (Athmungs-Gymnastik) dient. Auch ist Neu-Schmecks und deren Umgebung nach Oertel'scher Methode als Terraincurort eingerichtet. Die Scenerie ist hier eine der schönsten im Continent, und dürften ihr nur wenige Partien in den Alpen gleichkommen.

Kaltwasseranstalt, Comfort, Unterhaltung und Wohnungen. In Neu-Schmecks ist auch eine Kaltwasserheilanstalt von weitem Rufe. Das Wasser hiezu liefern vier Hochquellen. Telegraphenbureau und Post im Hause. Im Sommer täglich dreimal Curmusik. Deutsche Bevölkerung. Neu-Schmecks ist Eigenthum des Dr. Nicolaus v. Szontagh, der hier ausser dem alten (1876) und neuen Sanatorium (1882), dem Badehause, dem Cursalon mit dem Wintergarten, den Kaffee-, Speise- und Gesellschafts-Localitäten selbst acht Villen besitzt; ausserdem hat hier die ungarische Aristokratie eine Anzahl Privatvillen.

Reiseverbindungen: Die nächste Eisenbahnstation ist Poprad-Felka der Kaschau-Oderberger Bahn, von wo aus in einer Stunde (9 Kilometer) Neu-Schmecks zu erreichen ist. Von Oderberg $7^1/_2$, von Breslau $11^3/_4$, von Wien $10^1/_4$, von Budapest $11^5/_6$ Stunden Entfernung. Zonentarif.

Curkosten in Dr. Szontagh's Heilanstalt für Lungen-, Nerven- und Herzkranke: Pension incl. Zimmer, Bedienung und Bäder von 18 fl. an pro Woche. Im Juli und August höhere Preise, und zwar Zimmer von 80 kr. bis 2 fl. 50 kr., Beköstigung zu 12 und 14 fl. wöchentlich, auch à la carte. Cur- und Musiktaxe je 1 fl. pro Woche. Bäder von 20 kr. bis 80 kr.

Die **ärztliche Leitung** unterhält Dr. Nicolaus v. Szontagh mit einem Assistenzarzt.

Hygiea-Sprudel Kronenquelle

bei Radkersburg in Steiermark.

Der Gebrauch alkalischer Säuerlinge als diätetisches Getränk sowohl, wie auch in vielen Fällen von Verdauungsstörungen und Concrementbildungen, ist ein so allgemeiner, dass diesen Wässern, beziehungsweise deren chemischer Zusammensetzung, mit Recht erhöhte Aufmerksamkeit gewidmet wird.

Die rationellen Anforderungen, welche der Arzt an einen seinen Zwecken völlig entsprechenden alkalischen Säuerling stellt, sind folgende:

1. Absolute Freiheit von organischen Substanzen.
2. Nicht zu reichlicher Gehalt an mineralischen Bestandtheilen.
3. Wenig erdige und schwefelsaure Verbindungen.
4. Dass das Verhältniss des kohlensauren Natriums 1 : 1000 nicht übersteige.

Ein Säuerling von solch' tadelloser Beschaffenheit stand jedoch bislang dem Arzte nicht zur Verfügung. Es muss daher die Erscheinung eines solchen Wassers, mit welchem uns die grüne Steiermark beschenkte, umso willkommener sein.

Vide Analyse, Seite 210.

Bad Szobráncz

Oberungarn.

Das Bad Szobráncz liegt im Unger Comitate am südlichen Fusse des westlichen Ausläufers der Vihorlatguttiner Trachyt-Gebirgskette, zwei Stunden von der Eisenbahnstation Ungvár, der ungarischen Nordostbahn, und ebenfalls zwei Stunden von der Eisenbahnstation N.-Mihály der Ersten ungarisch-galizischen Eisenbahn, eine Viertelstunde von der Gemeinde Szobráncz, 130 Meter über der Meeresfläche.

Der Badeort liegt am Fusse der vorerwähnten Gebirgskette an der mässigen Abflachung der dort beginnenden grossen ungarischen Ebene, 5—8 Kilometer vom Fusse des Gebirgsstockes, gegen Norden und Osten geschützt durch seinen Gürtel, dessen durchschnittlich 850 Meter hoher Rücken im 1074 Meter hohen Vihorlat und 1007 Meter hohen Szinnaerstein die höchsten Spitzen erreicht.

In der älteren, aus früheren Jahrhunderten stammenden Literatur wird dieses Bades keine Erwähnung gethan und fällt somit die Kenntniss seines Heilwassers in den Anfang dieses Jahrhunderts.

Der den Ansprüchen der Neuzeit entsprechende Ausbau, Einrichtung und fortwährende Verschönerung ist ausschliesslich das Verdienst des jetzigen Besitzers, des Herrn Napoleon Grafen von Török.

Die pavillonartig ausgeführten und in einem mehr als 100 Joch grossen, schönen Park zerstreut liegenden Gebäude des Curortes sind mit Ausnahme der römisch-katholischen Capelle, des israelitischen Bethauses, der ärztlichen Wohnung und des Bazars in verschiedene Classen mit unterschiedlichen Preisen eingetheilt.

Einstens, wo Marienbad noch nicht so leicht zu erreichen war, hatte Szobráncz Gäste aus ganz Ungarn, und viele aus dem benachbarten Galizien. Heute liefern das Hauptcontingent seiner Curgäste die Comitate Szathmár, Szabolcs, Ung, Bereg, Zemplén, Hajdu und Bihar.

Die Analogie mit Marienbad betreffend, bezieht sich dieselbe auf die nahezu identischen Indicationen und Heilerfolge beider Mineralwässer — als Trinkcuren angewendet — in gewissen Krankheiten der Verdauungsorgane und hievon abhängigen Störungen des Stoffwechsels, insbesondere bei Stauungen im Pfortadersysteme, dementsprechend bei Leber- und Milzanschwellungen, chronischen Katarrhen des Intestinaltractes, Hämorrhoidalbeschwerden u. s. w.; weiterhin aber auch bei allgemeiner Fettleibigkeit, Fettherz, bei durch Insufficienz des fettig degenerirten Herzmuskels hervorgerufenen Stauungskatarrhen der Respirationswege, wie sie bei habituellen Trinkern, neben Asthma und Dyspnoe, vorzukommen pflegen. Es muss wiederholt betont werden, dass die Analogie beider Quellen sich speciell auf die Identität der Heilerfolge bei obgenannten Leiden bezieht, denn die chemische Analyse weist — betreffs der festen Bestandtheile — eine differente Zusammensetzung beider Mineralwässer nach. Während der Marienbader Ferdinandsbrunnen als ausschlaggebenden Hauptbestandtheil schwefelsaures Natron nebst kohlensauren Alkalien, insbesondere kohlensaures Natron in grösserer Quantität enthält, bildet in der Szobránczer Quelle das eigentlich wirksame Agens, neben dem hohen Chlornatriumgehalt, der an Schwefelcalcium gebundene und freie Schwefelwasserstoff. Bekanntlich wirkt das Marienbader Wasser — durch die locale Wirkung des Glaubersalzes auf die Darmschleimhaut eine mehr oder weniger starke Transsudation hervorrufend — einestheils entlastend auf den Kreislauf im Pfortadersysteme (hievon die rasche Abnahme der Leberschwellungen), anderentheils befördert es — in Folge des rascheren Stoffwechsels — die Resorption des in den Geweben abgelagerten Fettes. Dieselbe Wirkung entfaltet auch die Sobránczer Quelle, wiewohl — dem biologischen Chemismus nach — auf anderem Wege. Die Schwefelverbindungen nämlich und speciell der Schwefelwasserstoff üben auf die Zusammensetzung des Blutes eine regressive und auf die Blutcirculation eine umändernde Wirkung. Bezüglich letzterer ist bekannt, dass Schwefelwasserstoff die Pulsfrequenz um 4—8 Schläge herabsetzt, während in ersterer Beziehung der Schwefelwasserstoff, zersetzend auf die kohlensauren und phosphorsauren Alkalien des Blutserums wirkend, Schwefelalkalien bildet, die durch Oxygenhinzutritt als schwefelsaure Salze durch die Nieren ausgeschieden werden. Den hiezu nöthigen Sauerstoff liefert das Oxyhämoglobin der Blutkörperchen, wodurch diese in grösserer Anzahl veröden und in der Leber, als dem Hauptsammelplatze der verödenden Blutzellen, sich in grösserer Menge anhäufen, um daselbst zur Gallenbereitung verwendet zu werden. Es ist hieraus ersichtlich einestheils die partielle Blutverarmung nach Trinkcuren von Schwefelquellen und der gewohnheitsmässig nachfolgende Gebrauch irgend eines Eisensäuerlings, anderentheils, dass die in Folge der zerstörenden Wirkung des Schwefelwasserstoffs sich in grösserer Menge in der Leber anhäufenden Blutkörperchen ein grösseres Material zur Gallenbereitung abgeben, woraus die vermehrte Gallenabsonderung bei Gebrauch von Schwefelquellen, speciell also der Szobránczer Quelle, erklärlich wird. Mit der vermehrten Gallenabsonderung tritt in erster Reihe eine rasche Abnahme der Leberschwellung ein, und zwar ohne eigentliche Diarrhöe im Gegensatze zur Marienbad; in weiterer Folge wird die Darmfunction regulirt; die Resorption des in die Gewebe abgelagerten Fettes — in Folge des regressiven Stoffwechsels — befördert; schliesslich erklärt die Wirkung der Schwefelquellen zugleich auch, wie chronische Katarrhe der Respirationswege, die mit Leberanschwellung, Hämorrhoidalzuständen — als aus derselben Ursache stammend — verbunden sind, in Szobráncz Erleichterung, wo nicht Heilung finden, ohne das — bisher als einzig dastehendes Mittel gegoltene — Marienbad aufsuchen zu müssen. Die Szobránczer Schwefelquelle vermag in allen jenen Krankheitszuständen, wo Marienbad als glaubersalzhältige Quelle indicirt ist, dermassen eclatante Erfolge hervorzubringen, dass die Aerzte Nordostungarns und viele aus Budapest ihre Kranken mit Fettleibigkeit, Leberanschoppungen u. s. f. — statt wie bisher nach Marienbad — nun mit grösster Zuversicht zu einer Trinkcur nach Szobráncz senden und die besten Heilresultate erhalten. Zum Beweise der Thatsache, dass die Natur zur Erreichung eines und desselben Zweckes sich — mehrerer — mitunter ganz differenter — Mittel bedient.

Die Quellen. 1. Die Hauptquelle, auch innere genannt, entspringt in der Mitte des Curortes in der unmittelbaren Nähe des Badehauses. Ihr grosses 77 Quadratmeter umfassendes und 3 Meter tiefes hölzernes Bassin ist mit einer Colonnade umgeben und die Quelle gedeckt.

Die Colonnade um die Quelle, aus der das Pumpenhaus hervorragt, ist mit dem Badehause verbunden, so dass man bei nassem Wetter auch an dessen Terrasse das Wasser trinken und promeniren kann.

Diese Quelle ist eigentlich ein Quellencomplex, dessen Wasserquantum in einem unterirdischen Canale in den benachbarten Bach abfliesst.

In der Quelle ist das Wasser ganz weiss, milchartig (daher ihr Volksname „weisse Quelle"), was dem sich ausscheidenden Schwefel zuzuschreiben ist; in's Glas geschöpft opalisirt das Wasser, wird aber nach mehrtägigen Stehen ganz klar, ohne seine übrigen Eigenschaften einzubüssen. Der Wasserspiegel ist in einer fortwährenden Bewegung durch die in grosser Anzahl entsteigenden Gasblasen, die zum grössten Theile aus Stickstoff und Kohlensäure und nur sehr geringen Mengen Schwefelwasserstoffes bestehen. Darum riecht man auch diesen kaum. Sein Geruch tritt aber etwas mehr hervor, wenn die Quelle stark aufgerührt wird.

Das Wasser schmeckt salzig, aber nicht unangenehm. Die Quelle setzt am Boden sehr reichlichen gelblich weissen Schlamm ab. Beim Abflusse in dem Bache setzt es auch einen weissen Niederschlag ab.

Im Winter verliert das Wasser seine weisse Farbe und wird meergrün und so durchsichtig, dass man den Boden genau sehen kann. Diese Farbenänderung ist dem durch die Kälte verhinderten Zersetzungsprocess, durch den sich der Schwefel ausscheidet, zuzuschreiben; bei einer — 25° C. Kälte friert die Quelle an den Rändern zu, dort aber, wo die Gase in grösserer Menge hervorkommen, nie.

2. Obere Okenzoquelle.*)
3. Untere Okenzoquelle.
4. Augenquelle.

Resultate der chemischen Analyse der Szobránczer Quellen.

Hauptquelle nach der Analyse Than-Fleischer.

		In 1000 Gewichtstheilen Wasser	In 1 Pfund = 7680 Gran sind Grane
Chlornatrium	$Na\,Cl$	6·1938	47·568
Chlorcalium	$Ca\,Cl_2$	0·3120	2·396
Chlormagnesium	$Mg\,Cl_2$	0·7845	6·025
Chlorammonium	$(H_4\,N)\,Cl$	0·0755	0·580
Chlorlithium	$Li\,Cl$	0·0094	0·072
Schwefelsaurer Kalk	$Ca\,SO_4$	0·7556	5·803
Schwefelsaures Strontium	$Sr\,SO_4$	0·0046	0·035
Kohlensaures Natron	$Na_2\,CO_3$	0·1221	0·938
Kohlensaurer Kalk	$Ca\,CO_3$	0·4736	3·637
Kohlensaures Eisen	$Fe\,CO_3$	0·0045	0·035
Kieselsaures Natron	$Na_2\,Si\,O_2$	0·4700	3·610
Summe der festen Bestandtheile		9·2056	70·699
		Kub.-Ctm.	Kub.-Zoll
Freie und halbgebundene Kohlensäure CO_2		512·93	15·71
Schwefelwasserstoff		12·48	0·38

Specifisches Gewicht bei + 24° C. 1·00455.
Temperatur + 16·6° C.

Augenquelle nach der Analyse von Rik.

		In 1000 Gewichtstheilen Wasser	In 1 Pfund = 7680 Gran sind Grane
Chlornatrium	$Na\,Cl$	1·0428	8·0087
Chlorkalium	$K\,Cl$	0·3636	2·7924
Chlorcalcium	$Ca\,Cl_2$	0·0075	0·0576
Chlormagnesium	$Mg\,Cl_2$	0·2180	1·6742
Schwefelsaurer Kalk	$Ca\,SO_4$	0·1105	0·8486
Schwefelsaures Aluminium	$Al_2\,(SO_4)_3$	0·0371	0·2840
Kohlensaarer Kalk	$Ca\,CO_3$	0·3600	2·7648
Borsaures Natron	$Na\,BO_2$	0·0260	0·1996
Kieselsäure	$Si\,O_2$	0·0772	0·5929
Summe der festen Bestandtheile		2·2427	17·2236
		Kub.-Ctm.	Kub.-Zoll
Schwefelwasserstoff		7·12	0·217

Specifisches Gewicht bei + 19° C. 10017.
Temperatur + 20·9° C., bei Luft + 11·8° C.

*) Der Name Okenzo stammt aus dem slavischen „okno", womit das Volk hier jede Art von Meeraugen benennt.

Ober-Okencze nach der Analyse von Rik.

		In 1000 Gewichtstheilen Wasser	In 1 Pfund 7680 Gran sind Grane
Chlornatrium	$NaCl$	3·0217	23·2066
Chlorkalium	KCl	0·1768	1·3578
Chlorcalcium	$CaCl_2$	0·1110	3·4099
Chlormagnesium	$MgCl_2$	0·2687	2·0636
Schwefelsaurer Kalk	$CaSO_4$	0·2835	2·1772
Schwefelsaures Aluminium	$Al_2(SO_4)_3$	Spuren	Spuren
Kohlensaurer Kalk	$CaCO_3$	0·1566	1·2026
Kohlensaures Eisen	$FeCO_3$	0·0294	0·2258
Kieselsäure	SiO_2	0·1091	0·8379
Summa der festen Bestandtheile . .		4·4898	34·4811
		Kub. Ctm.	Kub. Zoll
Freie und halbgebundene Kohlensäure CO_2		51·30	1·57

Specifisches Gewicht bei + 19·4° C. 1·0032.
Temperatur + 20·9° C., bei Luft + 18·5° C.

Die **Anwendung** des Szobránczer Mineralschlammes muss speciell hervorgehoben werden, indem es sich herausgestellt hat, dass die Szobránczer Schlammbäder in allen jenen Fällen, wo Pistyan indicirt ist, trotz der niedrigeren Temperatur des Schlammes, und hiemit des Abganges eines Factors der Schlammwirkung, mit bestem Erfolge angewendet werden und zuweilen frappante Heilresultate bieten bei inveterirten chronischen Rheumatismen, Gelenksleiden, chronischen Hautkrankheiten u. s. w. Der Schlamm kommt in Form von Umschlägen, Localbädern zur Anwendung, wobei das Gewicht und die chemische Zusammensetzung des Schlammes in der Weise wirken, dass sie, als Localreiz die Haut röthend, die Circulation in derselben umändernd beeinflussen und auf diesem Wege auf den Stoffwechsel der leidenden Theile einen mächtigen Einfluss ausüben.

Gebrauch der Bäder. 1. Gegen chronische Hautkrankheiten und Ausschläge, namentlich gegen Sommersprossen, Flechte, Leberflecke, Acne und Hautjucken.

Auch die hartnäckigsten Fälle von Acne sind nach Umschlägen mit Szobránczer Schlamm beinahe immer geheilt worden.

2. Gegen torpide Fussgeschwüre.

3. Gegen Gicht und Rheumatismus, namentlich wenn in Folge dieser Schwellungen entstehen oder Anchylosen zugegen sind. Auch hier haben sich Schlammumschläge sehr bewährt.

4. Gegen schmerzhafte Leiden des Nervensystems, insbesondere, wenn sie die Folgen der unter 3. erwähnten krankhaften Blutmischung sind.

5. Gegen chronische Blei- und Quecksilbervergiftungen. Bei denen, die vor dem Beginne des Gebrauches der hiesigen Bäder eine Quecksilbercur durchgemacht haben, färbt sich schon nach den ersten Bädern die Nägelbasis.

Der wohlthätige Einfluss der Szobránczer Quelle bei Tuberculose (ohne hämoptoische Anlage) möge auf die bacillentödtende Wirkung des Schwefelwasserstoffs bezogen werden, und bietet in dieser Beziehung Analogien mit der Altmann'schen Rectalinjection, respective Gasexhalation.

Post- und Telegraphenamt sind während der Saison im Bade.

Das Bad hat von nun an durch die Versetzung der Bezirksarzts-Stelle nach Szobráncz einen ständigen Badearzt, ein tüchtiger junger Fachmann, Dr. Russay, der nicht nur den Anforderungen der Kranken vollkommen entspricht, sondern auch bemüht ist, durch eingehendes, der modernen Wissenschaft entsprechendes Studium der Quelle und ihrer Wirkungen, und durch Publiciren seiner Erfahrungen das Bad in weiteren Kreisen bekanntzumachen.

Die **Saison** beginnt am 15. Mai und endigt am 15. September.

Alle Anfragen und Bestellungen sind an die Badedirection zu richten.

Die **Frequenz** ist durchschnittlich 600 Personen, ungerechnet die in den Gemeinden Szobráncz und Hornya sich Niederlassenden, die von dort aus zum täglichen Curgebrauch hineinkommen, ohne in die Curliste aufgenommen zu werden.

Vergnügungen. Ausser den gewöhnlich üblichen Zerstreuungsmitteln gibt es auch eine Kinder-Turneinrichtung, die sehr zweckmässig auch als Curmittel angewendet werden kann.

Ausflüge. Curgäste, die sich mit dem Spazieren auf den schönen Parkwegen nicht begnügen, können auch grössere, sehr lohnende Partien unternehmen zu dem unter dem Szinnaerstein liegenden reizend hübschen Meerauge, oder auf den Vihorlat. Beide Touren nehmen aber je einen Tage in Anspruch.

Die **Restauration** ist eine rühmlichst bekannte.

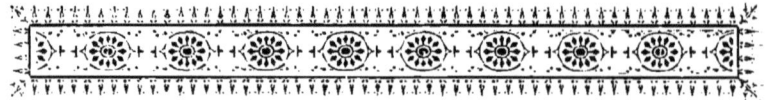

Bad Wartenberg

Luftcurort und Wasserheilanstalt

liegt im nordöstlichen Böhmen, $^3/_4$ Stunden von der Stadt und Eisenbahnstation Turnau entfernt, in geschützter, mit vorzüglichen Naturschönheiten reich ausgestatteter Gegend, 270 Meter über dem Meere, am Saume ausgedehntester Nadelholzwaldungen und bietet eine sehr grosse Zahl der herrlichsten Ausflüge (Gross-Skal, Waldstein, Turnau, Viskeř, Trosky, Kozakov, Klein-Skal, Sichrov, Kost, Jičin, Bradlec u. s. w.)

Ueber Wunsch der P. T. Gäste werden von der Badeverwaltung Wagen am Bahnhofe Turnau in Bereitschaft gehalten und sonstige Fahrgelegenheiten beigestellt.

Telegraphenstation im Bade selbst.

Die Anstalt ist sowohl Kranken als Gesunden das ganze Jahr geöffnet.

Indication. Chlorose (Bleichsucht), Anämie (Blutarmuth), die mannigfachsten Nervenleiden, Scrophulose (Scrophelsucht), Rhachitis (englische Krankheit), Lues, Rheumatismus und Gicht, chronische Katarrhe der Respirationsorgane und des Rachens, Emphysem, Asthma, Lungentuberculose im Beginne, chronische Bronchialkatarrhe, Dispepsie (Verdauungsstörung), Krankheiten des Magens, der Leber, Milz und Geschlechtsorgane, Hautkrankheiten, insbesondere mit Chronicität und Recidiven.

Die Wasserbehandlung erfolgt nach bewährter Methode. Auch werden Fichtennadel-, Sool-, Stahl-, Schwefel-, Malz-, Jod-, Moor-, Farado-galvanische, aromatische und moussirende Bäder verabfolgt. Als weitere Curbehelfe dienen: Heilgymnastik, Massage, Elektricität mit und ohne Bad, Schroth'sche Cur und diätetische Heilkunst.

Ausser einem vorzüglichen Trinkwasser stehen auch die gebräuchlichsten Mineralwässer, sowie ausgezeichnete Milch (auch sauer) und Molken zu Gebote.

Für **gesellige Unterhaltung** sorgt ein von den P. T. Gästen selbst gewählter Vergnügungsausschuss. Reiche Auswahl von Zeitschriften, Piano, Kegelbahn, Billard, diverse Spiele, Musik u. s. w.

Wohnungen, neu möblirt, von 5 bis 12 fl. wöchentlich, nach Wunsch und Raum in den einzelnen Häusern (I. Grosses Haus, II. Schweizerhaus, III. Altes Curhaus, IV. Marienhaus, V. Gartenhaus, VI. Neues Curhaus, VII. Neubau).

Für Zimmerbedienung wird 70 kr., für Reinigung der Kleider und des Schuhwerkes 50 kr. wöchentlich gezahlt. Eventuelle Beheizung wird nach dem Kostenpreise ohne Aufschlag in Rechnung gebracht.

Alle Zimmer sind mit Einschluss eines Bettes berechnet; für jedes beigestellte weitere volle Bett ist wöchentlich 2 fl. zu entrichten.

In den Wintermonaten (vom 1. November bis 31. März) treten für Wohnungen bedeutend ermässigte Preise ein.

Die **Verköstigung** erfolgt im Pensionspreise von 14 fl. wöchentlich, wobei Kinder bis zu zwölf Jahren eine entsprechende Preisermässigung geniessen: ebenso werden besondere ärztlich verordnete diätetische Vorschriften bei der Berechnung berücksichtigt.

Die Verköstigung im Pensionspreise umfasst: um halb 8 Uhr Frühstück (Kaffee oder Milch mit Gebäck): um 1 Uhr Mittagessen (Suppe. Rindfleisch. Zuspeise. Braten. Compot oder Salat. eventuell Suppe. Rindfleisch. Braten. Compot oder Salat. Mehlspeise): um 7 Uhr Abendbrot (Suppe. Fleischspeise) und erfolgt an gemeinschaftlicher Tafel.

Mittagessen und Abendbrot über Verlangen der betreffenden P. T. Gäste auf das Zimmer. in die Colonnade u. s. w. gebracht. wird ausserdem wöchentlich mit 2 fl. — das Mittagessen allein mit 1 fl. 50 kr.. das Abendbrot allein mit 50 kr. per Convert vergütet. Curgästen. deren Krankheitszustand die Theilnahme an der gemeinschaftlichen Tafel nicht gestattet. wird die Kost ohne Preiserhöhung auf ihr Zimmer geschickt.

Dienerschaft erhält eine volle Kost für 7 fl. wöchentlich.

Bäder. Bei Reinigungsbädern wird (exclusive Wäsche) berechnet: für ein Bad 50 kr.: für zwölf Bäder im Abonnement 5 fl. Die betreffenden Karten sind bei der Badeverwaltung zu lösen.

Gäste. welche sich der Cur unterziehen. zahlen für den Gebrauch der verordneten Bäder und Badeapparate (exclusive Kotzen. Bademäntel. Lein- und Handtücher) wöchentlich 2 fl. 50 kr.. ferner für Badebedienung wöchentlich 1 fl. 80 kr. — mögen sie mehr oder weniger Proceduren täglich benöthigen.

Für Badewäsche. Kotzen. Mäntel u. s. w. ist beim Gebrauche der Anstaltsutensilien eine mässige Abnützungsgebühr zu entrichten; dieselben werden auch käuflich überlassen und billigst berechnet.

Curtaxe. Das hohe k. k. Statthaltereipräsidium zu Prag hat mit Erlass ddo. 24. Mai 1863. Z. 1141. eine Curtaxe und die Gründung eines eigenen Curfondes im Bade Wartenberg bewilligt. Diese Taxe wird von den Curgästen in der Höhe von 2 fl.. eventuell 4 fl., eingehoben und zur Bestreitung solcher Auslagen verwendet. welche die Bequemlichkeit und Annehmlichkeit der Curgäste bezwecken. Jeder Gast. der sich im Bade Wartenberg über sieben Tage aufhält. hat die Curtaxe zu entrichten.

Aerztliche Behandlung und sanitäre Aufsicht. Diese wird vom Anstaltsarzte Dr. W. Laufberger, k. k. Regimentsarzte i. d. R.. besorgt.

Bei ärztlicher Behandlung ist das Honorar an den Herrn Curarzt direct zu verabfolgen.

Nur die gewöhnlichen Reinigungsbäder unterliegen keiner ärztlichen Controle: alle übrigen hydriatischen und anderen Heilproceduren können blos über Anordnung oder mit Genehmigung des leitenden Arztes in Anwendung kommen.

Wünsche der Kranken. ihrer Familien und Hausärzte werden thunlichst berücksichtigt; mit Wissen und Zuziehung des leitenden Arztes sind Consultationen in der Anstalt selbst zulässig.

Auch Gäste. welche der ärztlichen Hilfe nicht bedürfen. werden freundlichst ersucht. sich — wenn sie über zwei Tage in der Anstalt verweilen — dem leitenden Arzte vorzustellen. da es nothwendig ist. dass derselbe alle Parteien persönlich kenne.

Baumkirchen

in Tirol.

Ich **Seraphinus Ignatius Guarinoni zu Hofberg und Volderthurn Doctor der Medicin zu Hall** bekenne und thue kundt manniglich; demnach mein Herr Vatter Weillende Bartholomeus Guarinoni Comes Pallatinus Philosophiae et Medicinae Doctor zu Hall seelig. Item Herr Kammerlander Doctor zu Inspruk, und noch vihl andere hochgelehrte Medici vor hundert und noch vihl mehr Jahren hernach beschriebenes Badwasser, welches allda zu Baumkirchen der Grafschaft Tyrol, und Herrschaft Thaur ligend berühmt, und beschriben haben. Allermassen solches Wasser aus den zwölften Grad, oder Punkten der Erden flüsset, führet mit sich Kupfer, Vitriol und Allaun. Zumahlen, weillen man bei jetziger Zeit die Wissenschaft haben will, zu was zihl, und Ende dieses Badwasser für Wirkung, Kraft, und Tugenden in sich haltet so folget hiemit dem günstigen Leser ganz kürzlichen zu vernehmen, als **Erstens.** ist zwar zu wissen, daß dies edle Badwasser vor ettlich zwainzig Jahren durch die entsetzliche Erdbiden, leider in Verlurst gegangen, doch aber aus sonderbahrer Schikung des Allerhöchsten mitelst der Erterung des Gangs nach, und nach in seine alte vorige Gäng, und Constitutionis Terminum widerum denen allgemeinen Menschen zu Nutzen an das Taglicht gekomen. Seithemalen auch die Wirkung Kraft, und Tugenden als wie vor diesen die Beneficia erstecket, wie bekantlich ist, daß nit allein vor den Erdbiden, sondern auch hinach durch dies Badwasser vihl vornehme, Räthliche Manns- und Weibs-Bershonen Reiche, und Arme mitelst des göttlichen Beystands, ihre vorige Gesundheit widerum bekomen haben. **Zum Anderrn.** ist dieses Badwasser für die alten Verstopfungen, welches mann Obstructiones nennet, der Lunge, Leber, Milz, und Innwenden des Leibs und Presadern dienstlich. **Drittens.** für die Gelbsucht, oder sogar auch für Podagraischen Anligungen nützlich, lindert die Schmerzen. **Viertens.** ist bemeldes Badwasser dienstlich, wer an den schweren Athem Kaüchen, und alten Huesten leidet. Item vor offene Schäden an Füeßen, und dergleichen mehr, sonderlich zu die Nieren hailsam, und Abtreib der Befirderung des Grieses. **Fünftens.** so ist besagtes Badwasser dennen unfruchtbaren Frauen nützlich, und sonderbahr für die Mutter, wie nit weniger zur Störkung der kraftlos anhangenden Gliederen, wie auch dennen die der Gall unterworfen seynd, und schleimige Fieber haben. Sodann **Sechstens** so ist dies löbliche Badwasser zu anderen Anligenheiten und Beschwerden oder Zueständen mehr dies löbliche Badwasser hailsam, und dienstlich. **Zum Siebenten und Letzten.** also, so sollen alle diejenigen mit rechter Maas, und Ordnung dieser Badkur sich bedienen. Als anfänglichen den Ersten Tag Vormittag **Ein** Stund, und Nachmittag **Anderhalb** Stund. Item den anderen Tag Vormittag **Zwey,** und Nachmittag **Drey** Stund. Den dritten Tag Vormittag **Drey,** und Nachmittag auch sovihl Stund in Bad mit rechter Ordnung sitzen, und sofortan bis auf den Elften Tag, folglich nach, und nach widerum alle Tag um eine halbe Stunde absetzen oder abnehmen, bis Ein, und zwainzig Tag erstrekt seyn werden. Wie auch würdet allda zu Bericht angedeüttet, daß man in währender Badkur das gesottene warme Badwasser zu morgens in den Bad zu trinken sich befleisse, und diejenigen, die etwan mit anderen geheimmen Zueständen behaft, und beflecket seyn, wie ebenermassen obbeschrieben dieses edlen Wassers sich zu bedienen beflissen seyn sollen. Alsdann würdet auch durch der Heiligen Mutter Anna getreuen Vorbitt anvor aber eüer erzeügend-wahr- und emsigen Andacht, und Zuversicht euch gewislich bewähret werden, was ihr verlanget.

Actum Hall den andern Tag Monats May Im Sechzehn Hundert
zwei und neinzigsten Jahr.

Baumkirchen.

Lipik

Jodthermalquelle

Slavonien.

Lage und Klima. Das Jodbad Lipik in Slavonien, eine halbe Stunde von dem Marktflecken Pakratz, dem Ausgangspunkt der Bares-Pakratzer Eisenbahn entfernt, liegt 200 Meter über der Meeresfläche in einem ausgedehnten freundlichen Thale, das von einer waldumkränzten, selbes ringsum abschliessenden Gebirgskette umgeben ist und von einem munteren Wildbache, der Pakra, durchströmt wird. Die durchschnittliche Jahrestemperatur beträgt in Lipik + 11° R., und die milden klimatischen Verhältnisse bilden eine wesentliche Unterstützung für die Wirkung der heissen Quellen, da selbe in vortrefflicher Weise die von der Natur gebotenen Heilschätze ergänzen. Bei der südlichen Lage des Badeortes kommen selbst im Winter keine extremen Temperatursprünge vor, und man beobachtet in der rauheren Jahreszeit keine auffälligen Temperaturerniedrigungen.

Die Quelle und deren Heilfactoren. Die Resultate der neuesten Analyse, die im Grossen und Ganzen der älteren entsprechen, wurden äusserst umsichtig geprüft und der kön. ung. Akademie der Wissenschaften vorgelegt und gestatten neuerdings die Bekräftigung des Anspruches von Prof. Seegen: „dass die Lipiker Jodthermalquelle ein Unicum unter den Heilwässern Europas darstelle".

Während alle Jodwässer in Oesterreich-Ungarn, Deutschland u. s. w. kalte Quellen sind, ist Lipik die einzige bekannte heisse Jodquelle.

Chemische Analyse der Lipiker Jodtherme.

10 Liter Wasser enthalten:

		Gramm
Schwefelsaures	Kali	2·001
„	Natron	2·193
Chlornatrium		6·151
Jodnatrium		0·209
Bromkali		qualitativ
Doppeltkohlensaures	Natron	19·476
„	Magnesia	1·530
„	Kalk	1·148
„	Eisenoxydul	0·160
Thonerde		qualitativ
Kieselerde		0·456
Lithion und Arsen		qualitativ
Summe der fixen Bestandtheile		33·327
Gesammte Kohlensäure		10·434
Ganze und halbgebundene Bestandtheile		7·644
Freie Kohlensäure		2·790

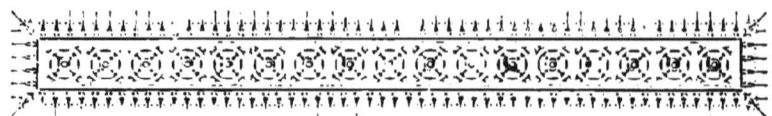

Indicationen für den Gebrauch. Bei allen jenen krankhaften Zuständen, bei denen Ablagerungen pathologischer Producte in den verschiedensten Organen des Körpers sich vorfinden: als da sind: chronischer Rheumatismus der Gelenke und Muskeln, Gicht, rheumatische von Exsudatbildung gefolgte Verdickungen und Auftreibungen der Knochen, Contracturen in den Gelenken mit Unbeweglichkeit und Steifheit derselben, Chronische Entzündungen und Verdickungen der Haut und des Zellgewebes, Exsudatreste nach Knochenbrüchen, Schussverletzungen u. s. w.

Bei jenen Krankheitszuständen, welche mit Exsudatbildung in inneren Körperorganen einhergehen: bei Exsudaten in den Beckenorganen, Anschwellung und Vergrösserung der Gebärmutter, chronische Oophoritis, Metritis, Perimetritis, sowie Menstruations-Anomalien als Folgen derselben. Bei Erkrankungen des Auges, alle auf dyscrasischer Basis, demnach auf Scrophulosis und Syphilis beruhende Ophthalmien, Iritis, Keratitis, Retinitis, namentlich wenn selbe Exsudatreste aufweisen.

Bei Scrophulosis und Syphilis, Erkrankungen der Harnwege, wie krankhaft vermehrte Bildung von Harnsäure, Neigung oder Anlagen zu Harnsteinen, Blasenkatarrhe, Pyelitis, Prostatitis chronica. Bei Schilddrüse, Struma parenchymatosa, Verdickungen der Schleimhäute der Nase, des Rachens, der Luftröhre, Hauterkrankungen, Psoriasis, Prurigo, Ichthyosis, alle Arten von Lupus, Nervenerkrankungen aller Art.

Reconvalescenten, welche nach anhaltendem Gebrauch von Quecksilbermitteln herabgekommen sind, werden durch die Bade- und Trinkcur der Jodnatronquelle gekräftigt.

Da die hohe kön. Landesregierung die Anordnung getroffen hat, dass den Curgästen nur Bäder nach ärztlicher Anweisung ertheilt werden dürfen, so wird jeder P. T. Curgast aufmerksam gemacht, vor Lösung der Badekarte von den ordinirenden und dort prakticirenden Badeärzten die Anweisung beizubringen.

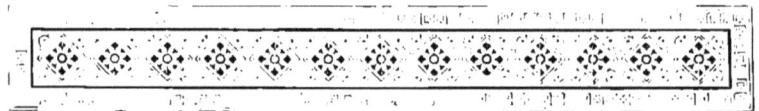

Tatrafüred (Schmecks)

in der Hohen Tátra.

Klimatischer Curort, eisenhältiges und kohlensaures Quellengebiet. Kaltwasser- und Krummholz-Badeort.

Dieses seit hundert Jahren bestehende, eine Stunde von der ungarischen Station Poprad-Felka der Kaschau-Oderberger Bahn entfernt gelegene grösste Etablissement der Hohen Tátra ist namentlich wegen seiner unvergleichlich schönen, überaus romantischen und vollkommen geschützten Lage (1018 Meter über dem Meeresspiegel) als klimatischer Curort, heilkräftiges Curbad und reizende Sommerfrische bekannt und berühmt.

Inmitten herrlicher Fichtenwaldungen und einer wahrhaft grossartigen Gebirgswelt, mit angenehmen, kräftigenden und magenstärkenden Sauerbrunnen, vorzüglichem, absolut reinem Quellwasser, Mineral- und Krummholzbädern, mit Apotheke, einem königlich ungarischen Post- und Telegraphenamte, eleganten Waarenmagazinen, einem Specialitäten-Tabakverschleisse, bietet dieses Etablissement die beste Unterkunft in etwa 300 comfortabel und elegant eingerichteten, in hübschen Villen gelegenen Zimmern.

Ein renommirter hauptstädtischer Restaurateur hält die beste ungarische und französische Küche, sorgt für gute und echte Getränke, sowie aufmerksame ungarisch und deutsch sprechende Bedienung und hält auch eine Table d'hôte.

Ein schöner Cursaal mit Pianoforte, ein elegantes Kaffeehaus mit Billard und allerlei Zeitungen, eine Bibliothek, eine ganz vorzügliche National-Musikcapelle, eine Herren- und eine Damen-Kegelbahn, Croquet-Spielplätze, eine Pistolen-Schiessstätte und Anderes mehr bieten Unterhaltung, während zwei modern eingerichtete Kaltwasser-Heilanstalten für Damen und Herren, sowie Trinkcuren Stärkung und Gesundheit bringen.

In der Vorsaison (Mai und Juni), sowie in der Nachsaison (September) findet in allen Preisen eine sehr bedeutende Ermässigung statt.

In der Station Poprad-Felka stehen Fahrgelegenheiten verschiedener Art zu jeder Zeit bereit.

Tátrafüred bildet den Ausgangspunkt für alle Tátra-Touren, auch befindet sich daselbst die Vertretung des Ungarischen Karpathen-Vereines.

Auskunft ertheilt der Badearzt Dr. Ladislaus v. Jármay (sonst in Budapest) und die Zipser Creditbank in Leutschau als Besitzerin des Curbades.

Tatra-Füred (Schmecks).

Rožnau

Klimatischer Curort

in Mähren.

Seit hundert Jahren wird Rožnau als Curort für Brustkranke, Lungen- und Halsleidende und von Reconvalescenten nach schwerer Krankheit aufgesucht. Seit mehr als vierzig Jahren ist es in den Listen der österreichischen Curorte auch ämtlich verzeichnet.

Lage. Im nordwestlichen Theile Mährens, an den letzten Abhängen der Karpathen, am Fusse der Beskyden, 380 Meter hoch über dem Meeresspiegel, in einem Thale, welches die Bečwa durchfliesst, ringsum mit Nadelholz bewaldeten Bergen umgeben, liegt die kleine, schöne Stadt unmittelbar am Fusse des höchsten Berges Radhost (1135 Meter hoch), der sie mit seinem breiten Rücken gegen Norden deckt und vor kalten Nordwinden schützt.

Rožnau zählt 3110 Einwohner und 490 Häuser, ist der Sitz des k. k. Bezirksgerichtes, k. k. Steueramtes, der gräflich Kinsky'schen Central-Aemter, nebst welchen sich ein k. k. Post- und Telegraphenamt im Orte befindet, liegt in einer Ebene mit sandigem Boden, daher die Wege und Stege seiner nächsten Umgebung eben verlaufen und der Boden alsbald nach dem Regen trocken ist.

Klima. Die Durchschnittstemperatur während der Saison ist des Morgens 17°, Mittags 25° und des Abends 18° C. Die Luft ist reich an Sauerstoff, Ozon und würzigem Kräutergeruch mit lauer Feuchtigkeit, welche des Morgens und Abends den Thau in die Luft drängt, weshalb sich hier die Brust- und Lungenleidenden bei Einathmung derselben so wohl fühlen.

Curmittel. In so ausgezeichneter Eigenschaft, wie in Rožnau, würde man nicht leicht die süsse Schafmolke, die Schaf-, Kuh-, Ziegenmilch und Kefir, welche Rožnaus Heilmittel bilden, in so ausgezeichneter Qualität suchen. Dieselben sind von Thieren, welche sich den ganzen Sommer hindurch auf den Gebirgsweideplätzen aufhalten, sich ihre Nahrung selbst suchen und täglich auf einen frischen Weideplatz getrieben werden.

Nebst diesen Curmitteln werden noch Inhalationen, Wannen-, Dampf-, Bassinbäder, diätische und hydropathische Cur gebraucht.

Die von den Curärzten angeordneten Mineralwässer werden alle eingeführt.

Indication. Allgemeine Schwächezustände, Anämie und Entwicklungs-Chlorose, Herzkrankheiten.

Leiden der Respirations-Organe:

Kehlkopf-Katarrhe, chronische Katarrhe, Bronchiektasien mit reichlicher Secretion, chronische Lungenschwindsucht, Lungenemphysem, nervöses und bronchitisches Asthma, Krankheiten des chronischen Siechthums der Kinder, Scrophulose, Rhachitis und allgemeine Schwäche.

Haut- und Säftekrankheiten, sowie deren Folgen. Namentlich wurden ausgezeichnete Erfolge beobachtet bei den Reconvalescenten nach schweren Krankheiten.

Rożnau

Saison. Alljährlich beginnt die Saison mit dem 15. Mai und dauert incl. bis 15. September, während welcher Zeit vier Aerzte die Praxis ausüben.

Comfort. Die Wohnungen sind mit allem modernen Comfort ausgestattet und es können bei 800 Gäste gleichzeitig untergebracht werden, theils in Hotels, theils in Privatwohnungen, theils in der Anstalt „Rudolfo-Stefanianum“, welche von einer Genossenschaft gegründet und erhalten wird und für k. k. Beamte, k. k. Officiere, k. k. Professoren, Lehrer ohne Unterschied der Confession und für katholische Priester bestimmt, jedem Gast die Wohnung, ärztliche Behandlung, Bedienung und Curmittel unentgeltlich gewährt werden.

Für die Beköstigung der Gäste sorgen zwei Hotels, drei Restaurationen, zwei israelitische Traiterien, ein Kaffeehaus und mehrere im Orte und ausserhalb des Ortes befindliche Milch- und Kaffeeschänken.

Das Curhaus, bestehend aus einer grossen Wandelbahn, Lesezimmer und Trinkhalle, steht mitten im Parke.

Das städtische Badehaus ist nicht blos für Wannenbäder, sondern auch für Dampf- und Bassinbäder und für Inhalationen eingerichtet.

Verschönerungs-Anlagen. Ein wahrer Schatz Rožnaus ist der weit ausgedehnte, mit vielen Nadelholzwäldchen versehene Naturpark. Bei seinem Umfange, der seinesgleichen sucht, bildet er eine ganz ebene Promenade und umgibt Rožnau halbmondförmig. Nebstdem sind noch viele Anlagen, unter welchen der Karlsberg — unmittelbar am Parke gelegen — hervorzuheben ist.

Unterhaltungen. Für die Unterhaltung und Aufheiterung sorgt die aus sechzehn Mann bestehende Curcapelle, welche täglich des Morgens zwei Stunden und des Nachmittags anderthalb Stunden sich producirt, und dann der Verschönerungs- und Unterhaltungsverein, der Concerte, Dilettanten-Vorstellungen, Volksfeste u. s. w. veranstaltet.

Im Lesezimmer liegen reichlich Zeitungen auf, und eine Leihbibliothek überlässt die Gemeinde den Badegästen zur Benützung. Ferner befindet sich im Curhause ein Piano, welches den Gästen zur Verfügung steht.

Ausflugsorte. Die Natur hat Rožnau nicht mit der Grossartigkeit der Alpengebiete gesegnet, doch bietet das hochgehobene, wellenförmige Gebirgsland der Beskyden einen überaus anziehenden und an wechselvollen Bildern reichen Anblick, dessenhalb kann die ganze Umgebung mit Fug und Recht als ein Ausflugsort betrachtet werden, denn es gibt wirklich keinen Ort in der Umgebung Rožnaus, wohin nicht Ausflüge arrangirt werden könnten.

Am meisten wird der Berg „Radhost“ sowohl von den Gästen, als auch von den Touristen besucht, denn von seiner Kuppe übersieht man unabsehbare, mit Städten und Ortschaften übersäte Strecken. Gegen Osten schweift der Blick bis zu den gewaltigen Spitzen der Centralkarpathen, dem Kriwan und der Lomnitzer-Spitze. Gegen Südwesten schwebt er über die Hana bis zu den Pohlauer-Bergen und gegen Norden über Mährisch-Ostrau, Oderberg, Ratibor weit nach Preussisch-Schlesien.

Auch werden Ausflüge nach Krasna, Neutitschein, Gr.-Karlowitz, Frankstadt und mit besonderer Vorliebe nach Hochwald gemacht.

Eisenbahnverbindung. Die dem Curorte zunächst liegende Station ist Krasna, der Städtebahn, von welcher nach Rožnau und retour die Verbindung durch wartende Equipagen vermittelt und mittelst welchen der Weg in einer Stunde zurückgelegt werden kann. Nebst diesen verbindet Rožnau mit Krasna der Eilwagen, welcher von Einzelnpersonen vom und zu jedem Zug für den Betrag von 50 kr. per Person und 10 kr. für's Gepäck benützt werden kann.

Die directe Verbindung mit Krasna ist folgende: Von Wien über Hullein, Bystřitz a H. — von Brünn über Kojetein, Kremsier, Hullein, Bystřitz a/H. oder über Kojetein, Preran, Weisskirchen — von Prag über Böhmisch-Trübau, Olmütz, Preran, Weisskirchen — von Krakau über Oderberg, Weisskirchen —

von Nord-Ungarn über Jablunkau, Teschen, Friedek-Mistek, Frankstadt — von Budapest über Wien oder über Kaschau, Teschen, Friedek-Mistek, Frankstadt.

Erwähnt muss werden, dass in diesem Jahre die Flügelbahn von Krasna nach Rožnau gebaut wird.

Zugleich wird bemerkt, dass die Nordbahn Badekarten eingeführt hat, welche eine sechzigtägige Giltigkeit vom Tage der Ausstellung während der Dauer der Saison haben.

Besuch. Rožnau wurde besucht:

im	Jahre	1880	von	912	Parteien	mit	1386	Personen
„	„	1881	„	839	„		1258	„
„	„	1882	„	969	„		1448	„
„	„	1883	„	1047	„		1552	„
„	„	1884	„	923	„		1403	„
„	„	1885	„	939	„		1475	„
„	„	1886	„	974	„		1460	„
„	„	1887	„	899	„		1379	„
„	„	1888	„	965	„		1473	„
„	„	1889	„	1032	„		1527	„

Fürdögyógy.

Einfacher alkalischer Säuerling.

Liegt im Hunyader Comitat, 12 Kilometer von der Szászvároser Eisenbahnstation entfernt, auf einer von Waldungen umgebenen Anhöhe. Die alkalisch-erdigen Thermen entspringen aus den von den Quellen abgesetzten mächtigen Kalktuff-Massen, welche unmittelbar von krystallinischem Kalkstein unterlagert sind. Die Quellen sind sehr reich, 25·5° C. warm, sind in sechs Spiegelbäder mit Ankleideeabinchen, zwei in Stein, vier in Holz eingefasst.

Die neueste chemische Analyse ist von Professor Dr. Hanko Wilmos aus Budapest; nach diesem enthält:

1. Die Trinkquelle + 24·5° C.

Kohlensauren Kalk	0·6253
Kohlensaure Magnesia	0·2436
Kohlensaures Natron	0·0029
„ Lythion	0·0149
„ Eisen	0·0050
Schwefelsaures Natron	0·0066
Schwefelsaure Magnesia	Spuren
Schwefelsaures Kali	0·0110
Schwefelsaure Kieselsäure	0·0162
Freie Kohlensäure	0·3663

2. Die Rosaliaquelle + 25·5° C.

Kohlensauren Kalk	0·6119
Kohlensaure Magnesia	0·2094
Kohlensaures Natron	0·0135
„ Lythion	0·0124
„ Eisen	0·0032
Schwefelsaures Natron	0·0064
„ Kali	0·0132
Schwefelsaure Magnesia	Spuren
Kieselsäure	0·0098
Freie Kohlensäure	0·4118

Die Quellen werden mit Erfolg benützt gegen Rheuma, Gicht und deren Folgen, veraltete exsudate Neuralgien, Lähmungen, Rückenmarksleiden, Harnbeschwerden, Hautausschläge, bei Leiden der Athmungs- und Geschlechtsorgane, Dijectionsstörungen und zur Stärkung für Reconvalescenten.

Aerzte sind aus dem nahe liegenden Szászváros: im letzten Jahre war Comitats-Physicus Dr. Lészay und Kreis-Physicus Dr. Gohn; Apotheke ist in Algyógy.

Polizeiaufsicht wird vom Algyógyer Oberstuhlrichteramte versehen.

Curtaxe, Curfond, keine. Eigenthümer ist Herr Fried. Eskeles, Grossgrundbesitzer in Algyógy. Zur Unterkunft der Gäste sind in fünf pavillonartigen Gebäuden je 27 Zimmer, mit den nöthigsten Möbeln versehen, in der Nähe der Bäder; die Preise sind 5—8 Gulden per Woche.

Unweit von diesen ist das stockhohe Gasthaus mit neun ganz eingerichteten Zimmern, zwei Speisesälen und Kellnerei versehen. Kost und Bedienung in den letzten Jahren war gut und billig nach der Karte und Abonnement. Ausser diesen Localitäten ist im Dorfe in Bauernhäusern unzulängliche Unterkunft zu finden. Die Frequenz der Curgäste hat sich in den letzten Jahren ziemlich vermehrt; die meisten sind zwar aus der Umgebung, aber es waren auch stabile Gäste aus Rumänien, Budapest, Klausenburg, Arad etc. durchschnittlich 500—700 im Jahr.

Die Verbindung mit Szászváros wird durch Stellwägen unterhalten; für Fremde, die mit der Eisenbahn ankommen, können Fahrgelegenheiten zum Bahnhof bestellt werden, um 2—2½ Gulden.

Die stärkste Frequenz ist im Juli und August.

Ausflugsstellen in der nahen Umgebung sind mehrere: Wasserfall, Felsen, Grotten, Quellenanfang, schöne Aussichtsplätze. Weitere und schwierigere sind: die berühmten Goldbergwerke von Nagyág, die Fura-Kalkfelsen, Klüfte von Máda, die Eisensäuerlinge von Bozes etc.

Der Eigenthümer hat zur Hebung des Bades viel geleistet; die vernachlässigten Wohngebände sind theilweise neu gebaut, theils ausgebessert; der Hof und Garten mit Bäumen bepflanzt und Parkanlagen gemacht; die Promenaden vermehrt, unweit vom Gasthause im schattigen Theil der Promenade einen grossen Pavillon gebaut, wo die Tanzunterhaltungen abgehalten werden, die Trinkquelle wurde mit einer Steinumhüllung versehen, und alle Jahr werden Verzierungen zur Bequemlichkeit der Badegäste hergestellt.

Ernsdorf-Jaworze

Oesterr.-Schlesien.

Wasser- und Molken-Heilanstalt.

Der Curort dieses Namens (seit 1862 bestehend) liegt im Bielitzer Bezirke, in einer der reizendsten Gegenden am Fusse der reich bewaldeten schlesischen Beskiden, 360 Meter über dem Meeresspiegel.

Die Anstalt selbst und fast alle Gebände sind von einem alten, ausgedehnten, nadelholzreichen, von anschliessenden bewaldeten Anhöhen umgebenen Parke eingeschlossen.

Die günstige Lage, die staubfreie, sauerstoffreiche, erfrischende Luft, die gemässigte Temperatur, haben auch Ernsdorfs Ruf als eines klimatischen Curortes begründet, und wird letzterer auch zu Nachcuren für Gäste aus Galizien, Russisch-Polen, Preussisch-Schlesien u. s. w. gerne benützt.

Curmittel. Wassercuren in einer bestens eingerichteten, rationell geleiteten Anstalt, Fichtennadel- und andere warme Bäder über ärztliche Anordnung, vorzügliche Schafmolke, Milchcuren, elektrische Inhalations- und Massagecuren, in der Anstaltsapotheke alle gebräuchlichen Mineralwässer in frischester Füllung, Kaltbad in fliessendem Wasser, Schwimmschule u. s. w., eigene Wasserleitung besten Quellwassers.

Ernsdorf-Jaworze ist Station der mährisch-schlesischen Städtebahn (Bielitz-Teschen-Kojetein), ferner Telegraphen- und Poststation, und wird in den Saisonmonaten Juni, Juli, August der Verkehr zwischen der Anstalt und der Bahnstation durch einen zu jedem die Bahnstation passirenden Zuge verkehrenden Postomnibus vermittelt.

Im Orte befindet sich eine katholische und evangelische Kirche, Pfarre und Schule.

Wohnungen sind in den Anstaltsgebäuden, in Privatvillen, auch in einzelnen Bauernhäusern für diverse Ansprüche mit grösserem oder minderem Comfort in circa 200 Zimmern disponibel — in den Privatvillen (Anna Wilheims Gabrielen-Villa, Villa Kwisda), auch Wohnungen für Familien mit Küchen und Oefen; für eigene Menageführung sind auch alle Bedürfnisse im Orte zu bekommen.

Die unter der Controle des Curarztes und der Curinspection stehende Currestauration bietet den Curgästen eine allen billigen Anforderungen und dem Curzwecke entsprechende, gesunde Kost zu mässigen Preisen; ausserdem besteht auch eine israelitische Restauration.

Eine eigene Badecapelle concertirt täglich zweimal je zwei Stunden.

Zeitungen, Piano, Tanzkränzchen, Kegelbahn, Tombolas u. s. w. dienen zur Zerstreuung der Curgäste.

Die schöne Umgebung bietet Gelegenheit zu lohnenden Promenaden und Ausflügen zu Fuss, zu Wagen und per Bahn.

Die Saison dauert vom Mai bis Ende September (im Mai und September sind die Wohnungen in den Anstaltsgebäuden und einigen Privatvillen um 30 Percent billiger). Wohnungen sind von vier Gulden aufwärts per Zimmer und Woche zu haben.

Cur- und Musiktaxe für die einzelne Person wird mit fünf Gulden, für mehrere Personen nach Abstufungen billiger berechnet.

Die ärztliche Leitung besorgt ein in Ernsdorf ständig domicilirender Badearzt (derzeit Med. Dr. Edmund Kowalski).

Alle übrigen Anfragen wollen an die Graf Philipp Saint-Genois'sche Guts- und Bade-Inspection Ernsdorf-Jaworze gerichtet werden.

Brüxer Sprudel.

Einfacher alkalischer Säuerling.

Diese Quelle, 1000 Schritte von der Aussig-Teplitzer Bahnstation entfernt und nahe der Stadt Brüx, ist laut hohen k. u. k. Statthalterei-Erlasses in Prag vom 22. Juli 1878 als öffentliche „Heilquelle" bestätigt worden.

Das Gutachten des Herrn Professor Dr. Wilhelm Gintel, k. u. k. beeideter ordentlicher Professor der allgemeinen und analytischen Chemie am deutschen Polytechnicum in Prag über diese Heilquelle, eine Therme bei 18° R., sagt: „Die Quelle ist „ein eminenter, schwacheisenhaltiger, alkalinischer Säuerling", und seiner chemischen Zusammenstellung nach gleicht sie zunächst den „Emser Quellen", deren Heilwirkungen nach vielfachen ärztlichen Gutachten hinlänglich bekannt sind, ja übertrifft dieselben durch einen grösseren Reichthum an Kalisalzen und an Eisencarbonaten.

Medicinalrath Dr. E. Heinrich Kisch, Docent der k. u. k. Universität zu Prag, dirigirender Hospital- und Brunnenarzt in Marienbad, Ehrenmitglied der kais. russischen balneologischen Gesellschaft in Odessa etc., begrüsst in seinem Jahrbuche für Balneologie pro 1879 den „Brüxer Sprudel" als eine „neue Heilquelle Böhmens", reiht denselben in die Classe der alkalischen Thermen, welche sich durch Vorwiegen von kohlensauren Alkalien und höhere Temperatur auszeichnen und stellt ihn den analogen Quellen von Neuenahr und Vichy an die Seite. Am allernächsten kömmt der „Brüxer Sprudel" der Quelle „Puits de mes dames" in Vichy.

Nach dem weiteren Ausspruche des Medicinalrathes Dr. Kisch ist die balneologische Bedeutung des „Brüxer Sprudel" eine umso grössere, als in Böhmen gar keine reine alkalische Therme und in Deutschland eben nur die von Neuenahr vorhanden ist.

Die **Indicationen** für den Gebrauch des „Brüxer Sprudel" ergeben sich hiernach:

1. Dyspepsie und Magenkatarrh mit überflüssiger Säurebildung.
2. Katarrhe der Harnorgane mit Gries- und Steinbildung.
3. Hyperämie der Leber und Milz, Anomalien der Gallensecretion und Gallenstein.
4. Gicht, und
5. Diabetes (Zuckerruhr).

Der „Brüxer Sprudel" ist völlig klar und rein, hat einen milden, schwach salzigen, nebenbei prickelnden Geschmack, und behagt dessen Genuss sofort, während bei den meisten Mineralwässern erst deren eigenthümlicher Geschmack überwunden werden muss.

Auch als Tischgetränk kann der „Brüxer Sprudel" nicht genug empfohlen werden, da er alle bisher in den Handel gebrachten Mineralwässer an Kohlensäuregehalt bedeutend übertrifft und ungemein erfrischend wirkt.

Der „Brüxer Sprudel" gelangt in einer sehr gefälligen Flaschenform (Bordeauxform) zum Versandt und sind Bestellungen zu richten an „Brüxer Sprudelunternehmung" Kralik & Bundt in Brüx.

Eszterházybad in Wien.

Erbauer: Josef Eggerth. Architekt: Dietz. Baumeister: Engelbrecht.
Eröffnungsjahr: 1852.
Eigenthümer: Josf Eggerth's Erben.
Dirigirender Chef: Johann Presl. Badearzt Dr. S. Lauterstein.

Preise im Eszterházy-Bad.

	1 Bad kr.	10 Bäder fl.
Dampfbad (Volksbad)	10	—.80
„ II. Halbstock	20	1.60
„ I. „	40	3.—
„ ebener Erde	60	4.—
„ 1. Stock	80	6.—
Wannenbad	80	6.—
Wassercur unter ärztlicher Leitung	80	6.—
Schwimmbad	40	3.—
Schwimmlection (Zuzahlung zum Bad)	25	2.—

Abtheilung für Wassercuren im Eszterházy-Bad

unter ärztlicher Leitung.

Je mehr Verbreitung das Wasserheilverfahren fand, je mehr sich die Heilresultate bei der Behandlung von chronischen Krankheiten häuften, desto mehr gelangte man zur Ueberzeugung, dass es bei keiner Heilmethode so wichtig ist, wie man sie macht, wie bei der Wassercur. Nicht nach dem Namen der Krankheit, sondern nach dem individuellen Krankheitszustand muss die jeweilige Combination der Proceduren durch Erfahrung und gewissenhafte ärztliche Beobachtung bestimmt werden. — Die früher üblichen sogenannten häuslichen Wassercuren, welche zumeist ohne genügende ärztliche Aufsicht, schablonenmässig, ja oft nach eigenem Ermessen geübt wurden, trugen nur dazu bei, das Wasserheilverfahren in Misscredit zu bringen und werden mit Recht immer seltener.

Wie Wenigen ist es gegönnt, längere Zeit (als vier bis sechs Wochen) in einer gut gelegenen Wasserheilanstalt zuzubringen, um neben dem Wasserheilverfahren die wohlthätige Wirkung des Klimas, der Entfernung aus den häuslichen Schädlichkeiten, dieser die Cur wesentlich unterstützenden mächtigen Heilfactoren theilhaftig zu werden!

Eszterházybad in Wien

Wie häufig muss die in einer derartigen Anstalt begonnene Cur durch längere Zeit in der Stadt fortgesetzt werden!

Die Wasserheilanstalten wurden daher auch in grossen Städten ein dringendes Bedürfniss — sind doch für den wissenschaftlich gebildeten Arzt von heute Arznei und Wasser gleichberechtigte Heilmittel!

Das Eszterházy-Bad hat durch Errichtung der im Jahre 1882 eröffneten separaten Abtheilung für Wassercuren unter ärztlicher Leitung einem dringenden Bedürfnisse abgeholfen!

Das nun seit sieben Jahren bestehende hydrotechnisch wohleingerichtete Institut erfreut sich in Folge der musterhaften Ordnung und Leitung der Gunst seitens der renommirtesten Aerzte, welche die entsprechenden Krankheitsfälle der Anstalt zuweisen.

Nicht minder empfehlen die Geheilten die Anstalt, welche nicht zum geringen Theile auch von Ausländern frequentirt wird. Diese Thatsache ist wohl die beste Reclame für die Anstalt!

Neben der eigentlichen methodischen Kaltwassercur, bei welcher in der Regel die ersten Proceduren bei persönlicher Anwesenheit des leitenden Arztes verabfolgt werden, gibt es Fälle, bei denen nur milde Proceduren und Fälle mit hochgradiger Reflexerregbarkeit, bei denen jede Anwendung tieferer Temperatur nicht statthaft ist und sich erfahrungsgemäss höhere Temperaturen sehr wohlthätig erweisen. Es ist demgemäss auch die Einrichtung für eine entsprechende Warmwasserbehandlung getroffen, welche überdies in Form von Fichtennadel-, Eisenmoorsalz- und localen Dampfbädern ihre Anwendung findet.

Als weitere Curbehelfe werden Massage und Elektricität in Form des constanten und faradischen Stromes, ferner Inhalationen in Anwendung gebracht.

Die Räumlichkeiten sind stets gleichmässig temperirt.

Zahlreiche Heilerfolge wurden nachweisbar erzielt bei: Nervenschwäche (Neurasthenie), Schlaflosigkeit, Neuralgien, namentlich Ischias, Pollutionen und Schwächezustände, Magen- und Darmkatarrhen, Rheumatismus, Gicht, Fettsucht. — Bedeutende Besserung bei: Hysterie, Migräne, Neigung zu Katarrhen der Athmungsorgane, Menstruationsstörungen, weissem Fluss, Bleichsucht und in allen Fällen, in welchen eine lebhaftere Anregung des Gesammtstoffwechsels erzielt werden soll.

Dr. S. Lauterstein.

ÜBERSICHT

weiterer Curorte Österreich-Ungarns.*)

Ajnacskö. Ungarn. Eisenquelle.
Alsó-Alap. Ungarn. Erdig-sulfatisches Wasser.
Apatovácz. Croatien. Alkalisch-muriatische Quelle.
Bajmócz. Ungarn. Wildbad.
Baldócz. Ungarn. Alkalische Quelle.
Bártfa (Bartfeld). Ungarn. Eisenquelle und Wasserheilanstalt.
Bazin (Bösing). Ungarn. Eisenquelle.
Belovzs bei Nachod. Böhmen. Eisenquellen.
Bibarczfalva. Siebenbürgen. Einfacher alkalischer Säuerling.
Bikszád. Ungarn. Comitat Szathmár. Alkalisch-muriatische Quelle.
Bodajk. Ungarn. Alkalisch-erdige Quelle.
Boholt. Ungarn. Eisenquelle.
Borova-Hora. Ungarn. Alkalisch-erdige Quelle.
Borsabanya. Ungarn. Eisenquelle.
Borszék. Siebenbürgen. Eisenquelle und Höhencurort.
Bréb. Ungarn. Kalte Schwefelquelle.
Bruszno. Ungarn. Kalte Schwefelquelle.
Büdöskö. Ungarn. Kalte Schwefelquelle.
Buziás. Ungarn. Eisenquelle.
Csorbaer See (Csorbai tó). Ungarn. Höhencurort mit Hochgebirgsklima.
Czigelka. Ungarn. Alkalisch-muriatische Quelle.
Csik-Zsögöd. Ungarn. Eisenquelle.
Deutsch-Altenburg. Niederösterreich. Wildbad und warme Schwefelquelle.
Deutsch-Kreuz. Ungarn. Wildbad.
Diosgyör. Ungarn. Wildbad.
Eggenberg. Steiermark. Wasserheilanstalt.
Erdöbénye. Ungarn. Comitat Zemplén. Luftcurort mit Seeklima.
Felsö-Alap. Ungarn. Comitat Stuhlweissenburg. Bitterwasser.
Felsö-Rákos. Siebenbürgen. Comitat Udvarhely. Einfacher alkalischer Säuerling.

*) Es sind dies jene Bäder, Brunnen und Curorte Oesterreich-Ungarns, von welchen entweder wenig, oder gar keine Auskunft zu erlangen war, die wir aber der Vollständigkeit unseres Werkes halber aufführen.

Administration des „Oesterreichischen Literarischen Centralblattes".

Frohnleiten. Steiermark. Wasserheilanstalt.
Galthof. Mähren. Bitterwasser.
Gánócz. Ungarn. Comitat Zips. Alkalisch-erdige Quelle.
Garbonácz. Ungarn. Schwefelquelle.
Gran. Ungarn. Wildbad und Bitterwasser.
Gräfenberg. Oesterr.-Schlesien. Wasserheilanstalt.
Grosswardein. Ungarn. Warme Schwefelquelle.
Gyertianliget. Ungarn. Gebirgseurort.
Hall. Tirol. 580 Meter über dem Meere. Kochsalzwasser.
Hársfalu. Ungarn. Einfacher alkalischer Säuerling.
Helenenthal bei Baden. Niederösterreich. Wasserheilanstalt.
Homorod. Ungarn. Eisenquelle.
Jegenye. Siebenbürgen. Subalpiner Gebirgseurort.
Jósza. Ungarn. Kalte Schwefelquelle.
Ivanda. Ungarn. Bitterwasser.
Káesfürdö. Ungarn. Borsoder Comitat. Wildbad.
Kászon. Siebenbürgen. Comitat Csik. Subalpiner Gebirgseurort.
Kis-Bélitz. Ungarn. Comitat Neutra. Alkalisch-erdige Quelle.
Kérö. Siebenbürgen. Comitat Szolnok Doboka. Kalte Schwefelquelle.
Kócz. Ungarn. Comitat Komorn. Bitterwasser.
Köhalom. Siebenbürgen. Comitat Nagy-Küküllö. Kalte Schwefelquelle.
Korond. Ungarn. Siebenbürgen. Comitat Udvarhely. Eisenquelle.
Krondorf. Böhmen. Einfacher alkalischer Säuerling. (Kronprinzessin Stefanie Quelle).
Leibitz. Ungarn. Comitat Zips. Kalte Schwefelquelle.
Lippa. Ungarn. Comitat Temes. Eisenquelle.
Lucsivna. Ungarn. Comitat Zips. Subalpiner Gebirgseurort und Wasserheilanstalt.
Lucski. Ungarn. Comitat Liptó. Subalpiner Gebirgseurort und Eisenquelle.
Luhatschowitz. Mähren. Alkalisch-muriatische Quelle.
Magyarád. Ungarn. Honter Comitat. Warme Schwefelquelle.
Menyháza. Ungarn. Comitat Arad. Wildbad.
Mitterbad. Südtirol. Eisenquelle.
Moha. Ungarn. Alkalischer Säuerling.
Mürzzuschlag. Steiermark. Wasserheilanstalt.
Nagy-Igmánd. Ungarn. Bitterwasser.
Német-Keresztur. Ungarn. Comitat Oedenburg. Alkalischer Säuerling.
Neu-Lublau. Ungarn. Comitat Zips. Eisenquelle.
Oláh-Toplicza. Siebenbürgen. Comitat Maros-Torda. Subalpiner Gebirgseurort.
Osseg. Böhmen. Subalpiner Gebirgseurort.
Panlowa. Ungarn. Einfacher alkalischer Säuerling.
Pescenyed. Ungarn. Einfacher alkalischer Säuerling.
Ploszko. Ungarn. Einfacher alkalischer Säuerling.
Polena. Ungarn. Alkalisch-muriatische Quelle.
Püllna. Böhmen. Alkalische Quelle.
Pyrawath. Niederösterreich. Eisenquelle.

Rabka. Galizien. Kochsalzquelle.
Rank-Herlany. Ungarn. Alkalische Quelle.
Ratzes. Tirol. Eisenquelle.
Rodna. Ungarn. Gebirgscurort.
Römerbad. Unter-Steiermark. Wildbad.
Rozenyo. Ungarn. Eisenquelle.
Ruszt. Ungarn. Seebad.
Sachow. Galizien. Wasserheilanstalt.
Sedlitz. Böhmen. Alkalische Quelle.
Sibo. Ungarn. Schwefelquelle.
Sivabrada. Ungarn. Einfacher alkalischer Säuerling.
Stainz. Steiermark. Säuerling.
Sternberg. Böhmen. Eisenquelle.
Sztoika-Falva. Siebenbürgen. Alkalische Quelle.
Stubnya. Ungarn. Gebirgscurort.
Szaploneza. Ungarn. Säuerling.
Szegedin. Ungarn. Alkalische Quelle.
Szinye-Lipocz. Ungarn. Säuerling.
Szkleno. Ungarn. Wildbad.
Szent-György. Ungarn. Schwefelquelle.
Szmerdzionka. Ungarn. Schwefelquelle.
Szolyva. Ungarn. Säuerling.
Szyniak. Ungarn. Schwefelquelle.
Tapolcza. Ungarn. Wildbad.
Tarcza. Ungarn. Eisenquelle.
Tür. Siebenbürgen. Alkalische Quelle.
Tussnád. Siebenbürgen. Gebirgscurort.
Varhely. Ungarn. Alkalische Quelle.
Zakopane. Galizien. Klimatischer Curort.
Zaycon. Siebenbürgen. Gebirgscurort.

Buchdruckerei „Austria" Drescher & Comp., Wien, Neubau, Schottenhofgasse 3.